唯物史观价值取向当代建构

◎ 陈新夏 著

WEIWU SHIGUAN JIAZHI QUXIANG DANGDAI JIANGOU

首都师范大学出版社
CAPITAL NORMAL UNIVERSITY PRESS

图书在版编目(CIP)数据

唯物史观价值取向当代建构/陈新夏著. —北京：首都师范大学出版社，2021.3

ISBN 978-7-5656-5833-4

Ⅰ.①唯… Ⅱ.①陈… Ⅲ.①历史唯物主义—研究 Ⅳ.①B03

中国版本图书馆 CIP 数据核字(2020)第 194493 号

WEIWUSHIGUAN JIAZHI QUXIANG DANGDAI JIANGOU

唯物史观价值取向当代建构

陈新夏 著

责任编辑 韩乔治 杨林玉

首都师范大学出版社出版发行

地 址 北京西三环北路 105 号

邮 编 100048

电 话 68418523(总编室) 68982468(发行部)

网 址 http：//cnupn. cnu. edu. cn

印 刷 北京虎彩文化传播有限公司

经 销 全国新华书店

版 次 2021 年 3 月第 1 版

印 次 2021 年 3 月第 1 次印刷

开 本 710mm×1000mm 1/16

印 张 23.75

字 数 320 千

定 价 60.00 元

引　言

马克思、恩格斯在创立唯物史观的过程中不仅提出了关于社会历史的科学认识，也确立了以人的发展为核心的关于社会历史的价值取向。然而，长期以来，这一价值取向在唯物史观理论中一度被淡化甚至遮蔽了。人们往往将唯物史观定义为关于社会(历史)发展一般规律的科学，特别强调其在科学认识上的伟大变革，强调其在科学认识方面的内容、功能和意义，强调其对社会体系的构成、关系、作用以及对社会发展机制和规律等的科学认识。相对地，人们比较忽视唯物史观的价值取向及其对于指导人们社会实践、推进社会进步的重要作用。与之相关，对唯物史观价值取向缺乏系统的研究和定位，未能确立唯物史观的基本价值维度。

任何历史观都必然包含着一定的价值观，对于作为完整严密的社会历史观的唯物史观来说就更是如此。在人的主体性日趋增强以及追求人的发展成为社会生活基本理念的当代，对社会发展中各种问题的认识，都离不开对人的活动动机、目的、需要、利益等主观因素的考量，而这些主观因素就直接或间接地涉及价值取向，自觉或不自觉地受到价值观念的影响。基于认识社会和改变社会双重功能的需要，基于从根本上引领人的活动的使命，作为科学认识与价值取向相统一的社会历史观，唯物史观既要以科学的认识揭示社会发展的规律、机制和路径，又要以合理的价值取向设定社会发展的方向、目标和原则。也就是说，作为最全面、深刻和进步的社会历史观，唯物史观不仅应当是科学的认识，能够站在当代社会历史认识的最高峰，成为历史观层面的普遍真理，而且应当是合理的价值取向，能够站在当代社会道义的制高点，成为历史观层面的普遍价值。这就要求构建唯物史观的价值取向。只有确立以人的发展为核心的价值取向，才能凸显唯物史观的合理性，使之成为当代最先进的社会历史观，承担起引领社会进步，促进人的自由全面发展的使命。

唯物史观不能离开物质条件和关系来解释人类历史，否则就会在理解上出现偏差，忽视或贬低其科学认识的意义，甚至将马克思主义伦理化或直接归结于近代欧洲人道主义；也不能仅仅从物质条件和关系出发理解历史，否则就会见物不见人，忽视影响社会发展的主体方面的因素，特别是价值取向方面的因素。而离开价值取向方面的因素，便不能对社会历史做出科学而合理的说明。后一点尤其应当引起注意。因为现实表明，价值维度的缺失不仅影响唯物史观理论上的完整性，还弱化了其引领社会进步和规范社会发展的功能，使社会运行和人的行为缺乏根本的价值指引，只注重规律性而忽视目的性，从而导致社会发展的不平衡，导致传统价值失落、拜金主义和消费主义盛行、收入差距拉大、腐败盛行等一系列价值问题的凸显。

为了克服对唯物史观的片面理解进而确立唯物史观理论的完整性，为了增强唯物史观对当代重大理论和现实问题的解释力，为了强化唯物史观引领社会进步，促进人的自由全面发展的实践功能，应当进行唯物史观价值取向的当代建构。

本书旨在通过重新解读马克思主义经典作家的文本，并从当代社会现实和实践以及唯物史观的当代使命出发，提出构建以人的发展为核心的唯物史观价值取向的基本思路，为构建科学认识与价值取向相统一的唯物史观当代形态做出前提性的审视。为此，本书将对唯物史观价值取向当代建构的背景和意义、唯物史观价值取向当代建构的原则和路径、唯物史观价值取向的核心、唯物史观价值取向的普遍性和特殊性、唯物史观价值取向与科学认识的关系等问题做出系统的阐释，并基于唯物史观价值取向的当代建构，提出对社会历史发展的新理解以及对中国特色社会主义的价值观解读。

对于唯物史观的价值取向问题，国内外学者在唯物史观研究中虽然尚无直接系统的论述，但曾多有间接的涉及。

在国外，苏联和东欧学者曾对马克思主义人的发展理论在唯物史观中的意义做过一些探讨，对人的发展理论的一些基本思想及其现代意义进行过阐释，并涉及对唯物史观价值意蕴的理解，彰显了马克思哲学思想的价值意义。西方马克思主义则从不同角度挖掘了唯物史观蕴含的一些人学思想和精神价值，并结合现代性问题阐发了包括唯物史观在内的马克思主义哲学的精神解放和文化批判意蕴。例如弗洛姆认为，马克思哲学来源于西方人道主义的哲学传统，这个传统的本质就是对人的关怀，对人的潜在才能得到实现的关怀。马克思第一次把人道主义根植于物质生产的沃土之中，使对现实的人道主义的价值诉求成为历史的、辩证的而非玄虚的政治实践，并在此基础上提出“每个人的自由与全面发展”以及“全人类的彻底解放”的理想。马克思的目标是使人在精神上得到解放，使人摆脱经济决定论的枷锁，使人的完整的人性得到恢复，使人与其伙伴们以及与自然界处于统一而且和谐的关系之中。这些论述从不同角度揭示了马克思主义哲学特别是唯物史观的价值意蕴，但由于时代的局限或由于立场和视角的原因，在理解上存在着种种偏差，例如将马克思主义直接等同于人道主义，忽视甚至贬低了其科学认识的意义等。

在国内，随着人的发展和以人为本的问题研究的深入，学术界开始在唯物史观以及人的发展理论的研究中注意到唯物史观与人的发展理论之间的关联。不仅运用唯物史观分析当代中国人的发展的理论和现实问题，揭示了人的发展的社会历史性及其实现的条件和途径，还初步在历史观层面阐释了人的发展理论的意义，并以此进一步丰富了唯物史观的理论内容。随着社会主义核心价值体系研究的深入，一些论者指出了社会主义核心价值体系与唯物史观的关系，或从唯物史观的角度对社会主义核心价值体系的内涵、本质及其意义等进行了比较深入的研究，既加深了对社会主义核心价值体系的理解，又显示了唯物史观的价值意蕴和功能。随着对我国社会现代化进程中公平正义等现实问题反思的深入，一些论者在政治哲学的研究中还运用唯物史观对这些价值领域的问题进行了探讨，彰显了唯物史观在社会发展价值选择中的指导意义。上述研究，直接或间接地凸显了唯物史观价值取向研究的必要性，并为系统探讨唯物史观的价值取向、建构唯物史观的价值维度奠定了基础。

唯物史观价值取向的当代建构具有重要的意义：在实践上，将增强唯物史观的实践功能，凸显唯物史观引领社会进步和人的发展的使命和价值，使唯物史观更加深刻地反映当代社会进步和人的发展要求，帮助人们更加深刻地理解和有效地应对我国现代化建设中的不平衡发展问题，为分析和解决当代社会发展中的民主、文明、和谐、平等、公正、法治、诚信等价值取向方面的重大现实问题提供理论依据和方法论原则；在理论上，将扩展和深化对唯物史观当代价值的理解，凸显唯物史观价值取向的先进性，进一步丰富唯物史观的理论内涵，为构建唯物史观的当代形态提供基础。

目　录

第一章　历史观与价值观

唯物史观价值取向当代建构的前提，是明确历史观与价值观的关系。历史观与价值观的关系在于：历史观作为对社会历史的根本观点和总的看法，既包括关于社会历史的科学认识，也包括关于社会历史的价值取向即价值观；价值观以历史观为基础，是历史观的价值之维，对历史观具有价值导向和引领的作用。

一、价值和价值观

价值观是关于价值问题的根本观点和总体看法，是价值取向的观念体系，是系统化、理论化的价值取向，因此，对价值观内涵的理解应当从其与价值和价值取向的关系入手。

首先是价值。价值具有双重含义，价值既是意义在关系中的体现，是表示客体的属性和功能与主体需要间的效用、效益关系的哲学范畴，又是表示主体自身意义的哲学范畴。

我们可以将人的价值区分为"为他（人）的价值"和"自为（对自己而言）的价值"。"为他的价值"即人在与他人或社会的关系中对他人而言的价值，是指主体之间的效用关系即客体对主体的意义，亦即马克思"'价值'这个普遍的概念是从人们对满足他们需要的外界物的关系中产生的"①一说所指的价值。为他的价值是意义在主客体和主体际关系中的体现。一事物对人或他事物有意义，或者一个人对他人有意义，便是有价

① 《马克思恩格斯全集》第19卷，人民出版社1963年版，第406页。

值。价值的大小既取决于意义的大小，也取决于一事物与他事物或人相关联的程度。或一个人与他人相关联的程度。一般来说，关联得越密切，价值就越大。“为他的价值”为人与他物所共有。物的“为他的价值”就是其对人的有用性，人的“为他的价值”则仅仅是人对他人的价值或有用性。从这个意义上说，人的为他价值是相互而言的，人们之间互为目的和手段。

关于人的“为他的价值”，学术界已有充分的认识，而关于人的“自为的价值”，则有待于确认和阐释。

人的“自为的价值”是表示作为主体的人自身意义的哲学范畴，即指主体自身的意义就是价值。它是人自身固有的价值，且仅仅为作为主体的人所具有。亚里士多德曾指出，“有一些思想家说，除了已经提到的这些善事物，还有另一种善，即善自身，它是使这些事物善的原因。”① 并认为“善的事物就可以有两种：一些是自身即善的事物，另一些是作为它们的手段而是善的事物。那么，我们就把自身即是善的事物同那些有用的事物区分开，……哪种事物是自身即善的呢？是那些无需其他事物之故自身就被追求的事物，如智慧、视觉以及某些快乐与荣誉吗？因为，尽管我们也因其他事物而追求它们，我们还是把它们算作自身即善的事物。”②区分了“善自身”与“手段的善”。

根据亚里士多德的理解，所谓“善自身”或“自身即善的事物”即内在的善或作为目的的善，所谓“手段的善”即外在的善。也就是说，就人而言，价值可以有“内在的”与“外在的”之分。外在的价值表征的是人与他人间的关系，内在的价值表征的是人与自身的关系，即其存在对自身的意义关系。肯定人的“自为的价值”或“内在价值”的意义在于肯定人的价值的内在性、固有性和不可剥夺、不可侵犯性，以及承认人的价值优先性。作为客体的物的“为他价值”是就对作为主体的人的有用性而言的，人的“为他价值”则是对他人的有用性而言的，体现的是主体际的关系。

---

① 亚里士多德：《尼各马可伦理学》，商务印书馆 2003 年版，第 10 页。

② 亚里士多德：《尼各马可伦理学》，商务印书馆 2003 年版，第 8 页。

人们从形成自我意识开始就逐渐形成了“自为的价值”意识，从与客观世界发生主客体关系开始，就逐渐形成了“为他的价值”意识，在社会实践和社会生活中又逐渐形成了各种价值取向或价值观念。价值取向(价值观念)是关于价值的主观意识倾向，是认定人或事物的意义(有用性)以及评价和判定人或事物是非(好坏)的一种思维或情感取向，是主体基于自己的需要、利益、信仰在面对或处理各种事物和关系时所持的基本价值立场、价值态度，表现为理想、信念等形式。这些价值取向经历一个长期的凝聚和提升过程，逐渐形成为关于价值的总体性的、系统的认识即价值观。

价值观作为关于价值取向的系统认识，是人们用以区分好坏标准并指导行为的心理倾向系统，与价值“自为”和“为他”的二重性相关，价值观既涉及人对自身价值的基本理解，也涉及人对自己与外部自然界、人与他人和社会关系的基本理解。

价值观涉及对人与自然关系的理解。由于人生存方式的超越现实性，人与自然是对立统一的关系，既有对立的一面也有统一的一面，统一是对立的前提，对立则是统一的实现方式。人与自然首先具有统一性。人是自然的一部分，必须与自然进行物质、能量和信息的交流才能生存。正如恩格斯所说：“人来源于动物界这一事实已经决定人永远不能完全摆脱兽性，所以问题永远只能在于摆脱得多些或少些，在于兽性或人性的程度上的差异。”①这里的“兽性”，是指人与动物共有的自然属性。即如美国哲学家罗尔斯顿所说：“生命是自然赋予我们的，我们有着自然给我们的脑和手，基因和血液中的化学反应，那么可以说我们生命的90%仍是自然的，而只有10%是人为的。”②人是从自然界发展而来的，无法改变自己肉体的生物本质、生理结构和机能，不可能完全摆脱自然的属性和相应的生理需要，这就决定了他们的生存永远要依赖于一定的自然条件并受到其制约。人与自然又具有对立性。原因在于，人的

---

① 《马克思恩格斯选集》第3卷，人民出版社2012年版，第478页。

② 霍尔姆斯·罗尔斯顿 Ⅲ：《哲学走向荒野》，吉林人民出版社2000年版，第473页。

生存方式及其所决定的需要具有超越现实性。劳动创造了人，也创造了人的生存方式，这个生存方式就是超越对天然自然物的需要，在改造自然物的基础上占有自然物。因为这一生存方式，天然的自然物不能满足人的需要，人要在有用的形式上占有和利用自然物，就必须从事物质资料的生产和再生产即对自然界进行改造。人与自然的内在联系以及这种联系的复杂性，决定了人要思考自己与自然的关系，其中最重要的，就是思考人与自然的价值关系。从人与自然浑然一体到人与自然截然二分，再到人与自然的和谐及协调发展，人类对自身与自然价值关系的理解和处理经历了一个由浅入深、由片面到全面的过程。

人与自然价值关系最核心的问题是二者的价值排序问题：人的价值与自然的价值是平等的，还是有高低之别，如有高低之别，谁高谁低？对人与自然价值关系，只有在实践的基础上才能做出合理的定位。人们改造自然的实践将人与自然内在地关联在一起，从实践的观点看，人的价值高于自然价值。从发生学的视角看，人与自然的关系基于人的实践和生存方式，实践造就了人的生存方式，也造就了特定的"人与自然的关系"。首先是实践(劳动)创造了人，使人处于自然界尤其是生物生存链的顶端，由此，人的生存以其他自然物为条件，将世间万物视为手段，是合乎自然规律、顺应进化趋势的事情。其次是实践创造了人的生存方式，即人不满足于天然的自然物，要通过对自然的改造，在有用的形式上利用自然物维持生存和发展。也就是说劳动将人从自然中提升出来，决定了人的生存方式不是适应型而是变革型的，人不能简单地顺应自然，而须改变自然物的天然形态即变革自然。实践和人的生存方式的互动，是人改造自然最深刻的根源；实践对人的生存方式的规定及其合规律与合理性，是人的价值高于自然价值最充足的理由。由此可以认为，人的生存以其他所有(低层次的)自然物为条件，人将世间万物视为手段和条件既是必要的也是必然的。

在人与自然价值关系问题上，存在着如何理解"人类中心主义"的争论。一些生态主义者在反思资源环境危机时，认为危机的根源是人类中心主义，即人类以自己为中心，从自己的利益出发对待自然，而不顾及自然的持续发展，因而主张走出“人类中心主义”，承认自然自身的价值（自然的内在价值），甚至放弃对自然的改造。基于人的价值高于自然价值的理解，对“人类中心主义”不应一概而论，而是应当做出具体的辨析。我们认为，可以将人类中心主义区分为事实判断（即本体论和认识论意义）的“人类中心主义”和价值判断的“人类中心主义”，两种类型的人类中心主义的性质和含义是迥然不同的：人是宇宙的中心，这是一个事实判断；一切以人为尺度，从人的利益出发，则是一个价值判断。人类中心主义作为事实判断不能成立，因为宇宙万物就其产生和发展的必然性而言，并无高低贵贱之分，亦无中心与外围之别，人只是浩瀚宇宙中一颗小小行星上的高等动物，不是也不可能是宇宙的中心，更无权自诩为万物的主宰。与之不同，作为价值判断的“人类中心主义”，则可以做出合理的解释和辩护，因为从人的角度或人与他物（如自然）的关系看，人的一切自觉活动，包括可持续发展在内，理应以人为中心，以人的生存发展为目的。从这个意义上说，以人类整体或根本利益为中心的“人类”中心主义是合理的也是必须的。

价值观涉及人对自己与社会和与他人关系的理解。人是社会性存在，其生存和发展离不开社会和他人。首先是与社会条件密切相关。人的生存方式决定了其生存必须以物质资料的生产和再生产即对自然界的改造为基础，因为人类生存的前提就是必须能够生活，而为了生活，就必须从事物质资料的生产和再生产。物质资料的生产和再生产不是单个人的、孤立的行为，必须在人与人的劳动协作和交换中来进行、来实现，从而“通过劳动而生产自己的生命，……就立即表现为双重关系：一方面是自然关系，另一方面是社会关系。”①也就是说，“一切生产都是个人在一定社会形式中并借这种社会形式而进行的对自然的占有。”②这种社会形式就是生产关系，即《德意志意识形态》所说的，“受到迄今为

① 《马克思恩格斯选集》第1卷，人民出版社2012年版，第160页。
② 《马克思恩格斯选集》第2卷，人民出版社2012年版，第687页。

止一切历史阶段的生产力制约同时又反过来制约生产力的交往形式，就是市民社会。”[①]生产力要在生产关系中来实现，“人们是在一定的生产关系中制造呢绒、麻布和丝织品的。……这些一定的社会关系同麻布、亚麻等一样，也是人们生产出来的。社会关系和生产力密切相联。”[②]生产关系是社会关系的基础，在这个基础上形成全部的社会关系。社会关系是人生存发展的外部环境，决定着人的生存的状况。其次是与他人密切相关。霍尔巴赫曾指出，“在所有的东西中间，人最需要的东西乃是人。”[③]马克思、恩格斯更是进一步指出，“一个人的发展取决于和他直接或间接进行交往的其他一切人的发展。”[④]马克思还从哲学目的论的层面深刻揭示了人与人之间的关系，“每个人为另一个人服务，目的是为自己服务；每一个人都把另一个人当作自己的手段互相利用。这两种情况在两个个人的意识中是这样出现的：(1)每个人只有作为另一个人的手段才能达到自己的目的；(2)每个人只有作为自我目的(自为的存在)才能成为另一个人的手段(为他的存在)；(3)每个人是手段同时又是目的，而且只有成为手段才能达到自己的目的，只有把自己当作自我目的才能成为手段，也就是说，每个人只有把自己当作自为的存在才能把自己变成为他的存在，而他人只有把自己当作自为的存在才把自己变成为前一个人的存在。”[⑤]无论是理解并处理人与他人的关系还是理解并处理人与社会的关系，都必然要涉及价值观，比如是“人不为己天诛地灭”还是“舍己为人”，是仅仅从社会索取还是积极为社会发展做贡献，等等。

价值观涉及人对自身的理解。人自从有了自我意识，就开始了对自己的思考。我是谁，从哪里来，到哪里去，人生的意义是什么，人的本性是什么，怎样的生活更有意义？当人们开始面对这类问题并力求做出

---

① 《马克思恩格斯选集》第1卷，人民出版社2012年版，第167页。

② 《马克思恩格斯选集》第1卷，人民出版社2012年版，第222页。

③ 北京大学哲学系外国哲学史教研室编译：《十八世纪法国哲学》，商务印书馆1963年版，第649页。

④ 《马克思恩格斯全集》第3卷，人民出版社1960年版，第515页。

⑤ 《马克思恩格斯全集》第30卷，人民出版社1995年版，第198页。

回答时，便开始了对自我的思考。人对自身的思考包括两个层次，一是对人类(我们)的思考，二是对自己(我)的思考，两个层次的思考既相互区别又相互关联、相互促进。人对自身的思考一直伴随着人类的成长、伴随着对外部世界改造的深入而绵延不绝。在中国古代，哲人们尤其注重内省意识，注重对人性的探讨，重视人的德性的完善，就人类而言，对以善恶为中心的“人性”问题进行了持续的探索，出现了性善论、性恶论、善恶混同论等代表性观点。在西方，自苏格拉底主张“认识你自己”开始，哲学家们对“人性”等人自身的问题进行了多视角、多层面的解读，提出了以“幸福论”“禁欲主义”“人文主义”“人性论”“人道主义”“人本主义”为代表的关于人性、人生意义的理解。人对自身的思考丰富了人的自我意识，充实了人的价值，提升了人对生存意义的理解。

价值观作为价值意识，既具有主观性也受到客观条件的制约，是主观与客观的统一，而作为价值意识的观念体系，作为对价值意识或价值取向的抽象和统摄，既与一般的价值意识或价值理念具有共性，又具有一些独特的规定性。

价值观具有现实性。价值观的现实性在于，它直接或间接地基于人的需要和利益，是需要和利益的主观反映和提升。在现实生活中，不同的群体、不同的阶级或阶层会有不同的需要和利益诉求(利益是需要的现实表现)，这些诉求在观念上的反映，就是价值取向进而形成价值观。对人的价值取向的溯源性分析表明，价值取向和规范要以一定的价值元命题为基础，要建基于价值设定，即将人生存发展的需要转化为价值元命题，即基本的价值取向。价值设定是人的价值理论和价值活动形成过程中的关键环节，没有这一环节，需要就只能停留在欲望的层次上，而不可能成为引导人的自觉活动的价值取向。价值设定具有主体性，在同样的条件下，正是不同的设定使各种价值取向显现出差异甚至对立，但价值设定又不是无源之水，而是源于人的需要。需要作为人对自身生存和发展的条件的依赖和需求，要受制于一定的社会条件，同时又具有超越该社会条件的趋势和内在要求，从而具有超越客体现状并以此出发来把握和规范客体的指向性，这种指向性同客体现状之间的矛盾，就导致了主体规范(改造)客体的动机，成为主体能动性最深刻的根源所在。美国心理学家约翰·P. 霍斯顿指出："动机是起动和指导行为的因素，以及决定行为的强度和持久性的东西。"①正因为有需要，人才会形成动机并上升为价值，进而以"为我"的方式即主体的方式去把握和规范客体，使自己的活动成为客体对象化的过程，使对象发生有利于人生存发展的变化，而人所引起的对象的变化又作为新的客观条件，引发新的需要、利益和新的动机，推动价值观的变化发展。

价值观具有主体性。价值设定归根结底源于人的需要和利益，却并非需要和利益的直接再现，而是需要和利益的能动的主观反映，因而具有主体性，它不仅是人的需要和利益在观念上的反映，还体现着人对生活的意义、生存态度等一些基本问题的理解。价值观作为对价值问题的根本观点和总的看法，虽然要以一定的外在条件为基础，但本质上是一种主观意识，具有主体性，是人的人生态度、人格修养、思想境界的观念表达，反映了人对各种价值问题的基本倾向、基本态度和基本观点。生活的意义、生存态度等，是存在于人的意识中的既有的"前结构"，是人的价值预设。当然，这"前结构"的"前"，是相对于人特定阶段的动机和行为而言的，而非先天或生来就存在，因为追根溯源，"前结构"是在既往生活和实践中形成的，是人的素质、修养以及信仰的综合表现。主观性决定了价值观具有超越现实性，它不仅反映或体现人们当下的利益和意愿，也反映或体现人们长远的利益和意愿；不仅体现个人或某一群体的利益和意愿，也会超越性地体现人类整体的、长远的利益和意愿，古人所谓"人生不过百，常怀千年忧"，讲的就是这个道理。主观性还决定了价值观具有差异性，即在同样的环境中，基于同样的现实条件，不同的人会形成不同的价值观。这种差异又会导致价值的选择性，这既体现为人们可以选择不同的价值观，又体现为人们基于不同的价值观，会对同样的问题以及人和事物做出不同的评价，进而对自己的期望、目标

① 约翰·P. 霍斯顿：《动机心理学》，辽宁人民出版社 1990 年版，第 3 页。

和行为做出不同的选择。

价值观具有历史性。由于价值问题要受到社会条件制约和现实环境的影响，是在历史过程中生成和演变的，作为价值问题主观反映的价值观就具有历史性。恩格斯在批判杜林的"永恒道德"论时揭示了道德的历史性，指出，"善恶观念从一个民族到另一个民族、从一个时代到另一个时代变更得这样厉害，以致它们常常是互相直接矛盾的。"①认为道德不是永恒的，而是随着人类历史的发展不断变化的，原因在于，道德是由经济关系决定的，要随着经济状况的变化而变化。他还指出了道德的阶级性，认为"一切以往的道德论归根到底都是当时的社会经济状况的产物。而社会直到现在还是在阶级对立中运动的，所以道德始终是阶级的道德；它或者为统治阶级的统治和利益辩护，或者当被压迫阶级变得足够强大时，代表被压迫者对这个统治的反抗和他们的未来利益。"②"如果我们看到，现代社会的三个阶级即封建贵族、资产阶级和无产阶级都各有自己的特殊的道德，那么我们由此只能得出这样的结论：人们自觉地或不自觉地，归根到底总是从他们阶级地位所依据的实际关系中——从他们进行生产和交换的经济关系中，获得自己的伦理观念。"③这一论述完全适用于说明价值观的变化及其原因。

价值观具有稳定性。价值观作为对价值问题根本的观点和总的看法，不同于一般的价值理念，具有抽象性和宏观性，因而具有相对的稳定性。现实生活是丰富多彩、变动不居的，人们在现实生活中对各种价值问题的看法往往会因事、因时而发生改变，对不同的人、不同的社会现象会做出不同的评价，也就是说，具体的价值观念会因事、因时而异，总是不断变化的。但是，作为抽象性和宏观性的价值观，作为"先入之见"的基本价值观念一经形成，则是比较稳定的，不会轻易发生变化，具有相对的持久性。在历史上和现实中，每个人都或明或暗地信奉

---

① 《马克思恩格斯选集》第 3 卷，人民出版社 2012 年版，第 469—470 页。

② 《马克思恩格斯选集》第 3 卷，人民出版社 2012 年版，第 471 页。

③ 《马克思恩格斯选集》第 3 卷，人民出版社 2012 年版，第 470 页。

某种或某些价值观。例如在封建时代许多人信奉“三纲五常”以及人身依附观念、宗法观念、等级观念、特权观念、因果报应观念，又如在资本主义时代许多人信奉金钱至上以及自由、民主、平等、人权观念。这些观念往往根深蒂固，很难改变。

价值观具有层次性。价值观可以分为伦理层面的价值观和历史观层面的价值观。伦理层面的价值观是相对具体的，主要包括社会运行的价值规则和人们行为的规范。这些规则和规范是人们共同制定并普遍接受的、在社会活动中应当或必须遵循的原则和标准，包括各种明文规定的道德规范、行为规则、规章以及习俗等，这些行为规则和规范在社会生活中起着规范社会成员行为、调节人们之间的关系、维持社会运行秩序的作用，对人们具有约束性和引导性。行为规范是人们在现实生活中根据自己的需要和利益形成的，归根到底是社会生活的反映，但同时又体现着人们的价值取向，是一定的价值观的现实表现和延伸。历史观层面的价值观则具有抽象性，是关于价值的根本看法和总的观点，是最高层次的、根本性的价值取向，它源于具体的如伦理层面的价值取向，又构成为各种具体价值取向的价值之源，构成具体价值取向背后的价值支撑。

从内容上看，价值观涉及人们的人生理想、道德观以及审美观等几个方面，因而价值观是人们理解各种理论或现实问题的价值起点，在人的社会实践和社会生活中具有重要的作用，其作用主要体现在对人的行为和涉及人生存发展的事物的评价、期望、导向和选择上。

价值观的作用体现在评价上。评价是对某一事件或人物进行分析判断并得出结论，价值评价则是人对对象可能具有的价值和意义进行的评价，其目的是对对象与人的关系的意义做出定性（利弊、善恶等）和定量（程度）的评判，其依据则是评价对象（事实）和人们的价值取向。评价结果首先取决于作为评价对象的事实（事物、行为等），事实是评价的客观依据，是决定评价结果的客观因素。评价结果又取决于作为评价主体的价值观或价值取向，它是评价的主观依据，是决定评价结果的又一因素。不同的人基于不同的价值观，对同样的对象会做出不同的评价。毛泽东在《湖南农民运动考察报告》中叙述了封建势力和革命派对湖南农民运动截然对立的两种评价，“农民在乡里造反，搅动了绅士们的酣梦。……从中层以上社会至国民党右派，无不一言以蔽之曰：‘糟得很。’即使是很革命的人吧，受了那班‘糟得很’派的满城风雨的议论的压迫，他闭眼一想乡村的情况，也就气馁起来，没有法子否认这‘糟’字。很进步的人也只是说：‘这是革命过程中应有的事，虽则是糟。’总而言之，无论什么人都无法完全否认这‘糟’字。实在呢，如前所说，乃是广大的农民群众起来完成他们的历史使命，乃是乡村的民主势力起来打翻乡村的封建势力。宗法封建性的土豪劣绅，不法地主阶级，是几千年专制政治的基础，帝国主义、军阀、贪官污吏的墙脚。打翻这个封建势力，乃是国民革命的真正目标。孙中山先生致力国民革命凡四十年，所要做而没有做到的事，农民在几个月内做到了。这是四十年乃至几千年未曾成就过的奇勋。这是好得很。完全没有什么‘糟’，完全不是什么‘糟得很’。‘糟得很’，明明是站在地主利益方面打击农民起来的理论，明明是地主阶级企图保存封建旧秩序，阻碍建设民主新秩序的理论，明明是反革命的理论。每个革命的同志，都不应该跟着瞎说。你若是一个确定了革命观点的人，而且是跑到乡村里去看过一遍的，你必定觉到一种从来未有的痛快。无数万成群的奴隶——农民，在那里打翻他们的吃人的仇敌。农民的举动，完全是对的，他们的举动好得很！‘好得很’是农民及其他革命派的理论。”①其所以对同一件事情做出“糟得很”和“好得很”两种截然不同的评价，就是因为双方站在不同的立场上，秉持不同的价值取向。

价值观的作用体现在理想和期望的定位上。价值观涉及人的理想，既体现着人对自己人生的期望，又涉及对生存环境的期望。人是有感情的理性的动物，对自身生存状态及与之相关的外部环境总会自觉或不自觉地有所期待，期待更加幸福美好的生活，期待更有益于自己生存发展

① 《毛泽东选集》第1卷，人民出版社1991年版，第15—16页。

的环境和条件。在不同社会关系中的人，具有不同生活经历的人，具有不同修养的人，或者具有不同性格的人，对自身生存状态的认知，对幸福美好生活的理解，对未来生存发展的环境和条件的期待往往是有差异的，而决定这差异的主要因素，就是价值观。价值观会体现为人对自身的期望和导向，例如希望自己成为怎样的人，对自己的一生有怎样的抱负和期望，也会体现为人对环境的期望和导向，例如对社会发展趋势、目标的期望和愿景，对社会政治环境、道德环境的期望，以及对自己生活在其中的自然环境的期望等。

价值观的作用体现在行为的选择上。价值观具有实践品格，制约甚至支配着主体的价值选择。人在任何时候、任何情况下都面临着选择，有动机的选择、目标的选择、行为的选择，等等。如，喜欢什么、不喜欢什么，想要什么、不想要什么，想做什么、不想做什么，等等。这些选择要受到客观条件的制约，而不可能天马行空、随性而为，同时又具有主体性、能动性，要受到主观因素的影响。在同样的客观条件下，不同的人的想法和行为是不同的，甚至是截然相反的，这说明选择具有主观性。影响人们选择的主观因素除了需要和利益之外，主要就是价值观。亚里士多德指出，“人的每种实践与选择，都以某种善为目的。”① “幸福作为最高善”②，这里的“善”可广义地理解为对自己的好，对自己有意义、有价值。他还区分了选择与意愿，“选择显然是出于意愿，但两者不能等同。……一些人把选择等同于欲望、怒气、希望以及某种意见，这显然都不对。首先，选择不像欲望和怒气那样，为无逻各斯的动物所共有。其次，不能自制者的行为是出于欲望的，而不是出于选择的。与之相反，自制者的行为是出于选择的，而不是出于欲望的。”③根据亚里士多德的观点，选择与德性即我们所说的价值观有紧密的联系，“以某种善为目的”，本质上就是以某种价值观为根据。美国学者小约瑟

---

① 亚里士多德：《尼各马可伦理学》，商务印书馆2003年版，第3页。

② 亚里士多德：《尼各马可伦理学》，商务印书馆2003年版，第9页。

③ 亚里士多德：《尼各马可伦理学》，商务印书馆2003年版，第65页。

夫·奈也指出了主体的选择与价值观念的关系，认为“我们的选择显然受到我们头脑中的价值观念、偏好以及理论等的影响，这种影响可能显而易见，也可能是朦朦胧胧的。”①即人们总是自觉不自觉地依据某种价值观选择自己的行为，不同的价值观可能将人们引导至不同的行为上去，进而导致不同的结果。

二、自为价值与为他价值

人的价值可以分为“自为的价值”和“为他（人）的价值”，这两种价值之间的关系是人们价值理论和实践活动中经常遇到的问题，可以称之为关于价值观的基本问题。

人的“自为”的价值是人作为主体自有的、指向自身的价值存在，这种价值只需要由作为价值载体的人自身来确定。人的“自为的价值”是目的性的。虽然人的“自为”价值的实现也与他人和他物相关，但在这种关系中“自为”的价值是目的而非手段。人自为的价值作为目的性价值，是“自生”“内生”的，既是自然进化使然，又是社会进化的使然。生物由低级向高级的进化，使人处于自然界生物生存链的顶端，是自然进化的最高产物。人为我的价值又是社会进化的产物，是人长期社会生活和社会实践的结晶，是人自己的创造。生活和实践丰富人的主体性，也充实着人的价值，人有主体性，就有价值，人的主体性就是人自为价值充足的根据，也是人的价值高于自然价值最充足的理由。康德从目的论意义上肯定了人的“自为的价值”。他认为，目的有内在与外在之分。“我的所谓外在的目的性是指这种目的性说的，即在自然中一个东西帮助另一个东西作为达到一个目的的手段的。”②就是说，一事物以他事物为目的或作为他事物达到目的的手段，那么他事物的目的对该事物就是外在的目

① 小约瑟夫·奈：《理解国际冲突：理论与历史》（第7版），上海世纪出版集团2009年版，第26页。

② 康德：《判断力批判》下卷，商务印书馆1964年版，第87页。

的。内在的目的性则不同，“内在目的性是和对象的可能性联系在一起的，不管那对象的现实性本身是否一个目的。”[①]内在目的性就是事物自身的原因和根据，人就是自身的内在目的，因而“人就是创造的最后目的”[②]。康德的目的论确立了人在世间万物中的价值优先性，断定人在世间万物中只是目的而不能被视为手段。

人的“为他”的价值是人相对于他人、群体和社会而言的价值，是人对于他人、群体和社会的有用性或意义，这个意义上的“人”及其价值对于他人、群体和社会来说是对象性、手段性的。康德肯定人具有最高价值，但他所谓人之最高价值是就人与他物的关系而言的，至于就人自身而言，人则可以是手段，即人们之间可以互为目的和手段，正是在此意义上说，人具有为他(人)的价值。人的“为他”的价值要以他人为目的，通过对他人的意义来体现和实现，从而是一种手段性的、关系性的价值存在，通常所说的人的价值在于对社会的贡献、人活着是为了他人生活得更幸福等，便是人与人关系上的人的价值。这种为他的价值具有手段性和外在关系性，但这仅仅是就人与人之间的关系而言的。

人的“自为价值”和“为他价值”的关系问题是价值观的基本问题，因为这一问题在价值观的诸问题中最为基本也最为重要，是理解其他价值观问题的前提。认识和处理人的“自为价值”和“为他价值”的关系直接关系到人对自己与他人和社会关系的理解，关系到人对自己的价值定位，关系到人的价值选择。其所以如此，是因为“自为价值”和“为他价值”都为人的生存发展所需要，且二者既有关联又有区别，在一定条件下会发生冲突。人具有“自为价值”，这是人生存发展意义的根基而不能舍弃，卢梭曾认为人不能放弃生命权，原因就在于此，同时人的“自为价值”(至少是其中的一部分)又要在其“为他价值”中来实现，因而人又离不开且要寻求和体现“为他价值”。然而问题在于，在现实生活中，两种价值的实现又往往是相互冲突的，二者在一定条件下会相互排斥，从而会使

---

① 康德：《判断力批判》下卷，商务印书馆1964年版，第87页。
② 康德：《判断力批判》下卷，商务印书馆1964年版，第100页。

人面临着鱼与熊掌不可兼得的、非此即彼的窘境："自为价值"优先，抑或"为他价值"优先？甚至是要"自为价值"还是要"为他价值"？这种定位和选择涉及人对人生价值的理解，又关系到人生价值和意义的实现，关系到人对社会及他人的作用。

人的自为价值与为他价值是相互关联的，自为的价值是价值之本、之源，是人为他价值得以成立的根据，而人的为他价值则是其自为价值的社会表现或实现形式。人所以有为他的价值，就是为了相互实现他人的自为的价值，承认人自为价值的存在及其合理性，是肯定人之主体性的必然结论，又是肯定人的个性、权力和利益的前提。近代人道主义原则是对人自为价值的一种普遍性的肯定，也是对人为他价值的一种普遍性的肯定，而康德"人就是现世上创造的最终目的"①之命题，则是对人的自为价值的哲学认定。

实现人的自为价值与实现人的为他价值既有统一的一面又有差异的一面。统一的一面在于，人的自为价值不仅有赖于人自身，亦要在人的为他价值的实现中得到体现，这就是人的本质力量的对象化，正如马克思所说，"劳动的产品就是固定在某个对象中、物化为对象的劳动，这就是劳动的对象化。"②人的本质力量，就是人所具有的一切能力(人的全部特征和能力，包括知情意和体力)的总和，人的本质力量的对象化，就是能力的实现即通过劳动物化在对象之中，也就是主体通过自己的活动把自己的本质力量体现在客体当中，使客体成为人的本质力量的确证和展示。差异的一面在于，实现人的自为价值与实现人的为他价值是实现人的不同方面价值的路径，不能相互替代。通常认为，人生的价值要在劳动和奉献中来实现，这一说法有一定的道理，因为人的价值确实要通过服务他人、群体和社会来实现，但对这一点却不能加以绝对地理解，因为服务他人、群体和社会并非人的价值之全部。人在服务他人、群体和社会之外，还有其自身独有的价值，亦即前文所述人的自为

---

① 康德：《判断力批判》下卷，商务印书馆1964年版，第89页。

② 《马克思恩格斯文集》第1卷，人民出版社2009年版，第156—157页。

价值。

明确实现人的自为价值与实现人的为他价值的关系，有助于理解人与他人、个人与群体、个人与社会的关系。一般地说，由于人性的同质性以及人生存发展的社会性，人既应当服务和奉献他人、群体和社会，又应当保留并实现个人之权益，这二者之间不是对立的，不能相互否定，而应当尽可能地统一起来，然而问题在于，二者在现实生活中有时也会有冲突，会出现为他价值的实现与自为价值的实现孰轻孰重、何者优先的问题，甚至会面临非此即彼的选择。

正因为人的“为他价值”和“自为价值”的关系问题难以应对且容易出现误解，通常在这一问题上往往会陷入两种片面性：一种是仅仅强调“为他价值”甚至以之否定“自为价值”，另一种是仅仅强调“自为价值”甚至以之否定“为他价值”。仅仅强调“为他价值”甚至以之否定“自为价值”，在现实生活中主要表现为整体主义，例如极端的集体主义主张个人无条件地从属于社会，个人利益无条件地服从群体、民族和国家利益，否认个人的正当利益和权利。整体主义之不合理，就在于颠倒了人的“为他价值”与“自为价值”的位置，将作为价值之流的“为他价值”置于了作为价值之源的“自为价值”之上。仅仅强调“自为价值”甚至以之否定“为他价值”，在现实生活中主要表现为极端个人主义，以“小我”遮蔽“大我”，离开群体、民族和国家利益片面强调个人利益，甚至将个人利益凌驾于群体、民族和国家利益之上。极端个人主义之不合理，就在于他以自己的自为价值否定了别人的自为价值。

关于“为他价值”与“自为价值”的关系，中西方学术界分别存在着集体主义与个人主义之辩以及社群主义与自由主义之辩。基于对人的“为他价值”与“自为价值”的关系的理解，可以对集体主义与个人主义之辩以及社群主义与自由主义之得失优劣做出合理的解读。

个人主义通常被认为是强调个人自由和个人利益至上，强调以个人为中心来看待世界、看待社会、看待自己和他人关系的价值观。个人主义主张个人本身就是目的，社会只是达到个人目的的手段，一切个人在权利上都是平等的。作为一种理论，个人主义是“一种政治和社会哲学，高度重视个人自由，广泛强调自我支配、自我控制、不受外来约束的个人或自我。……作为一种哲学，个人主义包含一种价值体系，一种人性理论，一种对于某些政治、经济、社会和宗教行为的总的态度。”①

集体主义是主张个人从属于社会，个人利益服从集体、民族和国家利益的价值观，这种观点认为集体利益高于个人利益，强调个人利益服从集体利益、眼前利益服从长远利益、局部利益服从全局利益，个人一切言论和行动的最高标准是符合集体、民族和国家的利益。集体主义不否认个人利益，而是主张把个人利益与集体利益统一起来，主张坚持集体主义原则与承认个人正当利益的一致性。既要求人们为集体利益的实现做贡献，又尊重个人正当的利益，但不赞成二者的利益完全等同，认为当二者的利益发生尖锐矛盾和冲突时，集体利益高于个人利益，必要时甚至要牺牲个人利益。在中国和西方，关于集体主义与个人主义的关系一直存在着不同的理解，可称为集体主义与个人主义之辩，辩论中大致有三种看法：一是肯定集体主义而否定个人主义，将个人主义等同于利己主义，认为个人主义的核心价值观就是强调自己的自由选择，就是自私自利，就是侵占他人和社会的利益。二是肯定个人主义而否定集体主义，认为集体主义的本质是强调个人对集体的服从，强调个人的奉献和牺牲，否认个人的正当权益，并认为集体主义的价值观本质上是抑制个性和创新的。三是持折中的观点，认为不应当强调集体主义和个人主义的对立，而应当在集体主义和个人主义之间寻找平衡点。

与之相似的是西方的社群主义与自由主义之辩。社群主义的哲学基础是在批评新自由主义的过程中发展起来的新集体主义，它反对新自由主义离开群体强调个人，认为个人及其自我最终是由其所在的社群决定的，因此，社群才是政治分析的基本因素，个人则是由他所在的社群决定，因而主张用公益政治学代替权利政治学。社群主义在价值观上强调集体权利优先的原则，重视国家、家庭和社区的价值，倡导爱国主义。

① 《简明不列颠百科全书》第9卷，中国大百科全书出版社2011年版，第593页。

自由主义主张个人权利至上，人们拥有自由、机会、财富、收入和自尊的权利优先性，认为生命权、自由权、财产权是人的基本人权。自由主义将个人作为理解和分析社会政治现象和政治制度的基本因素，追求保护个人思想自由的社会、以法律限制政府对权力的运用、透明的政治体制以保障少数人的权利。

上述辨析的根本之处在于对个体和群体价值关系的理解，是个体优先于群体还是相反。从根本的意义上说，个体是价值之源、价值之本，例如人的发展最终要落脚到每一个个人，人的权利最终也要落脚到每一个个人，但从价值实现的角度看，个体价值之实现又有赖于集体，离开集体个人价值就无从实现。从这个意义上说，强调个体和群体价值二者各自都有合理性。根据这一理解，我们认为，对集体主义与个人主义以及两者的关系必须做出合理的解释。

关于集体主义，值得注意的问题是区分真实的集体和虚假的集体。在现实中存在着真实的集体主义和虚假的集体主义。真实的集体主义是个人与集体有机结合、集体不遮蔽个人、集体主义不排斥个人的利益、个人利益与集体利益统一的集体主义。虚假的集体主义有两种情况：一是集体遮蔽个人、集体利益完全取代个人利益的集体主义，即通常所说的"整体主义"，这种集体主义不代表个人的利益，不能为个人的发展提供条件，本质上是与个人相对立的，因而对其中的个人来说是异化的、虚假的集体；另一种是打着集体主义幌子却只是代表部分人利益的集体主义，这种集体倡导(甚至强迫)所有人做出奉献，利益却由其中的少部分人(特权阶层)所享有，这种集体对其中的大多数人来说是异化的、虚假的集体。关于个人主义，值得注意的问题就是不应当对之做泛化的理解，例如不能将肯定个人价值、主张和维护个人权利视为个人主义。

黑格尔曾经指出，"国家是现实的一种形式，个人在它当中拥有并且享有他的自由。但是有一个条件，就是他必须承认、相信，并且情愿承受那种为'全体'所共同的东西。"①推而广之，所有真实的集体都是如

① 黑格尔：《历史哲学》，上海书店出版社 2001 年版，第 38 页。

此，一方面，人们必须承认、相信它，正如马克思、恩格斯所说的，“个人隶属于一定阶级这一现象，在那个除了反对统治阶级以外不需要维护任何特殊的阶级利益的阶级形成之前，是不可能消灭的。”①另一方面，“在这个共同体中各个人都是作为个人参加的。它是各个人的这样一种联合(自然是以当时发达的生产力为前提的)，这种联合把个人的自由发展和运动的条件置于他们的控制之下。”②个人在它当中拥有并且享有自由等权利。马克思、恩格斯正是以是否代表个体的利益为标准区分“真实的共同体”和“虚假的共同体”的，由此可见，集体主义的正当性应当建立在集体为“真实的共同体”基础之上，实现个人与集体利益统一必须构建“真实的共同体”。

这里的一个重要问题是个人与集体之间的价值排序问题，个人价值优先还是集体价值优先？我们对这一问题的看法是：从哲学的层面看，所有人的内在价值都是平等的(例如人格平等就是指人的自为价值的平等，而人的为他的价值显然是不平等的)，因此当人的自为价值与为他价值之间发生冲突时，应因时、因事做出孰重孰轻、孰先孰后的价值排序，做出“先人后己、先公后私”还是“先己后人、先私后公”的价值选择，而不应简单地断定谁优先于谁，特别是不应以为他价值否定自为价值。道理很简单，因为人的自为价值是为他价值的根据，人所以要服务和奉献他人、群体和社会，就是因为他人(所有人)都具有内在的价值，是为了肯定和实现他人的自为价值，如果不承认人自为的、内在的价值，其外在的、为他(人)的价值就没有存在的根据。承认这一点，有助于正确理解和处理人与他人、人与社会之间的关系，摆正人与社会和他人之间的位置，将利他建立在利己的基础之上，使利他观念及行为具有合理性及可持续性。

这里还有一个重要问题，即个人在何种条件下可以在价值上做出无条件的让步。我们认为，只有在下述情况下，个人可以在价值上做出无

① 《马克思恩格斯选集》第1卷，人民出版社2012年版，第199页。

② 《马克思恩格斯选集》第1卷，人民出版社2012年版，第202页。

条件的让步，这就是，(1)为了维护其他多数人的价值；(2)所维护的多数人的“价值”与个人所让步或舍弃的价值在价值内涵上是对等的；(3)必须是由让步者自己做出决定。这三项条件缺少一项便不应当要求个人在价值上做出让步。

人对自己自为价值和为他价值关系的定位和选择，在人面临的各个层次的价值定位和选择中具有最为重要的意义，关系到人的根本价值立场和价值出发点，是人一切社会活动的价值前提。

三、历史观中的价值观

唯物史观是科学认识与价值取向的统一，理解唯物史观科学认识与价值取向的关系，首先必须明确价值取向在历史观中的地位和作用。

明确价值取向在历史观中的地位和作用的前提，是对历史观做出科学的界定。历史观是对社会历史的根本观点和总的看法，任何历史观都既包含着对社会历史的认识即对社会历史事实的认定，也包含着价值观即对社会历史的评价和期望。价值观是历史观的有机组成部分，是历史观的价值之维，这是由作为历史观对象的社会历史的根本性质决定的。

对于何为历史或者说何为社会历史的根本性质，向来存在不同的见解。马克思、恩格斯认为“历史”本质上是人的活动史。他们明确指出：“历史什么事情也没有做，……其实，正是人，现实的、活生生的人在创造这一切，拥有这一切并且进行战斗。并不是‘历史’把人当作手段来达到自己——仿佛历史是一个独具魅力的人——的目的。历史不过是追求着自己目的的人的活动而已。”[①]“人类史同自然史的区别在于，人类史是我们自己创造的，而自然史不是我们自己创造的。”[②]清晰地表明了对“历史”的理解：“历史”本身并不是某种独立于人的主体，更不是某种神秘的力量，如“上帝”“天意”或康德的“大自然”、黑格尔的“绝对精神”

① 《马克思恩格斯文集》第1卷，人民出版社2009年版，第295页。

② 《马克思恩格斯文集》第5卷，人民出版社2009年版，第429页。

等。马克思、恩格斯认为，社会历史不同于自然史，就自然界来说，虽然也有作为人活动结果的人化自然物的部分，但整个自然界对于人及其活动而言却具有先在性，社会历史则不然，社会历史对于人和人的实践来说并无发生意义上的先在性，正相反，它具有鲜明的人为性，完全是人活动的结果，是实践的产物。

马克思、恩格斯主张从现实的人和人的实践出发理解社会历史。马克思曾断定“全部社会生活在本质上是实践的”①，他和恩格斯在《德意志意识形态》中多次论及“现实的人”以及他们所从事的“实际活动”，明确指出，“这里所说的个人不是他们自己或别人想象中的那种个人，而是现实中的个人，也就是说，这些个人是从事活动的、进行物质生产的，因而是在一定的物质的、不受他们任意支配的界限、前提和条件下活动着的。”②“人们是自己的观念、思想等的生产者，但这里所说的人们是现实的、从事活动的人们。”③“我们的出发点是从事实际活动的人。”④

由于社会历史本质上是人的活动史，而人的活动是体现主观意识和意志的能动的、自由自觉的行为，是在一定的自觉动机支配下的、内含着价值理念和价值目标的行为，因而作为社会历史根本观点和总的看法的历史观，不仅应当包括对人和社会历史的认识，也应当包括对人和社会历史的期望和评价。首先是因为，从历史研究方式和效果的角度看，离开价值等主观动机方面的因素，便不能对人们的行为做出合理的解释，从而不能对社会历史做出合理的解释；其次是因为，从社会历史研究目的的角度看，研究社会历史归根到底是为了更好地推进社会进步和人的发展，因而对社会历史的把握既要关注社会历史发展的合规律性，也要关注社会历史发展的合目的性，既要追求社会历史认识的正确性，也要追求社会历史认识的合理性，要体现对社会历史的评价和期望，非此社会历史便失去了部分的意义。因此，任何一种完整的历史观都应当

① 《马克思恩格斯选集》第1卷，人民出版社2012年版，第135页。

② 《马克思恩格斯选集》第1卷，人民出版社2012年版，第151页。

③ 《马克思恩格斯选集》第1卷，人民出版社2012年版，第152页。

④ 《马克思恩格斯选集》第1卷，人民出版社2012年版，第152页。

包含着价值观，体现着对价值问题的理解，或者说，作为完整的社会历史观，既应当具有认识之维亦应当具有价值之维，应当是认识维度与价值维度的统一。

认识维度即历史认识，是历史观之基本维度，所关涉的是对社会历史事实的历史观层面的认知，是对有关社会历史及其发展一些基本问题的理解，例如：社会历史的本质是什么，社会历史发展动力和机制是什么，社会发展的决定因素是什么，社会历史的发展是否具有规律性和基本趋势，社会历史发展的规律和趋势是什么，等等。由于对这些问题的不同回答，形成了不同的历史观，其中最典型的即唯物史观和唯心史观，二者的根本对立就在于对社会存在与社会意识关系的理解。唯物史观认为社会存在决定社会意识，将社会历史看作是人们活动的结果，认为物质资料的生产和再生产是历史发展的前提和基础，人们创造历史的活动要受到社会物质条件和物质关系的制约。唯心史观则相反，认为社会意识决定社会存在，将思想动机等社会意识当作社会历史的最终决定力量，认为社会发展是由天意，或者大自然隐蔽计划，或者世界精神，或者杰出人物的主观意志决定的，否认人的活动要受到社会物质条件和物质关系的制约，否认物质资料的生产和再生产在历史发展中的决定作用。两种历史观根本对立的原因在于：唯心史观只是考察了人们活动的思想动机，而没有追究产生这些动机的原因即物质动因，从而没有探索社会关系体系发展的客观规律性，并将少数英雄人物视为社会历史的创造者，否定人民群众创造社会历史的作用；唯物史观则进一步追究了人们思想动机背后的物质动因，即人们的物质需要以及作为需要社会表现的利益，揭示了为满足需要和实现利益的物质资料生产和再生产是整个历史的基础，确认了物质资料生产和再生产主体的人民群众是历史的创造者。

价值维度即价值观是历史观之另一基本维度，所关涉的是对社会历史过程中价值问题的根本理解和基本态度，例如：社会发展为了什么？理想的社会应当是怎样的？为什么人们期望社会朝着这个方向而不是那个方向发展？为什么社会会以这种方式而不是那种方式发展？为什么社会既要更快地发展又要更合理地发展？怎样的生活才是幸福的？社会发展为什么要以人的发展为目标？为什么社会总是由低级向高级发展，为什么社会进步有赖于人的奋斗？为什么社会生活中要确立一系列价值原则？引领和规范社会发展的主要价值原则应当有哪些？如何使社会环境有利于人的生存和发展？为什么在推进经济发展和财富增长的同时还要追求社会公平、社会和谐以及民主自由？等等。这些问题都属于涉及价值取向和价值观的问题。

作为历史观的两个基本维度，历史认识与价值取向既有区别也有联系。这里以历史认识和价值评价为例做一说明。

历史认识与价值取向有着显著的区别。认识是人对对象的反映，是人以观念的形式对客体及其规律和特性模写、复制和再现，所涉及的是对象"是什么"的问题。当然，与一般认识相比较，历史认识有其特殊之处。一般认识的对象是确定的，直接呈现在认识主体的面前，历史认识的对象则不然，它通常只能部分而不能完全呈现在主体面前，因而人们只能通过直接或间接的史料对历史事实加以认识和把握，以尽量接近历史的真相。借用解释学的说法，历史事实与认识者之间具有时间"间距"和主客体之间的间隔，这个间隔就导致了历史认识具有一定的相对性，只能逐渐地趋向于历史的真相。然而即使如此，历史事实曾经是客观存在的，因而历史是有真相的，并且随着真相的被揭示以及人们研究的拓展和深入，可以不断认识它、接近它、"还原"它。为此，历史认识的相对性可称之为"客观的相对性"。历史事实的客观性、确定性和可知性正是历史认识能够成为科学之前提，也是历史科学所以可能的前提。价值评价则不同。价值评价也有相对性，但与历史认识的相对性不同，价值评价的相对性是由主观因素造成的，可称之为"主观的相对性"。价值评价是对评价对象与评价者关系的判定和褒贬，涉及的是对象"怎样"或"应当怎样"的问题，因而价值评价必然要受到主观因素如利益、好恶、情感以及社会地位等的影响，即要涉及价值观并以其为依据。基于不同的价值观，即使在同样的事实认定的基础上，不同的人对同一个或同一种历史现象、事件或人物会做出不同的甚至截然相反的评价或形成不同的期望。由此可见，认知和价值评价都具有主体性，但价值评价的主体性更为明显。

历史认识与价值评价的区别还表现在衡量标准的差异上。认识的衡量标准是正确与否，正确与否是就主观与客观是否相符合而言的，正确的认识是主观与客观相符合的认识，即通常所说的对客观事物的正确反映。正因为这样，历史认识作为对社会历史现象的反映，对其可以做出正确与否的区分和界定。价值评价的衡量标准则是合理与否。这里有两层含义：一是价值取向本身的合理与否。合理的价值就是反映人生存发展的要求、既有利于人自己的生存发展亦有利于他人和社会的价值。二是运用合理的价值对对象(人或事物)的评价合理与否。这里的合理与否则是指某种价值评价(对社会历史现象做出利弊、善恶等价值性的判断和褒贬)的结论是否合理，即评价标准是否合理以及是否与评价对象的有关状况相符合。合理的评价即运用合理的价值标准进行的、与评价对象的有关状况相符合的评价。

评价和认知都具有主体性，但评价的主体性更为明显，它不仅包含着对对象的认知和反映，还体现着评价者的好恶，他的主观意识和意志，或体现着评价者的需求和利益等主观因素。因此，即使在同样的认知和反映的基础上，不同的人基于各种主观因素，也可能对同一对象做出不同的评价。这些主观因素既包括需要、利益、情感等，也包括立场、好恶等价值方面的因素。也就是说，基于不同的价值观，对同一个(种)历史现象、事件或人物会做出不同的甚至截然相反的评价。中国历史上所谓“仁者见仁，智者见智”一说，讲的就是这个道理。对于评价过程中的价值渗透现象，鲁迅曾有一段很是精彩且生动的解说，他指出，不同的人在阅读《红楼梦》时，“经学家看见《易》，道学家看见淫，才子看见缠绵，革命家看见排满，流言家看见宫闱秘事。”[①]经学家、道学家、才子、革命家之所以从《红楼梦》中看见了不同的含义，就是因为他们所

① 鲁迅：《集外集拾遗补编》，人民文学出版社2006年版，第172页。

站的立场以及所持的价值观念各异。

除了价值评价之外，其他价值活动也具有鲜明的主体性，这里特别要提及的是，价值的主体性使不同的价值取向直接影响到人的动机和行为，进而影响着个人的命运甚至社会历史进程。历史上以及现实生活中不乏这样的事例：处于同样社会环境中，不同价值观的人却可能有不同的甚至截然相反的想法和行为。例如在以往的时代，有的人信奉“人不为己，天诛地灭”，“人为财死，鸟为食亡”，有的人则立志“先天下之忧而忧，后天下之乐而乐”，“舍生取义，精忠报国”。又如在现实生活中，有的人无私奉献、见义勇为，有的人则自私自利、唯利是图；有人为真理和正义献身，有人为名利相互争斗；有的人追求自由、民主、法治、公平、正义、人权、和谐以及人的发展，有的人则反其道而行之。价值活动在人的动机形成及行为定向过程中的重要地位和作用由此可见一斑。

至于历史认识与价值取向之间的联系，将在下面详述。这里只指出一点，即历史认识和价值取向都具有客观性，都要以客观对象为基础。

以上所述表明：价值取向在人的生活以及社会发展中具有不同于认识活动的独特地位和作用，它是历史观不可或缺的组成部分，是历史观的价值之维，绝不能由认识活动所代替；历史观作为对社会历史的根本观点和总的看法，既包含着对社会历史的认识，也包含着对社会历史的评价和期望，包含着价值取向。

历史观的两个维度是相辅相成、相互支撑的：价值维度要以历史观即其认识维度为基础，认识维度要以价值维度为导向。

四、价值观以历史观为基础

价值维度要以认识维度为基础，对社会历史的正确认识是确立合理的价值观和人生观的前提。

所谓合理的价值观，主要有两层含义：从人与他人及社会的角度看，应当有利于正确理解和处理人与他人、人与社会的关系，有利于人的生存发展和社会进步；从人自身的角度看，应当有利于个人素质的提升、价值的实现和精神的充实。就此而言，一般所说的“正确的”价值观从本质上看就是“合理的”价值观。合理的价值观必须以正确的社会历史认识为基础。根据历史唯物主义的观点，物质生活的生产方式制约着整个社会生活、政治生活和精神生活的过程，因而价值虽然具有主观性，价值的实现却有赖于一定的客观条件。因此，人们要在社会实践和社会生活中实现其价值，首先就必须使自己的主观愿望与客观条件相符合，就要对客观条件即社会历史现象做出正确的认识，离开了正确的认识，再“美好”的价值取向和价值目标都只能是空想或幻想。社会是如此，个人也是如此。一个人要实现自己的价值，要使自己的生活更有意义，就必须对作为自己价值对象的人和社会事物以及自身与它们的关系有正确的认识，通常所谓人只有在个人与社会统一中才能实现自己的社会价值，说的就是这个意思。上升到历史观的层面来说，一个人要在现实生活中实现自己为他的社会价值，既要有正确的价值观和人生观，又要自觉遵循社会发展的规律，准确把握并适应社会发展的趋势。

历史认识方面的差异会影响到人们的人生观及其行为的选择。对社会历史的正确认识是确立正确人生观的前提，例如秉持进步史观，相信历史由低级向高级的发展和进步，有助于坚定人们推动社会发展的信念，所谓“只要主义真”，说的就是这个道理。对于一个人来说，树立崇高的理想，确立为人类幸福、为理想社会奋斗的坚定信念，不仅要靠对人民事业的热爱与责任，要靠对理想社会的无限憧憬和向往，还要靠对社会发展以及所从事事业的科学认识，这种认识包括对社会历史发展客观规律性和必然趋势的把握，包括对理想社会发展规律、动力和机制的正确理解，也包括对人与社会关系的正确认识。只有在对社会历史、对人与社会的关系科学认识的基础上，才能形成坚实的理想信念，才能确立正确的人生观，才能积极投身推动社会进步的事业，反之，认识不到社会历史发展客观规律性和必然趋势，怀疑人类未来进入理想社会的历史必然性，则会对历史发展失去信心，对历史秉持虚无主义态度，形成错误的人生观，做出错误的行为选择。

价值维度要以认识维度为基础，对社会历史的正确认识是对社会历史做出合理评价和期望的前提。

社会历史是由多种因素构成的，是多种因素、多种力量共同作用、交互影响的结果，其中每一种因素所起的作用又各不相同，同时，社会历史又是不断变化和演进的。由于这两方面原因，社会历史事件和现象是纷繁复杂的，往往真相与假象并存，呈现出扑朔迷离的景象。而问题在于，人们在生活和实践中要对自己的动机和行为做出价值定位和价值判断，又必须以对社会发展的各种因素及其相互作用的正确认识为前提。也就是说，一方面，合理的价值观要以正确的历史认识为基础，特别是要以对社会历史发展基本问题，例如社会历史发展的动力、机制、规律和趋势的把握为前提，另一方面，社会历史的复杂性决定了人们对社会历史的正确认识殊为不易，往往会导致认识上的差异，而这种差异又会影响到人对历史意义的理解。

纵观历史，任何价值观的形成不仅有一定的社会历史根源（在阶级社会中具有阶级根源），也有一定的认识根源。对某一社会现象及其本质不同的认识，往往会导致对它们不同的价值判断，正因为这样，不同的社会历史观在价值取向方面的区别往往起因于其认识方面的差异。

例如基于对社会历史发展的规律和趋势的不同认识，就存在宿命论（包括历史循环论）与进步史观等不同的历史观。

宿命论认为，世界上的一切都是必然的、命中注定的，历史过程是由某种不可抗拒、不可避免的神秘力量（天意或者命运）所决定的。这一认识决定了它完全否认人的主观能动性，否认人在社会历史中的作用，主张认命即被动地接受命运的安排，即如德国思想家斯宾格勒所宣称的，“历史的必然性所安排好的任务，将要由个人来完成，或者非其所愿地完成。愿意的人，命运领着走，不愿意的人，命运拖着走。”①宿命

① 奥斯瓦尔德·斯宾格勒：《西方的没落》，群言出版社 2016 年版，第 600 页。

论表现之一的历史循环论认为，历史是循环演变的，这种循环不仅仅在于王朝周而复始的更替，还在于经济和文化的兴盛衰败循环往复。这种观点在中外历史上都有表现。在中国，战国末期的邹衍提出“五德终始”说，用“五行”说解释王朝的更替和历史的变迁，认为历史是“木、火、土、金、水”所代表的五种德性相继更替、周而复始的循环往复的过程。意大利思想家维科认为，一切民族的历史演进都要经过神的时代、英雄的时代和凡人的时代：“(1)神的时代，其中诸异教民族相信他们在神的政权统治下过生活，神通过预兆和神谕来向他们指挥一切，预兆和神谕是世俗史中最古老的制度；(2)英雄时代，其时英雄们到处都在贵族政体下统治着，因为他们自以为比平民具有某种自然的优越性；(3)人的时代，其时一切人都承认自己在人性上是平等的，因此首次建立了一种民众(或民主)的政体，后来又建立了君主专政政体，这两种都是人道政权的不同形式”①。神的时代是原始时代，是人类的童年时期；英雄时代是贵族统治的时代，是人类的青年时期；凡人统治的时代是资本主义时代，是人类的成年时期，这三个时代分别对应氏族公社、贵族政体和君主独裁政体。法国社会学创始人孔德提出历史发展要经历神学阶段、形而上学阶段、实证科学阶段，与神学阶段相对应的是军事时期，与形而上学阶段相对应的是抽象法权时期，与实证阶段相对应的是工业时期。这种历史循环论虽然承认人类历史按一定秩序变化，但却将其看作是周而复始的过程，将历史过程个别特征的重复和相似加以绝对化，当作历史发展的普遍规律并做出封闭的理解，否认人类社会由低级向高级的发展，因而带有命定论的性质。

进步史观认为，历史是不断进步的，是一个向善向好，由低级向高级演变的过程。在历史上，启蒙思想家认为理性、启蒙所带来的动力可以推动社会向更高的阶段发展，例如伏尔泰认为人类进步是必然的，人类一定会在理性的指导下战胜愚昧、建立良好的秩序、开创美好的未来。黑格尔认为，人类的发展就是从自然的黑暗状态逐步走向历史的光

---

① 维科：《新科学》上册，商务印书馆 1989 年版，第 28 页。

明，从受自然的束缚转向自我意识的自我决定领域。美国哈佛大学教授平克在《人性中的善良天使》中指出，“我相信人类有进步，因为唯有认定进步的可能，人类才有理由努力去追求进步。如果放弃了历史进步这个观点，结果是不是只剩下虚无主义？”[①]“人性之中既有‘善良天使’也有‘心魔’。有的时候‘天使’会抬头，有的时候‘恶魔’会发生影响。至于为什么我们有的时候会去做恶事，做出很残酷的事，而有的时候我们却会做好事？他认为这取决于外在的原因、取决于制度、取决于环境因素。”[②]他把五千年的历史整理为五项“发展”（衡量发展或进步的尺度是暴力的降低），从而证明人类的道德在进步，并试图证明人类历史的进步。

马克思主义继承了历史进步的观念，“马克思和19世纪普遍的看法一样，认为人类发展的历史总是无疑在进步的。虽然毫无疑问会有挫折和苦难，但是人类支配自然的斗争中，最终将建立这样的一个社会：在这个社会中，人的能力将会获得更大的发挥，人的需要将会得到更大的满足。”[③]然而与以往进步史观的不同之处在于，马克思主义进步史观是对前人的新发展。以往进步史观的依据是对人性的信任、对文明和进步的信心，马克思的历史进步观念则是建立在对社会发展科学认识基础上的，因为唯物史观指出，生产力是历史的发展动力，生产力的发展会带来生产关系的变革，带来社会形态由低级到高级的发展，带来历史的进步，因而社会进步不仅是人的美好愿望和信念，更是社会运动即人的实践之必然结果，正是这一趋势决定了历史过程并不是简单的“循环”，而是基于生产力发展的生产关系和社会形态从低级向高级的不断发展和上升的过程。

又如由于阶级根源、社会历史根源以及对社会历史发展动力认识上的差异，存在着英雄史观与群众史观之分野。

---

① 钱永祥：《放弃“历史进步观”我怕陷入巨大的虚无主义》，http：//cul.sohu.com/20160517/n449944500.shtml.

② 钱永祥：《放弃“历史进步观”我怕陷入巨大的虚无主义》，http：//cul.sohu.com/20160517/n449944500.shtml.

③ 麦克莱伦：《马克思传》，中国人民大学出版社2006年版，第484页。

英雄史观是建立在对社会历史规律以及人与社会关系错误认识基础上的。英雄史观将个别英雄人物(杰出人物)夸大为历史的主宰，认为他们是社会历史的创造者，否认人民群众创造历史作用，从而在价值取向上为统治阶级的利益做论证。英雄史观主要有两种表现形式：一是强调个人主观意志的作用，认为历史发展是由帝王将相等少数英雄人物的意志、品格和才能决定的。这一观点的代表人物有英国的卡莱尔、德国的尼采、俄国的米海罗夫斯基和中国的梁启超等。卡莱尔认为：最终决定历史命运的是“神圣理念”，只有伟人才能了解它，并将其传达给芸芸众生，这些伟人的历史构成了全部世界历史的灵魂。“据我所见，世界历史就是人们在这个世界上所取得的种种成就的历史，从根本上讲，也就是伟大人物活动的历史。这些伟大人物是群众的领袖，而且是伟大的领袖，凡是芸芸众生所要做或想要得到的一切，都是由他们塑造和设计出来的，从广义上讲，他们简直就是创造者。我们所见到的这世界上的所有成就，严格地讲，无非是这些伟大人物思想外化的物质结果，是他们思想的实现和具体化。用一句恰如其分的话来讲，整个世界历史的精华，就是这些伟大人物的历史。”①尼采认为，历史是由“超人”主宰的，没有“超人”就没有历史，而人民群众不过是消极、被动的“惰性物质”，是少数杰出人物的盲目追随者，是“超人”的“奴隶”和“畜群”，是“超人”用以实现其意志的工具。米海诺夫斯基认为，群众是一串“零”，而杰出人物则是实数，再多的零加在一起也没有意义，而将实数的“一”加到这串“零”的前面，就成了天文数字。梁启超将历史比作是英雄活动的舞台，认为“历史者英雄之舞台也，舍英雄几无历史”②，历史就是英雄人物的活动史，而这些英雄人物心理之动进稍易其轨，全部历史便可以改观。二是认为历史是由某种客观精神决定的，杰出人物是客观精神的代理人。这种观点的代表人物是黑格尔。黑格尔认为，伟大人物“的职务

---

① 托马斯·卡莱尔：《论英雄和英雄崇拜》，中国国际广播出版社 1988 年版，第 1 页。

② 梁启超：《新史学》，《饮冰室文集》之九，中华书局 1989 年版，第 3 页。

是做‘世界精神的代理人’”①，“一切伟大的历史人物——这种人自己的特殊目的关联着‘世界精神’意志所在的那些重大事件。他们可以称为英雄。因为他们不是从现行制度所认准的、沉静有常的事物进行中，取得他们的目的和他们的事业；而取自一个泉源——它的内容是隐蔽着的，还没有达到现实的存在——取自那个内在的‘精神’……”②“我们应当把世界历史人物——一个时代的英雄——认做是这个时代眼光犀利的人物。他们的行动、他们的言词都是这个时代最卓越的行动、言词。伟大的人们立定了志向来满足他们自己，而不是满足别人。”③“假如我们进一步来观察这些世界历史个人的命运——这些人的职务是做‘世界精神的代理人’——我们可以知道他们的命运并不是快乐的或者幸福的。”④这些世界精神的代理人“之所以为伟大的人物，正因为他们主持了和完成了某种伟大的东西。不仅仅是一个单纯的幻想、一种单纯的意向，而是对症下药适应了时代需要的东西。”⑤

英雄史观的形成具有深刻的认识根源。在社会生产力水平低下，存在着阶级剥削和压迫的社会条件下，一方面，活动在历史舞台前面的少数人统治阶级掌握经济、政治和文化权力，高高在上、独断专行，垄断精神文化生活，制定社会政策和规范；另一方面，大多数从事物质资料生产的默默无闻的劳动者经济上受剥削，政治上受压迫，处于无权无势的地位，积极性和创造性受到压制而得不到充分发挥，更得不到社会应有的承认，其造成的结果是，似乎一些英雄人物能够为所欲为地创造历史、决定社会历史进程。由此可见，英雄史观的认识根源主要是对历史的认识停留于现象和表面，由于这一原因，加上统治阶级基于维护统治地位的需要，总是极力夸大自己的作用甚至将其绝对化，就造成了英雄人物创造历史的假象，进而造成了在价值上对英雄人物的颂扬。上述不

① 黑格尔：《历史哲学》，上海书店出版社 2001 年版，第 31 页。
② 黑格尔：《历史哲学》，上海书店出版社 2001 年版，第 30 页。
③ 黑格尔：《历史哲学》，上海书店出版社 2001 年版，第 30 页。
④ 黑格尔：《历史哲学》，上海书店出版社 2001 年版，第 31 页。
⑤ 黑格尔：《历史哲学》，上海书店出版社 2001 年版，第 31 页。

同形式的英雄史观，无论是卡莱尔、尼采、米海诺夫斯基强调个人主观意志作用的观点，还是黑格尔所谓杰出人物是客观精神代理人的观点，其价值取向都是重视英雄人物而轻视甚至无视人民群众。

与英雄史观相反，群众史观以科学实践观为基础，是建立在对社会历史规律以及人与社会关系科学认识基础上的。唯物史观的科学认识为确立人民群众创造历史的原理奠定了坚实的基础。正因为揭示了社会存在决定社会意识、物质资料的生产和再生产是社会生活和历史发展的基础，生产方式是社会发展的决定力量，正因为认识到人民群众是社会物质财富和精神财富的创造者，是历史发展的决定力量，才确立了人民群众是历史创造者的群众史观，确立了一切为了群众、一切依靠群众的群众路线，才确立了以人民为中心的价值取向。这一道理将在本书第十章第二节中详述。

价值维度要以认识维度为基础，对历史事件和人物的价值评价要以正确的认识为前提。

这一点黑格尔曾做出过示范。黑格尔在论及对杰出人物的评价时，曾谈到道德(价值)尺度和历史尺度的关系。他认为，由于一些杰出人物具有非凡的特质、作为和历史贡献，所以对他们不能仅仅以常人的眼光和标准(如通常的道德标准)进行评价，而应当做出历史的、合规律性的评价。这是因为，“一个‘世界历史个人’不会那样有节制地去愿望这样那样的事情，他不会有许多顾虑。他毫无顾虑地专心致力于‘一个目的’。他们可以不很重视其他伟大的，甚或神圣的利益。这种行为当然要招来道德上的非难。但是这样魁伟的身材，在他迈步前进的途中，不免要践踏许多无辜的花草，蹂躏好些东西。”[①]黑格尔的这一观点无疑是深刻的、富有启发性的。

这里要强调一点是，科学认识支撑价值取向但不能代替价值取向。有一种观点认为，“从根本上讲，只有符合历史尺度的，才是符合人道

---

① 黑格尔：《历史哲学》，上海书店出版社 2001 年版，第 32—33 页。

主义价值尺度的，价值观必须服从历史观。”[①]这实际上是混淆了合规律性与合目的性两个不同的问题，实质是取消或否定了价值取向在社会历史认识中的作用。

五、历史观以价值观为导向

价值观作为历史观合目的性的观念表达，是历史认识的价值引领。历史认识与历史评价二者之间具有密切的关系，它们之间的关联在于，历史认识既要以事实为基础，以正确反映历史事实为前提，又要以历史评价为导向，因为历史认识不同于自然科学，它并非价值无涉的，而是要涉及反映的主体性，涉及反映过程及其结果的价值渗透。

马克思主义认识论认为，反映具有主体性，认识是主体对客体能动的反映，在这一过程中，主体起着主导的、主动的作用，而不是被动地反映或接受对象。由于人的反映活动受主体因素的影响，因而在同样的实践的基础上，对同一事物的反映往往会形成不同的结果。这种结果的不同取决于以人脑生理结构为基础的、在以往反映过程中形成的主体意识系统，即主体的意识结构，亦即人在反映过程中形成的各种基本认识内容在人脑中定格化而形成的主观意识状态。意识结构对于人的反映活动、对于认识的形成和发展具有重要的影响，能够选择反映对象，以及选择反映对象的哪些方面、性质或问题，能够调整和组织反映于人脑中的各种信息材料，对进入大脑的信息材料进行加工。正因为如此，主体对客体的反映是一个能动的过程，即康德所谓“做成知识”的过程。

解释学认为，解释（诠释）是一种与解释者内在关联的主体性活动。以往有一种常识性的观点认为，解释就是在观察的基础上进行思考，合理地说明事物变化的原因、事物之间的联系或者事物发展的规律，似乎解释的结果只是与对象本身有关而与解释者无关。解释学则认为，对文

---

① 江丹林：《马克思的晚年反思》，北京出版社1992年版，第121页。

本或历史解读的过程就是意义生成的过程。海德格尔提出了"解释学循环"理论，认为解释者对被解释对象的"认识预期"是待解释的意义的一个部分，解释活动的结果依赖于解释的"前结构"，即解释之前已经存在的影响解释活动的主观因素。伽达默尔认为，人文科学具有历史相对性与文化差距性，由于人类历史由以往的各种因素积累而成，因而人们的认识会受到既往因素的影响，人的存在会局限于传统之中，其对对象的理解会有"偏见"，真实的理解乃是各种不同的主体"视界融合"的结果。哈贝马斯反对哲学解释学的主观主义，认为行为的意义并不能仅仅由行为者的主观因素来确定，决定其意义的根本因素是社会中的劳动与支配系统，这二者加上语言系统构成了人们解释的客观环境，因而人的理解会受到客观环境的制约。

与解释学相似，美国科学哲学家汉森否定存在中性的观察(不带任何先入之见的观察)，并在此基础上提出了"观察渗透"的观点。他认为，完全不受主体影响的纯客观的观察是不可能的，在科学研究中，不同的人由于生活经历、文化背景、知识水平和知识结构不同，对同一事物的观察得出不同的结论。他指出，假如开普勒和弟谷一道站在山上观察日出，那么二者得出的结论却不会相同。信奉地心说的弟谷的观察结论将是：地球是固定不动的，其他天体绕着地球转动，而信奉日心说的开普勒观察的结论将是：太阳是固定不动的，能动的是地球。所以开普勒和弟谷尽管都注视着同一个对象，但所看到的可能不是同一个东西，而他们两个的观察结论之所以截然相反，是因为他们"是否看到同样的东西这一问题，不仅靠他们的眼网膜、视神经或视皮质的物理状态去解决。'看'的功能涉及眼球以外的因素。"①汉森这里所说的，"眼球以外的因素"，实际上主要就是主体的认识能力，特别是主体的知识结构。

从宏观的层面看，反映所以具有主体性，是因为反映活动属于认识范畴，是人改造对象的实践活动的一个环节，实践能动地改造对象的特征体现在认识上，就表现为对对象的积极的探索，对认识对象(感觉、

① 汉森：观察渗透理论，《自然科学哲学问题》1981 年第 2 期，第 43 页。

经验等)的创造性的建构。从微观的层面看，反映所以具有主体性，是因为主体具有先在的意识结构。意识结构对于某一具体的认识活动而言，是既有的、先在的，但就认识的总过程来看，它又是在以往的实践和认识过程中逐渐形成的。作为人能动的反映活动，认识总是不断深入和拓展的，往往具有长期性、反复性，会一而再，再而三地反复进行，其结果是：一方面，形成对事物多方面和更深入的认识，这些认识借助于语言、文字等手段对象化，向外输出，成为人类认识长河中的水滴；另一方面，外界对象多次作用于人脑，刺激人脑多次反复地形成某类认识，这样，这些认识中的一些基本原则、观念等，就在人脑中逐渐稳固地保留下来，在人脑中打上深刻的烙印，逐渐定格于人脑之中，形成一定的主观认识框架即意识结构，也就是列宁所说的“逻辑的格”、皮亚杰所说的“图式”。

意识结构是人在以往反映过程中形成的主观意识系统，是人的反映活动的主体性的根据，其中既可能包括认知方面的因素也可能包括价值方面的因素。如果说人的一般的反映活动都具有主体性，那么社会历史的认识就更是如此。原因有两点：

一是社会科学研究对象的复杂性。社会科学以人和人的活动为研究对象，而研究者的主观性及作为研究对象的人的活动的主观性，必然会导致研究的客观性受到影响。正如波普尔所说，“在社会科学中，我们面临着观察者与被观察者之间、主体和客体之间的充分的而复杂的相互作用。觉察到一些可能产生某一未来事件的倾向进而觉察到预测本身可能影响被预测事件，这很可能对预测的内容有反作用；并且这些反作用也许严重损害预测的客观性以及社会科学的其他研究结果的客观性。”①

二是利益等价值因素的影响。在社会历史认识中，价值渗透和价值引领尤其明显，“由于社会问题的科学研究本身必然对社会生活发生影响，所以知道这种影响的社会科学家不可能对他所不感兴趣的客观性保

① 波普尔：《历史决定论的贫困》，华夏出版社1987年版，第11页。

持足够的科学态度。”[①]因为对历史的理解不仅包括对人和事的叙述和事实还原，还包括对人和事的评价，而评价总是要结合客观事实和评价者的主体状况两个尺度来进行，必然要涉及主观意识系统中的价值因素，涉及评价者的需要、利益和愿望，涉及价值判断和价值选择。

历史评价中价值渗透的例子比比皆是，在历史发展的每一个阶段尤其是在社会变动或转型时期，不同的人对同一事件或现象的评价往往大相径庭甚至截然相反。例如在我国春秋时期，随着生产力的发展，在社会的经济、政治领域出现了一些新的现象，一些诸侯依靠强大的势力将王田变为私田，改分封制为郡县制，并制定了自己的法律，各诸侯、卿大夫僭用礼乐的现象十分普遍，传统的分封制和宗法制遭到严重破坏。这些与周礼要求不相融的新现象反映了周代奴隶制社会走向解体的趋势，却被保守势力称之为“礼崩乐坏”。又如新文化运动时期对各种新出现的社会现象的评价。新文化运动是一次“反传统、反孔教、反文言”的思想文化革命运动。新文化运动提倡民主，反对专制；提倡科学，反对迷信；提倡个性解放，反对压制个性；提倡新道德，反对旧道德；提倡新文学，反对旧文学。大张旗鼓地宣传资产阶级民主思想，同封建尊孔复古思想展开了激烈的斗争，沉重打击了统治中国两千多年的传统礼教，启发了人们的民主觉悟，推动了现代科学在中国的发展。然而这一运动带来的新的社会风尚却遭到了一些保守势力的污蔑、抵制和反对，他们感叹人心不古，国将不国。再如改革开放之初在农村实行家庭联产承包责任制，在城市扩大企业自主权，实行政企分离，有力地搞活了经济并促进了生产力的发展，这些改革举措在受到广泛好评的同时也受到了非议，有人认为在农村实行家庭联产承包责任制是“辛辛苦苦几十年，一夜回到解放前”，有人认为调动广大人民群众的积极性不应当靠工资、工分以外的物质奖励，而应当靠政治挂帅，靠人们的政治觉悟的提高，企业实行奖金制度是物质刺激，实行物质刺激就会回到资本主义道路上

① 波普尔：《历史决定论的贫困》，华夏出版社 1987 年版，第 124 页。

去，等等，在看法上可谓针锋相对。

对历史人物的评价亦存在着价值渗透。站在不同的立场上对同一个历史人物往往会做出不同的评价，一些人眼中的“英雄”在另一些人眼中则是“魔鬼”，反之亦然。其所以如此，是因为对历史人物做出评价时，同样是要结合客观事实和评价者的主体状况两个尺度来进行，客观事实由对历史的叙述来完成，主体状况则涉及评价者的需要、利益，以及价值判断和价值选择，甚至涉及评价者的好恶。

以上可见，历史认识既是在历史事实基础上的叙述，也是在价值观视域中的评价，也就是说，历史观蕴含着价值观和价值判断。价值观在历史观中如此重要，以至于往往成为某种历史观的核心概念，成为某种历史观的标识：例如英雄史观、群众史观、天命观、进步史观、历史循环主义、历史虚无主义等，从名称上看都直接体现着某种价值取向的特征。

更广泛地说，历史观的一系列重要问题，如对社会存在与社会意识关系的理解，对社会发展动力、机制、规律、趋势等的理解，都与评价主体的价值取向密切相关。例如对社会存在与社会意识关系的理解。众所周知，在这个问题上存在两种截然对立的观点，而两种观点都有其社会历史根源，其中就包含着价值因素。唯心史观主张社会意识决定社会存在，从社会历史根源上说，就是因为否定人民群众物质生产在社会和发展中的基础性的、决定性的作用。反之，唯物史观主张社会存在决定社会意识，从社会历史根源上说，就是因为肯定人民群众物质生产在社会和发展中的基础性的、决定性的作用，进而肯定人民群众是历史的创造者。这两种不同的认识决定了两种历史观对社会存在与社会意识各自作用及其相互之间关系的理解。对社会发展动力、机制和规律的理解同样也是如此。

第二章　唯物史观价值取向溯源

唯物史观价值取向当代建构既是当代社会现实的反映和社会发展的要求，又有理论上的来源，其理论来源的主体，就是马克思、恩格斯在批判继承人类优秀价值取向基础上确立的以人的发展为核心的唯物史观价值取向。马克思、恩格斯确立的以人的发展为核心的唯物史观价值取向，是唯物史观价值取向当代建构的理论起点、理论基石和理论遵循。

一、唯物史观价值取向的理论来源

马克思、恩格斯确立的以人的发展为核心的唯物史观价值取向是对人类历史上优秀价值取向创造性的继承和发展，具有源远流长的深厚的理论渊源，其理论来源的主体，就是欧洲哲学史中的优秀价值理念，而其中影响最大且最直接的理论来源，则是欧洲近代的人道主义和启蒙思想，近代社会主义特别是空想社会主义思想，以及费尔巴哈人本主义哲学。

宏观地看，唯物史观价值取向的理论渊源始于古希腊，一直到近代的人类优秀价值理念。从古希腊"认识你自己"的命题到文艺复兴时期人的重新"发现"再到费尔巴哈的人本主义理念，从古代人的哲学自觉到近代对人的价值优先性的哲学认定，西方哲学家对人及其相关的价值问题做出了持续的探讨，其间经历了一个不断演变的过程，积累了丰富的思想资源。

西方哲学的第一个研究对象是自然。在前苏格拉底时期，古希腊的哲学家多致力于对自然的探究，正如丹皮尔在《科学史》中所说，“在希腊人看来，哲学和科学是一个东西”①，亦如梅森在《自然科学史》中所说，“在近代历史以前，很少有什么不同于哲学家传统，又不同于工匠传统的科学传统可言。”②据传古希腊第一位哲学家泰勒斯就具有天文知识和数学知识，他曾指出小熊星是航海的指针，利用几何学测量海上船只的距离，还对尼罗河季节性的泛滥做出预测。此后，阿拉克西米尼第一次指出月亮自己并不发光，被马克思称为“宇宙统计学家”的毕达哥拉斯提出了“毕达哥拉斯定理”，赫拉克里特则认为“思想是最大的优点，智慧就在于说出真理，并且按照自然行事，听自然的话。”③德谟克里特提出了原子论，试图以之解说世界。总体上看，赫拉克里特所概括的哲学应当“倾听自然的声音”一说，正是早期古希腊哲学研究状态的生动写照。

苏格拉底一反前人注重自然知识的传统，认为不加思考的生活等于徒费时光，他以德尔斐神庙的箴言“认识你自己”作为自己哲学的宗旨，提出了美德幸福观，把美德与幸福等同起来，认为美德即知识，人对他自己的认识就是关于德性的知识，人按自己的本性进行的理性生活是幸福的，认识的中心任务是照顾自己的心灵，只有以正确的心灵指导，人才能具有勇敢、节制等优良品德。苏格拉底开始了哲学从关注自然到同时也关注人自身的转向，“从人学的角度看，苏格拉底首次明确地把人的本质归结为灵魂，他提出了‘认识你自己’的命题，标志着西方思想的一个重大转折。他把人对自身的自然属性的认识转向了对人的内在精神的认识。”④这一转向开启了西方哲学研究一个新的路向。

苏格拉底之后，西方哲学再也没有离开过对人自身的思考和探究。从古希腊罗马时代的幸福论到文艺复兴时期人文主义者对人的重新发

① 丹皮尔：《科学史》，商务印书馆 1975 年版，第 1 页。

② 梅森：《自然科学史》，上海译文出版社 1980 年版，第 1 页。

③ 北京大学哲学系外国哲学史教研室编译：《西方哲学原著选读》上卷，商务印书馆 1981 年版，第 25 页。

④ 赵敦华：《西方人学观念史》，北京出版社 2005 年版，第 37 页。

现、对人性的肯定和对人追求幸福欲望的呼唤，从18世纪启蒙思想家对人性和人道主义的主张和阐释以及对生命、自由、平等、财产等人权的论证到康德"人就是现世上创造的最终目的"命题的确立，西方哲人对人的关注和对价值问题的思考一直绵延不绝，对人及人生意义等价值问题的理解始终贯穿于西方哲学的流变过程中，构成其一条基本的线索。

苏格拉底的学生柏拉图继承了他对人的关注，柏拉图将人定义为理性的动物，认为人是由灵魂和肉体构成的，是神最好的创造物，人具有超越性，他认为哲学的最高理念是善，"这个给予知识的对象以真理并给予认识的主体以认识能力的东西，就是善的理念。它乃是知识和真理的原因。真理和知识是好东西，但它却是更好的东西。……'善'是具有更高的价值和荣誉的。"①人的一切理念必然以善为追求的目标和归属，这种追求在现实生活中就是追求幸福生活，"真正重要的事情不是活着，而是活得更好。"②

柏拉图的学生亚里士多德对人的问题的研究范围更为广泛，在许多问题上都提出了独到的见解。关于"善"的问题，他把幸福"理解为生活得好或做得好"③认为"幸福作为最高善"④，并谈到对幸福的两种不同的理解，即"把它等同于明显的、可见的东西，如快乐、财富或荣誉"⑤，和理解为"善自身，它是使这些事物善的原因。"⑥他认为，幸福是至善，是享乐主义、德性主义和至善主义的综合，幸福生活要具备健康的身体、一定的财富和优良的品行。他认为，环境改变人，"正是通过同我们同邦人的交往，有人成为公正的人，有人成为不公正的人。正是由于在危境中的行为的不同和所形成的习惯的不同，有人成为勇敢的人，有人成为懦夫。……一个人的实现活动怎样，他的品质也就怎样。所以，

---

① 北京大学哲学系外国哲学史教研室编译：《古希腊罗马哲学》，商务印书馆1961年版，第181页。

② 柏拉图：《柏拉图全集》第1卷，人民出版社2012年版，第41页。

③ 亚里士多德：《尼各马可伦理学》，商务印书馆2003年版，第9页。

④ 亚里士多德：《尼各马可伦理学》，商务印书馆2003年版，第9页。

⑤ 亚里士多德：《尼各马可伦理学》，商务印书馆2003年版，第9页。

⑥ 亚里士多德：《尼各马可伦理学》，商务印书馆2003年版，第10页。

我们应当重视实现活动的性质，因为我们是怎样的就取决于我们的实现活动的性质。”[①]他还强调幸福和善是“灵魂的”，“幸福是灵魂的一种合于完满德性的实现活动……我们所寻求的是人的善和人的幸福。人的善我们指的是灵魂的而不是身体的善。人的幸福我们指的是灵魂的一种活动。”[②]他倡导中庸之道，认为美德是一种适中，“美德是牵涉到选择时的一种性格状况，一种适中，就是说，一种相对于我们而言的适中，它为一种合理原则所规定的，这就是那具有实践智慧的人用来规定美德的原则。它是两种恶行——即由于过度和由于不足而引起的两种恶行——之间的中道。”[③]

晚期希腊和罗马时期的哲人们特别关注人的精神和肉体的和谐，关注人的精神修养和道德的完善，对何为善、何为幸福等问题提出了自己的理解。

晚期希腊哲学中，对人的理解分为幸福论和禁欲主义。伊壁鸠鲁指出原子的重量和偏斜所造成的运动既有必然性又有偶然性，以之否定了宿命论和神意，并通过主张原子的偏斜运动把偶然性引入了社会生活中，进而论证了自由的存在，认为人有自由意志，所以不会被动地受命运或者神的摆布。他提出了幸福论，主张人生应当快乐和幸福，“每一种快乐都是善”[④]，“快乐是幸福生活的开始和目的。因为我们认为幸福生活是我们天生的最高的善，我们的一切取舍都从快乐出发；我们的最终目的乃是得到快乐。”[⑤]因此，人应当追求幸福，“当幸福在时，我们便拥有一切，而当幸福不在时，我们便尽力来谋求它。”[⑥]他理解的快乐并

---

① 亚里士多德：《尼各马可伦理学》，商务印书馆2003年版，第36—37页。

② 亚里士多德：《尼各马可伦理学》，商务印书馆2003年版，第32页。

③ 北京大学哲学系外国哲学史教研室编译：《西方哲学原著选读》上卷，商务印书馆1981年版，第156页。

④ 北京大学哲学系外国哲学史教研室编译，《古希腊罗马哲学》，商务印书馆1961年版，第368页。

⑤ 北京大学哲学系外国哲学史教研室编译：《古希腊罗马哲学》，商务印书馆1961年版，第367页。

⑥ 北京大学哲学系外国哲学史教研室编译：《古希腊罗马哲学》，商务印书馆1961年版，第365页。

非完全是肉体享受，而更多的是精神需要的满足，即“身体的无痛苦和灵魂的无纷扰”①，认为“凡是幸福者和不灭者，自身既无烦恼也不使任何他物烦恼。”②他强调个人的自由，认为社会秩序不过是实现个人自由的条件而已。

与幸福论相反，斯多葛派则反对追求现世生活的幸福，主张禁欲主义，强调人们要顺从天命、恬淡寡欲，安于自己在社会中所处的地位，只有这样才能得到幸福，因为个人的幸福全在于自己内心的宁静和顺乎自然，而不需从外物中求取，一切外在的功名和事物都无助于个人的幸福。他们认为，“肉体上的快乐是不足道的、短暂的，而且是非常有害的，不要这些东西就得到一种有力的、愉快的提高，不可动摇，始终如一，安宁和睦，伟大与宽容相结合。”③超越肉体上的快乐，即“得到一种持久的心灵安宁，一种自由，不为任何刺激和恐惧所动。”④并认为，“道德就是过顺应人的本性的生活”⑤，“幸福的生活就是符合自己本性的生活！但是要做到这一点，必须精神健全，而且要经常保持健全。”⑥“芝诺第一个在他的‘论人的本性’里主张主要的善就是认定去按照自然而生活，这就是按照德性而生活，因为自然引着我们到这上面。”⑦此后，新斯多葛主义认为命运决定一切，人不能改变而只能服从命运，“要使你自己适应于你的命运注定要同它们在一起的那些事情，以及你命定要和

① 北京大学哲学系外国哲学史教研室编译：《古希腊罗马哲学》，商务印书馆1961年版，第368页。

② 北京大学哲学系外国哲学史教研室编译：《古希腊罗马哲学》，商务印书馆1961年版，第343页。

③ 北京大学哲学系外国哲学史教研室编译：《西方哲学原著选读》上卷，商务印书馆1981年版，第190页。

④ 北京大学哲学系外国哲学史教研室编译：《西方哲学原著选读》上卷，商务印书馆1981年版，第190页。

⑤ 北京大学哲学系外国哲学史教研室编译：《西方哲学原著选读》上卷，商务印书馆1981年版，第181页。

⑥ 北京大学哲学系外国哲学史教研室编译：《西方哲学原著选读》上卷，商务印书馆1981年版，第190页。

⑦ 北京大学哲学系外国哲学史教研室编译：《古希腊罗马哲学》，商务印书馆1961年版，第374页。

他们在一起的那些人，要爱他们，要真正地、忠实地这样做。”①“要意识到你是在服从神，用这个意识来代替一切别的喜乐，并且不要以空话，而要以行动来履行一个有智慧的和有道德的人的责任。”②新柏拉图主义否定现实生活的幸福，主张人生目的在于超越尘世、超脱肉体的束缚而达到精神升华，无条件地完全服从神，柏罗丁主张“我们一定要赶快脱离这个世界上的事事物物，痛恨把我们束缚在这些事物上的锁链，最后以我们的整个灵魂拥抱爱的对象，不让我们有一部分不与神接触。”③。天主教思想家、基督教神学、教父哲学家奥古斯丁认为，一切存在物都是上帝创造的，人性是神性的“分有”，“我们基督徒，不必追求别的，只要无论是天上的或地上的、能见的或不能见的一切物体，都是因创造主(他是唯一的神)的仁慈而受造，那就够了。”④他认为上帝创造了人和整个世界，人类一生下来就是有罪的，人得救全靠信仰上帝的恩典，人越是否定自己，就越是皈依上帝。人只有信奉上帝，做上帝的仆人，否定现实生活的幸福，忍受现世的苦难，才能来世得救，获得永恒的幸福。他还认为，只有善才是本质和实体，它的根源就是上帝，而罪恶只不过是“善的缺乏”或“本体的缺乏”。上帝作为至善，是一切善的根源，上帝并没有在世间和人身上创造罪恶，罪恶的原因在于人滥用了上帝赋予人的自由意志，自愿地背离了善之本体(上帝)，“正因为人滥用自由意志，才能自己和自由意志一起毁坏了。”⑤这一观点在宗教神学盛行的时期中一直在人们心中独占统治地位。

欧洲中世纪，基督教独占统治地位，统治着全部文化，基督教哲学

---

① 北京大学哲学系外国哲学史教研室编译：《古希腊罗马哲学》，商务印书馆1961年版，第448页。

② 北京大学哲学系外国哲学史教研室编译：《古希腊罗马哲学》，商务印书馆1961年版，第445页。

③ 北京大学哲学系外国哲学史教研室编译：《古希腊罗马哲学》，商务印书馆1961年版，第467页。

④ 北京大学哲学系外国哲学史教研室编译：《西方哲学原著选读》上卷，商务印书馆1981年版，第219页。

⑤ 北京大学哲学系外国哲学史教研室编译：《西方哲学原著选读》上卷，商务印书馆1981年版，第220页。

家认为，神是宇宙的中心，人一生下来就是有罪的，只能通过禁欲修行，寄希望于死后的“来世”。经院哲学家、神学家安瑟伦主张只有信仰上帝才能理解上帝，“因为我决不是理解了才能信仰，而是信仰了才能理解。因为我相信：‘除非我信仰了，我决不会理解’。”①托马斯·阿奎那认为，“人应该先知道上帝的目的，这样才可驾驭自己的意志、行为，趋向目的。所以，为了使人类得救，必须知道一些超出理智之外的上帝启示的道理。”②“人类的幸福，决不在于身体上的快乐。”③“万事万物的最后目的就是上帝。我们已经在前面证明。因此，我们必须把那些特别使人接近上帝的东西作为人的最后目的。”④中世纪基督教人性论的核心问题就是“原罪”与“救赎”。基督教哲学认为人不可能依靠自身的力量而向善，并最终得到拯救，只有依靠上帝的恩典才能重新获得善良意志。由于基督教的“原罪”和“救赎”理论具有神秘主义色彩，是先验的和形而上学的，因而极大地压抑了人性，贬抑了人的自由意志和主体性。

欧洲思想史上人的重新“发现”始于文艺复兴时期的人文主义。文艺复兴就其表层含义看，是指不同于神学研究的对世俗文化的研究，但其深层含义，则反映了一种基本的精神：追求人的现世生活的幸福，尊重人的价值和个性，提倡与神道相对立的人道精神。人文主义者把人的地位提高到空前的程度，反对中世纪宗教神学对人性的压制，反对以出身、门第来决定个人社会地位的封建等级制度，肯定人的价值，特别是强调个体的价值、主体性和人格的独立性，颂扬尘世的欢乐和幸福，认为人生来就是平等的，主张与命运抗争。他们反对封建禁欲主义，要求将注意力从神转向人，从天堂转向尘世。被恩格斯誉为中世纪的最后一

---

① 北京大学哲学系外国哲学史教研室编译：《西方哲学原著选读》上卷，商务印书馆1981年版，第240页。

② 北京大学哲学系外国哲学史教研室编译：《西方哲学原著选读》上卷，商务印书馆1981年版，第259页。

③ 北京大学哲学系外国哲学史教研室编译：《西方哲学原著选读》上卷，商务印书馆1981年版，第276页。

④ 北京大学哲学系外国哲学史教研室编译：《西方哲学原著选读》上卷，商务印书馆1981年版，第278页。

位诗人，同时又是新时代的最初一位诗人的但丁，极力赞美人的高贵，认为人的高贵，就许许多多的成就而言，超过了天使的高贵。莎士比亚更是赞美“人是一件多么了不得的杰作！多么高贵的理性！多么伟大的力量！多么优美的仪表！多么文雅的举动！在行为上多么像天神！宇宙的精华、万物的灵长！”①作为“人文主义之父”的彼特拉克认为，人不认识自己决不能认识上帝，人的本性、人生的目的和幸福，应该是研究的主题。伊拉斯谟揭露并抨击了禁欲主义者的虚伪，论证了感官快乐和肉欲享受的合理性，指出，“禁欲主义者的确严厉谴责并且表面上放弃感官快乐和肉欲享受，但是，这只不过是他们要的一个骗人的花招而已。他们让别人放弃感官快乐和肉欲享受，只不过是为了自己更好地独自享受那种所谓的‘禁欲’生活。我敢说，如果生活中没有那种傻得可爱的感官快乐来调剂和平衡，那么这些禁欲主义者也不得不承认人生就是一个充满忧郁、单调乏味、令人讨厌、无法忍受和十分艰难的过程。”②“基督教似乎是和某种愚蠢同类的，和智慧没有任何渊源。……基督教费尽千辛万苦追求的幸福，不过是一种疯狂和愚蠢而已。”③他倡导人性解放，肯定人类的欲望，认为人要幸福就必须按自己的自然本性生活。簿伽丘反对封建等级制度和禁欲主义，宣扬享乐主义和利己主义，他直截了当地指出：人的全部生活的目的就是幸福，幸福是发乎人性的崇高欲望！蒙田认为，人的命运和价值源于人自身，享乐是人生的最高目的。达·芬奇、米开朗琪罗等的绘画，也反映出对人的崇拜。文艺复兴时期对人性和幸福的倡导深刻地影响到欧洲近代的人道主义者和启蒙思想家。

文艺复兴之后，近代西方价值观是对中世纪基督教价值观的批判继承，同时又是在适应市场经济发展需要过程中形成的。在人文主义基础上逐渐形成的近代的各种关于人和社会历史的理论，围绕着人是什么、人性是什么、人的本质是什么、人的使命是什么等问题展开了讨论。

---

① 赵敦华：《西方人学观念史》，北京出版社2005年版，第132页。

② 伊拉斯谟：《愚人颂》，北京图书馆出版社2000年版，第15页。

③ 北京大学哲学系外国哲学史教研室编译：《西方哲学原著选读》上卷，商务印书馆1981年版，第316页。

空想社会主义的先驱托马斯·莫尔在《乌托邦》中提出了消灭私有制的诉求，他深信“如不彻底废除私有制，产品不可能公平分配，人类不可能获得幸福，私有制存在一天，人类中绝大的一部分也是最优秀的一部分将始终背上沉重而甩不掉的贫困灾难的担子。”①他还描绘了以经济公有、政治民主、秩序公正、和谐共富、行善修德、幸福为本为价值取向的国家制度，其中最核心的特征就是财产公有，即“任何地方都没有一样东西是私产。”②“商品又是在全部居民中均匀分配，任何人不至于变成穷人或乞丐。”③“乌托邦宪法规定，在公共需要不受损害的范围内，所有公民应该除了从事体力劳动，还有尽可能充裕的时间用于精神上的自由及开拓，他们认为这才是人生的快乐。”④他还指出乌托邦人对生活质量的要求非常高，追求精神的欢娱，“特别不肯放过精神的快乐，以其为一切快乐中的第一位的、最重要的。”⑤指出了在未来社会中人生存发展的方向。

德国农民战争领导人托马斯·闵采尔不满于人文主义者对劳动人民的冷漠，致力于宣传平均共产主义学说，他通过宗教改革的形式，传播以暴力推翻封建制度，建立一个没有阶级差别、没有剥削和没有私有财产社会的思想。他把贵族称为“吸血鬼”，宣称没有贫富差别的“千年王国”即将到来，在这个上帝亲自治理的国度里没有阶级差别，没有私有财产，没有欺诈与压迫。闵采尔的政治纲领被恩格斯认为接近于共产主义。

另一位近代空想社会主义的康帕内拉在《太阳城》中不仅重申了财产公有，认为“太阳城的居民却在一切公有的基础上采用这种制度。一切产品和财富都由公职人员来进行分配；而且，因为大家都能掌握知识，

① 托马斯·莫尔：《乌托邦》，商务印书馆 1982 年版，第 44 页。
② 托马斯·莫尔：《乌托邦》，商务印书馆 1982 年版，第 53 页。
③ 托马斯·莫尔：《乌托邦》，商务印书馆 1982 年版，第 66 页。
④ 托马斯·莫尔：《乌托邦》，商务印书馆 1982 年版，第 60 页。
⑤ 托马斯·莫尔：《乌托邦》，商务印书馆 1982 年版，第 80 页。

享有荣誉和过幸福生活，所以谁也不会把任何东西攫为己有。”[①]还进一步发挥了莫尔的思想，一是提出了按需分配的理念，认为太阳城的居民“很少关心日用品和食品，因为每个人都可以得到他所需要的一切，他们所关心的只是如何光荣地获得奖品。”[②]二是展望了在未来理想社会中人们活动的情景，并提出了“自由时间”概念，指出“在太阳城里，一切公职、艺术工作、劳动和工作，却是分配给大家来承担的，而且每人每天只做不超过四小时的工作；其余的时间都用来愉快地研究各种科学、开座谈会、阅读、讲故事、写信、散步以及从事发展脑力和体力的活动，而且大家都乐意从事这一切活动。只是不准许玩骨牌、掷骰子和下棋以及其他静止不动的赌博游戏；打球、棒球、套环、摔跤、射箭、射击和标枪等是准许的。”[③]空想社会主义的先驱们的思想尽管具有许多空想的色彩，但却开辟了社会主义价值观的先河。

霍布斯认为生存权来源于人的自我保存本性，是人的首要权利，他将自由作为人最主要的权利，认为“著作家们一般称之为自然权利的，就是每个人按照自己所愿意的方式运用自己的力量保全自己的天性——也就是保全自己的生命的自由。”[④]他指出，人是一个同自然的其他事物一样的物体，受到外界物体作用时会引起感情的反映，包括产生喜悦和快乐的感情，以及产生厌恶和痛苦的感情，前者称为善，后者称为恶，人的本性就是自我保存，趋利避害，无止境地追求个人利益。“在人类的天性中我们便发现：有三种造成争斗的主要原因存在。第一是竞争，第二是猜疑，第三是荣誉。第一种原因使人为了求利、第二种原因使人为了求安全、第三种原因则使人为了求名誉而进行侵犯。”[⑤]他在“性恶论”的基础上提出了自然法思想和社会契约思想，认为自然法是建立在理性之上的普遍法则，用来禁止人们毁灭自身或放弃保存生命的手段，

---

① 康帕内拉：《太阳城》，商务印书馆 1980 年版，第 10 页。
② 康帕内拉：《太阳城》，商务印书馆 1980 年版，第 23 页。
③ 康帕内拉：《太阳城》，商务印书馆 1980 年版，第 24 页。
④ 霍布斯：《利维坦》，商务印书馆 1985 年版，第 97 页。
⑤ 霍布斯：《利维坦》，商务印书馆 1985 年版，第 99 页。

自我保存是个人最基本的自然权利，是第一自然法，独立并优先于其他自然法。国家是由人们之间相互订立契约而形成的，人在建立社会这一公共权力之前处于自然状态，在这种状态中，每个人都要实现自己占有一切的“自然权利”，从而导致“每一个人对每一个人战争”①。这里无所谓善良与邪恶，唯有力量与欺诈。由于厌倦了这种状态，人为了保护自己和对死亡的恐惧使人们产生求取和平、摆脱战争状态的愿望，从而通过相互订立契约把自然权利转让出来组成政府。社会契约是个人之间达成的协议，“好像每一个人要对每一个人说：我放弃我管理自己的权利，把它授予这个人或这些人的会议，只要你也同样把你的权利授予他，并且认可他的一切行动。这样做了之后，如此联合在一个人格里的人群就叫做‘国家’。”②因此，国家是一群人联合在其中的一个人格，“一大群人通过相互约定使他们自己每一个都成为这个人格的一切行动的主人，为的是当他认为适当的时候，可以使用他们大家的力量和工具来谋求他们的和平和公共的防御。”③

培根针对中世纪神学和经院哲学极力抬高神的地位而贬低人的价值的信仰主义、蒙昧主义观点，提出要研究、解释自然和人，探讨人在自然(世界)中的地位和作用，认为人性研究应当成为一门独立的科学，并提出要建立人的哲学。他认为，“人作为自然界的臣相和解释者”④必须尊重自然，服从自然，但又不能消极地受自然摆布，而要靠自己的力量去认识和利用自然，创造幸福生活。他对人的价值予以高度评价，把人提到了与神同等地位的高度，指出，“让人们想一想在欧洲最文明的区域和新印度最野蛮的地方之间人们生活是怎样大不相同，他们就会感到‘人是人的上帝’这句话乃是有道理的，不仅从人们所得到的帮助和福利

① 北京大学哲学系外国哲学史教研室编译：《西方哲学原著选读》上卷，商务印书馆 1981 年版，第 397 页。

② 北京大学哲学系外国哲学史教研室编译：《西方哲学原著选读》上卷，商务印书馆 1981 年版，第 401 页。

③ 北京大学哲学系外国哲学史教研室编译：《西方哲学原著选读》上卷，商务印书馆 1981 年版，第 401 页。

④ 培根：《新工具》，商务印书馆 1984 年版，第 7 页。

来说是这样，从生活情况的比较来说也是这样。”①

伽桑狄适应近代个体主义的时代兴起的时代精神，复兴了伊壁鸠鲁哲学的自由意志和快乐论。他继承了伊壁鸠鲁的观点，认为由于不仅存在必然性也存在偶然性，所以人都具有自由意志，不是听任外部自然条件的任意摆布，反而可以通过努力摆脱“命运”的必然性的制约。自由意志使人按照自己的本性生活成为可能，因而人的行为以及他的生活状态取决于他自己，他可以通过努力摆脱盲目的命运和冷酷的必然性，按照自己追求快乐的本性生活。他对自由平等做出了形而上学的论证，在社会观上主张“自然权利”观点，认为国家只是一种分工，是建立在社会契约基础之上的。

笛卡尔将“我思故我在”确立为哲学的第一原则，以之作为根基建构起整个形而上学体系。他认为，人区别于其他动物的根本特征就是人有理性和良知，我们不能怀疑的是“我们的怀疑”即我们正在“怀疑”这件事时的“怀疑本身”，这就肯定了我们“怀疑”是真实的，进而推导出“我思故我在”，即我唯一可以确定的事情就是我自己在思想，从而我自己存在，因为我可以怀疑其他但不能怀疑我本身在思想。他还强调科学的目的在于造福人类，使人成为自然界的主人。

斯宾诺莎认为，人生而具有不可剥夺的自然权利，“每个个体应竭力以保存其自身，不顾一切，只有自己，这是自然的最高的律法与权利，所以每个个体都有这样的最高的律法与权利，那就是按照其天然的条件以生存与活动。”②他还强调自由主要在于心灵的幸福，这是人的最高幸福：“在通常的生活环境中，那些被人们公认(他们的行为可以证明)为最高的幸福的，归纳起来，大约不外三项：资产、荣誉、感官快乐。这三件东西萦绕人们的心思，使人们不能想到别的幸福。”③“当人心

---

① 培根：《新工具》，商务印书馆1984年版，第103页。

② 斯宾诺莎：《神学政治论》，商务印书馆1963年版，第212页。

③ 北京大学哲学系外国哲学史教研室编译：《西方哲学原著选读》上卷，商务印书馆1981年版，第403页。

为感官快乐所奴役，直到安之若素，好像获得了真正的最高幸福时，人心就会陷溺在里面，因而不能想到别的东西。”①“如果我彻底下决心，放弃迷乱人心的资财、荣誉、肉体快乐这三种东西，则我所放弃的必定是真正的恶，而我所获得的必定是真正的善。”②他还解释了“真正的善”的意义和“至善”的性质，认为“所谓善与恶的概念只具有相对的意义；所以同一事物在不同的观点之下，可以叫做善，亦可以叫做恶，同样地，可以叫做圆满，也可以叫做不圆满。因为没有东西，就其本性看来，可以称为圆满或不圆满，特别是当我们明白万物的生成变化都遵循自然的永恒秩序和固定法则的时候。”③“至善却是只要一经获得，一切具有这种品格的其他个人就都可以共同享受的东西。至于这种品格是什么性质，我将于适当的地方指出，简言之，就是认识人的心灵与整个自然相一致。”④

休谟认为，一切科学都以“人性”为对象，各门具体科学只研究“人性”的某一方面，他则要从总体上研究“人性”，他把对人的研究称为“人性科学”，认为研究人性是可能的，人性科学也可以达到极其精确的程度，因为“在人类的行动中，正像在太阳和气候的运行中一样，有一个一般的自然规程。有些性格是不同的民族和特殊的个人所特有的，正如有些性格是人类所共有的一样。我们关于这些性格的知识是建立在我们对于由这些性格发出的各种行为的一致性所做的观察上面的；这种一致性就构成了必然性的本质。”⑤他尤其肯定了人性的一致性即“同情心”，并论证了同情心的自然发生过程和活动规律。在价值问题上，休谟最突

① 北京大学哲学系外国哲学史教研室编译：《西方哲学原著选读》上卷，商务印书馆1981年版，第403页。

② 北京大学哲学系外国哲学史教研室编译：《西方哲学原著选读》上卷，商务印书馆1981年版，第404页。

③ 北京大学哲学系外国哲学史教研室编译：《西方哲学原著选读》上卷，商务印书馆1981年版，第405页。

④ 北京大学哲学系外国哲学史教研室编译：《西方哲学原著选读》上卷，商务印书馆1981年版，第405—406页。

⑤ 休谟：《人性论》下册，商务印书馆1980年版，第440—441页。

出的贡献是提出了如何理解“是”与“应当”的关系、如何理解“事实”与“价值”关系的问题，指出了“是”与“应当”的区别，认为“是”什么和“应当”如何分别回答的是“事实”与“价值”的问题，“是”与“应当”之间并没有必然的联系。这一区分凸显了价值问题在“人性科学”中的重要性。

洛克所理解的“自然状态”与霍布斯理解的不同，他主张每个人都拥有自然权利，而他们的责任则是保护他们自己的权利，并且尊重其他人的同等权利。他特别强调生命、自由、平等和财产等人权，认为“谁都不能把多于自己所有的权力给与他人；凡是不能剥夺自己生命的人，就不能把支配自己生命的权力给与别人。”①“人有完全自由规定自己的行动，处理自己的财物和人身；不请求许可，也不依从任何旁人的意志。”②他主张人生来平等，“一切权利和管辖权都是相互的，没有一个人享有多于别人的权力。……同种和同等的人们既毫无差别地生来就享有自然的一切有利的条件，能够运用相同的身心能力，就应该人人平等。”③洛克特别强调人的自由权，认为“人类天生都是自由、平等和独立的，如不得本人同意，不能把任何人置于这种状态之外，使受制于另一个人的政治权利。”④他极为重视财产权，认为财产是不可剥夺的，“人们联合成为国家和置身于政府之下的重大的和主要的目的，是保护他们的财产。”⑤

莱布尼茨试图证明以自由个体构成的社会是一种以上帝为统治者的最公正、最完善的正义国家，认为“一切精神总和起来应当组成上帝的城邦，亦即最完善的君王统治之下的尽可能最完善的国家。”⑥“这个上帝的城邦，这个真正普遍的王国，乃是自然世界中的一个道德世界，乃是

① 洛克：《政府论》下册，商务印书馆1964年版，第17页。

② 罗素：《西方哲学史》下卷，商务印书馆1976年版，第157页。

③ 洛克：《政府论》下册，商务印书馆1964年版，第5页。

④ 洛克：《政府论》下册，商务印书馆1964年版，第59页。

⑤ 洛克：《政府论》下册，商务印书馆1964年版，第77页。

⑥ 北京大学哲学系外国哲学史教研室编译：《西方哲学原著选读》上卷，商务印书馆1981年版，第492页。

上帝的作品中最崇高和最神圣的部分。”①“在这个完满的政府之下，决不会有善良的行为不受报偿，也不会有邪恶的行为不受惩罚，一切都应当为了善人的福利而造成，亦即为了那些在这个伟大的国家中毫无不满的人，尽责而后听任天命的人，适如其分地爱戴和模仿全善的创世主、遵从真正的纯爱的天性而在观照上帝的完满性中怡然自得的人。这种纯爱，可以使人从所爱的对象的幸福中取得快乐。”②这样的国家确立了使人最大可能地获得幸福的法则以及赏善罚恶的正义法则。

亚当·斯密试图寻找人类永恒不变的本性，认为“毫无疑问，每个人生来首先和主要关心自己；而且，因为他比任何其他人都更适合关心自己，所以他如果这样做的话是恰当和正确的。因此每个人更加深切地关心同自己直接有关的，而不是对其他任何人有关的事情”③。他认为，现实中的人本质上是经济人，他们在经济活动中以实现个人利益为目标，通过分工、节约成本实现利益最大化。他在《国富论》中分析了追求私利的意义，揭示了经济活动追求利益最大化的行为特征：“我们每天所需的食物和饮料，不是出自屠夫、酿酒家或烙面师的恩惠，而是出于他们自利的打算。我们不说唤起他们利他心的话，而说唤起他们利己心的话。我们不说自己有需要，而说对他们有利。”④他还指出了人的社会性，“人只存在于社会之中，天性使人适应他得以生长的那种环境。人类社会的所有成员，都处在一种需要互相帮助的状况之中，同时也面临相互之间的伤害。”⑤他还认为，个人自由和通过个人的自由竞争自发地调节社会的经济活动是国富民强的关键，因而最富有的国家就是最文明、最道德、最勤奋、最自由的国家，因为财富的增加会促进社会的自由、平等和幸福。他还认为，同情心是人类天赋的本性之一，“无论人

---

① 北京大学哲学系外国哲学史教研室编译：《西方哲学原著选读》上卷，商务印书馆 1981 年版，第 492 页。

② 北京大学哲学系外国哲学史教研室编译：《西方哲学原著选读》上卷，商务印书馆 1981 年版，第 492 页。

③ 亚当·斯密：《道德情操论》，商务印书馆 1997 年版，第 101—102 页。

④ 亚当·斯密：《国民财富的性质和原因的研究》(下)，商务印书馆 1972 年版，第 27 页。

⑤ 亚当·斯密：《道德情操论》，商务印书馆 1997 年版，第 105 页。

们会认为某人怎样自私，这个人的天赋中总是明显地存在着这样一些本性，这些本性使他关心别人的命运，把别人的幸福看成是自己的事情，……这种本性就是怜悯或同情，就是当我们看到或逼真地想象到他人的不幸遭遇时所产生的感情。……这种情感同人性中所有其他的原始感情一样，决不只是品行高尚的人才具备，虽然他们在这方面的感受可能最敏锐。最大的恶棍，极其严重地违犯社会法律的人，也不会全然丧失同情心。”①

在18世纪的法国，人道主义者和启蒙思想家继承并发展了文艺复兴时期人文主义尊重人、倡导人性的传统，反对封建教会专制，对人性做出了展开的论述并进一步强调理性和人权。他们赞扬人的价值，提倡关怀人、尊重人、以人为中心，提倡意志自由，主张“自由”“平等”“博爱”，要求充分发展人的个性，从多个角度对人的问题特别是人性、理性、自由、平等、人权等做出了展开论述。其理念既为行将到来的资产阶级革命做了舆论准备，也进一步提升了人的自我意识，促进了人的觉醒，其对于资本主义价值观念的系统阐述和执着追求对后世产生了深远的影响。

孟德斯鸠尖锐地批判法国专制制度是“横暴的政制”，认为“一个公民的政治自由乃是一种精神上的安宁，这种安宁来自人人都感到安全；为了使人们享有这种自由，政府必须能使任何公民不必惧怕任何别的公民。”②他主张三权分立，认为“如果司法权不同立法权和行政权分立，自由也就不存在了。如果司法权同立法权合二为一，则将对公民的生命和自由施行专断的权力，因为法官就是立法者，如果司法权同行政权合二为一，法官便将握有压迫者力量。”③所以，“为了使人们不致滥用权力必

① 亚当·斯密：《道德情操论》，商务印书馆1997年版，第5页。

② 北京大学哲学系外国哲学史教研室编译：《十八世纪法国哲学》，商务印书馆1963年版，第40页。

③ 孟德斯鸠：《论法的精神》上册，商务印书馆1961年版，第156页。

须做出妥善安排，以权力牵制权力。”[①]他还认为，既然在一个自由的国家中，一切被认为具有自由灵魂的人都应该自己统治自己，那就应该是全体人民拥有立法权。但是这在大国行不通，在小国也有许多不便，所以人民必须选派代表去办一切他们不能亲自办理的事情，这就是代议制。根据同样的理由，行政权也不应该由多数人行使，而应该操在一位君主手中，因为政府的这一部分几乎永远需要随机应变，由一个人掌握比由多数人掌握更好。他提出了地理环境决定论，认为“寒冷的气候中人的精力更足。……这种更大的力量应当产生出许多结果：例如对自己更有信心，也就是说更有勇气；对自己的优越性更有认识，也就是说报复的欲望更少；对自己的安全更有把握，也就是说更坦率，更少猜疑、权术和诡诈。……热带民族和老人一样胆怯；寒民族则像青年一样勇敢。”[②]他关心公民的自由，认为“美德的天然位置紧靠着自由，而并不靠近奴役”[③]，并对政治自由做出了界定，认为“政治自由并不在于想做什么就做什么。在一个国家里，也就是说，在一个有法律的社会中，自由只能在于能够去做应当想做的事，而不被迫去做不应当想做的事。……自由是做一切法律许可的事的权利；如果一个公民能够做法律所禁止的事情，那就不再有自由了，因为别的人也同样可以有这种权力。”[④]

伏尔泰特别强调人们之间的平等，认为“一切享有各种天然能力的人，显然都是平等的；当他们发挥各种动物机能的时候，以及运用他们的理智的时候，他们是平等的。”[⑤]他主张人性是永恒不变的，人和动物一样具有自我保存及自我繁殖的本能，而人和动物的不同在于人还有一

---

① 北京大学哲学系外国哲学史教研室编译：《十八世纪法国哲学》，商务印书馆1963年版，第39页。

② 北京大学哲学系外国哲学史教研室编译：《十八世纪法国哲学》，商务印书馆1963年版，第50页。

③ 北京大学哲学系外国哲学史教研室编译：《十八世纪法国哲学》，商务印书馆1963年版，第36页。

④ 北京大学哲学系外国哲学史教研室编译：《十八世纪法国哲学》，商务印书馆1963年版，第39页。

⑤ 北京大学哲学系外国哲学史教研室编译：《十八世纪法国哲学》，商务印书馆1963年版，第88页。

种更高的本能，即对同类的仁爱。他认为，国家和社会是适应人的本能而出现的，其职能在于保障人性的实现和人的权利特别是自由和平等权。他还认为，“在任何地方，美德与过恶，道德上的善与恶，都是对社会有利或有害的行为；在任何地点，在任何时代，为公益做出最大牺牲的人，都是人们称为最道德的人。善行无非是给我们带来好处的行为，罪行则是与我们敌对的行为。美德就是那些使人们高兴的事情的习惯，过恶就是做一些使人们不高兴的事情的习惯。”①

卢梭断言“人类各种知识中最有用而又最不完备的，就是关于人的知识。”②建议进行通过人来研究社会、通过社会来研究人的实验，并系统地提出了对人性的理解。他和伏尔泰一样认为自我保存是自然律的第一条，“人性的首要法则，是要维护自身的生存，人性的首要关怀，是对其自身所应有的关怀。”③并认为人还有怜悯同类的自然的美德。他认为，每个人都生而平等，权利平等是出自人的天性，自由是人类主要的天然禀赋，是人一切能力中最高的能力。他在对人性和人权的诸多阐释中，最为强调和坚持“自由”的价值，认为自由即是人的一切能力中最崇高的能力，坚持自由是人不可转让的权利，认为“一个人抛弃了自由，便贬低了自己的存在，抛弃了生命，便完全消灭了自己的存在。”④“无论以任何代价抛弃生命和自由，都是既违反自然同时也违反理性的。”⑤因为放弃自己的自由就是放弃自己做人的资格，就是放弃人类的权利，这样一种弃权是不合人性的。为此，他认为，如果我们探讨应该成为一切立法体系最终目的的全体最大的幸福究竟是什么，我们便会发现它可以归结为两大主要的目标：即自由与平等。他揭示了社会发展与人的进步的悖论，把自然人和文明人对立起来，认为科学、文化和生产的发展使

---

① 北京大学哲学系外国哲学史教研室编译：《十八世纪法国哲学》，商务印书馆 1963 年版，第 84 页。

② 卢梭：《论人类不平等的起源和基础》，商务印书馆 1962 年版，第 62 页。

③ 卢梭：《社会契约论》，商务印书馆 1980 年版，第 9 页。

④ 卢梭：《社会契约论》，商务印书馆 1980 年版，第 137 页。

⑤ 卢梭：《论人类不平等的起源和基础》，商务印书馆 1962 年版，第 137 页。

人文明起来而使人类没落了，“使人文明起来，而使人类没落下去的东西，在诗人看来是金和银，而在哲学家看来是铁和谷物。”①他看到私有制出现是不平等产生的根源，断言“谁第一个把一块土地圈起来并想到说：这是我的，而且找到一些头脑十分简单的人居然相信了他的话，谁就是文明社会的真正奠基者。”②他从社会契约论出发论述了从自然状态下的个人到政治状态下的人民的转化，提出主权、主权者、公意等概念，认为一个理想的社会建立于人与人之间而非人与政府之间的契约关系。

拉梅特里提出人是机器，“这是一台多么聪明的机器！因为即使唯有人才分享自然的法则，难道人因此就不是一台机器？比最完善的动物再多几个齿轮，再多几条弹簧，脑子和心脏的距离成比例地更接近一些，因此所接受的血液更充足一些，于是那个理性就产生了；难道还有什么别的不成？”③他赞扬无神论，认为“任凭全宇宙的力量，也动摇不了一个真正的无神论者，更不必说粉碎他了。”④他还宣扬快乐主义，认为“自然创造我们全体动物，目的是为了要我们快乐；是的，全体动物，从地上爬的虫子起，直到飞翔在太空的老鹰。”⑤他还指出了人是文化的产物，强调教育的重要性，认为“只有教育才能把我们从动物的水平拉上来，终于使我们高出于动物之上。”⑥

狄德罗强调人的基本权利和人与人之间的平等地位，认为“没有一个人从自然得到了支配别人的权利。自由是天赐的东西，每一个同类的个体，只要享有理性，就有享受自由的权利。”⑦他主张国家权力属于人

---

① 卢梭：《论人类不平等的起源和基础》，商务印书馆 1962 年版，第 121 页。

② 卢梭：《论人类不平等的起源和基础》，商务印书馆 1962 年版，第 111 页。

③ 北京大学哲学系外国哲学史教研室编译：《西方哲学原著选读》下卷，商务印书馆 1982 年版，第 122 页。

④ 北京大学哲学系外国哲学史教研室编译：《西方哲学原著选读》下卷，商务印书馆 1982 年版，第 121 页。

⑤ 拉梅特里：《人是机器》，商务印书馆 1959 年版，第 46 页。

⑥ 拉梅特里：《人是机器》，商务印书馆 1959 年版，第 40 页。

⑦ 北京大学哲学系外国哲学史教研室编译：《十八世纪法国哲学》，商务印书馆 1963 年版，第 427 页。

民，“政权尽管为一个家族所继承，掌握在一个单独的人手中，却并不是一件个人的财产，而是一件公共的财产，因此它决不能离开人民，它在本质上只属于人民，仅仅为人民所固有。……并不是国家属于君主，而是君主属于国家。”[①]以他为首的“百科全书派”从政治、法律、宗教、文学艺术各个方面对封建意识形态展开了批判，他们致力于思想启蒙，宣扬平等、自由，认为人的本性是美好的，世界上的罪恶都是教育和有害的制度造成的，迷信、成见和愚昧无知是人类的大敌，主张一切制度和观点要在理性的法庭上重新接受审判。

爱尔维修认为，人类有五种感官，能感受到肉体的快乐和痛苦，所以逃避后者、追求前者。人唯一的动机就是追求快乐、避免痛苦，这就是“自爱”[②]，自爱是人永恒的、普遍的本性。他从“自爱”推出“爱人”，认为爱人的目的就是自爱，爱邻人在每个人身上只不过是爱自己的结果，“公共幸福是所有的个人幸福组成的。”[③]他提出“人是环境的产物”，这里的“环境”主要是指社会环境，特别是政治法律制度，他因此认为，“假如制定了良好的法律，这些法律将会让公民们顺着他们要求个人幸福的倾向，把他们很自然地引导到公共幸福上去。造成各个民族的不幸的，并不是人们的卑劣、邪恶和不正，而是他们的法律不完善……法律造成一切”[④]。他主张教育万能，认为“教育的力量的最有力的证明，是经常看到教育的不同与他们的不同的产物和结果有关。”[⑤]“如果一般说来，人们在一种自由的统治之下，是坦率的、忠诚的、勤奋的、人道的；在一种专制的统治之下，则是卑鄙的、欺诈的、恶劣的，没有天才也没有勇气

① 北京大学哲学系外国哲学史教研室编译：《十八世纪法国哲学》，商务印书馆 1963 年版，第 429 页。

② 北京大学哲学系外国哲学史教研室编译：《十八世纪法国哲学》，商务印书馆 1963 年版，第 503 页。

③ 北京大学哲学系外国哲学史教研室编译：《十八世纪法国哲学》，商务印书馆 1963 年版，第 527 页。

④ 北京大学哲学系外国哲学史教研室编译：《十八世纪法国哲学》，商务印书馆 1963 年版，第 537—538 页。

⑤ 北京大学哲学系外国哲学史教研室编译：《十八世纪法国哲学》，商务印书馆 1963 年版，第 539 页。

的。那么，他们性格上的这种区别，乃是这两种不同的统治之下所受教育不同的结果。”①他进而主张意见支配世界，认为政治法律制度的好坏取决于立法者的意见，“必须有天才，才能用好法律代替坏法律。”②假如一个君主要想改善法律科学，他应该鼓励有天才的人去研究这门科学。

霍尔巴赫论述了自爱是人的本性以及自爱与爱人的关系，并从感觉论出发进一步引出了“人性善”的观点。他认为，人作为一个理性动物，一切行动都应当以自身和同类的幸福为目标。“人为了自保，为了享受幸福，与一些具有与他同样的欲望、同样厌恶的人同住在社会中。因此道德学将向他指明，为了使自己幸福，就必须为自己的幸福所需要的别人的幸福而工作；它将向他证明，在所有的东西中，人最需要的东西乃是人。”③“企求幸福，就是爱那种与我们的存在符合一致、能够保存它、能使我们的生存幸福的东西。所以人凭着本性，就不仅应当爱自己，而且还应当爱一切协助他取得幸福的东西；由此可见，人为了自己的利益，应当爱其他的人，因为他们是他的存在、他的保存、他的快乐所必需的。爱别人，就是爱那些使我们自己幸福的手段，就是要求他们生存，他们幸福，因为我们发现我们的幸福与此相联系。”④“人为了自己的利益，应当爱其他的人，因为他们是他的存在、他的保存、他的快乐所必需的。”⑤“爱别人，就是爱那些使我们幸福的手段，就是要求他们生存、他们幸福，因为我们发现我们的幸福与此相联系。”⑥“我赞成你享

① 北京大学哲学系外国哲学史教研室编译：《十八世纪法国哲学》，商务印书馆 1963 年版，第 539 页。

② 北京大学哲学系外国哲学史教研室编译：《十八世纪法国哲学》，商务印书馆 1963 年版，第 549 页。

③ 北京大学哲学系外国哲学史教研室编译：《十八世纪法国哲学》，商务印书馆 1963 年版，第 649 页。

④ 北京大学哲学系外国哲学史教研室编译：《十八世纪法国哲学》，商务印书馆 1963 年版，第 650 页。

⑤ 北京大学哲学系外国哲学史教研室编译：《十八世纪法国哲学》，商务印书馆 1963 年版，第 650 页。

⑥ 北京大学哲学系外国哲学史教研室编译：《十八世纪法国哲学》，商务印书馆 1963 年版，第 650 页。

乐，只要无害于己，无损他人。"①他认为，需要的满足促进人的能力的发展，"正是由于人的层出不穷的需要，人的能力才处于一种永恒的活动之中；一旦他不再有什么需要了，他便会落在无所事事、迟钝、烦闷、对他的存在有害和不便的萎靡之中了。"②每一个人总是照他自己的存在、思维和感觉方式，去修改他自己的上帝，"人永远服从他的理解得正确的或不正确的利益，这是一条事实上的真理；无论人们不把它说出来还是把它说出来，人的行为永远会是一样的"③，"利益是我们的唯一动力。"④一个人，当他在自己的身上找到支配他去行动的动因，或是在从事于这些动因所支配他去做的事情上他的意志遇不到任何阻碍的时候，这个人就叫作自由的。他认为，人是在进步的，"野蛮人就是一个毫无经验、不能为自己的幸福而工作的儿童。文明人就是通过经验和社会生活学会了自己的幸福而利用自然的人。开明的人就是已经达到成熟或完善地步的人。幸福的人就是善于享受自然的恩惠的人。"⑤"真正的哲学应当以之为原则的，乃是对人们的爱，乃是愿意看到人们幸福的那种要求。"⑥"人是有种种需要的；社会只是为使他便于得到满足这些需要的方法才形成的；政府应当以这个社会的幸福和维持为目的。"⑦

18 世纪启蒙思想家和唯物主义哲学家们对人的肯定主要是政治法律层面的，他们的理念为美国的《独立宣言》和法国的《人权宣言》所继承。《独立宣言》宣告：我们认为下面这些真理是不言而喻的：造物者创造了平等的个人，并赋予他们若干不可剥夺的权利，其中包括生命权、自由

① 霍尔巴赫：《自然的体系》下卷，商务印书馆 1977 年版，第 380 页。

② 霍尔巴赫：《自然的体系》下卷，商务印书馆 1977 年版，第 6—7 页。

③ 北京大学哲学系外国哲学史教研室编译：《十八世纪法国哲学》，商务印书馆 1963 年版，第 536 页。

④ 北京大学哲学系外国哲学史教研室编译：《十八世纪法国哲学》，商务印书馆 1963 年版，第 537 页。

⑤ 北京大学哲学系外国哲学史教研室编译：《十八世纪法国哲学》，商务印书馆 1963 年版，第 571 页。

⑥ 北京大学哲学系外国哲学史教研室编译：《十八世纪法国哲学》，商务印书馆 1963 年版，第 656 页。

⑦ 霍尔巴赫：《自然的体系》下卷，商务印书馆 1977 年版，第 209 页。

权和追求幸福的权利。为了保障这些权利，人们才在他们之间建立政府，而政府之正当权力，则来自被统治者的同意。任何形式的政府，只要破坏上述目的，人民就有权利改变或废除它，并建立新政府。《人权宣言》宣称：人们生来并且始终是自由的，在权利上是平等的；社会的差别只可以基于共同的利益。一切政治结合的目的都在于保护人的天赋的和不可侵犯的权利，这些权利是：自由、财产、安全以及反抗压迫。这两个著名的政治文件都将自由、平等列为价值观最基本的也是最高的原则。

18世纪法国空想社会主义思想家摩莱里提出了需求理论，认为人都有相同的需求，都应该得到满足，因而人的社会地位和权利也是平等的，所有人都应当共同劳动、共同使用土地资源、共同享受劳动产品，自然界正是“通过人们感觉和需要的共同性，使他们了解自己地位和权利的平等，了解共同劳动的必要性。”①他认为，需求是构成人类社会关系的基础，需求促使人们联合起来结成社会，因为联合比单个人的劳动要获得更多的需求满足。他指出了人的需求的固有性，分析了人的需求和能力的差异，认为人的能力是稍落后于需求的，这是需求的无限性和满足需要的一定的客观历史条件的有限性之间矛盾的表现，正是这一矛盾构成了社会发展的动因。他还从需求的角度理解人们权利的平等性，从需要的平等出发论证了权利的平等，认为，上帝为了不使任何东西妨碍人们之间的团结，把土地交给人类共同占有，人人都有权利平等地享受土地的果实，世界是一张足供所有共餐者享用的餐桌，“它的全部菜肴有时属于所有的人，因为大家都饿了，有时只属于某些人，因为其余的人已经吃饱了。任何人都不是它的绝对的主人，而且也没有权利要求这一点。”②他还认为人类的黄金时代是原始氏族公社，私有制的产生是社会出现混乱和罪恶的根本原因，为此，他主张实行平均的共产主义制度。

---

① 摩莱里：《自然法典》，商务印书馆2011年版，第17页。

② 摩莱里：《自然法典》，商务印书馆2011年版，第16页。

另一位空想社会主义思想家马布利认为，私有制是人类一切不幸的根源，建立在私有制基础上的社会既不符合理性也不符合自然秩序，因而应当把私有制社会改造成“人人平等，人人是兄弟”的没有贫富差别的理想社会。他主张通过立法改革现行税制和土地制度，限制人们的邪恶欲念，防止财产集中，建立任何东西不得据为己有为根本原则的法律，并提出了向未来共产主义理想社会过渡的立法改革方案。他认为劳动是光荣的事业，人们的需求越小，幸福越多，反对人们对改善物质生活的欲望和要求，主张“禁欲主义的、斯巴达式的共产主义”①，即限制消费和生产，实行平均主义。

德国古典哲学的开创者康德继承了人道主义尊重人的价值和权利的传统，并对其做出了哲学的论证，体现了一位启蒙思想家对人和人生的关怀。康德在“三大批判”中致力于对真善美的哲学探讨，他将自己思考的问题归结为四点：我能知道什么？我应当做什么？我可以期望什么？人是什么？并在历史哲学等讨论中对这些问题做出了深刻的思考，提出了作为历史哲学核心内容之一的目的论，确立了“人是目的”原则。他认为，在大自然复杂的目的结构中，必有其最高或者最后的目的，“一个最后的目的就是这样的一个目的，它的成为可能是不需要任何其他目的作为条件的。”②最后的目的只能是它自身的目的，而不再以其他事物为目的，即不再作为其他事物的手段，这个最后的目的就是人，“没有人，一连串的一个从属一个的目的就没有其完全的根据，而只有在人里面，只有在作为道德律所适用的个体存在者这个人里面，我们才碰见关于目的的无条件立法，所以唯有这种无条件的立法行为是使人有资格来做整个自然在目的论上所从属的最后目的。”③康德主张人是最后目的之论据有三点：一是只有人才有理性，能形成目的的概念，“人就是现世上创造的最终目的，因为人乃是世上唯一无二的存在者能够形成目的的概

① 《马克思恩格斯选集》第3卷，人民出版社2012年版，第393页。

② 康德：《判断力批判》下卷，商务印书馆1964年版，第98页。

③ 康德：《判断力批判》下卷，商务印书馆1964年版，第100页。

念，能够从一大堆有目的而形成的东西，借助于他的理性，而构成目的的一个体系的。”①二是只有人才有自由的能力，“人乃是唯一的自然物，……在他里面又看到因果作用的规律和自由能够以之为其最高目的的东西，即世界的最高的善。”②三是只有人是唯一适用于道德律的存在。人是最后目的，在世间万物中具有最高的价值，因此，不论是谁，在任何时候都不应把自己和他人仅仅视为工具，而应该永远把人自身看作目的。

康德特别强调自由的价值，认为与一切事物都是被决定的自然领域不同，在人的实践领域，理性是自由的，不为外在的东西所决定。自由使人成了自己生活的目的，只有自由的人才能自主自觉地而不是被迫地行善，只有自由自觉的行为才有道德价值。他主张自由是道德活动的先决条件，道德判断应当仅仅以理性为基础，任何的个人情感都不应当影响道德判断。他指出，有两件事物我愈是思考愈觉神奇，心中也愈充满敬畏，那就是头顶上的星空与内心的道德法则。关于内心的道德法则，他在道德上提出了“绝对命令”这种“可加以普遍化”的普遍道德规律和最高行为原则。他还提出了“至善”概念，将其视为“最高的善”和“完整的善”，即德性及其幸福的统一，认为“每一个有理性的有限的存在者，能够在上述的规律之下树立一个最后目的所必须具有的主观条件，就是幸福。结果就是，世界上最高可能的物理的善，而又就处在我们里面作为最后目的来推进物理的善，就是幸福。”③而求得幸福，必然是每一个理性的然而却有限的存在者的热望，因而也是他欲求能力的一个不可避免的决定根据。他深刻地指出，对抗是大自然促进人的能力发展这一目的性的体现方式，“大自然使人类的全部禀赋得以发展所采用的手段就是人类在社会中的对抗性。”④因为对抗引起竞争，唤醒和激发人的能力，既锻炼人的才智并发挥他们的禀赋，又促进对自然和社会的改造，“正

① 康德：《判断力批判》下卷，商务印书馆 1964 年版，第 89 页。
② 康德：《判断力批判》下卷，商务印书馆 1964 年版，第 100 页。
③ 康德：《判断力批判》下卷，商务印书馆 1964 年版，第 119 页。
④ 康德：《历史理性批判文集》，商务印书馆 1990 年版，第 6 页。

是这种阻力才唤起了人类的全部能力，推动着他去克服自己的懒惰倾向，并且由于虚荣心、权利欲或贪婪心的驱使而要在他的同胞们——他既不能很好地容忍他们，可又不能脱离他们——中间为自己争得一席地位。于是就出现了由野蛮进入文化的真正的第一步……于是人类全部的才智就逐渐地发展起来了。"①如果没有对抗，人类的全部才智就会在一种完满的和睦、安逸与互敬互爱的牧歌式生活中，永远被埋没在他们的胚胎里，人就难以创造出比自己的家畜更大的价值来。他将这一观点运用于说明道德问题，认为人有一种自私的倾向，"它是那么多的坏事的，但同时却又是一切好事的丰富的泉源。"②因而他认为自私是道德的磨石，虽然恶在道义上是不足取的，但对社会发展却可资利用，例如大自然就往往通过人的自私自利，通过人们对商业利益的追求而促进和平。康德的目的论在人道主义的基础上对人做出了哲学层面的肯定，确认了人的价值优先性，其道德学说和自由意志理念影响至深，特别是其关于历史发展的动力是人性中恶的本质，自私充当了砥砺道德的磨石的观点，超越了一味地歌颂"善"的肤浅的道德观，在道德观和历史观上产生了深远的影响。

德国古典哲学的又一代表人物黑格尔继承了康德目的论对人的价值优先性的认定，并做出了更加展开的论述，他指出，人的价值优先性的依据就是他的"理性"和"自由"："'思想'确是人类必不可少的一种东西，人类之所以异于禽兽者以此。所有在感觉、知识和认识方面，在我们的本能和意志方面，只要是属于人类的，都含有一种'思想'。"③"'精神'的实体或者'本质'就是'自由'……'自由'是精神的唯一真理。"④"'精神'——人之所以为人的本质——是自由的。"⑤意志是自由的，"自由是意志的根本规定……说到自由和意志也是一样，因为自由的东西就是意

① 康德：《历史理性批判文集》，商务印书馆 1990 年版，第 7 页。
② 康德：《历史理性批判文集》，商务印书馆 1990 年版，第 73 页。
③ 黑格尔：《历史哲学》，上海书店出版社 2001 年版，第 8 页。
④ 黑格尔：《历史哲学》，上海书店出版社 2001 年版，第 17 页。
⑤ 黑格尔：《历史哲学》，上海书店出版社 2001 年版，第 18 页。

志。意志而没有自由，只是一句空话；同时，自由只有作为意志，作为主体，才是现实的。”①“当意志并不欲望任何另外的、外在的、陌生的东西，(因为当它这样欲望的时候，它是依赖的)，而只欲望它自己的时候——欲望那意志的时候，‘意志’才是自由的。绝对的‘意志’就是欲望成为自由的意志。自己欲望自己的‘意志’，乃是一切‘权利和义务’的基础——因此，也就是一切制定的‘权利’、命令和连带的义务的基础。‘意志’本身的‘自由’，它是一切‘权利’的原则和实体的基础——它自身是绝对的、在自己为自己的、永恒的‘权利’，在和其他各种专门的权利相比较的时候是‘最高的权利’；靠了这种最高的权利，‘人类’成为‘人类’，所以它是‘精神’的基本的原则。”②人具有理性和自由，所以只能是目的而不能是手段，“当我们说到手段时，我们所发生的第一个观念，就是手段是在目的以外的东西，不是目的的一部分。……人类可不是如此，就上述‘目的’的真实内容来说，他们便是他们的生存的目的。他们具有不属于单纯的工具或手段范畴内的那些东西，如像道德、伦常、宗教虔敬。这样说来，人类自身具有目的，就是因为他自身中具有‘神圣’的东西，——那便是我们从开始便称做‘理性’的东西。又从它的活动和自决的力量，称做‘自由’。”③他认为，“个性，就是‘我’，就是正式的自由，这种自由只属于‘精神’。”④他论述了自由的社会性，指出只有服从法律，意志才有自由，因为“当我们说人类‘天性上是自由的’的时候，这话包括他的使命，而且还有他的生存方式。”⑤“‘自由’如果当做原始的和天然的‘观念’，并不存在。相反地，‘自由’要靠知识和意志无穷的训练，才可以找出和获得。”⑥他从不同的角度阐述了对自由意志的理解，分析了自由意志的深刻内涵、自由意志和法的关系以及自由意志在社会

① 黑格尔：《法哲学原理》，商务印书馆1961年版，第11—12页。
② 黑格尔：《历史哲学》，上海书店出版社2001年版，第437页。
③ 黑格尔：《历史哲学》，上海书店出版社2001年版，第33—34页。
④ 黑格尔：《历史哲学》，上海书店出版社2001年版，第26页。
⑤ 黑格尔：《历史哲学》，上海书店出版社2001年版，第41页。
⑥ 黑格尔：《历史哲学》，上海书店出版社2001年版，第41页。

中的发展，认为，世界的终极目标就是精神对于自由的意识。他继承了康德关于历史发展的动力是人性中恶本质的观点，提出了“恶是历史发展的动力的表现形式”[①]的看法，认为“人性本恶这一基督教的教义，比其他教义说人性本善要高明些。”[②]这一论述进一步凸显了社会评价中价值尺度与历史尺度的关系，强化了社会评价的历史维度，受到了恩格斯的肯定。黑格尔还认为，人与动物的区别在于劳动，人正是通过劳动才克服主观世界与客观世界的分离，将自然界变成自己发展的手段。马克思肯定其劳动观的伟大之处首先在于，“他抓住了劳动的本质，把对象性的人、现实的因而是真正的人理解为人自己的劳动的结果。”[③]认为人类正是通过劳动将自己的本质力量对象化，从而使自身的本质力量得以确证。

18 世纪末 19 世纪初的空想社会主义者圣西门、傅立叶和欧文继承了近代空想社会主义的理念，在批判资本主义制度的基础上对未来理想社会进行了预测和描述。他们在前人的基础上对资本主义进行了尖锐地批判，提出了经济状况是政治制度的基础，私有制产生阶级和阶级剥削等观点，并用这种观点去分析历史和社会现实，揭示了资本主义制度的剥削本质。傅立叶揭露了资产阶级世界在物质上和道德上的贫困，认为资本主义雇佣劳动制度是“恢复奴隶制度”，资本主义工厂是“温和的监狱”，“这种文明制度使野蛮时代每一以简单方式犯下的罪恶，都采取了复杂的、暧昧的、两面的、虚伪的存在形式。”[④]欧文抨击了资本主义私有制，指出资本主义生产目的是为了资本家的利润，财富集中在少数人手中，大多数人都沦为“工资制度的奴隶”，他还指出私有制是一切阶级之间纷争的根源，“在他看来，阻碍社会改革的首先有三大障碍：私有制、宗教和现在的婚姻形式。”[⑤]因此，他主张实行财产公有制。圣西门

---

① 《马克思恩格斯选集》第 4 卷，人民出版社 2012 年版，第 244 页。

② 黑格尔：《法哲学原理》，商务印书馆 1961 年版，第 28—29 页。

③ 《马克思恩格斯文集》第 1 卷，人民出版社 2009 年版，第 205 页。

④ 《马克思恩格斯选集》第 3 卷，人民出版社 2012 年版，第 784 页。

⑤ 《马克思恩格斯选集》第 3 卷，人民出版社 2012 年版，第 787 页。

认为造成工人贫困从而物质生活和精神生活十分悲惨的一个原因，是统治者对人民征收沉重的苛捐杂税，另一个原因则是资本主义社会生产的无政府状态，这种无政府状态是一切灾难中最沉重的灾难。

他们在预测未来理想社会特征时涉及了对人的理性生存状态的理解。傅立叶设想建立与资本主义社会的生产无政府状态相区别的和谐制度下有组织的生产、消费协作社，即“法郎吉”，在“法郎吉”中要有计划地组织生产，彻底根除无政府状态。他提出了消灭分工的方案，即人们分班工作，每个班每天轮流交换不同的工种，一个人一天可以交换很多的工种。他还指出，在任何社会中，妇女解放的程度是衡量普遍解放程度的天然尺度。欧文主张消灭脑力与体力劳动的分工和城乡差别，提出了组建“农、工、商、学结合起来的大家庭”——“城市花园”的方案，认为生产目的是直接为了满足公社全体成员和社会的物质生活和文化生活的需要，主张实行平等的劳动义务和平等的取得产品的权利。圣西门和傅立叶最早提出了“全面发展的人”的理想，圣西门指出，“我终生的全部劳动目的，就说为一切社会成员创造最广泛的可能来发展他们的全部才能。”①他提出建立称作“实业制度”的新社会制度，在这个制度中不存在人对人的统治和压迫，而是把为人数最众多的阶级谋取最大的福利的原则放在首位。他设想在未来的新社会中，人人都要劳动，没有人游手好闲、不劳而获。社会的唯一目的应当是尽善尽美地运用科学、艺术和手工业的知识来满足人们的需要，特别是满足人数最多的最贫穷阶级的物质生活和精神生活的需要；人人都要劳动，经济按计划发展，个人收入应同他的才能和贡献成正比，把“满足人们的需要”作为新社会的唯一的和固定的目的。傅立叶提出“协作教育的目的在于实现体力和智力的全面发展，使人们把全部精力，甚至于娱乐都用在生产劳动上。”②

费尔巴哈在批判黑格尔思辨哲学的基础上形成了人本主义思想即其关于人的学说亦即人本学。他不满意黑格尔式的抽象的思维而喜欢直

---

① 《圣西门选集》(下卷)，商务印书馆1962年版，第268页。

② 《傅立叶选集》第二卷，商务印书馆1981年版，第2页。

观，想要研究跟“绝对精神”等思想客体确实不同的感性客体，在批判黑格尔思辨唯心主义的过程中逐渐转向唯物主义，将研究对象从绝对精神等思想客体转向自然和人，正如他自己所说，“我的第一个思想是上帝，第二个是理性，第三个也是最后一个是人。”①“我的学说或观点可以用两个词来概括，这就是自然界和人。”②在自然观上，他承认人是自然的产物，承认人的客观现实存在，认为物质第一性，意识第二性，认为“我们自己所属的物质的、可以感知的世界，是唯一现实的；而我们的意识和思维，不论它看起来是多么超感觉的，总是物质的、肉体的器官即人脑的产物。物质不是精神的产物，而精神本身只是物质的最高产物。”③但在历史观上却坚持抽象的人性论，提出“人的绝对本质，上帝，其实就是他自己的本质”④，“人之对象，不外就是他的成为对象的本质。人怎样思维、怎样主张，他的上帝也就怎样思维和主张；人有多大的价值，他的上帝就也有这么大的价值，决不会再多一些。上帝之意识，就是人之自我意识；上帝之认识，就是人之自我认识。你可以从人的上帝认识人，反过来，也可以从人认识人的上帝；两者都是一样的。人认为上帝的，其实就是他自己的精神、灵魂，而人的精神、灵魂、心，其实就是他的上帝：上帝是人之公开的内心，是人之坦白的自我；宗教是人的隐秘的宝藏的庄严揭幕，是人最内在的思想的自白，是对自己的爱情秘密的公开供认。”⑤认为人的本质是理性、爱和情感，“人的本质究竟是什么呢？或者，在人里面形成类，即形成本来的人性的东西究竟是什么呢？就是理性、意志、心。一个完善的人，必定具备思维力、意志力和心力。思维力是认识之光，意志力是品性之能量，心力是爱。理性、爱、意志力，这就是完善性，这就是最高的力，这就是作为人的绝对本

① 《费尔巴哈哲学著作选集》上卷，商务印书馆 1984 年版，第 247 页。

② 《费尔巴哈哲学著作选集》上卷，生活·读书·新知三联书店 1962 年版，第 75 页。

③ 《马克思恩格斯选集》第 4 卷，人民出版社 2012 年版，第 234 页。

④ 费尔巴哈：《基督教的本质》，商务印书馆 1984 年版，第 34 页。

⑤ 费尔巴哈：《基督教的本质》，商务印书馆 1984 年版，第 42—43 页。

质，就是人生存的目的。”[①]将人的本质归结为“理性、意志和心”，并从此出发理解人和社会，说明宗教和道德问题。在宗教问题上，他并不希望废除宗教，而是希望使宗教完善化，他致力于把神的本质还原为人的本质，把天国生活还原为现实生活。他主张建立“爱”的宗教，将人自己作为崇拜的对象，试图建立以人为崇拜对象的宗教。他揭露了宗教的本质，认为不是神创造了人，而是人创造了神，上帝是人们按照自己的本质幻想出来的；人对上帝的崇拜，实际上是对人的本质的崇拜。他在道德问题特别是善恶问题上宣扬抽象的善，在道德问题上“同黑格尔比起来也是肤浅的。”[②]

综上所述，从苏格拉底到费尔巴哈，西方哲学史上绵延两千多年对人的探讨深化和扩展了人对自身以及对自身与外部世界关系的理解，这些探讨在价值上丰富着人的自我意识，增强了人对生存意义、状况、条件和前景的关注。虽然由于时代的制约，以往的思想家即使如近代人道主义者那样对人的问题关注有加，其探讨也只涉及人的问题的某些方面，如人性、人权、人的本质等，而并非以完整的人及其发展为对象，但还是应当肯定，他们对人的探讨，特别是提出的一系列优秀的价值理念，为马克思、恩格斯创立唯物史观价值取向提供了理论来源，同样也将为唯物史观价值取向的当代建构提供了思想资源。

二、唯物史观对优秀价值取向的批判继承

弗兰尼茨基指出，“马克思主义不是建立在欧洲和亚洲的野蛮行为的传统之上，而是建立在欧洲文艺复兴即资产阶级启蒙运动和欧洲社会主义和人道主义的最优秀、最光辉的传统之上的。”[③]这一论述不仅指出了继承人类优秀价值是马克思主义在价值取向上具有先进性的重要原

① 费尔巴哈：《基督教的本质》，商务印书馆 1984 年版，第 30—31 页。

② 《马克思恩格斯选集》第 4 卷，人民出版社 2012 年版，第 243 页。

③ 弗兰尼茨基：《马克思主义和社会主义》，人民出版社 1982 年版，第 9 页。

因，也指明了马克思主义价值来源的主要内容。正如他所说，在西方历代思想家提出的优秀价值理念中，对唯物史观价值取向影响最大且最直接的，是近代人道主义和启蒙思想、近代社会主义特别是空想社会主义以及费尔巴哈的人本主义。

马克思、恩格斯继承了18世纪人道主义和启蒙思想。

马克思、恩格斯直接吸收了人道主义和启蒙思想的价值取向，这在马克思身上体现得尤为明显。正如麦克莱伦等人所指出的，人道主义和启蒙思想曾对马克思主义创始人特别是马克思产生过直接的、深刻的影响。麦克莱伦在《马克思传》中写道，“马克思1818年5月5日出生于特利尔城。……在拿破仑战争时期，这座城市连同莱茵河畔的其他地区都划归为法国，并且依照法国大革命的基本原则进行管理，因此在足够长的时间里，这座城市都浸润在言论自由和立宪自由氛围中。”[①]在这种氛围中，父亲和学校对马克思的影响尤甚。就前者来说，马克思的父亲深受人道主义和启蒙思想影响，因为他父亲“‘深深地沉浸在18世纪的法国关于政治、宗教、生活、艺术的自由思想里’，完全赞同18世纪法国理性主义者的观点，完全相信理性的力量，认为理性可以解释这个世界并推动这个世界的进步。”[②]就后者而言，马克思在就读的中学里“受到了典型而纯粹的人道主义的教育。”[③]

由于特定时代和特殊环境两方面因素，马克思深受近代人道主义和启蒙思想的影响，并初步产生了资产阶级革命民主主义思想，这集中体现于他在17岁时写作的《青年在选择职业时的考虑》一文中，以追求“人类的幸福和我们自身的完美”的志向表达了对人道主义价值的认同。他在文中指出，“在选择职业时，我们应该遵循的主要指针是人类的幸福和我们自身的完美。……如果我们选择了最能为人类福利而劳动的职业，那么，重担就不能把我们压倒，因为这是为大家而献身；那时我们

① 麦克莱伦：《马克思传》，中国人民大学出版社2006年版，第2—3页。
② 麦克莱伦：《马克思传》，中国人民大学出版社2006年版，第7页。
③ 麦克莱伦：《马克思传》，中国人民大学出版社2006年版，第10页。

所感到的就不是可怜的、有限的、自私的乐趣，我们的幸福将属于千百万人，我们的事业将默默地，但是永恒发挥作用地存在下去，面对我们的骨灰，高尚的人们将洒下热泪。”①正如麦克莱伦所说，“马克思的这篇文章和他同学的一样，基本理念是德国启蒙运动和古典时期的人道主义者的理想观念——个人的全面发展和相互依赖的人群共同体的全面发展。”②麦克莱伦的评价虽不无拔高之嫌，但该文所体现的马克思对大多数人幸福的深切关注，却无疑是与人道主义和启蒙思想的价值取向一脉相承的。

人道主义和启蒙思想的影响贯穿于马克思的一生。这种影响渗透于马克思的理论和实践活动中，他在完成向共产主义者的转变之后，仍然保留了这一思想中优秀的价值取向，确认了一些近代人道主义和启蒙学者倡导的普遍价值。例如在《国际工人协会共同章程》中就明确指出：“加入协会的一切团体和个人，承认真理、正义和道德是他们彼此间和对一切人的关系的基础，而不分肤色、信仰或民族”③，表现了对“真理、正义和道德”等普遍价值的尊重，或将其确定为应当遵循的价值标准。他还多次使用“人的本性”“对人的本质的真正占有”等语言，以“真正的人道主义”“合乎人性”“合乎天性”概念表达自己的价值取向，甚至以人道主义表征共产主义，认为“这种共产主义，作为完成了的自然主义，等于人道主义，而作为完成了的人道主义，等于自然主义，它是人和自然界之间、人和人之间的矛盾的真正解决，是存在和本质、对象化和自我确证、自由和必然、个体和类之间的斗争的真正解决。”④，“共产主义作为私有财产的扬弃就是要求归还真正人的生命即人的财产，就是实践的人道主义的生成一样；或者说，无神论是以扬弃宗教作为自己的中介的人道主义，共产主义则是以扬弃私有财产作为自己的中介的人道主

① 《马克思恩格斯全集》第1卷，人民出版社1995年版，第459—460页。
② 麦克莱伦：《马克思传》，中国人民大学出版社2006年版，第14页。
③ 《马克思恩格斯文集》第3卷，人民出版社2009年版，第227页。
④ 《马克思恩格斯文集》第1卷，人民出版社2009年版，第185页。

义。”[①]即使在《共产党宣言》和《资本论》等成熟时期的著作中，他仍然使用了“每个人的自由发展”“自由个性”“最无愧于和最适合于他们的人类本性”[②]等与人道主义和启蒙思想中优秀价值取向一脉相承的提法。

马克思、恩格斯所继承的人道主义和启蒙思想的核心理念，就是对人的价值优先性的认定，当然也包括与之相关的康德的目的论。正如弗洛姆所说，“马克思的概念在这里和康德关于人必须永远是自在目的而决不是达到目的的手段的原理相接近了。”[③]应当指出的是，马克思、恩格斯对人道主义和启蒙思想的继承并非照单全收，而是克服了其理论上的局限性，这集中体现在对抽象人性论的超越。强调人性是18世纪法国人道主义和启蒙思想家在人类思想史上独特的贡献，然而问题在于他们对人的认识停留于所有人共同的方面，只是承认抽象的人性论而否定人的具体历史的规定性，即马克思所说的人的本质，并以这种超时代、超阶级的人性代替了人的本质，从而不能对纷繁复杂的社会历史和人的问题做出科学的说明。马克思、恩格斯主张从现实的人而非抽象人性出发理解社会历史和人的问题，既继承了人道主义和启蒙思想家重视人、肯定人的价值优先性的主张，又将这一主张提升为人的彻底解放和自由全面发展价值取向，并将其建立在现实的、科学的基础之上。

马克思、恩格斯继承了近代社会主义特别是空想社会主义的价值取向。恩格斯指出，“德国的理论上的社会主义永远不会忘记，它是站在圣西门、傅立叶和欧文这三个人的肩上的。”[④]以亲历者的身份确认了近代社会主义特别是空想社会主义对科学社会主义的影响，确认了包括唯物史观在内的马克思主义对空想社会主义的批判继承亦即超越。

然而有待追究的是，空想社会主义究竟在哪些方面对马克思主义产生了影响？它为唯物史观提供了哪些思想资源？是在科学认识方面吗，

① 《马克思恩格斯文集》第1卷，人民出版社2009年版，第216页。
② 《马克思恩格斯全集》第46卷，人民出版社2003年版，第928—929页。
③ 弗洛姆：《马克思关于人的概念》，旭日出版社1987年版，第51页。
④ 《马克思恩格斯选集》第3卷，人民出版社2012年版，第37页。

显然不是，因为虽然空想社会主义深刻揭露、批判了资本主义私有制的罪恶，对未来的理想社会提出一些天才设想，试图建立人人平等、幸福的新社会，但其设想只是停留于一种无法实现的美好愿望，只是一种空想，因为他们没能揭示资本主义的根本矛盾和发展规律，不懂得阶级斗争，不了解无产阶级的历史使命，质言之，没有将对社会主义的理解建立在科学认识的、现实的基础之上。

恩格斯在《反杜林论》中分析了三大空想社会主义者及其学说产生、发展和消亡的过程，肯定了三大空想社会主义者对资本主义制度的揭露和批判以及对未来理想社会的描述所包含的理论贡献，同时也揭示了其缺陷。他指出，“后来出现了三个伟大的空想主义者：圣西门、傅立叶和欧文。在圣西门那里，除无产阶级的倾向外，资产阶级的倾向还有一定的影响。欧文在资本主义生产最发达的国家里，在这种生产所造成的种种对立的影响下，直接从法国唯物主义出发，系统地阐述了他的消除阶级差别的方案。”①“所有这三个人有一个共同点：他们都不是作为当时已经历史地产生的无产阶级的利益的代表出现的。他们和启蒙学者一样，并不是想解放某一个阶级，而是想解放全人类。他们和启蒙学者一样，想建立理性和永恒正义的王国。”②他还尖锐地指出，“解决社会问题的办法还隐藏在不发达的经济关系中，所以只能从头脑中产生出来。社会所表现出来的只是弊病，消除这些弊病是思维着的理性的任务。于是，就需要发明一套新的更完善的社会制度，并且通过宣传，可能时通过典型示范，从外面强加于社会。这种新的社会制度是一开始就注定要成为空想的，它越是制定得详尽周密，就越是要陷入纯粹的幻想。”③恩格斯的论述表明，空想社会主义之空想，就在于缺乏对社会发展规律从而资本主义制度的科学认识。正因为如此，马克思主义批判继承的空想社会主义的思想资源不在科学认识方面，而只能是在价值取向方面。

---

① 《马克思恩格斯选集》第3卷，人民出版社2012年版，第393页。
② 《马克思恩格斯选集》第3卷，人民出版社2012年版，第393页。
③ 《马克思恩格斯选集》第3卷，人民出版社2012年版，第780—781页。

空想社会主义价值取向对马克思主义的影响主要体现在两个方面。

一方面，空想社会主义作为中介，间接地将人道主义和启蒙思想传承于马克思主义历史理论中，为其提供了优秀的价值来源。正如恩格斯所说，“现代社会主义，就其内容来说，首先是对现代社会中普遍存在的有财产者和无财产者之间、资本家和雇佣工人之间的阶级对立以及生产中普遍存在的无政府状态这两个方面进行考察的结果。但是，就其理论形式来说，它起初表现为18世纪法国伟大的启蒙学者们所提出的各种原则的进一步的、似乎更彻底的发展。”①联系到科学社会主义继承了空想社会主义的价值取向来看，就是说，空想社会主义者继承了18世纪法国伟大的启蒙学者们的原则，继承了其想建立理性和永恒正义的王国的价值取向，而科学社会主义者则继承了空想社会主义者的相关思想，这当然就意味着人道主义、启蒙思想的原则通过空想社会主义对恩格斯和马克思产生了影响，而这些原则主要就是关注人的解放的优秀价值取向。

另一方面，空想社会主义为马克思主义历史理论直接提供了优秀价值思想。空想社会主义者优越于18世纪法国伟大启蒙学者的地方，就是“他们的王国和启蒙学者的王国是有天壤之别的。按照这些启蒙学者的原则建立起来的资产阶级世界也是不合理性的和非正义的，所以也应该像封建制度和一切更早的社会制度一样被抛到垃圾堆里去。”②他们对后者的超越在于，他们不满启蒙学者倡导并设计的资本主义制度，对资本主义私有制展开了尖锐的批判。圣西门把无政府状态称作一切灾难中最严重的灾难，认为经济自由必然导致这一状态。傅立叶认为雇佣劳动制度是“恢复奴隶制度”，资本主义工厂是“温和的监狱”。欧文抨击了资本主义私有制，认为私有制是万恶之源，他揭露了资本主义制度下的阶级剥削关系，即人创造了巨量的社会财富，却被工厂主、商人、银行家、经纪人、收租者、食利者以及达官显贵所瓜分，导致财富集中在少

① 《马克思恩格斯选集》第3卷，人民出版社2012年版，第391页。

② 《马克思恩格斯选集》第3卷，人民出版社2012年版，第393页。

数人手中。他们还提出了他们的社会理想和目标，主张建立没有阶级对立的社会主义社会，其中欧文还系统地制定了他的消除阶级差别的方案。欧文认为私有制是阻碍社会改革的三大障碍之一，因而提出了消灭私有制的诉求以及消灭城市和乡村的对立、消灭家庭、消灭私人经营、消灭雇佣劳动，提倡社会和谐，把国家变成纯粹的生产管理机构的主张。

明确空想社会主义对马克思主义的影响，有助于理解马克思主义对人道主义和空想社会主义超越的全面性。所谓超越的全面性，就是指这种超越不仅体现在科学认识上也体现在价值取向上。在科学认识方面的超越，就是将社会主义价值取向建立在现实的基础之上，对此，马克思、恩格斯曾多有论述。在价值取向方面的超越，就是批判继承了人道主义和空想社会主义的价值取向，确立了高于人道主义和空想社会主义的人的发展价值取向。人的发展价值取向之所以高于人道主义和空想社会主义的价值取向，既是因为人的发展价值取向继承了并蕴含着人道主义价值取向，将后者作为一个环节保留在自己的理论体系中，又是意味着人的发展价值取向蕴含着人道主义价值取向没有的新的价值理念，达到了后者未曾达到的价值高度。

马克思、恩格斯批判继承了费尔巴哈人本主义思想。一方面，他们揭露和批判了费尔巴哈的抽象人性论，批评"费尔巴哈不满意抽象的思维而诉诸感性的直观；但他把感性不是看作实践的、人类感性的活动。"[①]"费尔巴哈把宗教的本质归结于人的本质。……撇开历史的进程，把宗教感情固定为独立的东西，并假定有一种抽象的—孤立的—人的个体。……把人的本质理解为'类'，理解为一种内在的、无声的，把许多个人纯粹自然地联系起来的普遍性。"[②]他们揭示了他人本主义思想的抽象人性论实质，指出费尔巴哈"紧紧地抓住自然界和人；但是，在他那里，自然界和人都只是空话。无论关于现实的自然界或关于现实的人，

① 《马克思恩格斯选集》第1卷，人民出版社2012年版，第139页。

② 《马克思恩格斯选集》第1卷，人民出版社2012年版，第139页。

他都不能对我们说出任何确定的东西。”①另一方面，他们又继承了其人本主义思想中合理的价值取向。

对于马克思、恩格斯对费尔巴哈哲学的批判继承，以往只是认定其唯物主义基本内核的方面，这一理解是不全面的。马克思、恩格斯批判继承了费尔巴哈的唯物主义基本内核，这是他们批判继承费尔巴哈哲学的主要方面，但此外是否还有其他？是否也批判继承了费尔巴哈的人本主义思想？我们认为回答应当是肯定的。人本主义思想作为历史观无疑是错误的，但作为价值取向则具有积极的意义，因为它是人类现代社会所倡导的价值取向的基本内容之一。虽然马克思、恩格斯一再声称他们超越了费尔巴哈的人本主义思想，但毋庸置疑的是，费尔巴哈的人本主义思想给他们造成了深刻的影响。这种影响集中体现在马克思早期的一些哲学论著中。在《〈黑格尔法哲学批判〉导言》和《论犹太人问题》中，马克思写道，“德国解放的实际可能性到底在哪里呢？……最后，在于形成一个若不从其他一切社会领域解放出来从而解放其他一切社会领域就不能解放自己的领域，总之，形成这样一个领域，它表明人的完全丧失，并因而只有通过人的完全回复才能回复自己本身。社会解体的这个结果，就是无产阶级这个特殊等级。”②“德国唯一实际可能的解放是以宣布人是人的最高本质这个理论为立足点的解放。”③“任何一种所谓的人权都没有超出利己的人，没有超出作为市民社会成员的人，即没有超出封闭于自身、封闭于自己的私人利益和自己的私人任意行为、脱离共同体的个体。在这些权利中，人绝不是类存在物，相反地，类生活本身即社会，显现为诸个体的外部框架，显现为他们原有的独立性的限制。”④“只有当现实的个人把抽象的公民复归于自身，并且作为个人，在自己的经验生活、自己的个体劳动、自己的个体关系中间，成为类存在物的时

① 《马克思恩格斯选集》第4卷，人民出版社2012年版，第247页。

② 《马克思恩格斯文集》第1卷，人民出版社2009年版，第16—17页。

③ 《马克思恩格斯文集》第1卷，人民出版社2009年版，第18页。

④ 《马克思恩格斯文集》第1卷，人民出版社2009年版，第42页。

候，只有当人认识到自身'固有的力量'是社会力量，并把这种力量组织起来因而不再把社会力量以政治力量的形式同自身分离的时候，只有到了那个时候，人的解放才能完成。"[①]在《1844年经济学哲学手稿》中，马克思不仅大量使用了费尔巴哈的语言，还多次表达了费尔巴哈的观点，最有代表性的，就是如下一段表述："共产主义是私有财产即人的自我异化的积极的扬弃，因而是通过人并且为了人而对人的本质的真正占有；因此，它是人向自身，也就是向社会的即合乎人性的人的复归。……这种共产主义，作为完成了的自然主义，等于人道主义，而作为完成了的人道主义，等于自然主义，它是人和自然界之间、人和人之间的矛盾的真正解决，是存在和本质、对象化和自我确证、自由和必然、个体和类之间的斗争的真正解决。"[②]他们还赞赏费尔巴哈的功绩，认为"费尔巴哈的伟大功绩在于：证明了哲学不过是变成思想的并且通过思维加以阐明的宗教，不过是人的本质的异化的另一种形式和存在方式。"[③]正如有学者所指出的，《1844年经济学哲学手稿》一方面提出了一系列马克思主义的重要思想，另一方面又存在着费尔巴哈人本主义以及黑格尔思辨唯心主义的旧术语、旧形式、旧观点；一方面开始强调从经济的事实出发理解社会和人，另一方面又从理想化的人的类本质出发理解社会和人；一方面试图从经济学特别是私有制上论证共产主义，另一方面又从人的类本质的异化及复归的角度论证共产主义，所以《1844年经济学哲学手稿》仍然属于马克思思想转变过程中的著作，仍然明显地体现出费尔巴哈哲学的影响。

即使在超越费尔巴哈旧唯物主义的《关于费尔巴哈提纲》之前的《神圣家族》中，马克思、恩格斯对费尔巴哈仍然是赞赏有加，尚未澄清他们与费尔巴哈人本主义思想的区别，未彻底划清与费尔巴哈的旧唯物主义界限，他们写道，"然而，到底是谁揭露了'体系'的秘密呢？是费尔

---

① 《马克思恩格斯文集》第1卷，人民出版社2009年版，第46页。
② 《马克思恩格斯文集》第1卷，人民出版社2009年版，第185页。
③ 《马克思恩格斯文集》第1卷，人民出版社2009年版，第200页。

巴哈。是谁摧毁了概念的辩证法即仅仅为哲学家们所熟悉的诸神的战争呢？是费尔巴哈。是谁不是用'人的意义'（好像人除了是人之外还有什么其他的意义似的！）而是用'人'本身来代替包括'无限的自我意识'在内的破烂货呢？是费尔巴哈，而且仅仅是费尔巴哈。他所做的事情比这还要多。"①还称赞"费尔巴哈在理论领域体现了和人道主义相吻合的唯物主义。"②

对于费尔巴哈人本主义思想对马克思、恩格斯的影响，他们自己曾多次提及。其中说得最清楚的是恩格斯的《路德维希·费尔巴哈和德国古典哲学的终结》，他在其中明确指出，"费尔巴哈的《基督教的本质》出版了。它直截了当地使唯物主义重新登上王座，这就一下子消除了这个矛盾。……这部书的解放作用，只有亲身体验过的人才能想象得到。那时大家都很兴奋：我们一时都成为费尔巴哈派了。马克思曾经怎样热烈地欢迎这种新观点，而这种新观点又是如何强烈地影响了他（尽管还有种种批判性的保留意见），这可以从《神圣家族》中看出来。"③对于这种影响，后人也多有论述。但有待澄清的问题在于，这种影响是一时的还是持续的甚至长久的，它在马克思、恩格斯超越了费尔巴哈之后是否依然存在？对此，通常的回答是，这种影响是一时的，在马克思、恩格斯超越了费尔巴哈之后便不复存在，阿尔都塞就是持这种观点的代表人物。阿尔都塞看到了包括费尔巴哈在内的德国古典哲学家对马克思的影响，但他认为，马克思思想发展中有一个认识论的断裂，断裂之前的马克思受到康德、费希特和费尔巴哈人道主义的影响，断裂之后马克思否定了以往那种人道主义的意识形态，建立了一整套历史唯物主义的概念，即建立了马克思主义的科学理论体系。关于费尔巴哈对马克思的影响，他给予了充分的肯定，认为马克思的许多"著名说法都是直接受到费尔巴哈的启发或者直接从他那里借用来的。马克思的理想'人道主义'的各种

① 《马克思恩格斯文集》第1卷，人民出版社2009年版，第295页。

② 《马克思恩格斯文集》第1卷，人民出版社2009年版，第327页。

③ 《马克思恩格斯选集》第4卷，人民出版社2012年版，第228页。

提法是费尔巴哈的提法。”①“对照费尔巴哈的哲学宣言和马克思青年时期的著作，我们可以十分明显地看到：马克思在两三年时间内确实接受了费尔巴哈的总问题；他和这个总问题完全等同了起来。”②“费尔巴哈是青年马克思‘哲学信仰’的最后见证，是马克思在抛弃这个借用来的形象并取得自己的真实面目以前对照自己的最后一面镜子。”③基于这种认识，他认为研究马克思早期思想不能脱离费尔巴哈，因而认为“比较费尔巴哈的著作和马克思青年时期的著作，人们就能对马克思的著作进行历史的阅读，并更好地理解马克思思想的演变过程。”④从以上论述可见，一方面，阿尔都塞肯定了费尔巴哈人本主义思想对马克思的影响，另一方面，他又限定了这种影响的时间，认定这种影响在“断裂”之后不复存在。

这一看法是有待商榷的。的确，马克思在《关于费尔巴哈的提纲》中就开始彻底超越了费尔巴哈人本主义，并在该文和其后的《德意志意识形态》中对费尔巴哈人本主义进行了系统的清理和批判，无论马克思还是恩格斯都反复谈到过这一点。但问题的关键在于如何理解他们对费尔巴哈人本主义的超越，即这种超越是简单抛弃或完全否定了费尔巴哈人本主义，还是对其进行了批判继承即保留了其中一些合理的因素？我们认为应当是后者。

为此可以分析一下马克思、恩格斯对费尔巴哈唯心史观批判的锋芒之所向。这一批判主要包括三个方面：一是对其宗教哲学的批判，主要批判他认为宗教是人心内在的感情，将人与人之间感情上的联系尊崇为宗教，以及认为人类的各个时期彼此借以区别的，仅仅是宗教的变迁，夸大宗教在社会发展中的作用的观点；二是对其伦理学的批判，主要批判他离开社会历史条件谈论道德原则，否认道德的阶级性，只看到善在

① 阿尔都塞：《保卫马克思》，商务印书馆2010年版，第29页。
② 阿尔都塞：《保卫马克思》，商务印书馆2010年版，第30页。
③ 阿尔都塞：《保卫马克思》，商务印书馆2010年版，第33页。
④ 阿尔都塞：《保卫马克思》，商务印书馆2010年版，第29页。

社会发展中的作用而没有看到恶是历史发展的动力借以表现出来的形式的缺陷，揭示了其伦理学惊人的贫乏；三是对其抽象人性论的批判，认为费尔巴哈撇开历史的进程，孤立地观察宗教感情，并假定出一种抽象的——孤立的——人类个体，所以，他只能把人的本质理解为“类”，理解为一种内在的、无声的，把许多个人纯粹自然地联系起来的共同性。他不能找到从他自己所极端憎恶的抽象王国通向活生生的现实世界的道路。他紧紧地抓住自然界和人，但是在他那里，自然界和人都只是空话。无论关于现实的自然界或关于现实的人，他都不能对我们说出任何确定的东西。这些批判主要针对的是费尔巴哈对宗教、道德、自然和人理解上的唯心主义观点，即费尔巴哈没有从社会经济条件理解宗教和道德，以及没有从实践出发理解自然和人。费尔巴哈的这些错误观点都属于科学认识而非价值取向方面。由此可见，马克思、恩格斯并没有直接否定费尔巴哈人本主义的价值取向，而是批评它将其建立在了抽象人性论的基础之上。

这就引出了如下的问题：费尔巴哈人本主义中是否具有某些积极的、值得保留的价值取向方面的东西？回答应当是肯定的。从历史事实上看，费尔巴哈对马克思后来的思想影响不仅仅是“唯物主义基本内核”方面，还有在价值取向方面，对人和人性的关注便是一例。费尔巴哈人本学致力于对人性即人的类本质的探索，认为人是自然界的产物，是自然界的一部分，虽然他将人的本性归结为人的自然属性，抹杀了人的社会性和历史发展，但却体现了对人本身的重视。费尔巴哈人本主义价值取向对马克思、恩格斯早期思想的影响颇深，这种影响主要体现在1841年费尔巴哈《基督教的本质》出版之后的一段时期中。在这一时期，费尔巴哈的观点强烈地影响了马克思、恩格斯，以至于那时他们都很兴奋，一时都成为费尔巴哈派了。所谓马克思、恩格斯“成为费尔巴哈派”，是指他们一度深受费尔巴哈的影响，例如马克思基于费尔巴哈对人的类本质和人性的理解，提出了对人的生存发展要求的一般看法，特别是表达了对专制制度的批判，对资本主义异化劳动的批判，对思想和言论自由的追求以及对复归人性的倡导。当然正如恩格斯所指出的，由于费尔巴哈从抽象人性论出发，所理解的人是生物学意义上的、抽象的人，其理论存在着重要的缺陷，因而马克思对费尔巴哈“还有种种批判性的保留意见”。也就是说，费尔巴哈人本主义哲学是以人的本性(假定的一成不变的特性)去说明人的存在，把“人”作为不加分析的预设前提，而马克思、恩格斯既继承了费尔巴哈人本主义哲学的价值取向，又克服了他在理论和方法上的抽象性。

根据上述理解，这里强调两点看法：其一，马克思对费尔巴哈人本主义的继承是批判性的继承，虽然马克思在批判继承的过程中使用了一些费尔巴哈的用语，但这些只是一种过渡性的概念，之后很快就以科学的概念代替了。其二，费尔巴哈人性论与马克思主义人的发展理念之间的关系不仅体现在马克思早期思想中，即使在后来的资本论时期，马克思还将最无愧于和最适合于“人类本性”作为人类活动的理想目标，因而我们赞同弗洛姆的看法：“马克思从来也没有放弃过关于人的本性的概念”。[①] “事实上，在《经济学哲学手稿》中马克思所表达的关于人的基本的思想和在《资本论》中所表达的老年马克思的思想之间没有发生根本的转变；马克思并没有……抛弃了他的早期观点。”[②]也就是说，马克思后期思想对前期有超越，但这种超越并非绝对否定意义上的“断裂”。

三、唯物史观价值取向的确立

唯物史观从其创立开始就具有鲜明的价值取向，体现着马克思、恩格斯对人的彻底解放和自由全面发展的追求。挖掘并梳理马克思、恩格斯创立的唯物史观价值取向，还原唯物史观价值取向的历史面貌，确认建构以人的发展为核心的唯物史观价值维度的可能性，是唯物史观价值取向当代建构的理论前提。

---

① 弗洛姆：《马克思关于人的概念》，旭日出版社 1987 年版，第 71 页。

② 弗洛姆：《马克思关于人的概念》，旭日出版社 1987 年版，第 64 页。

恩格斯在马克思墓前的讲话中指出，“马克思首先是一个革命家。他毕生的真正使命，就是以这种或那种方式参加推翻资本主义社会及其所建立的国家设施的事业，参加现代无产阶级的解放事业，正是他第一次使现代无产阶级意识到自身的地位和需要，意识到自身解放的条件。斗争是他的生命要素。很少有人像他那样满腔热情、坚韧不拔和卓有成效地进行斗争。”[①]这无疑是对马克思和他自己社会角色的恰当定位。从恩格斯的论述可见，马克思本质上是一位资本主义社会的批判者，一生致力于推进人的解放和发展。唯物史观是马克思、恩格斯认识和改造世界的理论武器，他们创立的唯物史观及其理论研究始终都带着强烈的价值诉求，因而不仅在唯物史观中确立了关于社会历史的科学认识，也确立了关于社会历史的价值取向。

马克思、恩格斯确立的唯物史观价值取向具有丰富的理论内涵，主要包括消灭私有制、消灭剥削、实现人的解放和自由全面发展等诉求，这些价值取向就其最终目的而言，就是促进人的发展。为此，他们提出了人的发展思想、确立了人的发展的目标、揭示了人的发展的含义、分析了人的发展的社会条件。文本梳理表明，人的发展理论生成于马克思主义社会历史理论中，又随着唯物史观的发展而逐渐展开和深化。

马克思在青少年时代即确立了为人类幸福而工作的崇高志向和价值目标，为了实现这一目标，他一方面致力于探讨社会发展的合规律性，揭示社会发展的本质、规律、动力和机制，以准确地诊断资本主义社会的弊病并展开对资本主义制度和一切剥削制度的批判，前瞻性地揭示社会发展的趋势，实际地改变世界；另一方面，又致力于探讨社会发展的合目的性，确定社会发展的理想和目标，确立代表无产阶级和全人类根本利益的价值取向。这两项任务相辅相成地贯穿于他和恩格斯社会历史研究的始终，一以贯之地体现在他们主要的论著中。

在《评普鲁士最近的书报检查令》中，马克思反对书报检查制度对言论和思想自由的限制，质问普鲁士当局，“你们赞美大自然令人赏心悦

① 《马克思恩格斯选集》第3卷，人民出版社2012年版，第1003页。

目的千姿百态和无穷无尽的丰富宝藏，你们并不要求玫瑰花散发出和紫罗兰一样的芳香，但你们为什么却要求世界上最丰富的东西——精神只能有一种存在形式呢？……每一滴露水在太阳的照耀下都闪现着无穷无尽的色彩。但是精神的太阳，无论它照耀着多少个体，无论它照耀什么事物，却只准产生一种色彩，就是官方的色彩！”①他认为，“当你能够想你愿意想的东西，并且能够把你所想的东西说出来的时候，这是非常幸福的时候。”②在《第六届莱茵省议会的辩论》（第一篇论文）中，他再次强调新闻出版自由，认为“新闻出版自由也是一种美（尽管这种美丝毫不是女性之美），要想为它辩护，就必须喜爱它。我真正喜爱什么东西，我就会感到这种东西的存在是必需的，是我所需要的，没有它的存在，我的生活就不可能充实、美满。”③“新闻出版就是人类自由的实现。因此，哪里有新闻出版，哪里也就有新闻出版自由。”④他还将自由理解为人的本质，并一针见血地指出，“自由确实是人的本质，因此就连自由的反对者在反对自由的现实的同时也实现着自由；……没有一个人反对自由，如果有的话，最多也只是反对别人的自由。”⑤这些论述鲜明地体现了他对思想自由和言论自由的主张和向往，以及对专制制度压制思想自由和言论自由的憎恶。

在《〈科隆日报〉第179号的社论》中，马克思提出，“国家本身教育自己成员的办法是：使他们成为国家的成员；把个人的目的变成普遍的目的，把粗野的本能变成合乎道德的意向，把天然的独立性变成精神的自由；使个人以整体的生活为乐事，整体则以个人的信念为乐事。”⑥应当“把国家看作是相互教育的自由人的联合体”。⑦“哲学是阐明人权的，

① 《马克思恩格斯全集》第1卷，人民出版社1995年版，第111页。
② 《马克思恩格斯全集》第1卷，人民出版社1995年版，第134—135页。
③ 《马克思恩格斯全集》第1卷，人民出版社1995年版，第145页。
④ 《马克思恩格斯全集》第1卷，人民出版社1995年版，第166—167页。
⑤ 《马克思恩格斯全集》第1卷，人民出版社1995年版，第167页。
⑥ 《马克思恩格斯全集》第1卷，人民出版社1995年版，第217页。
⑦ 《马克思恩格斯全集》第1卷，人民出版社1995年版，第217页。

哲学要求国家是合乎人性的国家。”[①]体现了对个人的关注，对个人与群体(整体)关系的理解，提出了“合乎人性”的价值诉求。

在《致阿尔诺德·卢格》的书信中，马克思以“人”为尺度，对不合理的社会制度展开了批判，揭露了专制制度对人的压制，认为，专制制度的唯一思想就是轻视人，使人非人化，“专制制度具有兽性是必然的，而具有人性是不可能的。”[②]鉴此，他提出“我们必须彻底揭露旧世界，并积极建立新世界”[③]，并以“自由的、真正的人”[④]一语表达了对人的理想状态的理解，这一理解可以视为“自由全面发展的人”概念最初的思想萌芽。

在《〈黑格尔法哲学批判〉导言》中，马克思指出“人不是抽象蛰居于世界之外的存在物。人就是人的世界，就是国家，社会。”[⑤]“真理的彼岸世界消失以后，历史的任务就是确立此岸世界的真理。人的自我异化的神圣形象被揭穿以后，揭露具有非神圣形象的自我异化，就成了为历史服务的哲学的迫切任务。于是，对天国的批判变成对尘世的批判，对宗教的批判变成对法的批判，对神学的批判变成对政治的批判。”[⑥]他认为，“对德国来说，彻底的革命、普遍的人的解放，不是乌托邦式的梦想，相反，局部的纯政治的革命，毫不触犯大厦支柱的革命，才是乌托邦式的梦想。”[⑦]强调“所谓彻底，就是抓住事物的根本。而人的根本就是人本身。……对宗教的批判最后归结为人是人的最高本质这样一个学说，从而也归结为这样的绝对命令：必须推翻使人成为被侮辱、被奴役、被遗弃和被蔑视的东西的一切关系。”[⑧]提出了“人的完全回复”[⑨]的目标。

---

① 《马克思恩格斯全集》第1卷，人民出版社1995年版，第225页。
② 《马克思恩格斯全集》第47卷，人民出版社2004年版，第62页。
③ 《马克思恩格斯全集》第47卷，人民出版社2004年版，第63页。
④ 《马克思恩格斯全集》第47卷，人民出版社2004年版，第60页。
⑤ 《马克思恩格斯选集》第1卷，人民出版社2012年版，第1页。
⑥ 《马克思恩格斯选集》第1卷，人民出版社2012年版，第2页。
⑦ 《马克思恩格斯选集》第1卷，人民出版社2012年版，第12页。
⑧ 《马克思恩格斯选集》第1卷，人民出版社2012年版，第10页。
⑨ 《马克思恩格斯选集》第1卷，人民出版社2012年版，第15页。

《〈黑格尔法哲学批判〉导言》开启了由宗教批判向政治批判的转向，揭示了“纯政治的革命”的局限性，以“人的根本就是人本身”的方式确立了人的尺度。

在《论犹太人问题》中，马克思区分了“政治解放”和“人的解放”，认为“政治解放本身并不就是人的解放”①，“政治解放当然是一大进步；尽管它不是普遍的人的解放的最后形式，但在迄今为止的世界制度内，它是人的解放的最后形式。不言而喻，我们这里指的是现实的、实际的解放。”②在政治解放中，“人并没有摆脱宗教，他取得了宗教信仰的自由。他没有摆脱财产，他取得了占有财产的自由。他没有摆脱经营的利己主义，他取得了经营的自由。”③并提出“任何解放都是使人的世界和人的关系回归于人自身。”④“只有当现实的个人同时也是抽象的公民，并且作为个人，在自己的经验生活、自己的个人劳动、自己的个人关系中，成为类存在的时候，只有当自己认识到自己的‘原有力量’并把这种力量组织成为社会力量，因而不再把社会力量当成政治力量跟自己分开的时候，只有到了那个时候，人类解放才能完成。”⑤“从政治上宣布私有财产无效不仅没有废除私有财产，反而以私有财产为前提。当国家宣布出身、等级、文化程度、职业为非政治的差别，当它不考虑这些差别而宣告人民的每一成员都是人民主权的平等享有者，当它从国家的观点来观察人民现实生活的一切要素的时候，国家是以自己的方式废除了出身、等级、文化程度、职业的差别。尽管如此，国家还是让私有财产、文化程度、职业以它们固有的方式，即作为私有财产、作为文化程度、作为职业来发挥作用并表现出它们的特殊本质。国家根本没有废除这些实际差别，相反，只有以这些差别为前提，它才存在。”⑥该文对政治解放局限性的

---

① 《马克思恩格斯文集》第1卷，人民出版社2009年版，第38页。

② 《马克思恩格斯文集》第1卷，人民出版社2009年版，第32页。

③ 《马克思恩格斯文集》第1卷，人民出版社2009年版，第45页。

④ 《马克思恩格斯文集》第1卷，人民出版社2009年版，第46页。

⑤ 《马克思恩格斯文集》第1卷，人民出版社2009年版，第46页。

⑥ 《马克思恩格斯文集》第1卷，人民出版社2009年版，第29—30页。

分析揭示了对资本主义制度和资本逻辑批判的必要性，正如乔纳森·沃尔夫所指出的，“马克思的真正贡献，却始于政治解放与某种新的东西即人的解放之间的区分。”①

在《1844年经济学哲学手稿》中，马克思基于“自由的有意识的活动恰恰就是人的类特性”②的对人的应然本性的理解以及资本主义生产中人性异化的现实，提出了扬弃私有制和异化、实现共产主义的目标，认为“共产主义是私有财产即人的自我异化的积极的扬弃，因而是通过人并且为了人而对人的本质的真正占有；因此，它是人向自身，也就是向社会的即合乎人性的人的复归。”③并指出，“对私有财产的积极的扬弃，就是说，为了人并且通过人对人的本质和人的生命、对象性的人和人的产品的感性的占有不应当仅仅被理解为直接的、片面的享受，不应当仅仅被理解为占有、拥有。人以一种全面的方式，也就是说，作为一个完整的人，占有自己的全面的本质。人对世界的任何一种人的关系——视觉、听觉、嗅觉、味觉、触觉、思维、直观、情感、愿望、活动、爱——总之，他的个体的一切器官，……通过自己的对象性关系，即通过自己同对象的关系而对对象的占有。”④“对私有财产的扬弃，是人的一切感觉和特性的彻底解放；但这种扬弃之所以是这种解放，正是因为这些感觉和特性无论在主体上还是在客体上都成为人的。眼睛成为人的眼睛，正像眼睛的对象成为社会的、人的，由人并为了人创造出来的对象一样。”⑤《1844年经济学哲学手稿》在马克思主义理论形成过程中具有重要的意义，它对资本主义的研究从政治的批判追溯到经济的分析，为后来对资本主义经济制度的系统剖析和批判提供了逻辑前提；它比较充分地展现了马克思对人的一般性思考，是马克思关于人的理论的哲学策源地。总体上说，它确立了科学世界观形成和发展的新起点，使正在形成中的马

① 乔纳森·沃尔夫：《当今为什么还要研究马克思》，高等教育出版社2006年版，第31页。
② 《马克思恩格斯文集》第1卷，人民出版社2009年版，第162页。
③ 《马克思恩格斯文集》第1卷，人民出版社2009年版，第185页。
④ 《马克思恩格斯文集》第1卷，人民出版社2009年版，第189页。
⑤ 《马克思恩格斯文集》第1卷，人民出版社2009年版，第190页。

克思主义三个部分开始结合起来，正如巴日特诺夫的评价，“《手稿》(《1844年经济学哲学手稿》，作者注)第一次对马克思主义的各个最重要的组成部分做了概括的阐述，明确地规定了马克思其后许多年间的理论研究的道路。”①又如马尔库塞所指出的，《1844年经济学哲学手稿》“给理解历史唯物主义和科学社会主义全部理论的起源和本来的真正含义，提供了完全新的基础。”②

在《神圣家族》中，马克思、恩格斯以“合乎人性”为尺度，论述了无产阶级解放的必要性，指出，“由于在已经形成的无产阶级身上，一切属于人的东西实际上已完全被剥夺，甚至连属于人的东西的外观也已被剥夺，由于在无产阶级的生活条件中集中表现了现代社会的一切生活条件所达到的非人性的顶点，……如果无产阶级不消灭它本身的生活条件，它就不能解放自己。如果它不消灭集中表现在它本身处境中的现代社会的一切非人性的生活条件，它就不能消灭它本身的生活条件”。③ 提出了无产阶级解放的要求和目标，“既然人是从感性世界和感性世界中的经验中汲取自己的一切知识、感觉等等，那就必须这样安排周围的世界，使人在其中能体验到真正合乎人性的东西，使他常常体验到自己是人。……既然是环境造就人，那就必须以合乎人性的方式去造就环境。”④进而提出了无产阶级必须消灭现存的资本主义制度以造就合乎人性的新的社会环境的主张。该文还在批判青年黑格尔派的基础上提出了人民群众在历史中起决定作用这一历史唯物主义观点。

在《德意志意识形态》中，马克思、恩格斯在系统阐释唯物史观基本原理的过程中，多向度地论述了人的发展问题。一是提出了“全面发展

---

① 巴日特诺夫：《哲学中革命变革的起源——马克思的〈1844年经济学哲学手稿〉》，中国社会科学出版社1981年版，第2页。

② 巴日特诺夫：《哲学中革命变革的起源——马克思的〈1844年经济学哲学手稿〉》，中国社会科学出版社1981年版，第5页。

③ 《马克思恩格斯文集》第1卷，人民出版社2009年版，第261—262页。

④ 《马克思恩格斯文集》第1卷，人民出版社2009年版，第334—335页。

的个人”[①]“个人的全面发展”[②]“个人的自由发展”[③]“个人向完全的个人的发展”[④]“个人的创造的和自由的发展”[⑤]等人的发展概念和“任何人的职责、使命、任务就是全面发展自己的一切能力”[⑥]等人的发展要求，具象化地展望了未来共产主义社会中个人自由、全面发展的情景，“在共产主义社会里，任何人都没有特殊的活动范围，而是都可以在任何部门内发展，社会调节着整个生产，因而使我有可能随自己的兴趣今天干这事，明天干那事，上午打猎，下午捕鱼，傍晚从事畜牧，晚饭后从事批判，这样就不会使我老是一个猎人、渔夫、牧人或批判者。”[⑦]并形象地指出，“在共产主义社会里，没有单纯的画家，只有把绘画作为自己多种活动中的一项活动的人们。”[⑧]二是分析了个人发展对社会条件和社会关系的依赖性：“社会关系实际上决定着一个人能够发展到什么程度。”[⑨]“单个人的历史决不能脱离他以前的或同时代的个人的历史，而是由这种历史决定的。”[⑩]“个人对一定关系和一定活动方式的依赖恰恰是由物质生产和物质交往决定的。”[⑪]三是阐明了个人发展与共同体发展的关系。认为“一个人的发展取决于和他直接或间接进行交往的其他一切人的发展，彼此发生关系的个人的世世代代是相互联系的，后代的肉体的存在是由他们的前代决定的，后代继承着前代积累起来的生产力和交往形式，这就决定了他们这一代的相互联系。”[⑫]个体自由与社会共同体之间并非仅仅是对立的关系，而可以是统一的关系。真正的共同体正是个人

---

① 《马克思恩格斯全集》第3卷，人民出版社1960年版，第516页。
② 《马克思恩格斯全集》第3卷，人民出版社1960年版，第330页。
③ 《马克思恩格斯选集》第1卷，人民出版社2012年版，第202页。
④ 《马克思恩格斯选集》第1卷，人民出版社2012年版，第210页。
⑤ 《马克思恩格斯全集》第3卷，人民出版社1960年版，第516页。
⑥ 《马克思恩格斯全集》第3卷，人民出版社1960年版，第330页。
⑦ 《马克思恩格斯选集》第1卷，人民出版社2012年版，第165页。
⑧ 《马克思恩格斯全集》第3卷，人民出版社1960年版，第460页。
⑨ 《马克思恩格斯全集》第3卷，人民出版社1960年版，第295页。
⑩ 《马克思恩格斯全集》第3卷，人民出版社1960年版，第515页。
⑪ 《马克思恩格斯全集》第3卷，人民出版社1960年版，第460—461页。
⑫ 《马克思恩格斯全集》第3卷，人民出版社1960年版，第515页。

自由与价值实现的条件，“只有在共同体中，个人才能获得全面发展其才能的手段，也就是说，只有在共同体中才可能有个人自由。”[①]“在控制了自己的生存条件和社会全体成员的生存条件的革命无产者的共同体中，情况就完全不同了。在这个共同体中各个人都是作为个人参加的。它是各个人的这样一种联合(自然是以当时发达的生产力为前提的)，这种联合把个人的自由发展和运动的条件置于他们的控制之下。”[②]四是阐述了个人解放与阶级解放的联系，并以人的发展为尺度，提出了消灭现存私有制的任务。指出，“个人隶属于一定阶级这一现象，在那个除了反对统治阶级以外不需要维护任何特殊的阶级利益的阶级形成之前，是不可能消灭的。”[③]“单个人所以组成阶级只是因为他们必须为反对另一个阶级进行共同的斗争；……各个人的社会地位，从而他们个人的发展是由阶级决定的，他们隶属于阶级。这同单个人隶属于分工是同类的现象，这种现象只有通过消灭私有制和消灭劳动本身才能消除。”[④]《德意志意识形态》还指出，无产者应当消灭他们至今所面临的生存条件，消灭这个同时也是整个旧社会生存的条件，即消灭劳动。因此，他们也就和国家这种形式处于直接的对立中，他们应当推翻国家。“共产主义和所有过去的运动不同的地方在于：它推翻一切旧的生产关系和交往关系的基础，并且第一次自觉地把一切自发形成的前提看作是前人的创造，消除这些前提的自发性，使它们受联合起来的个人的支配。……共产主义所造成的存在状况，正是这样一种现实基础，它使一切不依赖于个人而存在的状况不可能发生。”[⑤]五是指出人只有在改造客观世界的过程中才能改造自身，认为“革命之所以必需，不仅是因为没有任何其他的办法能够推翻统治阶级，而且还因为推翻统治阶级的那个阶级，只有在革命

① 《马克思恩格斯选集》第1卷，人民出版社2012年版，第199页。
② 《马克思恩格斯选集》第1卷，人民出版社2012年版，第202页。
③ 《马克思恩格斯选集》第1卷，人民出版社2012年版，第199页。
④ 《马克思恩格斯选集》第1卷，人民出版社2012年版，第198页。
⑤ 《马克思恩格斯选集》第1卷，人民出版社2012年版，第202页。

中才能抛掉自己身上一切陈旧的肮脏东西，才能胜任重建社会的工作。”①

毋庸置疑，《德意志意识形态》最为系统地阐述了人的发展问题，确立了关于人的发展的价值取向，将对人的发展的理解建立在对社会历史的科学认识的基础之上，也就是说，以人的发展为核心的唯物史观价值取向在《德意志意识形态》中得到最为充分的展开和成熟的表达。《德意志意识形态》关于人的发展的论述表明，马克思、恩格斯对人的关注已从符合人性、人的解放上升到人的发展，人的发展诉求已从此前的思想萌芽演变成更为成熟的理念，《德意志意识形态》为马克思主义人的发展理论提供了比较全面的研究纲领。正是由于渗入了人的发展理念，《德意志意识形态》所制定的唯物史观理论才具有了与科学认识相对应的价值取向的维度，正是《德意志意识形态》中以人的发展为核心的价值取向的建构，才使得唯物史观具有了深刻性和全面性。

在《共产党宣言》中，马克思、恩格斯从“每一历史时代主要的生产方式和交换方式以及必然由此产生的社会结构，是该时代政治的和精神的历史所赖以确立的基础”②的唯物史观基本原理出发，分析了资本主义社会形成和发展的过程，揭示了资产阶级的革命作用及资本主义必然灭亡的趋势，提出了“消灭私有制”的价值诉求，初步预测了未来在消灭了阶级和阶级斗争之后的理想社会的根本特征：“代替那存在着阶级和阶级对立的资产阶级旧社会的，将是这样一个联合体，在那里，每个人的自由发展是一切人的自由发展的条件。”③这一著名论断前瞻性地提出了未来社会将是“自由人联合体”④的设想，并将每个人的自由发展确立为这种理想社会的总体目标。

在《经济学手稿(1857—1858 年)》中，马克思进一步阐述了人的发展

① 《马克思恩格斯选集》第 1 卷，人民出版社 2012 年版，第 171 页。
② 《马克思恩格斯选集》第 1 卷，人民出版社 2012 年版，第 385 页。
③ 《马克思恩格斯选集》第 1 卷，人民出版社 2012 年版，第 422 页。
④ 《马克思恩格斯选集》第 2 卷，人民出版社 2012 年版，第 126 页。

的含义和目标，论述了人的发展的条件，揭示了人的发展的社会历史性，指明了人的发展的实现途径。他认为，“全面发展的个人——他们的社会关系作为他们自己的共同的关系，也是服从于他们自己的共同的控制的——不是自然的产物，而是历史的产物。”[①]他以人的发展为标志，区分了社会演进的三大形态，预言了未来社会的根本特点：建立在个人全面发展和他们共同的社会生产能力成为他们的社会财富这一基础上的自由个性。他认为，必要劳动时间的减少和自由时间的增加是人的发展的前提：“正像在单个人的场合一样，社会发展、社会享用和社会活动的全面性，都取决于时间的节省。一切节约归根到底都归结为时间的节约。正像单个人必须正确地分配自己的时间，才能以适当的比例获得知识或满足对他的活动所提出的各种要求一样，社会必须合乎目的地分配自己的时间，才能实现符合社会全部需要的生产。”[②]“自由王国只是在由必需和外在目的的规定要做的劳动终止的地方才开始；因而按照事物的本性来说，他存在于真正物质生产领域的彼岸。……在这个必然王国的彼岸，作为目的本身的人类能力的发展，真正的自由王国就开始了。”[③]“这个自由王国只有建立在必然王国的基础上，才能繁荣起来。工作日的缩短是根本条件。”[④]

在《资本论》中，马克思提出了“自由人联合体”“自由联合的人”概念，提出要建立“一个更高级的、以每一个个人的全面而自由的发展为基本原则的社会形式。”[⑤]并尖锐地指出，“在资本主义生产中，发展劳动生产力的目的，是为了缩短工人必须为自己劳动的工作日部分，以此来延长工人能够无偿地为资本家劳动的工作日的另一部分。”[⑥]他还针对性地阐述了人的发展的现实条件，指出“时间是人类发展的空间。一个人

---

① 《马克思恩格斯全集》第 30 卷，人民出版社 1995 年版，第 112 页。
② 《马克思恩格斯全集》第 30 卷，人民出版社 1995 年版，第 123 页。
③ 《马克思恩格斯文集》第 7 卷，人民出版社 2009 年版，第 928—929 页。
④ 《马克思恩格斯文集》第 7 卷，人民出版社 2009 年版，第 929 页。
⑤ 《马克思恩格斯文集》第 5 卷，人民出版社 2009 年版，第 683 页。
⑥ 《马克思恩格斯选集》第 2 卷，人民出版社 2012 年版，第 206 页。

如果没有自己处置的自由时间，一生中除睡眠饮食等纯生理上必需的间断以外，都是替资本家服务，那么，他就还不如一头载重的役畜。他不过是一架为别人生产财富的机器，身体垮了，心智也变得如野兽一般。”①在全面确立人的发展价值目标的基础上提出了对人的发展的科学认识，揭示了人的发展的生产力和社会关系等方面的条件，指明了实现人的发展的现实途径。

在《哥达纲领批判》中，马克思指出“在共产主义社会高级阶段，在迫使个人奴隶般地服从分工的情形已经消失，从而脑力劳动和体力劳动的对立也随之消失之后；在劳动已经不仅仅是谋生的手段，而且本身成了生活的第一需要之后；在随着个人的全面发展，他们的生产力也增长起来，而集体财富的一切源泉都充分涌流之后，——只有在那个时候，才能完全超出资产阶级权利的狭隘眼界，社会才能在自己的旗帜上写上：各尽所能，按需分配！”②

在《社会主义从空想到科学的发展》中，恩格斯进一步指出，“一旦社会占有了生产资料，商品生产就将被消除，而产品对生产者的统治也将随之消除。社会生产内部的无政府状态将为有计划的自觉的组织所代替。个体生存斗争停止了。于是，人在一定意义上才最终地脱离了动物界，从动物的生存条件进入真正人的生存条件。人们周围的、至今统治着人们的生活条件，现在受人们的支配和控制，人们第一次成为自然界的自觉的和真正的主人，因为他们已经成为自身的社会结合的主人了。人们自己的社会行动的规律，这些一直作为异己的、支配着人们的自然规律而同人们相对立的规律，那时就将被人们熟练地运用，因而将听从人们的支配。人们自身的社会结合一直是作为自然界和历史强加于他们的东西而同他们相对立的，现在则变成他们自己的自由行动了。至今一直统治着历史的客观的异己的力量，现在处于人们自己的控制之下了。只是从这时起，人们才完全自觉地自己创造自己的历史；只是从这时

① 《马克思恩格斯选集》第2卷，人民出版社2012年版，第61页。

② 《马克思恩格斯选集》第3卷，人民出版社2012年版，第364—365页。

起，由人们使之起作用的社会原因才大部分并且越来越多地达到他们所预期的结果。这是人类从必然王国进入自由王国的飞跃。”①“随着社会生产的无政府状态的消失，国家的政治权威也将消失。人终于成为自己的社会结合的主人，从而也就成为自然界的主人，成为自身的主人——自由的人。”②这些论述科学地揭示了人的自由全面发展的社会条件，宏观地预测了在未来共产主义社会中人自由全面发展的前景。

以上梳理表明，在马克思、恩格斯时期，以人的解放和人的发展为核心的唯物史观价值取向经历了一个从形成到逐渐拓展和深化的过程。他们确立了以人的解放和发展为核心的唯物史观价值取向，揭示了人的发展的社会条件，指明了实现人的发展的现实途径以及未来共产主义社会中人的发展的前景，概言之，他们已经确立了唯物史观价值取向主要的、核心的理念，为唯物史观价值取向的当代建构提供了坚实的基础。

以上所述可见，人的发展价值取向既是马克思、恩格斯社会历史研究的起点，也是他们社会历史研究的归宿，它一直引导着他们社会历史研究的方向和旨趣，引导着他们对社会历史领域各种理论和现实问题的探索。然而毋庸讳言的是，在以往一个相当长的时期中，人们在谈及唯物史观的内容、功能和意义时，主要强调其科学认识的方面，相对忽视其价值取向的方面，对人的发展理论在唯物史观中的地位和作用缺乏系统的研究和定位，未能将以人的发展为核心的价值取向理解为唯物史观中与认识维度相辅相成的价值维度。其所以如此，是因为以人的发展为核心的价值取向在唯物史观中的地位和作用经历了一个变化的过程。

人的发展价值取向在唯物史观中地位和作用的变化，首先与马克思、恩格斯本人社会历史研究主题的转换相关。

马克思、恩格斯在唯物史观中确立以人的发展为核心的价值取向，然而在不同的历史时期、基于不同的社会条件和现实任务，人的发展价值取向在唯物史观中所起到的作用及其理论显示度却是迥然不同的。总

---

① 《马克思恩格斯选集》第3卷，人民出版社2012年版，第815页。

② 《马克思恩格斯选集》第3卷，人民出版社2012年版，第817页。

体上说，它在唯物史观中的地位和作用经历了一个由显在转变为潜在的过程，这种转变起因于马克思、恩格斯社会历史研究主题的转换，即从对人的发展的关注转向对社会历史的科学认识、对资本主义制度的批判和对无产阶级解放条件的探索，这一转换的结果是，凸显了人的解放而淡化了人的发展，甚至以“人的解放”代替了“人的发展”，使“人的发展”成为了潜台词而在唯物史观理论中被弱化。导致马克思、恩格斯本人社会历史研究主题转换的主要原因有三个方面。

一是历史任务的制约。从马克思主义的理论逻辑看，人的发展有赖于人的解放，人的解放有赖于改变资本主义制度，改变资本主义制度有赖于工人阶级的革命，革命的成功有赖于正确认识资本主义制度的本质、规律及其必然灭亡的趋势，对资本主义制度的正确认识有赖于正确把握社会发展的本质和规律。从现实状况看，马克思、恩格斯所处的是以私有制为基础、以阶级剥削为标志、以人的异化为特征的资本主义社会，在这一社会环境中，人的发展首先有赖于人的解放，有赖于社会制度的变革，因此，时代赋予马克思、恩格斯的实践任务是对资本主义制度进行武器的批判而非在现实中实际地推进人的发展，时代赋予他们的理论任务是揭示资本主义制度的本质、规律及其必然灭亡的趋势，是探讨无产阶级彻底解放的现实条件和途径，而并非对尚未具备现实条件的人的发展问题做出专门展开的研究。正因为如此，马克思、恩格斯才将自己的社会角色首先定位为一个革命家，才以毕生的精力发起、领导和参加推翻资本主义社会及其所建立的国家设施的事业，参加现代无产阶级的解放事业，才终其一生致力于探究社会发展的本质和规律，探究资本主义制度的本质和规律及其必然灭亡的趋势，探究无产阶级革命的条件，即如威廉姆·肖所说，“马克思在其理论生涯中，将研究资本主义生产方式的发展和演变规律置于一切之上。”[①]正是由于上述现实状况和理论逻辑，人的发展问题在一定程度上被悬置了起来，成了唯物史观和科学社会主义理论的“潜台词”。

---

① 威廉姆·肖：《马克思的历史理论》，重庆出版社 1989 年版，第 121 页。

二是构建唯物史观科学认识的需要。在唯物史观诞生之前，社会历史观中一直由唯心史观独占统治地位，历史观成了唯心主义最后的避难所。在欧洲古代，占统治地位的是神学史观，在近代，资产阶级思想家提出了以人性论、人道主义为基础的历史观，他们反对用“神意”“天道”解释历史，主张在人们对永恒的真理和正义的认识中寻找社会变迁、政治变革的终极原因。唯心史观本质上坚持社会意识决定社会存在，用历史本身之外的因素解释历史，把社会意识看作是社会发展的决定因素，将社会历史归结为意识史或文化史，无视物质生产活动在社会发展中的决定作用，认为少数杰出人物是历史的创造者，世界历史不过是英雄人物的活动史，用主观臆造的、人为的联系代替社会历史的真实的联系。唯心史观主要有两种理论形态：一是主观唯心主义历史观，主张人的思想动机决定历史的发展，特别是将杰出人物的主观意志看作是社会历史发展的根本原因，否认社会发展有其自身固有的客观规律，否认阶级斗争规律，否认人民群众在历史上的决定作用。二是客观唯心主义历史观，主张某种神秘的力量，如某种精神实体（如“上帝”“天命”“绝对精神”等）决定历史的发展。对于马克思、恩格斯来说，创立新的社会历史观的关键，就是对社会历史问题做出唯物辩证的科学解释，就是构建唯物史观的科学认识。

三是他们之前的思想家对人和社会的价值关注和论述比较充分。马克思、恩格斯在论及唯物史观时较少专门讨论价值取向问题，而将主要注意力置于对社会历史的科学认识和对资本主义的科学分析的另一个重要原因，是他们之前的近代人道主义和启蒙思想家以及空想社会主义者们对此已经有了比较充分的论述。一方面，近代人道主义者和启蒙思想家在理论上的主要贡献就是价值取向的方面，他们从根本上肯定了人、人性和人的价值，提升了人的自我意识，确立了人之为人最基本的权利，是对人的价值优先性的认可和主张。而空想社会主义者更是对资本主义做出了比较系统的批判，他们深刻地揭示和谴责了资本主义的罪恶，尖锐地指出和抨击了资本主义社会中的阶级对立，指出了资本主义社会的弊病及其原因，甚至设计了改变资本主义制度、建设理想社会的方案，其关于未来社会的积极的主张“提供了启发工人觉悟的极为宝贵的材料。”[①]另一方面，空想社会主义者对资本主义的批判仅仅是基于社会道义，缺乏科学认识的支撑，他们“看不到无产阶级方面的任何历史主动性，看不到它所特有的任何政治运动”[②]，“不可能看到无产阶级解放的物质条件”[③]，于是在他们那里，“解放的历史条件要由幻想的条件来代替，无产阶级逐步组织成为阶级要由一种特意设计出来的社会组织来代替。”[④]正因为如此，马克思、恩格斯的主要任务就是弥补以往资本主义批判理论中科学认识的不足，将对社会历史和资本主义罪恶的认识建立在现实的基础之上；弥补以往历史观和社会主义理论的不足，揭示社会发展的规律，揭示资本家剥削工人的秘密，分析资本主义产生、发展的必然性及其未来的发展趋势。为此，马克思、恩格斯将整个社会历史研究包括资本主义批判的重点放在了科学认识的方面，这在他们理论活动的中期和后期尤为明显。

马克思、恩格斯研究重点的转向大致始于《德意志意识形态》而成于《共产党宣言》。在《德意志意识形态》中，马克思、恩格斯通过分析人的发展的社会条件，揭示了人的发展的前提和现实途径，即人的自由全面发展有赖于人的彻底解放，有赖于社会关系的合理化，有赖于消灭资本主义制度，有赖于揭示无产阶级解放的条件，有赖于对社会发展本质和规律的正确认识。为此，他们将人的发展诉求现实地确定为人的解放目标，在哲学地设定和论证人的发展诉求的同时，将研究的重点置于对人的解放条件和途径的探讨，置于现实地分析和批判资本主义制度，置于揭示社会发展的本质和规律，与之相关，他们没有对人的发展理论和现实问题做出专门、系统、深入的论述和阐发。也就是说，由于直接面临的历史任务是人的解放——即解决人的发展之前提性问题，马克思和恩

① 《马克思恩格斯选集》第1卷，人民出版社2012年版，第432页。
② 《马克思恩格斯选集》第1卷，人民出版社2012年版，第431页。
③ 《马克思恩格斯选集》第1卷，人民出版社2012年版，第431页。
④ 《马克思恩格斯选集》第1卷，人民出版社2012年版，第431页。

格斯理论研究的重点发生了转向，其结果是，人的发展从显在的目标变成了蕴含于人的解放之中的潜在的价值诉求。

由于研究主题由人的发展转向人的解放，在《德意志意识形态》之后，马克思主义的价值取向主要是围绕着人的解放的主题来阐释和建构的，这集中体现在《共产党宣言》等文本提出的科学社会主义理论中，其主要观点就是消灭私有制和阶级剥削，指导工人阶级(无产阶级)开展阶级斗争，发动社会主义革命，实行无产阶级专政，从而实现全人类的解放。

人的发展价值取向在唯物史观中地位和作用的变化，又与经典作家对唯物史观科学认识及其意义的强调相关。

唯物史观作为马克思的第一个伟大发现，确立了一种全新的、科学的社会历史宏观解释框架，超越了以往的一切社会历史观，为科学社会主义理论提供了坚实的哲学基础，在人类认识史上具有破天荒的意义。这一理论在认识上的独创性及其巨大的理论意义和实践价值是如此的突出，以至于经典作家及其同时代的人们，无论是其拥护者还是反对者，在理解唯物史观的内容尤其是唯物史观的理论创见时，往往更加注重科学认识的方面。马克思的《〈政治经济学批判〉序言》《资本论》，恩格斯的《反杜林论》《路德维希·费尔巴哈和德国古典哲学的终结》等，便是强调这一方面的代表性文本，而那些反对者在攻击唯物史观时，也主要针对其科学认识的方面，如将唯物史观歪曲为“经济唯物主义”、贬低为“经济决定论”等。为此，出于研究和宣传的需要，经典作家在反驳论敌时，“常常不得不强调被他们否认的主要原则。”[①]总是特别强调唯物史观科学认识的方面，花费了极大的精力对唯物史观发现人类历史的发展规律这一破天荒的贡献和意义进行反复、周详的阐释和说明。

由于研究重点的定位，由于唯物史观在科学认识上的开创性，从而经典作家对其意义的特别强调，人的发展在唯物史观和科学社会主义理论中逐渐成了一个处于人的解放背后的间接性的问题，处于一种潜在的

---

① 《马克思恩格斯选集》第4卷，人民出版社2012年版，第606页。

状态。从本质上说，这并不意味着唯物史观和科学社会主义理论离开了人的发展主旨，而是将人的发展追求置于了现实的基础之上，因为对社会历史的科学认识、对资本主义制度的批判、对无产阶级解放条件的探求，正是人的发展要求的具体体现，是为实现人的发展创造现实条件。我们认为，马克思、恩格斯始终没有放弃对人的发展的关注，在他们的理论视域中，人的发展价值维度在唯物史观和科学社会主义理论中一直以一种潜在的方式在场，即以人的解放、阶级斗争、无产阶级革命等方式呈现出来。也就是说，作为最终价值目标的人的发展在一定时期中被归结为人的解放价值目标，而由于实现人的解放必须消灭剥削、消灭私有制、彻底改变资本主义制度、进行阶级斗争和社会革命，这些价值诉求及相应的运动和行为就成了马克思、恩格斯关注的焦点。也就是说，从本质上看，消灭剥削、消灭私有制、彻底改变资本主义制度、进行阶级斗争和社会革命这些价值取向及相应的运动和行为也正是人的发展要求的现实表现，是人的发展这一潜在价值取向的显在的表现。马克思、恩格斯确立的以人的发展为核心的价值取向为资本主义批判及相关的阶级斗争和社会革命提供了合理性的前提，正是在这个意义上说，人的发展价值取向在马克思、恩格斯的理论和实践中一直“在场”。

然而毋庸讳言的是，研究重点的转向以及经典作家对唯物史观科学认识的强调，却在客观上为一些人对唯物史观的误读埋下了伏笔。恩格斯在世时，保尔·巴尔特等人抓住了唯物史观理论的上述问题，将唯物史观歪曲为“经济唯物主义”、贬低为“经济决定论”，恩格斯曾在有关通信中对这些歪曲进行了驳斥。然而问题在于，尽管恩格斯做了卓有成效的辨析工作，阐释了历史辩证法思想，但由于唯物史观研究重点的转向和经典作家对唯物史观科学认识的强调这两方面原因，后人对唯物史观内容和意义做出了不同侧面的片面的解读。

四、唯物史观价值取向的初步解读

马克思、恩格斯之后，由于时代条件、生存境遇以及解读方式的不同，人们对唯物史观的内容、本质、特点、功能和意义的理解和发挥见仁见智，甚至大相径庭，在何为唯物史观，如何理解唯物史观的本质及核心内容，唯物史观变革的意义，唯物史观与马克思主义哲学的关系，怎样解读唯物史观的当代性等一系列涉及唯物史观的基本问题上，都是各持己见，从而使唯物史观进入“次生态”阶段。“次生态的唯物史观”亦即马克思、恩格斯之后人们对唯物史观的理解、阐释和发挥。由于语境的变化和解读方式的差异，马克思、恩格斯之后，唯物史观已经朝着不同的方向发展，形成了诸多派别。

麦克莱伦在《马克思以后的马克思主义》中将马克思以后的马克思主义划分为德国社会民主党人、俄国的马克思主义、两次世界大战之间的欧洲马克思主义、中国和第三世界马克思主义、欧洲和美国的当代马克思主义几个阶段或几个部分，这一划分除了将恩格斯列入“德国社会民主党人”之中有待商榷之外，大体可以为叙述马克思、恩格斯之后唯物史观发展过程所借鉴。借用麦克莱伦“马克思以后”一说，我们提出“马克思、恩格斯以后”的说法，认为马克思、恩格斯以后，唯物史观经历了一个“一源多流”的演变过程。“一源”就是一个源头，即马克思、恩格斯的唯物史观，“多流”就是流向了不同的方向，即后人对马克思、恩格斯的唯物史观做出了不同的解释和发挥。

后人对马克思、恩格斯唯物史观的解释和发挥开始于马克思、恩格斯之后的下一批理论家。

拉法格坚持历史唯物主义社会存在决定社会意识关系的立场，坚持社会发展具有客观规律性，他认为，经济是基础，经济发展在社会历史的发展中起决定性的作用，社会的政治制度、宗教、哲学、文学等政治和思想上层建筑都植根于经济基础之上。他坚持马克思主义的国家观，坚持马克思主义的阶级和阶级斗争学说，强调社会主义革命和无产阶级专政的必然性，坚决反对当时在法国流行的无政府主义思潮。他在捍卫历史唯物主义基本原则、批判唯心主义的过程中，也存在着将马克思主义简单化，把唯物史观看作“经济唯物主义”或“经济决定论”从而忽视上层建筑对经济基础的反作用的片面性。他指出，“经济决定论或唯物史观、历史唯物主义、经济唯物主义都是意义相同的说法”[①]；认为经济决定论是“马克思交给社会主义者的新的工具，以便靠它的帮助在历史事件的混沌状态中确立某种秩序”[②]。他的“经济决定论”的要义在于探寻人类历史发展中的客观规律，正是基于这一立场，他坚持认为历史发展具有客观规律，生产方式是社会历史发展的决定力量，自然和人为的环境影响历史的发展，人类社会是由低级到高级发展的，发展的方式取决于现实的社会条件。

拉布里奥拉批评第二国际一些理论家对唯物史观的理解回到了18世纪旧唯物主义水平上，指出了将唯物史观称作“经济决定论”或类似称呼会带来的问题，认为“唯物主义历史观”等提法是为了便于使用，其真实内涵远不是字面上这么狭隘的，不能等同于旧唯物主义，因为旧唯物主义基本上是传统实证科学的产物，从而与以保尔·巴尔特、保尔·恩斯特等“青年派”使用的“技术经济历史观”“社会静力学”意义上的“经济决定论”区别开来。他坚持唯物史观主张不是意识的形式决定人类的存在，而是存在的方式决定意识的唯物史观基本立场，将马克思的理论称作“实践哲学”，并将社会生活的因素区分为劳动力和劳动工具，社会经济结构，阶级、法律、国家、道德、艺术、宗教、科学等层次，认为道德同经济结构的关系更密切，而艺术、宗教、科学同经济结构的关系则比较间接，不仅仅是由经济结构决定的。他认为，生产方式是社会发展的决定力量，经济因素在社会诸因素中起决定作用，从经济因素中产生出阶级、国家、法律、艺术、宗教、思想的过程是很复杂的，并且这些

① 保尔·拉法格：《思想起源论》，生活·读书·新知三联书店1963年版，第221页。

② 《拉法格文选》下卷，人民出版社1985年版，第296页。

因素之间存在着相互作用。他还认为，阶级和阶级对抗是生产力发展的产物，他把历史唯物主义应用于研究资本主义社会的发展，得出了只有共产主义社会才能消除阶级和阶级对抗的结论。他强调实践在唯物史观中的地位和作用，指出"实践哲学，这是历史唯物主义的神经。这种哲学是哲学所研究的事物的内在规律。从生活到思想，而不是从思想到生活。真理的道理就是这样。从作为实际的认识的劳动到作为抽象理论的认识，而不是相反。"①他将对唯物史观阐释的重点置于人这一社会主体上，从实践出发理解社会与人，用实践连接社会发展过程中的主客体关系，认为阐释社会与人关系的要义在于"弄清楚人在社会中的生活方式——它是借助于人本身在一定的和正在改变的条件中活动的继承性和完善化而形成和发展的——特点，在于寻找构成意志和行动的基质的种种需要的协调和从属关系。"②正如葛兰西所评价的，"实际上拉布里奥拉主张实践哲学不依赖其他任何哲学流派，是自我充足的……实践哲学是独立的、独特的哲学，它具有进一步发展的种种因素，这种发展把历史的说明变成一般的哲学。"③他反对脱离人去理解唯物史观，认为唯物史观"过去和现在都是在揭示任何人类发展，包括在一定具体条件下所有被我们称为观念的那些东西的真正原则和动力。"④他对唯物史观的阐释始终指向人的需要和人的发展，主张在对唯物史观的阐释中重树人的主体地位，深挖人的需要、人的目的性对历史的影响，抛弃决定论式的阐释而回归辩证的理解。他对唯物史观的理解重新确立了人在认识和改造世界活动中的主体地位，纠正了片面强调经济基础的"经济决定论"，破除了基于经济条件和自然主义产生的历史宿命论，在一定程度上凸显了唯物史观的价值维度。

梅林被恩格斯誉为理解和掌握了马克思主义的人。他继承了恩格斯对唯物史观性质的方法论判断，并做了一些唯物史观应用工作。他将唯

---

① 转引自柳・阿・尼基奇切：《拉布里奥拉传》，人民出版社 1987 年版，第 151 页。
② 拉布里奥拉：《关于历史唯物主义》，人民出版社 1984 年版，第 54 页。
③ 转引自[苏]柳・阿・尼基奇切：《拉布里奥拉传》，人民出版社 1987 年版，第 150 页。
④ 拉布里奥拉：《关于历史唯物主义》，人民出版社 1984 年版，第 57—58 页。

物史观看作历史研究的科学方法论，认为历史唯物主义就是整个马克思的世界观，历史唯物主义不应当像哲学一样追求这种“最终真理”，而应当强调其历史特性和方法论意义，“我们并不认为只有一种真正的理论哲学存在，而是认为，任何理论哲学都具有某种真理，但这某种真理总只是有条件的真理。在它们之中没有一种可以是‘最后审级的’最终真理。”[①]他认为历史唯物主义是研究人类发展过程的科学方法，马克思主义是“和任何哲学都断绝了关系”[②]而引入了“历史发展观念”这一哲学结果的历史唯物主义，是靠历史和实践进行验证的科学的唯物主义，是一种终结哲学的科学；他由此进一步认为，唯物史观是一种“科学假设”，“在自然科学领域里，马克思、恩格斯也是机械唯物主义者，如同在社会学里是历史唯物主义者一样”[③]，其看法在强调马克思主义科学性的同时又将其实证化、简单化了，显露了明显的实证主义倾向，在一定意义上将马克思主义降低到旧唯物主义水平上。

伯恩斯坦不同意第二国际中流行的对唯物史观做出的经济决定论阐释，认为其方法论事实上是“超马克思主义的历史解释”，指责这种唯物史观“对历史事件的揭示并不是按部就班求得的，而按照某种象征千篇一律地构成的。”[④]他认为，一切科学都可以分为纯粹的理论与应用的理论，后者随着实践与认识的发展而改变，例如马克思的《〈政治经济学批判〉序言》提炼出了唯物史观纯粹的理论部分，“历史哲学的主要思想在这里一点也不缺少”[⑤]，因而必须把唯物主义历史观看作马克思主义学说的基础，而其他文献包括恩格斯对唯物史观的解释与阐发则是可以改变的。他意识到对唯物史观实证主义的、决定论式的阐释存在着问题，但却选择了引入新康德主义来进行“补充”。他赞同历史发展是由诸多因素

① 梅林：《保卫马克思主义》，人民出版社1982年版，第229页。

② 梅林：《保卫马克思主义》，人民出版社1982年版，第149页。

③ 转引自布·恰根：《反对德国社会民主党内哲学修正主义斗争史：1895—1914》，生活·读书·新知三联书店1964年版，第321页。

④ 伯恩施坦：《社会主义的历史和理论》，东方出版社1989年版，第212页。

⑤ 《伯恩施坦文选》，人民出版社2008年版，第139页。

共同作用的看法，认为这些因素并非相互排斥而是互为补充的，正如麦克莱伦在《马克思以后的马克思主义》中所说，“伯恩施坦在阐述他对历史唯物主义的见解时，总是很认同地引证恩格斯在1890年致布洛赫的信。在他看来，恩格斯的评论暗含着这样一层意思：唯物史观‘事实上并非纯粹唯物主义的，更非纯粹经济的’。伯恩施坦认为，他那个时代的马克思主义是太唯物主义，也太决定论了。因此，他把唯物主义者讥称为‘不信上帝的加尔文教徒’。他宣称：要揭露各因素之间的关系，而这些关系是那么确切地存在，以至于人们能够有把握地确定，在某些情况下，应当到哪里去寻找最强大的动力，这绝非总是易事。纯粹的经济原因首先只是产生接受某些思想的意向，但是这些思想怎样兴起和传播以及采取什么形式，取决于一系列影响的协同作用。如果一开始人们就把不强调纯粹经济性影响而强调其他影响、不考虑生产技术及其可预见的发展而考虑其他经济因素视为折中主义而加以抛弃的话，那么这对于历史唯物主义是十分有害的。”[①]伯恩斯坦比较重视马克思主义的价值取向，正如宾克莱所指出的，“在伯恩斯坦看来，社会主义是人人都有平等自由的政治民主的实现。”[②]他还认为，社会主义运动必须有明确的目的，但这个目的并不是具体的社会计划而只能是一般的原则，在有了总目的之后，运动本身及朝着这一目的方向上的进展，便是主要的事情。

考茨基在唯物史观的理解上坚持经济基础决定上层建筑的基本原理，但对经济基础的决定作用做了机械理解，忽视经济以外的非根本性、非决定性因素的作用，以至于将历史发展理解为简单因果链条。与之相关，他在唯物史观的论述中往往采用线性逻辑的思维，缺乏辩证的思考和表述。他一方面认为“为人们规定生产关系的，不是不以人们自身的意向为转移的超人的高级力量，而是人们自身的意向”[③]，另一方面又认为生产关系的产生本身不以人的意志为转移，人的需要与现实条件

① 《伯恩施坦文选》，人民出版社2008年版，第30页。

② 宾克莱：《理想的冲突》，商务印书馆1983年版，第85页。

③ 考茨基：《唯物主义历史观》第三分册，上海人民出版社1984年版，第369页。

都是客观存在的，是由既成的生产力水平、外部环境决定的。在他看来，虽然人的意志会影响社会历史发展，但"人的一切精神实质，归根到底都归因于人们的物质生活条件"①。他主张"唯物主义的历史观是纯粹的科学"②，唯物史观和社会主义目标应当基于科学，科学社会主义是"建立于纯粹科学之上的应用科学"③，而"科学的结论，正如必然的事物一样，……亦无所谓道德与不道德之分"④，从而排斥了唯物史观的价值因素，"抛弃了马克思的全部次要的说明性词句，从而使马克思主义僵化。"⑤他较早地提出了无产阶级意识这一后来卢卡奇等西方马克思主义者关注的问题，认为马克思反对资产阶级"自由意志"，但并不否定意志的作用，更不否定个人在社会历史中的位置，马克思并没有"使生产关系的发生和以此为基础而产生的历史发展，同人们的意向和知识，从而同人们的精神分开。相反，唯物主义历史观以意向和知识为必要的前提"⑥。他认为，唯物史观比以往关于"自由意志"的学说更好地揭示了意志的作用。他还基于这一认识提出了无产阶级"精神贫困化"论题，认为无产阶级在精神上陷入了贫困，因而必须通过人为的方式唤醒无产阶级的意识，推动无产阶级的斗争。他指出，自然界本身没有目的，只有人有自觉性，只是其自觉性并非与生俱来的。无产阶级最初只能意识到自己的切身利益，要实现意识的觉醒，就必须通过引导教育和斗争实践来引导，因此党的任务就是向无产阶级"灌输"社会主义意识，让他们认识到社会现实和社会发展规律，确立斗争的目标，认识到自己的力量，提高斗争的能力。

饶勒斯作为一个在各派之间进行调解的人物，将唯心主义引入对唯物史观的阐释，试图以新康德主义等唯心主义思想"修正"马克思主义，

---

① 考茨基：《唯物主义历史观》第三分册，上海人民出版社1984年版，第357页。
② 考茨基：《考茨基文选》，人民出版社2008年版，第81页。
③ 考茨基：《唯物主义历史观》第六分册，上海人民出版社1965年版，第101页。
④ 考茨基：《社会主义伦理学》，上海平凡书局1929年版，第210页。
⑤ 柯尔：《社会主义思想史》第三卷，上册，商务印书馆1981年版，第283页。
⑥ 考茨基：《唯物主义历史观》第三分册，上海人民出版社1984年版，第370页。

宣称路德、康德、费希特和黑格尔等唯心主义者是德国社会主义的真正深刻来源，声称“唯物史观并不妨碍对历史做唯心主义的解释”①，甚至认为人的理想改造经济因素从而塑造了历史而非相反。他试图以“正义”等价值概念改造唯物史观，认为人生来追求“正义”，观念本身是运动和行动的原则，断言马克思主义同样以“正义”为前提，而这正是唯心史观与唯物史观可以调和的依据。他对唯物史观的理解虽然涉及了其价值取向，却违背了唯物史观“唯物”的基本原则。

卢森堡与梅林等人一道论证和发展了唯物史观，她肯定梅林抓住了马克思思想的哲学性，抓住了历史唯物主义和辩证法这条主线，以这条主线再现了马克思、恩格斯精神生活的全部丰富色彩和整个成长过程。她批驳伯恩施坦的改良主义，指出其“适应论”脱离资本主义整体谈论经济现象，割裂地研究问题，把个别资本家眼中的竞争现象当作资本主义经济整体现象，认为伯恩施坦修正主义不过是“符合庸俗经济学精神的以资本主义停滞论为依据的社会主义停滞论”②。她从唯物史观出发，认为修正主义错误的哲学基础，是以机械的、非辨证的理解方法分析社会现实，缺乏总体性思维。她以唯物史观为基础，既强调了无产阶级意识的觉醒与能动作用，又指出了这种决定与能动作用的现实基础。她意识到凸显唯物史观价值维度的必要性，以“资本积累”理论发展了马克思主义政治经济学，认为“马克思有一把有魔力的钥匙，这把钥匙使他揭开了一切资本主义现象最深奥的秘密。”③“自从马克思使工人阶级的历史观在哲学、历史和经济领域中发生作用以后，资产阶级在这些领域中的研究工作就中断了。经典意义上的自然哲学终结了，资产阶级历史哲学终结了，科学的国民经济学终结了。”④他被卢卡奇称为“是马克思的学生中唯一对他的终生著作无论在经济学内容还是在经济学方法方面都真正有

① 沙尔·拉波波尔：《饶勒斯传》，陈祚敏、王鹏译，生活·读书·新知三联书店 1982 年版，第 46 页。

② 《卢森堡文选》，人民出版社 2012 年版，第 38 页。

③ 《卢森堡文选》，人民出版社 2012 年版，第 45 页。

④ 《卢森堡文选》上卷，人民出版社 1984 年版，第 485 页。

所发展，并且还将它具体应用于社会的现状上去的人”①。

上述马克思、恩格斯下一批理论家对唯物史观做出的解读，不同程度地发展或者宣传了唯物史观，可以视为唯物史观发展史上的一个承上启下的环节。正如阿尔都塞所言，“奠定了历史唯物主义和辩证唯物主义理论的是一些知识分子(马克思和恩格斯)，发展这一理论的也是一些知识分子(考茨基、普列汉诺夫、拉布里奥拉、罗莎·卢森堡、列宁、葛兰西)。”②又如佩里·安德森所说，在马克思和恩格斯逝世以后，继承他们的拉布里奥拉、梅林、考茨基和普列汉诺夫等一批下一代的理论家“他们著作的主要方向事实上可以视为恩格斯本人最后时期的继续。”③在肯定这一点的同时又应看到，虽然这一批理论家对唯物史观的解读各不相同，但其中的多数人都存在着一个共同的问题，就是仅仅或主要对唯物史观做出了科学化的阐释和发挥，忽视了马克思、恩格斯对人的论述及其价值，忽视了对唯物史观价值取向的阐发，其中的一些理解由于退回到旧唯物主义和机械决定论的水平，虽然其中的少数人提及或凸显了唯物史观的价值取向，但又往往走向了否定唯物史观科学认识的另一个极端。然而即使如此仍然应当肯定，“他们关心以不同的方式将历史唯物主义作为有关人和自然的全面理论而加以系统化，使之能替代对立的资产阶级学科，并为工人运动提供其战斗者们易于掌握的广泛而一贯的世界观。这个任务使他们像恩格斯一样，承担双重使命：一方面，把马克思主义总的哲学内容作为一种历史观念提出来；同时，把它扩展到马克思所未曾直接触及的领域。”④正是从这个意义上说，这些解读开启了马克思、恩格斯之后对唯物史观解释和发挥的历程。

虽然马克思、恩格斯下一批理论家对唯物史观做出了不同的解读，但这只是一个过渡，尚未构成系统的解读模式。唯物史观系统的解读模

① 卢卡奇：《历史与阶级意识》，商务印书馆1992年版，第39—40页。

② 阿尔都塞：《保卫马克思》，商务印书馆2010年版，第5页。

③ 佩里·安德森：《西方马克思主义探讨》，人民出版社1981年版，第13页。

④ 佩里·安德森：《西方马克思主义探讨》，人民出版社1981年版，第13页。

式形成于19世纪末20世纪初。在这一时期中，对唯物史观在内的马克思主义的解释和发挥开始了“一源多流”的东西方的分化，在“一源多流”演变过程中形成了最有代表性和影响力的两大支流：东方马克思主义的解释和发挥以及西方马克思主义的解释和发挥。东方的马克思主义主要有滥觞于普列汉诺夫而初步成型于列宁的苏俄和东欧社会主义国家的解读，以及渊源于苏联并结合中国革命和建设实践而形成的中国马克思主义者的解读，大致对应于麦克莱伦所谓“俄国的马克思主义”以及“中国和第三世界的马克思主义”；西方的马克思主义肇始于卢卡奇和葛兰西并一直延续至当代的西方马克思主义的解读，大致对应于麦克莱伦所谓“两次世界大战之间的欧洲马克思主义”以及“欧洲和美国的当代马克思主义”。从总体上(而不是全部)说，包括苏联和中国在内的东方的马克思主义理论界，往往侧重于唯物史观科学认识方面的意蕴及其意义，与之不同的是，西方的马克思主义(尤其是人本主义思潮)研究者则特别关注马克思主义人学意蕴，特别侧重于其价值取向的方面。正是这一差异以及其他理解上的见仁见智，导致两者各自经历了一个演变和发展的过程，使得20世纪的唯物史观解释逐渐分野为“东方的”和“西方的”两大支流。就其基本态度和总体取向而言，根据两者之间的差异，可以将两大支流分别归结为强调唯物史观科学认识功能和改造社会意义的解读模式，以及强调唯物史观价值取向功能和精神解放意义的解读模式。

五、唯物史观在东方的流变

唯物史观在东方国家的演变过程开启于苏俄而展开于二次世界大战后各个社会主义国家，其本身也经历了一个一源多流的流变过程。

唯物史观在东方的解释和发挥始于俄国马克思主义者普列汉诺夫。普列汉诺夫在马克思主义哲学发展史上的最大贡献，是对唯物史观做出了新的解释和发挥，被恩格斯赞为真诚地、无保留地接受了马克思的伟大的经济理论和历史理论。普列汉诺夫强调辩证唯物主义的历史观，认为马克思创立的唯物史观是社会历史发展观中继承与变革的统一，唯物史观的产生是人类思想史上一次最伟大的革命，标志着唯物主义体系的完成。他反对将唯物史观解读为经济决定论，认为马克思从未使用过“经济唯物主义”概念，故不能以经济决定论排斥哲学，因为这种做法会导致以其他哲学理论“补充”马克思主义，因此，必须强调“马克思的社会主义有自己的哲学，正如它有自己的历史观和政治经济学一样。”①他将辩证唯物主义和历史唯物主义看作是一般与个别的关系，认为后者是前者在社会历史领域的应用，“马克思和恩格斯的唯物主义世界观……既包括自然界，也包括历史。……但因为辩证唯物主义等涉及到历史，所以恩格斯有时将它叫作历史的。这个形容语不是说明唯物主义的特征，而只表明应用它去解释的那些领域之一。”②

普列汉诺夫坚持社会存在决定社会意识的观点，并从这一观点出发对唯物史观关于社会发展动力的理论做了阐述和发挥。他既坚持物资资料的生产和再生产是社会生活的基础，又反对把唯物史观歪曲成“经济唯物主义”，并在此基础上提出了“五项论”公式，认为社会历史是在生产力基础上通过各种因素相互作用而向前发展的，影响社会发展的有“五项”因素：“一定程度的生产力的发展，由这个程度所决定的人们在社会生产过程中的相互关系，这些人的关系所表现的一种社会形式；与这种社会形式相适应的一定的精神状况和道德状况；与这种状况所产生的那些能力、趣味和倾向相一致的宗教、哲学、文学、艺术。”③在整个社会结构中，这“五项因素”相互作用与制约构成了社会运动，“五项”因素之间是依次决定的关系，前项依次决定后项，后项则依次反作用于前项，其中生产力决定生产关系、经济基础决定上层建筑的基本原理是其基础：“马克思的基本思想可以归结如下：(1)生产关系决定着社会生活中人们之间所存在的一切其他关系。(2)生产关系本身又决定于生产力

① 《普列汉诺夫哲学著作选集》第2卷，生活·读书·新知三联书店1962年版，第377页。

② 《普列汉诺夫哲学著作选集》第2卷，生活·读书·新知三联书店1962年版，第311页。

③ 《普列汉诺夫哲学著作选集》第2卷，生活·读书·新知三联书店1962年版，第186页。

的状况。”[①]“五项论”公式推进了唯物史观对社会发展规律、动力和机制的认识。

普列汉诺夫十分重视对社会意识的研究，创造性地区分了社会心理和思想体系，比较深入地探讨了社会意识诸形式相互作用的表现和规律，强调社会意识具有相对独立性，强调先进思想的指导作用。他从社会存在决定社会意识的基本原理出发，比较全面地揭示了地理环境对社会发展的作用。他系统地论述了个人在历史上的作用问题，创造性地提出了个人在历史上的作用的理论，丰富了唯物史观的相关原理。他还批驳了民粹派的“俄国特殊论”，明确指出，“一国历史的任何特点都不能使该国逃出一般的社会性规律的作用”[②]，认为俄国的特殊性不过是人类历史发展一般状况下的个别表现而已，坚持了社会发展规律的普遍性。

列宁认为马克思主义是一块整钢，辩证唯物主义认识论与历史唯物主义基本原理是内在统一的。他认为，马克思主义的历史唯物主义是科学思想中的最大成果，历史唯物主义是关于社会历史的唯一的科学。他特别强调唯物史观的重要意义，认为“马克思和恩格斯的学说是从费尔巴哈那里产生出来的，是在与庸才们的斗争中发展起来的，自然他们所特别注意的是修盖好唯物主义哲学的上层，也就是说，他们所特别注意的不是唯物主义认识论，而是唯物主义历史观。因此，马克思和恩格斯在他们的著作中特别强调的是‘辩证’唯物主义，而不是辩证‘唯物主义’，特别坚持的是‘历史唯物’主义，而不是历史‘唯物主义’”[③]。他还指出，马克思从社会生活中的各种领域中划分出经济领域，从一切社会关系中划分出生产关系，即决定其余一切关系的基本的原始的关系，并以生产关系来说明资本主义社会形态的构成和发展，确立了科学的历史观和方法论。他认为，马克思的《资本论》就是运用唯物史观科学方法的

---

① 《普列汉诺夫哲学著作选集》第 2 卷，生活 · 读书 · 新知三联书店 1962 年版，第 747 页。

② 《普列汉诺夫哲学著作选集》第 1 卷，生活 · 读书 · 新知三联书店 1961 年版，第 111 页。

③ 《列宁专题文集 论辩证唯物主义和历史唯物主义》，人民出版社 2009 年版，第 115—116 页。

一个成功的典范，马克思“完全用生产关系来说明该社会形态的构成和发展，但又随时随地探究与这种生产关系相适应的上层建筑，使骨骼有血有肉。”[①]他还指出了社会形态学说与历史唯物主义之间的密切关联，认为历史唯物主义挖掘出构成人类历史活动思想动机的原因，并且以自然科学的精确性去研究群众生活的社会条件以及这些条件的变更，最终探明了资本主义社会形态的发展是自然历史发展的过程。他提出哲学的党性原则，认为马克思的哲学是完备的哲学唯物主义，它把伟大的认识工具给了人类，特别是给了工人阶级，这无疑是历史唯物主义的方法论功能的最高体现。他还运用唯物史观对帝国主义的实质进行了科学的分析和评价，揭示了帝国主义发展的趋势以及世界经济政治发展不平衡规律，创造性地提出了“一国首先胜利论”，发展了马克思主义国家学说。

在苏联时期，学者们对唯物史观进行了比较系统的解读，解读的标准，是列宁关于唯物史观是唯一的科学的历史观的理解以及《联共(布)党史简明教程》。列宁的理解事实上给唯物史观划定了论域的边界，《联共(布)党史简明教程》第四章第二节“辩证唯物主义和历史唯物主义”则进一步认为历史唯物主义是辩证唯物主义在社会历史领域的推广和运用，是马克思主义世界观(宇宙观)在社会历史观的体现。根据这种理解，唯物史观主要甚至仅仅是一种对社会历史的科学认识，可以是价值无涉的。这种理解集中体现在此后各种马克思主义哲学的通俗读物和教科书中，例如Г. А. 巴加图利亚在《马克思的第一个伟大发现》中就明确认定，“唯物主义历史观是马克思创立的关于人类社会发展的普遍规律的科学”[②]，“唯物主义历史观，这同时既是社会一般规律性的观点，又是历史一般规律性的观点。这是社会在其一定发展阶段上怎样运动和社会在历史进程中怎样发展的观点。这同时是社会的理论，又是历史的

① 《列宁选集》第1卷，人民出版社2012年版，第9页。

② Г. А. 巴加图利亚：《马克思的第一个伟大发现》，中国人民大学出版社1981年版，第1—2页。

理论。”[①]

虽然以普列汉诺夫和列宁为代表的俄国和苏联马克思主义者创造性地发展了马克思主义，但毋庸讳言的是，他们及其后继者比较忽视唯物史观的价值取向。宾克莱曾谈到造成这一问题的原因，认为：东方社会主义国家的一些领袖“修改马克思主义使之适应他们国家的需要，这是不足为奇的。在这种修改马克思主义的过程中，有时改变是那样的彻底，以至卡尔·马克思原来的人道主义几乎所存无几了。”[②]弗洛姆亦曾指出这在马克思之后的马克思主义解释者那里是一种普遍的现象，“马克思的经典的解释者，不管他们是像伯恩斯坦那样的改良主义者，还是像考茨基、普列汉诺夫、列宁或布哈林那样的正统的马克思主义者，都不把马克思解释为是以他的人本主义的存在主义为中心的。”[③]他还对造成这一偏颇的原因做出了个案的分析，例如他认为，列宁误读历史唯物主义的原因之一，是他没有看到《1844 年经济学哲学手稿》和《德意志意识形态》全文，“第一个事实是《经济学哲学手稿》直到 1932 年才发表，在此之前，人们甚至不还不知道有这份手稿。第二个事实是《德意志意识形态》直到 1932 年才得以发表，而在 1926 年才第一次发表了全书的一部分。”[④]也就是说，列宁由于没有读到这两部具有丰富人本主义思想和人学意蕴的手稿，所以对历史唯物主义价值取向方面的内容没有足够的了解，而只是关注到历史唯物主义科学认识方面的内容和意义，将马克思理解成经济决定论式的唯物主义。他还认定，俄国和苏联马克思主义者的这种理解实际上更接近于马克思所反对的 19 世纪资产阶级的机械论的唯物主义，而不接近于马克思的历史唯物主义。弗洛姆还揭示了苏联强化唯物史观机械论唯物主义色彩的社会原因，一是社会政治方面的原因，马克思的目的是使人的人格的个体性得到发展，而俄国社会制

---

① Г. А. 巴加图利亚：《马克思的第一个伟大发现》，中国人民大学出版社 1981 年版，第 4 页。

② 宾克莱：《理想的冲突》，商务印书馆 1983 年版，第 91 页。

③ 弗洛姆：《马克思关于人的概念》，旭日出版社 1987 年版，第 65 页。

④ 弗洛姆：《马克思关于人的概念》，旭日出版社 1987 年版，第 65 页。

度的目标与马克思的人本主义相背离，“因为他们的思想以及他们的社会制度和政治制度跟马克思的人本主义在一切方面都是相矛盾的。在他们的制度中，人是国家和生产的奴仆，而不是一切社会安排的最高目的。”①二是现代化进程的原因，即现代性的成功遮蔽了人性，“这种精神的人本主义传统——马克思还是生活在这种传统中——几乎被成功的工业主义的机械唯物论的精神所淹没。”②宾克莱和弗洛姆的上述理解虽然不无可议之处，例如弗洛姆断定马克思哲学是人本主义的就是一种误解甚至歪曲，但他们对苏俄马克思主义者唯物史观研究中忽视价值取向的批评却不无道理，因为他部分地指出了他们淡化唯物史观价值取向问题的症结所在，这种分析即使对于今天研究和践行唯物史观仍然具有深刻的启示性。

苏俄马克思主义者对唯物史观的理解在东方国家产生了深远的影响。

一些亚洲社会主义国家也提出了对唯物史观的理解。在朝鲜，领导人提出了主体思想，认为马克思主义哲学已经阐明了世界是由物质构成的，并靠物质的运动而变化发展，主体思想则“对于支配自然和社会的主人是谁，改造自然和社会的力量在哪里的问题给予了回答，从而崭新地阐明了对世界的见解。”③即“决定人们一切活动的是他们的思想意识。”④他们还阐述了对唯物史观的理解，认为唯物史观是物质世界的一般规律在社会历史方面的运用，而他们提出的主体思想已经超越了马克思主义的唯物史观，“主体思想所阐明的社会历史观，是以社会历史运动固有的规律为基本内容的。这样的主体的社会历史观，是不能根据唯物史观来解释的。”⑤在越南，越南共产党认为马克思主义作为一种革命的学说，一种生活的哲学，仍然保持有它原有的基本价值，并强调马克思主义与本国实际相结合：“我党始终肯定，一方面坚持马列主义的原

---

① 弗洛姆：《马克思关于人的概念》，旭日出版社1987年版，第65页。
② 弗洛姆：《马克思关于人的概念》，旭日出版社1987年版，第64页。
③ 曾枝盛：《20世纪末国外马克思主义纲要》，中国人民大学出版社1998年版，第341页。
④ 曾枝盛：《20世纪末国外马克思主义纲要》，中国人民大学出版社1998年版，第339页。
⑤ 金正日：《关于主体哲学》，朝鲜外文出版社2002年版，第11页。

理，另一方面必须创造性地运用和发展这个原理，使之丰富和符合我国的条件，推动革新事业大力稳步地前进。”[①]

继苏俄之后，唯物史观在东方发展的主要代表是中国。毛泽东曾经指出，十月革命一声炮响，给我们送来了马克思列宁主义。十月革命帮助了全世界的也帮助了中国的先进分子，用无产阶级的宇宙观作为观察国家命运的工具，重新考虑自己的问题。十月革命给中国送来的马克思主义，主要就是马克思主义中的唯物史观理论和阶级斗争学说，其中的“无产阶级的宇宙观”指的就是唯物史观。唯物史观自传入中国后，即与中国的现实和实践相结合，在中国的土地上生根、发芽、开花、结果，逐渐形成为主流的社会历史观。

五四新文化运动和20世纪20—30年代的中国社会史论战是唯物史观在中国早期传播的两个重要阶段。

李大钊是马克思主义在中国的最早的传播者，他对马克思主义研究和宣传的侧重点就在唯物史观方面。他在《我的马克思主义观》中介绍了马克思的剩余价值论和唯物史观，包括唯物史观形成的历史和基本观点，并初步运用唯物史观对中国的历史和现实社会问题进行全方位的观察和思考。他对唯物史观做出了高度的评价，认为“自有马氏的唯物史观，才把历史学提到与自然科学同等的地位。此等功绩，实为史学界开一新纪元。自时厥后，历史的学问，日益隆盛。”[②]他正确地把握了唯物史观的实质和主要内容，认为“这种历史的解释方法不求其原因于心的势力，而求之于物的势力，因为心的变动常是为物的环境所支配。”[③]“马克思的唯物史观有二要点：其一是关于人类文化的经验的说明，其二即社会组织进化论。其一是说人类社会生产关系的总和，构成社会经济的构造。这是社会的基础构造。一切社会上政治的、法制的、伦理的、哲学的，简单说，凡是精神上的构造，都是随着经济的构造变化而变化。

① 曾枝盛：《20世纪末国外马克思主义纲要》，中国人民大学出版社1998年版，第352页。

② 《李大钊文集》下卷，人民出版社1984年版，第347页。

③ 《李大钊文集》下卷，人民出版社1984年版，第362页。

我们可以称这些精神的构造为表面构造。表面构造常视基础构造为转移，而基础构造的变动，乃以其内部促他自己进化的最高动因，就是生产力，为主动；属于人类意识的东西，丝毫不能加他以影响；他却可以决定人类的精神、意识、主义、思想，使他们必须适应他的行程。其二是说生产力与社会组织有密切的关系。生产力一有变动，社会组织必须随着他变动。社会组织即社会关系，也是与布帛菽粟一样，是人类依生产力产出的产物。"①他运用唯物史观探究思想变革的原因，认为凡一时代，经济上若发生了变动，思想上也必发生变动。经济的变动，是思想变动的重要原因。他运用唯物史观对东西方文化进行了分析，批判了"物质开新，道德复旧"的观点，指出，道德这个东西不是超自然的东西，不是超物质以上的东西，不是凭空从天上掉下来的东西。他的本原不在天神的宠赐，也不在圣贤的经传，是在我们人间的动物的地上的生活之中。他致力于从经济史角度探究历史发展的动因，明确指出还是称马克思学说为"经济的历史观"妥当些。坚持了唯物史观关于经济因素是社会发展决定因素的观点。他还指出了社会主义的人道主义意蕴："现在社会主义、人道主义的经济学，将要取此正统的位系，而代个人主义以起了。从前的经济学，是以资本为本位，以资本家为本位。以后的经济学，要以劳动为本位，以劳动者为本位了。这正是个人主义向社会主义、人道主义过渡的时代。"②

陈独秀直接把唯物史观理论称为"唯物史观的哲学"，提出唯物的历史观是我们的根本思想，名为历史观，其实不限于历史，号召要依据唯物史观的理论来讨论人生观和价值观，认为"思想和道德(包括价值观念)均属于人们历史活动的思想动机，唯物史观要求人们进一步探求产生这些动机的原因，即客观的社会关系体系，并把物质生产发展状况看作是决定该社会关系体系的根源。离开了物质的即经济的原因，来解释人类历史，结果只能陷入历史唯心论的泥沼。所以，没有唯物史观，很

① 《李大钊文集》下卷，人民出版社 1984 年版，第 59 页。
② 《李大钊选集》，人民出版社 1959 年版，第 176 页。

难看清人生观和价值观在人类社会中的地位和作用，也无从把握它们的实质。”[①]他代表在科学和玄学两派之外的唯物史观派参与了1923年发生的关于“科学与人生观”的论战，其提出的论战命题是“唯物史观的人生哲学”。他针对胡适人为地割裂人生观与历史观的联系，否认唯物史观是一种哲学的见解，指出“我们相信只有客观的物质原因可以变动社会，可以解释历史，可以支配人生观，这便是‘唯物的历史观’。”[②]他还指出唯物史观是马克思主义阶级斗争学说的基础，两者并不矛盾，“马克思说明阶级斗争大略如此，我们实在找不出和唯物史观有矛盾的地方。”[③]

李达作为中国马克思主义研究的先驱，十分关注唯物史观研究。他认为，“马克思固未尝著述社会学，亦未尝以社会学者自称，然其所创之唯物史观学说，其在社会学上之价值，实可谓空前绝后，彼不仅发现社会组织之核心，且能明示社会进化之方向，提供社会改造之方针，其贡献之功实有不可磨灭者。”[④]强调马克思主义哲学、政治经济学和科学社会主义三个部分之间的内在联系，认为唯物史观是政治经济学和科学社会主义的理论基础，科学社会主义是三个部分的核心，唯物辩证法则是马克思主义理论体系的世界观和方法论，主张运用唯物辩证法深化对唯物史观的研究，通过经济学研究探讨中国的社会问题，通过科学社会主义研究探讨中国的前途命运。认为唯物史观的任务是“在最一般的大纲上说明人类社会之历史的客观的发展过程及其发展法则，阐明各种社会构成形态的特殊发展法则及由一种构成形态到他种高级构成形态的特殊转变法则。”[⑤]他的《现代社会学》是中国人自己写的最早的一部联系中国革命实际系统论述唯物史观的专著，被认为是中国早期马克思主义者对唯物史观所做的最系统、最全面的阐释。该书分别论述了社会学的性质、社会的本质、社会的构造、社会起源、家族、氏族、国家等问题，

① 李景源：《关于唯物史观与价值观的关系》，《中国人民大学学报》2009年第6期，第13页。
② 《陈独秀著作选》第2卷，上海人民出版社1993年版，第554页。
③ 《陈独秀文章选编》(中)，生活·读书·新知三联书店1984年版，第197页。
④ 《李达文集》第1卷，人民出版社1980年版，第237页。
⑤ 《李达文集》第2卷，人民出版社1981年版，第298页。

明确指出历史唯物论是马克思主义社会学，指出唯物史观与历史学、经济学、政治学、法学、人类学等学科之间存在着密切的联系，并且与这些学科之间相互影响，同时还比较清楚地阐述了关于社会主义社会基本矛盾的理解，肯定了生产力与生产关系的矛盾贯穿于人类社会始终，从而也贯穿于社会主义社会中。本书还创造性地提出了在未来的新社会中生产力与生产关系的矛盾运动仍然存在并推动社会发展的观点，以及在未来的新社会中生产力和生产关系的矛盾不至于发展成为对抗的观点。

毛泽东认为，唯物史观是吾党哲学的根据，他坚持唯物史观的基本原理，特别重视以唯物史观理解社会历史和现实问题，认为"社会的变化，主要地是由于社会内部矛盾的发展，即生产力和生产关系的矛盾，阶级之间的矛盾，新旧之间的矛盾，由于这些矛盾的发展，推动了社会的前进，推动了新旧社会的代谢。"①他运用唯物史观关于历史发展规律与趋势的理论理解社会发展，坚信社会主义制度终究要代替资本主义制度，这是一个不以人们自己的意志为转移的客观规律，并依据马克思社会形态理论指出了中国的历史也是走着人类社会发展的共同的道路："中华民族的发展（这里说的主要地是汉族的发展），和世界上别的许多民族同样，曾经经过了若干万年的无阶级的原始公社的生活。而从原始公社崩溃，社会生活转入阶级生活那个时代开始，经过奴隶社会、封建社会，直到现在，已有了大约四千年之久。"②他坚持生产力标准，指出"中国一切政党的政策及其实践在中国人民中所表现的作用的好坏、大小，归根到底，看它对于中国人民的生产力的发展是否有帮助及其帮助之大小，看它是束缚生产力的，还是解放生产力的。"③他运用历史辩证法对待中国历史，主张"我们必须尊重自己的历史，决不能割断历史。但是这种尊重，是给历史以一定的科学的地位，是尊重历史的辩证法的发展，而不是颂古非今，不是赞扬任何封建的毒素。"④他坚持群众史观，

---

① 《毛泽东选集》第一卷，人民出版社 1990 年版，第 302 页。
② 《毛泽东选集》第二卷，人民出版社 1990 年版，第 622 页。
③ 《毛泽东选集》第三卷，人民出版社 1990 年版，第 1079 页。
④ 《毛泽东选集》第二卷，人民出版社 1990 年版，第 708 页。

认为只有人民才是创造世界历史的动力，并创造性地确立了一切为了群众、一切依靠群众、从群众中来、到群众中去的群众路线。

毛泽东还论述了个性解放的问题。他在民主革命时期为了反对专制统治，特别强调人的解放，强调人的个性，在延安时期曾多次讲到这个问题，认为不仅民主主义革命需要个性解放，社会主义社会仍然需要个性解放，他明确指出，被束缚的个性如不得解放，就没有民主主义，也没有社会主义。"没有几万万人民的个性的解放和个性的发展……要想在殖民地半殖民地半封建的废墟上建立起社会主义社会来，那只是完全的空想。"[①]认为个性解放是马克思主义的题中应有之义，把"自由个性"看成是未来人类社会所追求的价值取向。即使在社会主义建设时期，他还谈到要造成一个又有集中又有民主、又有纪律又有自由、又有统一意志、又有个人心情舒畅、生动活泼，那样一种政治局面。遗憾的是，这些看法有时候只是停留在理论上而未能付诸实践并成为现实。

在改革开放之前一个比较长的时期中，中国唯物史观研究的主要成绩是坚持了唯物史观"唯物"的性质，坚持了唯物史观的科学认识方面的基本原理，但同时也存在着忽视其价值取向的显著缺陷，这些缺陷从总体上说，就是比较忽视人和人的发展问题。在中国的"马克思主义哲学"教学和研究中(例如在一些有代表性的马克思主义哲学教科书中)，唯物史观往往被归结为关于社会发展的科学认识，被直接定义为"关于社会发展一般规律的科学"[②]，唯物史观的使命和功能主要被限定为对社会历史事实以及社会发展本质和规律的认识，即"从总体上研究社会生活，研究社会现象的一般联系和关系，揭示社会生活的本质，阐明社会发展的一般规律。"[③]人们在对唯物史观的阐释中，多限于对社会规律、机制、动力以及社会结构各部分相互关系的论述。这种理解比较忠实于马克思、恩格斯对唯物史观内容及其意义的论述，凸显了唯物史观作为科学

---

① 《毛泽东选集》第三卷，人民出版社 1990 年版，第 1060 页。

② 肖前、李秀林、汪永祥：《历史唯物主义原理》，人民出版社 1991 年版，第 32 页。

③ 肖前、李秀林、汪永祥：《历史唯物主义原理》，人民出版社 1991 年版，第 32 页。

的社会历史观的特点及其在社会历史认识上实现的变革，坚守了唯物史观“唯物”的根本特点及其科学性，但同时也在一定程度上忽视了唯物史观的价值取向及其功能和意义。这些缺陷反映到历史观上，就是忽视了唯物史观的价值维度，淡化了唯物史观的价值取向。

真理标准问题的讨论开启了思想解放运动，也开启了改革开放的进程，而思想解放运动以及改革开放带来的实践经验和一系列学术讨论，则突破了既往唯物史观研究中的种种禁锢，开启了当代唯物史观价值取向研究的新进程。改革开放以来唯物史观价值取向研究的过程，将在第三章“唯物史观价值取向当代建构的理论背景”部分加以阐释。

六、唯物史观在西方的流变

马克思、恩格斯之后，唯物史观呈现的“一源多流”的另一条主流，是西方的马克思主义研究者的唯物史观研究。在西方，唯物史观也经历了一个演变的过程，这一过程纷繁复杂，但就总体倾向而言，西方的马克思主义学者特别是“西方马克思主义”学者在唯物史观研究中比较强调其价值取向的方面，特别致力于挖掘唯物史观的人学（人本）意蕴和精神价值，这是与他们所处社会的现实背景以及他们关注的现实问题相关的。正如段忠桥教授所指出的，“‘西方马克思主义’出现于俄国十月革命以后和苏联、东欧社会主义国家开始走下坡路之前的西欧大陆，其主要目标是探索一条不同于俄国的在西方资本主义国家实现社会主义的道路。这种背景决定了其理论研究的两个主题，一是批判现存的资本主义制度，二是批评苏联的社会主义模式。英美的马克思主义则是在苏联、东欧社会主义国家已开始趋于解体和资本主义加速全球化进程的背景下出现的，因而，它更关注的是发达资本主义国家如何走向社会主义和如何应对资本主义在全球的扩张。”①西方马克思主义和英美的马克思主义学者理论研究主题的选择正是反映了他们力图把马克思主义同西方社会

---

① 乔纳森·沃尔夫：《当今为什么还要研究马克思》，高等教育出版社2006年版，第2页。

现实结合起来，寻求人的解放之道的探索和努力，他们所关注的问题以及他们不同于东方马克思主义研究者的身份(卢卡奇、葛兰西之后的多数人仅仅作为理论研究者而非实践者)，决定了他们更看重马克思主义的价值取向。

这种倾向起始于卢卡奇，诚如弗洛姆所言，“卢卡奇是第一个恢复马克思的人本主义的人。”[①]作为西方的马克思主义研究的当事人，弗洛姆的这一说法当然在一定程度上反映了卢卡奇在马克思主义研究转向过程中的作用。卢卡奇的理论贡献主要在两个方面：一是对唯物史观做出了新的阐释。他肯定“历史唯物主义是无产阶级在其受压迫的时代里最强大的武器之一。”[②]但与一些第二国际理论家不同，他反对对马克思主义做出机械决定论的解释，认为这种理解见物不见人、忽视人的存在及其能动性。他结合时代特征对唯物史观提出了自己的理解，认为“什么是历史唯物主义呢？无疑，它是按其真正的本质理解过去事件的一种科学方法。”[③]“历史唯物主义通过揭示了历史事件的真正动力而成为一种武器。历史唯物主义最重要的任务是，对资本主义社会制度做出准确的判断，揭露资本主义社会制度的本质。因此，在无产阶级的阶级斗争中，历史唯物主义总是为以下目的而被加以运用：在资产阶级用各种意识形态成分来修饰和掩盖了真实情况即阶级斗争状况的一切场合，用科学的冷静之光来透视这些面纱，指出这些面纱多么虚伪、骗人，多么同真相不一致。这样，历史唯物主义的首要功能就肯定不会是纯粹的科学认识，而是行动。历史唯物主义不是目的自身，它的存在是为了使无产阶级自己看清形势，为了使它在这种明确认识到的形势中能够根据自己的阶级地位去正确地行动。”[④]“历史唯物主义像所有其他意识形态一样具有使资本主义社会发展和瓦解的功能。……历史唯物主义学说正确性的前提是，所有所谓意识形态的产物都表现经济关系的一些功能：历史唯物

① 弗洛姆：《马克思关于人的概念》，旭日出版社 1987 年版，第 65 页。

② 卢卡奇：《历史与阶级意识》，商务印书馆 1992 年版，第 305 页。

③ 卢卡奇：《历史与阶级意识》，商务印书馆 1992 年版，第 306 页。

④ 卢卡奇：《历史与阶级意识》，商务印书馆 1992 年版，第 307 页。

主义本身(作为战斗无产阶级的意识形态)也只是这样一种意识形态，也只是资本主义社会的这样一种功能。”[①]他强调唯物史观的方法论意义和阶级功能及其意识形态特征，强调人的主体性以及意识的能动作用，显现了唯物史观的价值取向。二是运用唯物史观对资本主义展开了独特的批判。他认为，“整个历史必须重新写，必须从历史唯物主义的观点来整理、分类和评价过去的事件。我们必须尝试使历史唯物主义成为具体科学研究的方法，成为历史科学的方法。”[②]他认为马克思辩证方法的核心就是“总体性”，他综合了马克思《资本论》中的商品拜物教理论以及黑格尔、西美尔和韦伯的有关理论，从人的视角出发解释社会发展和历史的演变过程，提出并阐述了“物化即异化”“总体性的辩证法”“阶级意识”“自然是一个社会范畴”等观念和理论，并运用这些观念和理论分析了资本主义社会中人的异化状态。他认为，历史唯物主义只是资本主义的自我知识，并依据马克思的“商品拜物教”理论分析了资本主义对人的危害，揭示了物化乃是资本主义社会的普遍的必然的现象，认为资本主义的物化生活特别是拜物教的发展，使人成为物，人与人的关系成为物化关系，人的意识成为物化观念。他认为，马克思主义理论有助于物化的克服，马克思主义的人道主义特征具有优越性，并特别强调无产阶级自身的意识，强调意识形态领域的革命。卢卡奇的理论对后人产生了比较大的影响，特别是促进了马克思主义研究重点向人的存在的转向。

柯尔施对马克思主义的研究始于对革命转变与国家问题的关注，他认为，第二国际的“正统的马克思主义者”由于缺乏思想上、理论上的准备，没有能耐处理好国家和无产阶级革命的关系问题，马克思主义理论的危机最清楚不过地表现在社会革命对国家的态度上。要正确理解国家理论就必须真正回到马克思主义的哲学观点上去。鉴于德国共产党内特别缺乏马克思主义哲学修养的问题，他特别强调要恢复马克思的理论传统，其中对马克思主义和哲学问题的新的探讨就是这一恢复工作的一个

---

① 卢卡奇：《历史与阶级意识》，商务印书馆1992年版，第311页。

② 卢卡奇：《历史与阶级意识》，商务印书馆1992年版，第305页。

重要组成部分。他指出，资产阶级思想家和马克思主义思想家都还完全没有理解这一事实，即马克思主义与哲学的关系成了一个非常重要的理论和实践的问题。他认为，马克思主义的革命实质就体现在对社会的总体的把握上，马克思从来都是对资本主义社会整体的批判，所以它“应被看作并理解为一个活的总体的社会发展的理论，或者说得更确切一些，应被理解并实践为一个活的总体的社会革命理论”。[①] 第二国际“正统的马克思主义者”的一个理论失误就是没有将马克思主义理解为一个总的体系而是肢解了马克思主义，将其理解为一堆原理的总和，“尽管他们在理论上和方法上都承认历史唯物主义，但是第二国际的马克思主义者们事实上将社会革命理论肢解了……后来的马克思主义者越来越把科学社会主义视为一系列与阶级斗争的政治或其他实践没有任何直接联系的纯科学观察……关于社会革命的统一的总体理论变成了对资产阶级经济秩序、资产阶级国家、资产阶级国家教育、资产阶级宗教、艺术、科学和文化的批判。”[②]使之丧失了对于无产阶级革命的作用。他认为，真正的马克思主义意义上的专政是革命的、进步的专政，其目的是为大多数人创造更多的自由。社会主义，无论就其目的和手段而言，都是一场实现自由的斗争。

葛兰西充分肯定马克思在社会历史观上的伟大贡献，认为“马克思并不仅仅是一个学者，他是一个行动的人。他在行动中和在思想中一样伟大和富有，他的著作不但改变了思想，而且改变了世界。”[③]马克思意味着一个进入到意识统治着的人类历史中去的智慧的入口，指出了马克思主义对人的理想状态的期待，“对马克思主义者来说，‘人是什么’的问题其实是一个关于人能够成为什么的问题。”[④]他提出了不同于马克思

---

① 俞吾金、陈学明：《国外马克思主义哲学流派新编西方马克思主义卷》上册，复旦大学出版社2002年版，第95页。

② 周凡、黄伟力主编：《新马克思主义评论：哲学的政治及其辩证法》，上海三联书店出版社2015年版，第228页。

③ 俞吾金、陈学明：《国外马克思主义哲学流派新编西方马克思主义卷》上册，复旦大学出版社2002年版，第114页。

④ 奥尔曼：《辩证法的舞蹈——马克思方法的步骤》，高等教育出版社2006年版，第154页。

的对经济基础、上层建筑及其与市民社会关系的理解，指出，“目前我们能做的是确定上层建筑的两个主要层面：一个可以被称作市民社会，即通常称为私人的社会组织的集合体；另一个则是‘政治社会’或‘国家’。”①他认为，马克思主义主要强调社会经济结构，而对思想文化等上层建筑的影响以及个人的主动性不够重视，他试图对这一状况加以修正，创造性地提出了“文化上的领导权”问题，并提出无产阶级要夺取文化领导权，“不仅将对上层建筑问题的兴趣与对经典马克思主义传统的强烈认同结合起来，而且他精细的历史化视角引发了马克思主义一些最有趣的关于宗教的讨论。”②他反对将马克思主义看作是经济决定论，认为实践是人的存在方式，人正是以实践的方式建立起人与自然和人与人的关系，因此应当把马克思的思想作为“实践哲学”来把握。他反对“正统马克思主义”向经济决定论的倾斜，强调“知识的伦理的指导权”，尤其是强调在马克思那里存在从必然向自由，基础向上层建筑，既定条件向自我决定的提升的“净化”方向。他在狱中开始探索与俄国革命道路和战略不同的西欧国家的革命道路和战略，是欧洲共产主义的思想先驱。

欧洲共产主义认为，当代世界出现了许多当年马克思、列宁没有预见到的新问题，对马克思主义的解释必须“现代化”。意大利共产党、法国共产党和西班牙共产党领导人于1977年3月在马德里通过被称作“欧洲共产主义的宣言”的《在民主、自由中实现社会主义》纲领，主张重新认识和评价苏联的社会主义理论和实践，强调要独立自主地确定自己的政治路线。他们认为，随着科学技术的进步和经济的高速增长，西欧国家的社会结构和社会关系出现了一系列新的情况，在政治领域，民主制度的范围有所扩展，从而可以经过民主与和平方式对现有政治和经济结构进行一系列改革，进而循序渐进地走上社会主义道路。

欧洲共产主义代表人物之一的西班牙共产党领导人卡里略，虽然坚持唯物史观的基本观点，认为，“承认阶级斗争在社会发展中的作用（尽

---

① 葛兰西：《狱中札记》，人民出版社1983年版，第12页。

② 戴维·麦克莱伦：《马克思主义与宗教》，天津人民出版社2018年版，第139页。

管这是根本的)，还不能算是站稳了历史唯物主义的立场，还必须认识另一个历史唯物主义辩证因素，即生产资料发展的全部重要意义”①，但他对马克思主义和社会主义的理解既不同于苏联也不同于社会民主主义。就对苏联的社会主义而言，尽管他认为俄国革命对未来的世界社会主义体系来说，在历史上的作用相当于法国大革命对资本主义所起的作用，但对斯大林式的社会主义却持强烈批判的立场，就是对列宁的一些观点和做法也持保留态度，认为“在列宁的一些著作中，有一种倾向，那就是强调那些在某个特定的时候才是主要的东西，甚至有言过其实并片面地、过分地加以概括的危险。”②他认为，“西欧国家社会主义……是一种更加进步的社会主义，这种社会主义将对今天存在的各种社会主义的民主发展产生积极的影响。”③就对社会民主主义而言，他认为“在思想领域，在‘欧洲共产主义’与社会民主主义之间，至少与迄今为止所说的与社会民主主义之间，不可能有丝毫混淆。通常所谓的‘欧洲共产主义’主张改造而不是管理资本主义社会。”④他提出要“实现这样一种社会主义，它将保持和丰富政治上的民主权利和人权，并赋予这些权力以新的经济和社会内容。”⑤因为他认为民主权利和人权是人类向前发展的无法否认的历史成果。

海德格尔认为，“无家可归状态变成一种世界命运。因此有必要从存在历史上来思考这种天命。马克思在某种根本的而且重要的意义上从黑格尔出发当作人的异化来认识的东西，与其根源一起又复归为现代人的无家可归状态了。这种无家可归状态尤其是从存在之天命而来在形而上学之形态中引起的，通过形而上学得到巩固，同时又被形而上学作为无家可归状态掩盖起来。因为马克思在经验异化之际深入到历史的一个本质性维度中，所以，马克思主义的历史观就比其他历史学优越。但由

① 卡里略：《“欧洲共产主义”与国家》，商务印书馆1982年版，第8页。
② 卡里略：《“欧洲共产主义”与国家》，商务印书馆1982年版，第77页。
③ 卡里略：《“欧洲共产主义”与国家》，商务印书馆1982年版，第32页。
④ 卡里略：《“欧洲共产主义”与国家》，商务印书馆1982年版，第93页。
⑤ 卡里略：《“欧洲共产主义”与国家》，商务印书馆1982年版，第6页。

于无论胡塞尔还是萨特——至少就我目前看来——都没有认识到在存在中的历史性因素的本质性，故无论是现象学还是实存主义，都没有达到有可能与马克思主义进行一种创造性对话的那个维度。”[①]这揭示了唯物史观的优越性在于它切入到了历史的本质之中。

萨特也认为，马克思主义(主要是历史唯物主义)是当代唯一不可超越的哲学，“马克思主义非但没有衰竭，而且还十分年轻，几乎是处于童年时代：它才刚刚开始发展。因此，它仍然是我们时代的哲学：它是不可超越的，因为产生它的情势还没有被超越。”[②]然而，马克思之后的马克思主义(主要是历史唯物主义)对人的社会存在和本质的经济分析和阶级分析的方法太简单，忘记了具体的生活实践，因而存在着一个“人学空场”，即对人特别是对个体存在价值的忽视，人的地位不见了，人“失落”了，马克思主义今天是个无人地带。他批判恩格斯的自然辩证法导致“自然的历史化”和“历史的自然化”，为此他提出要“在马克思主义内部重新恢复人”[③]，主张从人的存在的社会历史关系角度理解辩证法，建立起以人的具体实践为基础的历史的人类学。他还认为，“存在主义和马克思主义的目标是同一个，但后者把人吸收在理念之中，前者则在他所在的所有地方，即他工作的地方、在他家里、在街上寻找他。”[④]存在主义的对象就是在社会领域中的个别人，是处于集体对象的和别的许多个别的人的环境里面的阶级之中的个别的人，就是由于劳动分工和剥削而被异化、物化、神秘化而又用歪曲的工具手段同异化进行斗争的个人。而对这些个别的人的忽视正是马克思主义的缺陷。他试图从存在主义的角度对马克思主义进行改造，把存在主义“补充”到马克思主义中去，创立一种涉及人的存在与本质、自由与责任、命运与价值的将人置于哲学中心的“新人学”，给所谓“停滞的”马克思主义注入新鲜的活力。

霍克海默尔把“批判理论”作为马克思主义的代名词，认为马克思主

---

① 海德格尔：《路标》，商务印书馆2000年版，第400—401页。

② 萨特：《辩证理性批判》，安徽文艺出版社1998年版，第28页。

③ 萨特：《辩证理性批判》，安徽文艺出版社1998年版，第71页。

④ 萨特：《辩证理性批判》，安徽文艺出版社1998年版，第27页。

义的主导思想就是批判，主张彻底否定资本主义，只是由于过分强调经济基础的决定作用，忽视人的主体性，而逐渐变成了封闭体系，失去了活力。他阐述了"社会批判理论"同资产阶级"传统理论"的区别，指出其对立在于，"'传统理论'的目的是以纯粹智力劳动来维护现存制度的再生产过程。与之相反，'批判理论'的目的并不是简单地消灭这一种或那一种社会弊病，……恰恰相反，它要怀疑那些被人们视为现存秩序中有用的、合适的、创造性的、富有价值的范畴，作为对人们毫无用处的非科学的东西加以拒斥。"①他强调社会批判理论也是一种人道主义，因为社会批判理论确认存在着普遍的人性，并且把追求人性的实现视为社会发展的动力。主张对资本主义社会进行坚决的批判，努力使之成为一个更加正义和人道的社会。他与阿多诺合著的《启蒙的辩证法》对启蒙（实则为文明）对人的侵害进行了反思，认为"万物有灵论使客观精神化，甚至在总计划之前，经济设备就自动地使商品具有决定人的行为的价值。从那时以来，随着自由交换的结束，商品已失去了全部的经济特征，而只具有拜物教的特点。更重要的是，拜物教的影响已扩大到了社会生活的一切方面。"②

马尔库塞致力于挖掘马克思思想中的人学意蕴，将《1844 年经济学哲学手稿》中关于人的论述视为马克思思想的核心内容，视为马克思对古典政治经济学批判的理论基础。他认为，《1844 年经济学哲学手稿》是马克思主义具有划时代意义的文本，真正是历史唯物主义的思想渊源和本真含义，是科学社会主义的思想基础，因为马克思在"关于共产主义革命的必要条件的科学"中将人的本质置于了中心地位。他还认为，马克思的思想具有黑格尔和人道主义色彩，并基于这样的理解批判了实证主义的错误。他试图将弗洛伊德的精神分析理论与马克思主义结合起来，把他提出的"爱欲解放论"同马克思的"劳动解放论"关联起来。他一

---

① 俞吾金、陈学明：《国外马克思主义哲学流派新编西方马克思主义卷》上册，复旦大学出版社 2002 年版，第 134—135 页。

② 俞吾金、陈学明：《国外马克思主义哲学流派新编西方马克思主义卷》上册，复旦大学出版社 2002 年版，第 147 页。

方面认为当代资本主义社会是全面异化的“单向度”社会，在这个社会中人性普遍受到压抑，因而这种“单向度”社会必然要导致革命，另一方面又认为马克思的社会革命理论已经过时，应当由他提出的新的革命理论来替代，他的这种新的革命理论认为，在当代发达的资本主义社会中，革命的根本目的不再是改变人们的贫穷状态并使他们过上富裕的生活，而是要克服社会中各种形式的异化，争取最高形式的自由，实现人的精神解放。他还揭示了科学技术在现代生活中的意识形态性质，指出“技术理性的概念，也许本身就是意识形态。不仅技术理性的应用，而且技术本身就是对(自然和人)的统治，就是方法的、科学的、筹划好了的和正在筹划着的统治。统治的既定目的和利益，不是‘后来追加的’和从技术之外强加上的；它们早已包含在技术设备的结构中。”①

弗洛姆认为，马克思的哲学是以人为中心、将人作为历史存在唯一目的的人本主义哲学，所谓人本主义，它的意思是指每一个人均体现了全部的人性；因此，人所具有的，每个人都具有，其核心问题是现实的个人的存在。“马克思的哲学也代表一种抗议，抗议人的异化，抗议人失去他自身，抗议人变成物。这是一股反对西方工业化过程中人失去人性而变成自动机器这种现象的潮流。……他的哲学来源于西方人道主义的哲学传统。这个传统从斯宾诺莎开始，通过18世纪法国和德国的启蒙运动的哲学家，一直延续到歌德、黑格尔，这个传统的本质就是对人的关怀，对人的潜在才能得到实现的关怀。”②这是人类尊严和友爱的传统，这个传统的本质就是对人的关怀。马克思的哲学充满着对人的信念，相信人能够使自己得到解放，使自己的潜在才能得到实现。“马克思的目标是使人在精神上得到解放，使人摆脱经济决定论的枷锁，使人的完整的人性得到恢复，使人与其伙伴们以及自然界处于统一而和谐的关系之中。”③“马克思的学说并不认为人的主要动机就是获得物质财富；

---

① 尤尔根·哈贝马斯：《作为“意识形态”的技术与科学》，学林出版社1999年版，第39—40页。

② 弗洛姆：《马克思关于人的概念》，旭日出版社1987年版，第1页。

③ 弗洛姆：《马克思关于人的概念》，旭日出版社1987年版，第8页。

不仅如此，马克思的目标恰恰是使人从经济需要的压迫下解脱出来，以便他能够成为具有充分人性的人；马克思主要关心的事情是使人作为个人得到解放，克服异化，恢复人使他自己与别人以及与自然界密切联系的能力。”①虽然如此，但一些马克思的经典的解释者却忽视马克思的人本主义，忽视马克思哲学的人学意蕴和价值取向。弗洛姆的解读过分强调了马克思的哲学的人性论色彩，但应当承认，它凸显了马克思主义的价值取向的意蕴及其意义，弥补了传统理解中对马克思人学思想的忽视，澄清了马克思理论研究为了人的生存发展的“初心”。

阿尔都塞在西方马克思主义学者的唯物史观解读中可以说是一个异数或者特例。他反对将马克思主义归结为人本主义，强调马克思主义的科学性与客观性，强调马克思主义哲学体系是唯物主义科学。他不同意将马克思早期著作置于成熟期著作之上，认为马克思的早期著作和成熟期著作存在着两种思想体系之间的“认识论断裂”，即一种新的科学理论从其意识形态史前史中产生出来：“在马克思的著作中，确确实实有一个‘认识论断裂’；据马克思自己说，这个断裂的位置就在他生前没有发表过的、用于批判他过去的哲学(意识形态)信仰的那部著作：《德意志意识形态》。总共只有几段话的《关于费尔巴哈的提纲》是这个断裂的前岸；在这里，新的理论信仰以必定是不平衡的和暧昧的概念和公式的形式，开始从旧信仰和旧术语中表露出来。”②“这种‘认识论断裂’把马克思的思想分成两个大阶段：1845 年断裂前是‘意识形态’阶段，1845 年断裂后是‘科学’阶段。第二阶段本身又可以分成两个小阶段，即马克思的理论成长阶段和理论成熟阶段。”③断裂前马克思处于人道主义时期，这个时期的第一阶段占主导地位的是理性加自由的人道主义，第二阶段占主导地位的是费尔巴哈的“共同体的”人道主义。马克思从 1845 年起制定出建立在崭新概念基础上的历史理论和政治理论，彻底批判一切哲学

① 弗洛姆：《马克思关于人的概念》，旭日出版社 1987 年版，第 9 页。

② 阿尔都塞：《保卫马克思》，商务印书馆 2010 年版，第 15 页。

③ 阿尔都塞：《保卫马克思》，商务印书馆 2010 年版，第 16 页。

人道主义的理论要求，确定人道主义为意识形态，从而同一切哲学人本学和哲学人道主义决裂。断裂前的马克思是费尔巴哈式的抽象人道主义者和历史唯心主义者，断裂后才开始建立科学的社会历史观，成为马克思主义创始人。他认为，断裂前和断裂后反映着两种截然不同的思想模式，这两种模式的理论框架或体系及其概念和问题、中心命题等，都存在着本质的区别。在青年时期，马克思关于人的异化和自我实现的观点在很大程度上是在黑格尔的基础上提出的，而之后形成的历史唯物主义，则是关于社会形态及其历史的科学理论，该理论具有生产力和生产关系，经济的决定作用，上层建筑、国家和意识形态等结构意义上的概念。阿尔都塞反对马克思将人的本质看成历史发展动因的看法，他认为，历史发展是一个多元的无主体的过程，而并非人的本质的实现过程，人不能随意决定历史发展的进程，因而人本主义马克思主义所坚持的人的本质为历史发展的推动力的观点不能成立。他看到了马克思主义主张的阶级斗争与人道主义之间的关联，承认“历来的革命斗争，其目的始终是为了结束剥削和实现人的解放。但是，正如马克思所预见的，革命斗争在其第一个历史阶段，不能不采取阶级斗争的形式，那时革命人道主义只能是阶级人道主义，即‘无产阶级的人道主义’。”①并预测这种人道主义会发展成为社会主义人道主义。

哈贝马斯试图将经典马克思主义学说与晚期资本主义社会实践结合起来，对历史唯物主义进行重建，并对于晚期资本主义合法性危机进行分析。在历史唯物主义重建方面，他认为过去的历史唯物主义存在时代局限性的原因是没有提出真正的“交往”概念，所以在历史唯物主义中加入“交往”概念是对其理论的发展和完善，是历史唯物主义的重新构建。他认为，历史唯物主义就是社会进化理论，由于社会形态的演变是一种进化的过程，所以历史唯物主义的研究要从社会历史发展问题出发。他认为，“二战”之后尤其是 20 世纪 70 年代以来，西方资本主义社会发生了许多新的变化，已经不再是马克思、列宁所描述的那个阶级矛盾和阶

① 阿尔都塞：《保卫马克思》，商务印书馆 2010 年版，第 215—216 页。

级斗争日趋尖锐的社会。他认为，自己既看到了资本主义社会的异化本质，又把这种异化的社会现象理解为资本主义社会结构转型和社会变迁的必经之路，理解为资本主义社会发展的必然过程，因而自己对晚期资本主义合法性危机的分析为认识和把握当代资本主义社会提供了新的视角。他根据现代资本主义社会的现实和出现的新问题，进一步强调了马尔库塞"科学技术是意识形态"的思想，并认为科学技术社会作用的增强使得马克思主义的许多原理过时了，例如经济基础、上层建筑范畴不再像以往那样起作用了，生产力就不再是解放的潜力，再也不能引起解放运动了。

德里达十分强调马克思遗产的重要意义，认为"不能没有马克思，没有马克思，没有对马克思的记忆，没有马克思的遗产，也就没有将来；无论如何得有某个马克思，得有他的才华，至少得有他的某种精神。"①他认为马克思主义的遗产是一种精神——马克思主义精神，要继续从中获得灵感，就必须忠实于其中的原则，特别是构成马克思主义的一种激进的批判的东西。他驳斥了国际社会流行的贬低马克思主义的言论，充分肯定马克思主义在当代的巨大影响，断言"地球上所有的人，所有的男人和女人，不管他们愿意与否，知道与否，他们今天在某种程度上说都是马克思和马克思主义的继承人。"②他在《马克思的幽灵》一书中对马克思、恩格斯的一些主要著作与莎士比亚、海德格尔和福山等人的著作进行了比较的、解构性的阅读，阐述了马克思主义在全球化时代的意义。讨论了如何对待马克思的遗产、如何看待资本主义的问题，列举了包括失业、公民权利被大量剥夺、发达资本主义国家之间无情的经济战、规范和现实的矛盾、军火工业和贸易、核武器的扩散在内的资本主义"新世界秩序"的十大危害。

当代英美的马克思主义学者属于"学院马克思主义者"，他们以探讨发达资本主义国家如何走向社会主义和如何应对资本主义在全球的扩张

① 德里达：《马克思的幽灵》，中国人民大学出版社1999年版，第21页。
② 德里达：《马克思的幽灵》，中国人民大学出版社1999年版，第127页。

为主旨，对唯物史观做出了比较深入的研究。麦克莱伦指明了马克思主义的世界意义，认为“不仅仅是在马克思主义国家，马克思的思想产生了影响。在世界其他地方，他已经改变了人们的思维方式。不论我们是否赞同马克思，他都已经塑造了我们的观念。”①他还揭示了唯物史观的本质含义，“在某种意义上可以说，我们现在都是马克思主义者。我们倾向于把人看作社会的人，而不是孤立的个体；随着社会学的发展(这极大归功于马克思)，我们得以研究改变和改善社会的种种方法；我们以历史的观点来正确评价经济因素在人类发展中的中心地位；我们看到，在特定的时代，思想是与特定的社会经济集团的利益联系在一起的；马克思的批判已教会很多人看到资本主义制度的不平等和不公正现象，教他们至少要努力去减少这些现象。”②肖恩·塞耶斯从内在关系辩证法出发对马克思主义人性理论进行了独特的阐释，提出了历史主义人性观。他从普遍的人性、发展的人性以及自然之于人性的限制等三方面对马克思主义人性理论进行的多维透视，探讨了历史主义人性观的内容、历史进步的评价标准等问题，对马克思主义劳动观与黑格尔思想之间的关系进行了解读，为马克思主义劳动观进行了辩护，阐明了人性发展的根源在于劳动，在参与物质生产活动并通过物质生产活动以及由此产生的社会关系中促进人的需要、能力、自由和个性的发展，从而促进人性的发展。肖恩·塞耶斯和麦克莱伦等还认为，“马克思主义中有‘死去的部分’和‘活着的部分’。前者主要有从资本主义向社会主义过渡、暴力革命理论、指令性计划经济、市场作用等理论；后者主要有剥削的理论、正义的理论、人的权利和解放的理论、马克思的唯物史观以及资本主义经济危机的分析，等等。”③乔纳森·沃尔夫认为，虽然时代发生了巨大变化，但是马克思不会被抛弃，“正是马克思，而且首要的是马克思，仍在为我们提供批判现存社会的最锐利的武器。”④“他的确讲出了

① 麦克莱伦：《马克思传》，中国人民大学出版社 2006 年版，第 482 页。

② 麦克莱伦：《马克思传》，中国人民大学出版社 2006 年版，第 486 页。

③ 曾枝盛：《20 世纪末国外马克思主义纲要》，中国人民大学出版社 1998 年版，第 12 页。

④ 乔纳森·沃尔夫：《当今为什么还要研究马克思》，高等教育出版社 2006 年版，第 3 页。

许多真实的和鼓舞人心的东西。他的著作充满了洞察和启发。……马克思仍然是资本主义的最深刻和最尖锐的批判家”。①

以上对唯物史观在西方各国独特的演进过程的回溯，只是涉及部分西方马克思主义学者的主要观点，从中可见，他们对唯物史观的理解可谓见仁见智，莫衷一是，但仔细梳理也可隐约窥见其中的一些共同之处，这就是强调唯物史观的当代性和当代价值，以新的方法和视角对唯物史观经典文本做出解读，运用唯物史观对资本主义和社会主义现实进行反思，紧密结合资本主义社会或社会主义社会的现实对唯物史观进行阐释。在相关的解读、反思和阐释中，除阿尔都塞等少数人外，多数人都比较注意挖掘和阐释唯物史观的价值取向，包括其人学意蕴和文化意义。此种解读的社会背景是，一方面，作为马克思主义批判对象的当代资本主义发生了重大变化，另一方面，对苏联社会主义模式出现的一系列问题进行反思。诚然，应当看到西方马克思主义研究者的唯物史观研究不同程度地疏离了唯物史观的科学认识及其意义，但同时又应看到他们关注到了一些我们以往唯物史观研究所忽视的东西。他们的研究启示我们，唯物史观价值取向的当代建构既要基于文本又不能拘泥于文本，而要从变化了的现实出发“接着讲”。

七、唯物史观价值取向缺失的后果

在中国，唯物史观研究经历了一个演变的过程，迄今为止，虽然马克思主义价值取向开始受到重视，例如在价值哲学和政治哲学的研究中都关注到马克思主义的价值取向和价值观，但在唯物史观研究中价值取向问题却尚未受到关注，尚未建构起与科学认识维度相对应的价值维度，既未确立起历史观层面的价值取向，也未对唯物史观价值取向与其科学认识的关系做出深入系统的说明。长期以来价值取向的缺失，给唯物史观带来了严重的后果：在理论上，唯物史观理论的完整性未能得到

① 乔纳森·沃尔夫：《当今为什么还要研究马克思》，高等教育出版社2006年版，第127页。

充分地展示，在实践上，唯物史观对社会生活的价值导向从而引领社会进步的功能未能得到充分的体现。

唯物史观价值取向缺失的后果之一，是影响到唯物史观理论体系的完整性。

理论体系的完整性，体现为一个理论体系该有的部分都应具备。对于社会历史观来说，其完整严密的标志就是既包含对社会历史问题的科学认识，也包含对社会历史问题的价值取向，这是因为，社会历史研究不仅是为了认识社会，更是为了改造社会，而改造社会就必然要确定未来社会的目标和愿景，因而社会历史观不可能是完全价值中立的，它既要正确地反映事实，以事实为依据，又要体现研究者的动机和目的，确立一定的价值取向。唯物史观之所以被称为完整严密的社会历史观，其重要原因之一，就是它确立了完整严密的社会历史宏观解释框架，不仅可以科学地解释社会历史，又可以设计和规划社会发展的目标和进程，定位社会发展方向，通过改变社会使其更加有利于人的生存和发展。

作为完整严密的社会历史观，唯物史观的科学认识和价值取向缺一不可。对于马克思、恩格斯在唯物史观中确立了科学的社会历史认识及其意义，无论是马克思、恩格斯本人还是其后的解释者，都给予了充分的肯定，而对马克思、恩格斯在唯物史观中确立了优秀价值的取向，却未能得到应有的重视和肯定。由于价值取向被忽略，唯物史观被界定为“一维”的社会历史理论即“关于社会发展一般规律的科学”。这一定位使唯物史观的完整性受到削弱，为一些人误读甚至歪曲唯物史观提供了口实，最常见的歪曲，就是把经济看作是社会发展过程中唯一起作用的因素，否认政治、思想、理论等在社会发展过程中的作用。保尔·巴尔特就是这方面的代表，他硬说马克思把经济因素看作历史过程的唯一动力，污蔑马克思否认思想、意识形态的能动作用。恩格斯在晚年的一些通信中对以往马克思和他主要强调经济因素的说法做了一些更正，特别是对巴尔特进行了驳斥，他在坚持社会存在决定社会意识基本原理的基础上，阐明了唯物史观关于经济基础和上层建筑的辩证关系，特别是阐明了上层建筑的相对独立性及其对经济基础具有反作用的观点，阐明了历史的客观规律和个人动机之间的关系。

遗憾的是，后人并未完全以此为戒，这种将唯物史观歪曲为“经济唯物主义”、贬低为“经济决定论”的误解在此后曾反复出现，并且表现得比较普遍。正如威廉姆·肖所指出的，“尽管这种粗略的‘物质的’概念在历史唯物主义中已经消失了，但是，马克思的观点却还是与一种狭隘的经济决定论混同起来。这种经济决定论在本质上断言，历史完全是由经济变量决定的，其他社会因素和社会关系同经济变量并不相互作用，只不过是经济关系的傀儡。”[①]考茨基就是曲解唯物史观的代表之一，他采用线性逻辑的思维理解唯物史观，特别是对经济基础的决定作用做了机械唯物论的理解，正如麦克莱伦所指出的，“他的社会发展观总是与其自然进化观联系在一起，因此，他过分强调生产力和客观必然性，将唯物史观称作‘实证科学’，在他们那里，唯物史观都是排斥价值倾向、终结哲学的科学。考茨基在1907年著的《伦理学和唯物史观》中，用一种受达尔文进化论影响的、相当直露的方式，试图论证伦理观念依阶级的不同而不同。”[②]考茨基虽然(因超帝国主义论等观点)受到了列宁的批判，但其对经济基础决定作用的片面理解却影响深远。问题的严重性在于，就是一些著名的马克思主义研究者也不自觉地持有这种看法，例如麦克莱伦本人也认为马克思主义因“对经济决定论的强调”而“常常沉溺于对人类的种种可能性的肤浅的乐观之中。”[③]

对于仅仅注重唯物史观科学认识的片面性及其缺陷，一些学者曾有所察觉。其中有代表性的如萨特认为，马克思主义存在着一个“人学空场”，人的地位不见了，人“失落”了，“马克思主义今天是个无人地带”[④]“当代马克思主义在偶然性方面抛弃了人类生活的一切规定性，并且不

① 威廉姆·肖：《马克思的历史理论》，重庆出版社1989年版，第71页。

② 戴维·麦克莱伦：《马克思以后的马克思主义》，东方出版社1986年版，第45—46页。

③ 戴维·麦克莱伦：《马克思传》，中国人民大学出版社2006年版，第485页。

④ 《给伽罗弟的一封信》，见《资产阶级哲学资料选辑》第1辑，上海人民出版社1964年版，第10页。

保留一切整体化的任何东西，只保留有其普遍性的抽象轮廓，结果它完全失去了人的含义。”①弗洛姆则认为，马克思的经典的解释者忽视马克思的人本主义，在有些人看来，仿佛认为人的最主要的心理动机是希望获得金钱与享受，这种为获得最大利润而做出的努力，构成个人生活和人类生活中的主要动力。“马克思的经典的解释者，不管他们是像伯恩斯坦那样的改良主义者，还是像考茨基、普列汉诺夫、列宁或布哈林那样的正统的马克思主义者，都不把马克思解释为是以他的人本主义的存在主义为中心的。”②“这种精神的人本主义传统——马克思还是生活在这种传统中——几乎被成功的工业主义的机械唯物论的精神所淹没。”③有些西方学者甚至依据这种理解而片面地直接断定唯物史观没有价值观。例如詹明信认为，“迄今为止唯物主义的主要缺陷在于，它被认为是一系列关于物质的命题。”④我们认为，这些说法当然不完全适用于马克思、恩格斯，且说得过于绝对，因为前面的文本梳理足以说明马克思哲学内在地蕴涵着人学的维度，但从另一方面看，这种指责如果针对的是后人对马克思思想的误读，或者针对的是后人将马克思的理论介入实践导致的不重视人的后果，却不无道理。就此而言，这些说法又并非空穴来风，而是反映了后人对唯物史观解释中存在的问题，且触到了问题的实质。

唯物史观价值取向缺失的后果之二，是其引领社会进步功能的弱化。

在当代，唯物史观价值取向缺失的实践后果或现实效应，是弱化了唯物史观对社会问题的解释力和对人们行为的导向力。唯物史观作为关于社会历史总的观点和根本看法，其使命和功能既在于是科学地说明社会历史现象及其本质，揭示社会历史发展的规律和趋势，为人们有效改造社会、推进历史发展提供科学依据和指导，又在于在正确认识社会规

① 萨特：《辩证理性批判》，安徽文艺出版社 1998 年版，第 71 页。
② 弗洛姆：《马克思关于人的概念》，旭日出版社 1987 年版，第 65 页。
③ 弗洛姆：《马克思关于人的概念》，旭日出版社 1987 年版，第 66 页。
④ 詹明信：《晚期资本主义文化逻辑》，生活·读书·新知三联书店 1997 年版，第 253 页。

律和趋势的基础上设计社会发展的理想目标和蓝图，引领社会进步，引导人们改变社会现实、创造合理的社会制度，满足美好生活的需要，实现人的发展。也就是说，唯物史观应当对人们的社会生活和社会实践起着价值导向的作用。但价值取向的缺失使这一功能一度弱化了，给社会发展造成了负面的影响。在当代，唯物史观引领社会进步功能弱化的一个显著表现，就是社会发展失衡，人们只注重实现社会进步的手段而忽略了目的本身，这种失衡在我国社会主义建设不同时期中的表现及其结果是各不相同的。

改革开放之前的一个时期中，唯物史观价值取向缺失在社会发展失衡上的表现，是将阶级斗争、消灭私有制、消灭剥削等实现人的解放进而促进人的发展的手段孤立化和绝对化，当作社会发展过程的主要目标，使这些手段与人的发展的目的错位，代替了人的发展目标，遮蔽了人的发展的价值取向。这种目的与手段的错位突出表现为离开生产力发展状况和生产力发展要求片面地强调生产关系的变革、强调上层建筑领域的革命，超越阶段，将消灭私有制作为唯一的、至高无上的现实目标，在工作中忽视人民日益增长的物质文化需要的满足，以阶级斗争为纲，搞“一大二公”的大锅饭，其结果是制约了生产力发展和经济的增长，影响了人民生活水平的提高，引发一系列社会矛盾，阻碍了社会的进步，违背了社会主义促进人的发展的本质要求和初衷。

改革开放之后的一个时期中，唯物史观价值取向的缺失表现在社会发展失衡上，是重视经济建设而轻视社会建设和环境保护，重视效率而轻视公平，为了解决“人民日益增长的物质文化需要同落后的社会生产之间的矛盾”、弥补生产力发展不足的缺陷，将主要精力集中于发展经济上，一心一意进行现代化建设，特别重视社会发展的合规律性，重视发展的速度和效益，“时间就是金钱、效率就是生命”就是其生动的写照，相对地，忽视了社会发展的合目的性，忽视了社会公平正义等价值取向，虽然在一个时期中曾提出了“效率优先、兼顾公平”的原则，但事实上“效率优先”得到了充分的体现，“兼顾公平”未能落到实处，其结果是不平衡发展加剧，社会公平问题凸显，出现了物质文明建设与精神文明建设不平衡、经济建设与社会建设不平衡、经济发展与环境保护不平衡、不同地区、不同阶层发展程度不平衡等诸多不平衡问题。

从哲学的视角看，改革开放前后出现的问题虽然表现形式及其结果不同，但方法论上的原因却是相同的，这就是忽视甚至忘掉了促进人的发展这一马克思主义和社会主义的根本目标，人的生存发展被作为实现这一目的的手段(改革开放前是消灭私有制、消灭剥削，改革开放后是发展生产力)所遮蔽，手段反过来成了目的——不仅仅是阶段性目的，甚至还是唯一的、终极的目的。其所以出现目的与手段异化问题，从理论上说，就是因为在指导思想上缺乏人的发展理念，未能自觉地以人的发展价值取向引领社会发展及人们的活动。

在经济、社会和文化发展由政府主导并计划先行的中国社会环境中，价值取向的缺位是造成社会发展不平衡至关重要的深层次的原因。正是因为缺乏一种有利于人的发展和社会公平正义的总体性的价值导向，发展目的被发展的手段所遮蔽，所以在现代化建设中，社会发展的规划和实施过程完全由GDP至上的政绩观或经济利益(经济效益或利润)最大化的目标来引领，仅仅考虑经济发展自身的规律性、自然条件的可承受性、空间布局的合理性，以及经济效益等问题，忽视了经济、社会和文化发展归根到底是为了人更好地生存发展的目的，忽视了人的需要、利益和权利，忽视了社会的公平正义，使社会建设缺位，社会公平缺失。

唯物史观引领社会进步功能的弱化的又一个结果，是现代化建设过程中工具理性与价值理性失衡。现代化以经济发展为中心、追求效率与效益，本质上是一个工具理性充分发展和运用的过程，因而在现代化进程中注重工具理性是必然的且具有合理性，但问题在于，由于对工具理性的过度强调和不当运用，出现了工具理性张扬及遮蔽价值理性的问题。当强调工具理性的倾向超过了一定的限度时，就引发了工具至上和技术崇拜，以至于出现了工具理性霸权。这主要表现为工具理性对价值取向的僭越和遮蔽，工具理性的影响超出了工具的范畴而渗透于社会生活的各个领域，成为衡量、规范和裁判人类行为最权威的标准，甚至逐渐取代了价值尺度，成为一种崇拜或信仰的对象。正如韦伯所言，“唯有在西方，科学才处于这样一个发展阶段：人们今日一致公认它是合法有效的。”[①]又如马尔库塞所言，“科学和技术的历史成就已经使价值准则转化为技术任务成为可能，亦即使价值的物化成为可能。成问题的是用技术术语把价值准则重新定义为技术过程中的要素。”[②]“在工业文明的发达阶段，已转化成政治力量的科学合理性，在历史替代性选择的发展中似乎是决定性的因素。”[③]现代社会由于经济体系的尺度就是追求利益的最大化，规则和制度的合理性逐渐获得了至高无上的地位，理性主义发展到了前所未有的高度，人异化成为被动的因素，要服从于这些规则和制度。对工具理性的信赖以至于信仰已经成为当代社会的普遍现象，以至于“在现代社会里，它的轴心原则是功能理性。”[④]其结果是人与物地位的颠倒，生产和生活日趋程序化，工具理性遮蔽价值理性，整个社会以及人们的行为只注重效率和效益，经济、科技发展的目的被效率和效益所替代。工具理性与价值理性失衡是西方现代化建设中普遍的现象，中国的现代化是后发性的，本应以人的发展价值为导向对这种现象进行纠正，但由于片面理解唯物史观，认为唯物史观只强调经济发展的作用而忽视价值取向，故而在指导思想上与工具理性观不谋而合，不仅未能避免工具理性与价值理性的失衡，反而进一步强化了这一倾向。

唯物史观价值取向缺失的后果之三，是未能为人的精神生活提供坚实的价值支撑。

社会历史理论的说服力既在于正确地反映对象，站在科学认识的最高峰，又在于合理地设定价值，站在社会道义的制高点，为人的精神生活提供坚实的价值支撑。唯物史观作为关于社会历史总的观点和根本看

---

① 马克斯·韦伯：《新教伦理与资本主义精神》，商务印书馆 1987 年版，第 4 页。

② 马尔库塞：《单向度的人》，上海译文出版社 2006 年版，第 211 页。

③ 马尔库塞：《单向度的人》，上海译文出版社 2006 年版，第 210 页。

④ 丹尼尔·贝尔：《资本主义文化矛盾》，商务印书馆 1989 年版，第 57 页。

法，承担着为人的精神生活提供坚实价值支撑的责任，然而由于价值取向的缺失，这一功能未能充分发挥。价值取向的缺失使唯物史观未能站在道义的制高点，导致了唯物史观说服力的缺失。当代社会已进入思想和文化多元的时代，唯物史观虽然是我国主流意识形态的重要组成部分，虽然我国的宣传教育中不乏对主流价值观的倡导，但其影响只是停留于社会的显性层面，例如在各种文件中，在各级会议的报告中，在学校的课堂里，在主流的书籍、报纸杂志和影视媒体中，而未能深入到人们的社会心理，未能使之真正为人们所信奉和遵从。造成这一结果的原因之一，就是唯物史观在与其他社会历史理论的比较中未能在道义上占据显著优势，未能在多元化的价值取向中鹤立鸡群，其中深层次的原因，就在于未能从理论上说清楚人生意义的价值基础，未能提供体现对人的存在本质的、终极关怀层面的价值支撑，未能将这些主流价值稳定地确立起来，从而使人们的精神生活缺乏根本性的价值支撑。反之，在社会生活中，功利主义、效益观念支配着人们的行为，谋取最大的利益、过上富足的生活成为人们最主要甚至唯一的追求，人生的价值和意义往往被悬置起来，其结果是，价值紊乱，造成了人们重视社会发展及自己行为合规律性而忽视其合目的性的偏向，以至于人们在社会历史观上总是关注并追求“正确性”而忽视“合理性”，似乎社会历史方面的认识或知识只要管用就行，而不必计较道义上的对错或是否合理。

上述唯物史观价值取向缺失导致的后果集中到一点，就是未建构起与当代社会现实相适应又代表未来社会发展方向的稳定的主流价值观，社会主流价值观在现实中缺位，或者这种主流价值观未能制度化从而真正深入人心。

社会主流价值观建构成效不彰的原因是多方面的，除了外部的社会原因之外，从价值建构本身看也是问题多多，主要体现在方法和内容两个方面。

改革开放的深入特别是市场经济的建立，使中国社会出现了利益多元的现象，这一现象反映在观念上，就是价值的多元，西方的价值观、中国古代的传统价值观以及各种价值观的混合物纷纷进入思想市场，与马克思主义价值观并立。应当看到，除马克思主义价值观作为主导价值之外，西方价值观和中国古代传统价值观都各有合理的因素，因而在价值多元背景下，既要保持不同价值观的并存，又应整合三种价值取向的优秀成分而构建能为人们广为接受的主流价值观。但遗憾的是，不同价值观的并存和交流基本上做到了，但通过整合三种价值取向优秀成分而构建主流价值观的任务却并未完成。也就是说，虽然改革开放之前唯“马”独尊、排斥甚至否定西方价值观和中国古代传统价值观的格局有了改变，形成了价值多元的格局，但却又出现了三种价值观各说各话的情形。从方法论上看，在当前的价值观建构中，无论是马克思主义价值观研究、中国传统价值观研究以及西方价值观研究，都在一定程度上存在着路径依赖。路径自觉本是理论研究成熟的表现，但过分的路径依赖，则会视路径为圭臬，一叶障目、画地为牢，为路径所累，过分强调本研究路径的优越性、至上性和唯一性，甚至会有意无意地导致路径排斥，使研究态度和方法陷入某种面性。正是路径依赖导致了三种价值观研究路径相互隔绝甚至排斥的状态，大家各说各话，相互之间缺乏深度的对话和借鉴，更谈不上真正的融合。

从内容上看，价值取向缺乏彻底性，对所倡导的主流价值的论说既不深入也不透彻。究其原因，既在于缺乏学理性，更在于缺乏理论的彻底性。唯物史观(马克思主义)的价值取向不同于宗教神学价值取向，不能先信仰再理解，更不能像古罗马基督教神学家德尔图良所说的“正因为荒谬，所以我才信仰”，而必须建立在理性的理解基础之上，即所谓以理服人。现有的价值取向所以不能完全为人们所信服，一个重要原因就是不能彻底地、不加掩饰地说明当前的社会现实和人们的生活，并且不能在理论上对一些基本的价值问题做出彻底的说明，例如在人生的目的是什么、怎样的生活更有意义、个人与社会是怎样的关系等关乎人生存发展的基本问题上缺乏明确的认知和信念。价值取向缺乏彻底性的结果，就是所倡导的主流价值不稳定，就是人们缺乏价值定力，就是价值观紊乱。

价值观紊乱既表现在社会的主流价值观往往停留在报纸杂志或课本上，未能为人们所普遍接受和真实信奉，又表现在民间的价值观相互冲突，整个社会生活的价值观处于相互交错之中。价值观的紊乱意味着一个社会尚未真正建构起普遍性的、根本的价值取向，意味着人们持有或信奉的价值观模糊不清，相互矛盾且极不稳定。在现实生活中，所倡导的价值理念往往因为形势或政策的变化而不断改变，你方唱罢我登场，变动性太大，影响了所倡导价值的严肃性，降低了所倡导价值的可信度，使之难以服人，使得人们在价值选择和定位上无所适从。这种价值观倡导的随意性甚至紊乱性，导致人们在价值取向上缺乏共同遵循的判断是非的基本标准，其思想和行为往往基于利益和金钱，其结果是对人和事物的评价各持己见，公说公有理婆说婆有理，甚至相互冲突。价值观随意性甚至紊乱性的一个重要原因，就在于忽视了主流价值的层次性，往往将价值观等同于具体政策，甚至流于庸俗化。

唯物史观价值取向缺失的后果之四，是不能为社会科学研究提供价值依据。当前我们的人文社会科学之所以在世界上难以成为一种独立的、有普遍性和说服力的话语体系，一个重要的原因就是其研究缺少一种根本性的、合理的基本价值观念作为价值支撑。这一点将在后文详述。

第三章　唯物史观价值取向当代建构的背景

对唯物史观价值取向缺失原因的分析表明，一方面，此种状况事出有因，从一定意义上说是可以理解的，另一方面，此种状况只是在一定时期中、一定历史条件下具有合理性或可理解性，因此，并不能因一定条件下人的发展理论在唯物史观中受到淡化而否认其应有的重要地位。在制度背景已发生根本性变化、人的生存发展问题日趋突出的当代，在唯物史观中创造性地重续马克思人的发展理想，结合实践需要和时代特征给予充分的展开和发挥，不仅是可能的，更是必要的。唯物史观价值取向的当代建构既具有深刻的现实背景，又具有深厚的理论背景。

一、唯物史观价值取向当代建构的现实背景

任何一种理论的建构和发展都既有其理论来源又根植于生活和实践，唯物史观价值取向的当代建构既是当代社会现实的反映又是当代社会实践的需要，因而唯物史观价值取向当代建构的一个重要前提，是明确其现实背景。

“历史从哪里开始，思想进程也应当从哪里开始，而思想进程的进一步发展不过是历史过程在抽象的、理论上前后一贯的形式上的反映；这种反映是经过修正的，然而是按照现实的历史过程本身的规律修正的。”①“理论在一个国家实现的程度，总是决定于理论满足这个国家的需

① 《马克思恩格斯选集》第2卷，人民出版社2012年版，第14页。

要的程度。”[①]作为社会现实和实践的反映，唯物史观的当代性和当代价值，其理论取向和内容，都应当随时代和实践的变迁而改变，为此，唯物史观价值取向的当代建构应当从新的时代特征和社会条件出发，关照并解释现代化背景下人的生存发展要求及其面临的各种新的问题。在当代中国，随着改革开放和现代化建设的深入，一方面，追求人的发展已经成为社会生活的主题，另一方面，社会主要矛盾发生转化，社会发展呈现出多样化的态势，社会生活中的价值问题日趋彰显。这是唯物史观价值取向的当代建构最显著的现实背景。

唯物史观价值取向的当代建构，是当代社会人的发展要求和人的发展问题凸显在唯物史观中的反映。

改革开放和现代化进程的深入，为人的发展创造了条件，使人的发展开始从理想向现实转变。从内部环境看，改革的深化尤其是社会主义市场经济体制的建立，极大地促进了科技的进步和生产力的发展，创造了以往不可比拟的巨大成就，不仅显著地改善了人们的生产和生活环境，也使社会的经济、政治体制和思想文化观念发生了深刻的结构性变革，为当代中国人的发展提供了基本的物质、制度和文化条件。从外部环境看，随着融入经济全球化进程而与外部世界的互动，中国以更积极的姿态参与世界和平与发展事业，推进全球治理，构建人类命运共同体，同时中国的发展也愈益受到世界经济、政治、文化变化的深刻影响。经济全球化进程的扩展，高新技术的运用，网络文化的扩张，使人们之间的交往日趋快捷和频繁，不仅深刻地改变了社会的运行方式，也拓展人们的交往空间，丰富了人们的社会关系，优化了人们的生存环境，深刻地改变了人们的思维方式和行为方式。总而言之，内部和外部环境的显著改善，为人的发展奠定了现实的基础，使人的发展在当代中国开始成为一种现实的追求和目标。

改革开放和现代化进程的深入，也带来了一些新的社会问题和矛

① 《马克思恩格斯选集》第1卷，人民出版社2012年版，第11页。

盾，给人生存发展造成了新的障碍。

一是资本逻辑通行，拜金主义盛行。市场经济是产品和服务的生产及销售由市场自由价格机制引导的经济体系，在这种经济体系中，所有市场资源和劳动产品都要通过市场交换来进行分配，与之相关，市场经济本质上是利益驱动的经济。这两方面的特点决定了市场经济既具有优势又具有缺陷。市场经济的优势在于，它有利于经济的发展，因为市场对资源配置起基础性作用，经济活动遵循价值规律的要求，使得经济发展具有内在的驱动力。市场经济的缺陷在于，它从根本上确认了资本的逻辑，因为由市场配置资源的前提是清晰地区分利益主体和他们的利益，在人们之间划定利益的边界，其实质是将人们的利益分散化、明晰化。其结果是，各利益主体之间利益分化和对立，以及由于利益追求最大化驱动的人与人之间的利益博弈甚至争夺，是资本逻辑通行于经济领域进而通行于整个社会生活，以至于拜金主义盛行，人们对金钱的渴望和追求达到了前所未有的程度，“生活的中心就是对金钱、荣誉和权力的追求”①，金钱这种一般等价物超越了物质形态的功效，成了衡量人的价值的唯一尺度，成为许多人主要甚至唯一的精神或价值追求。人与人的关系被金钱所侵蚀，转化为赤裸裸的物与物的关系、物与钱的关系，以及在不健全的市场经济环境中出现的钱与权交换的关系。

二是传统价值失落。社会现代化特别是市场经济体制的建立，在引发社会生活多样化和利益主体分散化的同时，也增大了人们价值选择的空间，引发了价值取向的多元化。人们在告别传统价值观中一些落后、陈旧因素的同时，也将许多优良的价值取向轻易地否定，许多优秀的东西，如对生存意义的理解、对人格理想的追求等人文精神和道德传统，被当作不合时宜的东西顺手抛弃，传统价值受到严峻挑战，信仰危机、道德失范成为普遍的现象，一些人在价值取向上陷入了无所适从、随波逐流的境地，其结果是，社会上弥漫着物质主义、享乐主义、拜金主义气息，一些人唯利是图、诚信缺失、精神空虚、道德滑坡，一些官员贪

① 弗罗姆：《占有还是生存》，生活·读书·新知三联书店1989年版，第24页。

污腐败不以为耻反以为荣，一些企业为了一己之利坑蒙拐骗，社会乱象丛生，整个社会难以真正地凝心聚力。

三是科技负面效应凸显。人的活动在机器生产中受到技术的控制，在生产过程中被客体化，被动地围绕机器转动，成了机器的组成部分甚至于附属物；人在生活中形成了对技术的依赖和崇拜，而这种对科技的过分依赖使人的肌体功能退化，并且人对科技的依赖不仅体现在生理机能上，更表现在心理上，人类已成为所有动物中最依赖于技术的生命体，以至于离开了技术力量的支撑，人类势将成为所有高等动物中最弱势的种类；科学技术的不当使用威胁着人类的生存，"技术的进步不仅威胁着生态平衡，而且也带来了爆发核战争的危险，不论是前种危险还是后种危险或两者一起，都会毁灭整个人类文明，甚至地球上所有的生命"①；新技术的发展使传统伦理面临着挑战，克隆技术、转基因技术等一些新技术的使用给自然的变化包括人的生理变异带来了潜在的风险，也带来了一系列社会的特别是伦理的问题，甚至将彻底颠覆传统的伦理关系和观念。

四是消费主义盛行。"重占有甚于重生存"是弗洛姆对资本主义社会人的生存态度和生存方式根本特征的概括，这一概括实质上也适用于一切实行市场经济体制的社会。在当代中国，随着经济发展、财富增长和观念的变化，消费主义生活方式开始盛行。詹明信当年描述的西方消费社会的情形在中国开始复现："新的消费类型；有计划的产品换代；时尚和风格转变方面前所未有的急速起落；广告、电视和媒体对社会迄今为止无与伦比的彻底渗透；市郊和普遍的标准化对过去城乡之间以及中央与地方之间紧张关系的取代；超级高速公路庞大网络的发展和驾驶文化的来临。"②随着消费主义生活方式渗透于社会生活的各个方面，消费从维持生活的手段变成了生活的目的，成了一种生活方式甚至时代潮流，一种普遍的心理享受和经常性的文化活动，消费的状况成了衡量人

① 弗罗姆：《占有还是生存》，生活·读书·新知三联书店1989年版，第4页。

② 詹明信：《晚期资本主义文化逻辑》，生活·读书·新知三联书店1997年版，第418页。

的存在价值和意义的标准。即如艾伦·杜宁所说，在一些人看来，“消费的价值就等于自我价值”①，这些人不是为了生存而消费，而是为了消费而生存，“买东西变成了既是自尊的一种证明，又是一种社会接受的方式。”②由此引发了一些盲目甚至畸形的消费心理和行为，有的人以炫耀富有为荣，以浪费钱财为乐，追求奢靡、刺激的生活享受。这种消费主义的生活方式不仅进一步强化了人们对金钱的贪婪，也加速了资源的浪费和环境的恶化。

五是社会建设缺位。由于一直以来将发展等同于经济增长而集中精力发展生产力，各级政府往往成为发展型政府而非公共服务型政府，它们更愿意直接参与经济活动、推动经济增长而不是为社会提供公共产品即公共性服务，一方面，在市场可以发挥作用的地方发挥作用、越位干预，另一方面，在市场不能发挥作用而应当由政府发挥作用的地方却经常缺位，造成了社会事业、民生建设的滞后，其结果是公共产品供给严重不足，导致了老百姓住房难、上学难、就业难、看病难以及社会保障制度不完善、物价快速上涨等一系列民生问题，也引发了环境恶化，社会矛盾集聚，社会治安、食品药品安全和生产安全问题凸显等社会问题，直接影响着人们的生存质量。

六是资源环境危机。现代化生产的发展和消费主义生活方式盛行以及人口的快速增长，导致人类前所未有地大量消耗自然资源并严重污染环境。在资源方面，随着生产和消费的拓展，石油等主要资源的消耗成几何级数增长，可以利用的资源达到了捉襟见肘的地步，在环境方面，土地、水源、空气污染、臭氧层破坏、温室效应凸显，使自然界的生态平衡和环境承载力不断受到深度的损害，日益趋近难以修复的边缘。资源环境危机不仅直接威胁到当代人的生存发展，也将深度地影响到后代人的生存发展。

除了上述六个方面，改革开放和现代化进程给人生存发展造成的最

---

① 艾伦·杜宁：《多少算够》，吉林人民出版社 1997 年版，第 20 页。

② 艾伦·杜宁：《多少算够》，吉林人民出版社 1997 年版，第 20 页。

大问题，是社会发展的不平衡以及由此导致的社会公平缺失，城乡、地区、社会贫富差距拉大，基尼系数居高不下，两极分化趋势凸显，贫富分化问题严重。社会发展不平衡体现在诸多方面，包括阶层之间的不平衡、区域之间的不平衡、城市与农村之间的不平衡、不同行业之间不平衡，以及物质文明建设与精神文明建设、制度文明建设、生态文明建设之间的不平衡，等等，其中最显著也是最受关注和诟病的，是阶层之间的不平衡、区域之间的不平衡和城乡之间的不平衡。

首先是阶层之间的不平衡。主要是指不同社会群体在共享发展成果方面出现差距。中国经济总量已跃居世界第二位，但人均产值在世界上排名比较靠后，并且各阶层之间的分配极不均衡，基尼系数高居世界前列。据北京大学中国社会科学调查中心发布的《中国民生发展报告 2015》显示，中国目前的收入和财产不平等状况正在日趋严重。近 30 年来，中国居民收入基尼系数从 80 年代初的 0.3 左右上升到现在的 0.45 以上。2012 年到 2017 年，中国居民收入的基尼系数依次是 0.474、0.473、0.469、0.462、0.465、0.467(数据来源：国家统计局)，大大超出 0.4 的警戒线，财产不平等的程度更加严重。估算结果显示，中国家庭财产基尼系数从 1995 年的 0.45 扩大到 2012 年的 0.73。顶端 1%的家庭占有全国约三分之一的财产，底端 25%的家庭拥有的财产总量仅在 1%左右。数据显示，社会各阶层分化日趋明显，收入差距、生活方式、生活质量差距拉大，分别处于现代化、小康、温饱和贫困层面，一些人一掷千金，另一些人却仍处于贫困之中，其典型表现是贫富分化，财富向少数富裕阶层集中。贫富分化反映在生活方式上，一方面，一些富人肆无忌惮地挥霍财富，豪车美酒、锦衣玉食；另一方面，许多低收入人员的基本生活需要得不到满足，居无定所、衣食堪忧。由于生活条件的不同，一些权贵财富增加的速度比普通百姓财富增加的速度要快几十甚至上百倍，但整体社会财富增加所造成的资源环境负担却是平均分配的。更有甚者，在普通百姓忍受经济发展带来的环境污染等自然和社会危害的同时，一些权贵却可以利用自己的条件躲避这些危害。

其次是区域之间发展不平衡。这主要是指分别处于我国东、中、西部的发达地区与欠发达地区发展程度的不平衡。我们通常在讨论当代中国人的生存发展问题时，往往是在一个假设的整体性(同质性)的视域中进行的，较少考虑到地域性、群体性等方面的差异。在现实中，不同地域人的发展程度是很不平衡的：东、中、西部，发达地区与欠发达地区发展阶段并不同步，社会发展程度差异颇大，东部沿海地区一些省市人均GDP已接近甚至达到中等发达国家水平，西部一些地区的人均GDP则只有前者的几分之一。中国新闻网2018年2月24日报道：国家统计局最近公布的31个省份2017年居民人均可支配收入。数据显示，地处东部的上海、北京、浙江、天津、江苏、广东、福建人均可支配收入3万元以上，其中上海和北京2017年居民人均可支配收入逼近6万元大关，而地处西部的新疆、广西、青海、云南、贵州、甘肃、西藏的人均可支配收入则不到2万元。

再次是城乡之间的不平衡。从某种意义上来讲，我国社会发展最具规模、影响范围最广的不平衡就是城乡之间发展程度的不均衡，农业和农村一直是社会发展中的弱项，是全面建设小康中的短板，农村发展依然明显落后城市，城乡区域发展和收入分配差距依然较大，多数农村地区往往是发展最不充分的地方，迄今还有4000多万的农村贫困人口没有脱贫，例如西藏、新疆南疆四地州和四省藏区等“三区”，甘肃的临夏州、四川的凉山州和云南的怒江州等“三州”，等等。据2018年3月10日经济观察报报道，截至2017年底，我国深度贫困地区的贫困发生率超过18%的县还有110个，贫困发生率超过20%的村还有16000多个。除此之外，各省还确定了334个深度贫困县和3万个深度贫困村。脱贫攻坚任务艰巨，农业基础仍然薄弱，城乡区域发展和收入分配差距依然较大，实现“产业兴旺、生态宜居、乡风文明、治理有效、生活富裕”的目标还有很大距离。

社会发展不平衡的原因是复杂的，有历史的、现实的、自然的、社会的、体制与机制的、政策与措施的等很多方面原因，但从主观的方面看，则主要有体制和政策方面的原因及其背后价值取向方面的原因。

改革开放以来，为了加速发展经济，增强国家的综合国力，提高人们的物质文化生活水平，体现社会主义制度在发展生产力方面的优势，我们不仅确立了以经济建设为中心的基本路线，建立了社会主义市场经济体制，还实施了非均衡发展战略。实施打破平均主义和大锅饭政策的非均衡发展战略，核心内容是制定了一部分地区、一部分人可以先富起来，带动和帮助其他地区、其他的人，逐步达到共同富裕的政策，以便打破平衡，调动人们的积极性，促进经济快速发展，并在发展的基础上以先富带动后富，实现共同富裕。

在宏观上，采取了设立经济特区的举措，在投资、财税和金融等方面对东部地区进行政策倾斜。这些重大战略一方面极大地促进了东部沿海地区率先开放和率先发展，带动了整个国家的经济发展，另一方面也造成了资源分配的不均匀，造成了不平衡的发展。由于非均衡发展战略加上大政府、小市场格局下行政权力在资源配置上起着重要的作用，造成了资源分配的严重失衡，城乡之间、地区之间，甚至同一地区不同的城市之间在资源配置上出现巨大差别，北、上、广、深等大城市以及长三角、珠三角等东部或沿海发达地区集中了大量的人、财、物以及科技、教育、医疗、文化资源，具有明显的资源和机会优势，这些优势既决定了发达地区在经济、社会和文化发展上有更加充分的资源和更好的条件，也意味着那里的人们具有选择的多样性和更多成功的机会，而中西部一些落后地区和农村则资源匮乏，不仅社会发展乏力、无序，而且因为缺乏发展的机会而导致人、财、物的流失。

在微观上，放宽了对个体经济活动的限制，一方面使一部分能力较强、敢抓机遇、勤奋劳动的人先富起来；另一方面也有一部分有社会关系的人，或钻政策空子甚至违法乱纪的人先富起来。而相应的，另一部分人却长期难以致富，其中一部分环境、条件较差的人至今仍在贫困之中。此外更大的问题是，先富帮后富的情形比较鲜见，实现共同富裕仍是一个有待解答的社会难题。

体制和政策选择问题的本质是价值取向。选择市场经济体制可以使资源配置更为合理且更好地调动了人们的积极性，因而市场经济对于解放和发展生产力是必要的也是必须的，但问题在于，市场经济是利益主体分散化的经济体制，在市场经济环境中，每个利益主体都要追求利益最大化，要与其他利益主体进行利益博弈，因此，它必然要按照资本逻辑来运行。由于市场趋利的本性，又由于在我国市场经济体制缺乏相应的政治体制配套和法律约束，以及平等、公正、法治、诚信观念的缺失，建设和运行市场经济的过程不仅没有实现共同富裕或者缩小贫富差距，反而逐渐加剧了社会不公平的程度，导致了社会发展的严重失衡。

唯物史观价值取向的当代建构，是社会发展和社会生活中价值选择问题凸显在唯物史观中的反映。

随着现代化进程的深入和经济全球化进程的扩展，当代中国社会发展和社会生活呈现出新的特点：一方面，社会发展进入了高速运行的快车道，经济、政治、社会和文化等各方面因素比任何时代都更加变动不居，社会发展和社会生活呈现出多样化的态势；另一方面，在高速运行并多元化趋向的环境中，人们的生存场域及活动空间更为宽松，主体意识及主体能力显著提升，个体意识、权利意识、民主法制意识显著增强。

社会运行加速和社会生活多样化，带来了一些以往不曾遇到的空前复杂的新事物、新问题和新挑战，而人的主体性增强和能力提升，则拓展了人们目标定向和行为选择的空间。这两方面因素的叠加，使社会发展面临着许多不确定的因素甚至潜在的风险。当代社会就像一艘高速前进中的巨轮，由于速度太快、歧路太多且进入了深水区，既容易出现操作性甚至方向性的失误，又绝对不容许出现颠覆性的错误，这就决定了人们的目标和行为选择较以往任何时代都更为紧要，其选择是否合理既关系到个人未来的生存境遇，也关乎他人和社会发展的前景。毋庸置疑，在当代及未来，社会发展和社会进步将比以往任何时代都更加取决于人的主观因素，社会活动和社会生活将比以往任何时代都更加体现出

“谋事在人”的特点，从哲学的角度看，就意味着在当代及未来，不仅要一如既往地注重人们行为的合规律性，更要注重人们行为的合目的性，注重目的和动机背后的价值定位和价值选择。

在当代，社会运行加速和社会生活多样化以及人的主体意识增强和主体能力提升，决定了人们在价值定位和价值选择上趋于多样，特别是导致了评价人的行为及评价社会事物尺度的多样化。以不同的尺度去衡量和评价人们的行为或社会发展中的各种问题，往往会得出不同的甚至截然相反的结论或判断，而评价尺度的多样化，又直接影响着社会发展方向和目标的定向以及人们的行为选择。为了在多样化的环境中引导人们选择正确的方向、目标和行为，就应当确立一种贯穿于诸种社会评价尺度并统摄诸种社会评价尺度的高层次的尺度，确立一种总体性的价值取向，以之为依据，从根本上判定社会发展目标和人们行为的合理性即其是非曲直，判定社会状况之好坏以及社会发展程度之高低；以之为依据，引领社会发展，规范社会生活和人的行为。

人类面临的现实问题及潜在的危机凸显了价值取向的重要性。罗马俱乐部报告《增长的极限》在预测人类发展面临的危机之后指出：“人必须探究他们自己——他们的目标和价值——就像他们力求改变这个世界一样。献身于这两项任务必然是无止境的。因此，问题的关键不仅在于人类是否会生存，更重要的问题在于人类能否避免在陷入毫无价值的状态中生存。”[①]爱因斯坦曾告诫加州理工学院学生：“如果你们想使你们一生的工作有益于人类，那么，你们只懂得应用科学本身是不够的。关心人的本身，应当始终成为一切技术上奋斗的主要目标；关心怎样组织人的劳动和产品分配这样一些尚未解决的重大问题，用以保证我们科学思想的成果会造福于人类，而不致成为祸害。在你们埋头于图表和方程时，千万不要忘记这一点！”[②]弗洛姆则尖锐地指出，现代人“具有关于物质的全部知识，但对于人的存在之最重要、最基本的问题——人是什

① 丹尼斯·米都斯：《增长的极限》，吉林人民出版社 1997 年版，第 32 页。

② 《爱因斯坦文集》第 3 卷，商务印书馆 2010 年版，第 89 页。

么、人应该怎样生活、怎样才能创造性地释放和运用人所具有的巨大能量——却茫无所知。”①这些论述都提醒我们，科技进步、生产力发展和经济的增长不能自然地解决社会发展的合理性问题，发达的科学技术，充裕的物质财富，优越的生活条件，都只是满足人们美好生活需要的工具，而并非人们追求的目标本身。为了避免再陷入毫无价值的状态中生存，为了使我们的工作有益于人类，必须注重价值观的建构和引领。

正是由于社会条件的变化以及现代化进程对人生存发展的双重影响，在当代中国，对人的发展的关注特别是对社会发展合理性的追求不再像以往那样仅仅是未来的理想或者理论探讨的逻辑起点，而是成了需要展开研究和解决的问题本身，追求人的发展、实现社会公正不仅具有必要性，而且已具有现实的可能性。正是在此背景下，各种关于人的发展以及社会公正的话题接踵而至，“以人为本”“公平正义”已成为社会生活的主题词，人性化设计、人性化安排、人性化举措等提法甚至成了流行语，关于人的各种现实问题成为各学科的研究热点，对人的发展问题的理论探究逐渐展开和深化，关于社会公正的各种讨论也如火如荼。但应当指出的是，虽然人的发展议题以及关于社会发展合理性的讨论开始从话语边缘进入话语中心，有关人和人的发展和社会发展的一些基本理论问题却尚未真正透解，而如果对这些问题不做出历史观层面的唯物史观的说明，相关理论就缺乏学理上的彻底性，相关的实践就可能止于表面和暂时。对人及社会发展问题深层次的理解只有在历史观的层面才是可能的，只有在唯物史观中建构以人的发展为核心的价值取向，才能对人和社会发展的基本理论和现实问题给予透彻的阐释。

由此可见，当代社会人的发展要求和人的发展问题凸显，以及社会生活的多样化和人的主体意识及主体能力提升，要求确立历史观层面的根本性或总体性的价值取向，也就是说，确立历史观层面的价值取向，是应对当代社会生活价值评价、价值选择多样性的必然要求。

确立根本的、总体性的价值尺度，只有在历史观的层面才是可能

① 弗洛姆：《为自己的人》，生活·读书·新知三联书店1988年版，第24页。

的，更进一步说，只有作为关于社会历史总的看法和根本观点的唯物史观，才能有此担当。作为历史观层面的价值尺度，唯物史观价值取向具有间接性和抽象性的特点，它既是社会客观条件和现实关系的反映，是人们现实需要和利益的表达，又体现着人们的主观愿望，是人的主观价值设定，是长久以来社会进步的反映和人的觉醒的理论表现。从形成过程上看，这种反映和理论表达要经历一个从具体上升到抽象的逐级提升的过程，最终形成为历史观层面的具有普遍意义的总体性的价值取向。这种价值取向就是人的自由全面发展。

二、唯物史观价值取向当代建构的理论背景

唯物史观价值取向当代建构既是现实和实践的反映和要求，也是长期以来唯物史观研究的进一步延伸，是唯物史观理论发展的内在要求和必然趋势，因此，唯物史观价值取向当代建构的又一前提，是明确其理论背景。

从现实背景看，唯物史观价值取向当代建构是必要的，而从理论背景看，在唯物史观中确立历史观层面的价值取向又是可能的，这不仅是因为马克思、恩格斯创立的唯物史观中蕴含着以人的发展为核心的价值取向，还因为这种价值取向在近些年来的研究中得到了新的解释和发挥。近些年来人们对唯物史观价值取向的解释和发挥是唯物史观价值取向当代建构的理论背景。

马克思、恩格斯之后，唯物史观呈现出一源多流的演变图景，多流中的两条主流即东方和西方的唯物史观研究分别着重阐释了唯物史观的科学认识与价值取向，二者曾渐行渐远。然而近几十年来，随着东方社会主义国家的社会剧变以及国际局势的发展，两条路径又呈现出相互接近之势，东方国家的唯物史观研究亦开始重视其价值取向和人文关怀的方面。在苏联后期，苏联东欧的一些学者提出了马克思主义人道主义、社会主义人道主义概念，例如前文提到的苏联学者弗罗洛夫论述了马克

思主义关于人的学说，挖掘和阐释了马克思的人道主义思想，认为马克思主义是新人道主义，提出了“人道、民主的社会主义”的概念。南斯拉夫学者弗兰尼茨基提出把人置于哲学思考的中心，揭示了马克思主义的人学思想，阐释了“马克思主义的人道主义”，并提出了“新人道主义”，等等。然而，借用恩格斯的说法，苏联的解体和东欧的巨变，将这些国家的马克思主义研究包括唯物史观的研究都挤到后台去了。

唯物史观在东方的解释和发展只有在中国仍然是学术研究的热点，也只有在中国取得了新的、实质性的进展。改革开放以来，一方面，社会向现代化转型尤其是社会主义市场经济体制的建立，凸显了社会发展和社会生活中的价值定位和价值选择问题，呼唤唯物史观在理论上做出解释，唯物史观的发展受到现实的强力推动。另一方面，对经典文本的再阐释以及对西方学者相关研究的译介拓展了唯物史观研究的领域，更新了唯物史观的研究视域，丰富了唯物史观研究的方法。

首先是对经典文本的再阐释。改革开放之前一个较长的时期中，对马克思主义经典著作的解释一直存在着封闭和僵化的特征。其主要表现是对唯物史观许多理论的理解都定于一尊，不能越雷池一步，不能超出马克思、恩格斯之后一些经典作家的解释，不能超出苏联学者尤其是苏联教科书的解释，此外就是意识形态先行，对经典著作的解释完全服务于当下的政策，为当下的政策做注解，因而导致了片面化、绝对化，缺乏学理性和系统性，往往见其一点，不及其余，丢失了许多重要思想，曲解了许多重要观点。在唯物史观的解读上就存在着许多误读，例如在社会存在与社会意识关系的理解上，有时陷入了机械决定论，有时又过分夸大上层建筑的反作用，甚至将反作用夸大为决定作用；又如忽视了以人的发展为核心的价值取向以及对人性和人道主义采取了否定的态度，等等。改革开放之后，随着思想解放运动的展开，唯物史观研究呈现出学术化的趋势，学术界开始回归经典文本，对唯物史观经典文本进行重新解读，使唯物史观研究超出了以往的狭窄领域，得到了新的展开和深化。这种文本回归取得了一系列成果，例如对生产力标准的重新强调，例如对历史辩证法的重新认知，此外一个重要的方面，就是对唯物史观价值因素的挖掘和阐释，这些挖掘和阐释从不同角度和不同层面涉及对唯物史观价值取向的理解。

经典文本的再阐释始于关于异化和人道主义的讨论。这场讨论对此后的唯物史观研究产生了深远的影响，其影响之一，就是带动了对以《1844 年经济学哲学手稿》和《德意志意识形态》为代表的马克思早期著作和以《资本论》和《人类学笔记》为代表的马克思中期和晚期著作的重新解读，以至于"回到马克思"一度成为许多学者的研究旨趣。正是在重释马克思的过程中，马克思的价值哲学、人学思想开始受到关注，经典著作中的唯物史观价值取向以及唯物史观的人学意蕴得到挖掘和整理。

其次是对西方学者马克思主义研究成果的译介。随着对外文化交流的展开，西方学者马克思主义研究的成果逐渐介绍到国内学术界。正如前文所指出的，西方学者马克思主义研究的一个显著特点，是注重对马克思主义价值取向的挖掘、梳理和阐释，包括对马克思主义人学意蕴、批判意义、精神价值的挖掘、梳理和阐释，另一个特点是对人的关注，特别是对西方现代和后现代社会中个人生活中面临的各种现实问题的关注，并从马克思主义的视角做出了深度的分析，冉一个特点是试图开辟马克思主义研究的新论域，例如进行了马克思主义文化哲学、政治哲学等的研究和理论建构。西方学者马克思主义研究的成果对我们的马克思主义研究显然具有他山之石的借鉴意义，其中对唯物史观价值取向的研究和当代建构，更是具有直接的借鉴价值。这方面的具体内容在前文已有详述。

再次是国内理论界的研究。改革开放以来，我国学术界在回应中国社会主义现代化建设现实问题的过程中，对马克思主义的价值取向进行了多方面的研究，其中比较有代表性的，是价值哲学、马克思主义人学和伦理学（其中的一部分如元伦理学）的研究。这些研究为唯物史观价值取向的当代建构提供了思想资源。

在价值哲学方面，改革开放以来，该领域的研究涉及价值的基本的、共性的问题，包括价值的含义、属性、标准、评价、价值的本质、价值的类型、价值与认识的关系、价值与事实的关系、价值与真理的关系、价值的主体性和客体性等，并对价值观和价值观念、价值观念的结构、价值观念与文化的关系、价值观的多元性与统一性、价值观念冲突和普遍价值等社会转型时期的价值观念变革问题进行了探讨，在此基础上，还对社会现代化建设中的一系列重大问题做出了价值哲学的反思。代表性的著作有李连科的《价值哲学引论》，李德顺的《价值论——一种主体性的研究》，袁贵仁的《价值学引论》等。其中最有代表性的是《价值论——一种主体性的研究》，该书比较全面系统地讨论了作为哲学范畴的价值问题，对价值现象的本质、发生和存在的基础，以及价值意识表现形式和现实实践形态等问题进行了系统的梳理和探讨，并对价值的本质和特性、价值分类及其方法、各种具体的价值类型、价值意识与价值观念、评价与评价标准、社会评价科学化的可能性与方法论原则、价值与真理的关系等一系列基本概念和原理，以及当代价值观念变革和文明冲突等重大问题，做出了比较清晰的理论表述，确立了一个有中国特色的价值哲学研究框架。

价值哲学的研究为唯物史观价值取向的研究提供了理论基础。唯物史观价值取向与马克思主义价值哲学既有区别又密切关联，一方面，两者有区别，马克思主义价值哲学是马克思主义对有关价值的基本的、共性的问题的理解，是关于价值问题的一般性哲学理论，唯物史观价值取向则是马克思主义价值哲学在社会历史领域中的运用和体现；另一方面，两者有联系，马克思主义价值哲学关于价值的理解适用于唯物史观价值取向，唯物史观价值取向是在马克思主义价值哲学指导下，在历史观层面提出的对社会历史价值方面问题的总的理解和根本看法，例如对人生意义的理解，对社会发展理想、目标和愿景的理解，以及从主体的需要和客体能否及如何满足主体需要的角度考察和评价各种物质的、精神的现象及主体的行为对个人、群体和社会的意义。这些理解都要基于马克思主义价值哲学有关价值基本问题的理解，例如价值的含义、属性、标准、评价、价值与事实的关系、价值的主体性和客体性等的理解。从这个意义上说，马克思主义价值哲学是唯物史观价值取向的理论基础，唯物史观价值取向则是马克思主义价值哲学联系社会实践和社会生活的中介。

在人学研究方面，对有关人学的理论和现实问题做出了系统的探讨，初步确立了当代中国马克思主义人学的研究论域。黄枬森对马克思主义经典作家关于人的问题的思想进行了比较系统的发掘和阐释，并结合社会现实条件对马克思主义人学特别是人的发展、以人为本等问题提出了基本的理解。高清海创造性地提出了类哲学，认为人是具有双重生命本性的存在：种生命与类生命。种生命具有前定本质，而类生命是在现实的实践活动中不断生成的。他强调价值的属人本性，认为"价值"概念只是属于人性的范畴，表现的只是人的自我创造本性，因而也只有在对人的本质关系中才会出现价值的问题。王锐生指出，马克思科学地解决人的问题的方法论原则在于从劳动出发，将劳动发展史作为理解全部社会史和人的历史发展的钥匙，他论述了社会主义和人的全面发展问题，认为社会主义新人的形成并不是向自然的人的回复，也不是向抽象的人性的复归，社会主义新人的形成既是客观的又是自觉的过程。夏甄陶坚持从人与世界的关系出发考察人的活动，认为人不仅同他存在于其中的世界发生关系，而且他本身也是一个关系系统，所以现实的人总是存在于关系之中并表现为关系的存在。在其现实性上，人是从事活动的人，人正是通过自己的活动来展开和处理各种关系。陈志尚认为，人学是从整体上研究人的存在、人性、人的本质、人的活动和发展的一般规律以及人生价值、目的、道路等基本问题的学问。人学要求在概括和总结当代自然科学成就的基础上，阐明什么是人和如何做人的基本原理。崔自铎认为，哲学必须对与人生存和发展密切相关的真、善、美、利，以及对人的理想、价值、品德、人格、爱情、智慧、创造、情感、文化、民主、科学、成功、荣誉等，进行深入系统地思考和论说。韩庆祥对人的发展含义提出了自己的新理解，认为人的全面发展在马克思那里，首先是作为人类一种理想和人的终极关怀而存在的。人的全面发展就体现了人们对社会历史发展最终目标的一种理想和追求，他还揭示了人的全面发展的历史和现实规定。

第四章　唯物史观价值取向当代建构的意义

唯物史观作为完整严密的社会历史观，既应当是科学的社会历史观，解决社会历史理论的正确性问题，能够帮助人们正确认识社会历史的本质和规律，也应当是合理的社会历史观，解决社会历史理论的合理性问题，能够帮助人们设定社会发展的方向和目标，引领社会的进步。为了克服对唯物史观的片面理解、确立唯物史观理论的完整性，为了增强唯物史观引领社会进步的实践功能，提升唯物史观解释当代社会生活中价值问题的能力，回答并解决当代社会发展和社会生活中制约人的发展的深层次问题，就应当进行唯物史观价值取向的当代建构，在唯物史观中建构以人的发展为核心的价值取向。唯物史观价值取向的当代建构具有重要的现实意义和理论意义。

一、人的发展是唯物史观价值取向的核心

唯物史观价值取向当代建构的关键环节，就是在唯物史观理论中建构以人的发展为核心的价值取向，因为人的发展是唯物史观价值取向的核心。人的发展既是未来的崇高理想又是当代的现实追求，确立以人的发展为核心的价值取向的前提，是明确人的发展的本质要求，以及在此基础上明确人的发展的当代含义。

首先是明确人的发展价值取向的本质要求和普遍含义。

马克思主义包含着丰富的价值取向，这些价值取向是分层次的，其中最高层次的价值取向就是以人的发展为核心的唯物史观价值取向。人

的发展之所以能够作为唯物史观乃至马克思主义价值取向的核心，是因为人的发展价值取向在马克思主义的价值取向中具有最大的包容性，因而是总体性的价值取向。也就是说，马克思主义的价值取向归根结底指向人的彻底解放和自由全面发展，或者说，其核心就是人的彻底解放和自由全面发展。人的发展价值取向的总体性和包容性体现在它蕴含着马克思主义的所有价值诉求，如消灭私有制、消灭剥削、实现共同富裕，使人民生活得幸福美好，以及追求民主、自由、公正等，是这些价值诉求的根本目标或价值旨归。因此，当代马克思主义价值取向研究的一个重要议题，就是明确以人的发展为核心的价值取向的基本内涵，亦即人的发展价值取向的本质要求和含义，并在此基础上明确其与马克思主义其他价值取向的关系。

马克思、恩格斯继承了人类以往优秀的价值，扬弃了前人并超越了其局限性，在价值观上实现了革命性变革，赋予了人的发展以全新的、丰富的内涵，提出了人的自由全面发展的目标，确立了人的发展价值取向，认为：人的发展是人"全面地发展自己的一切能力"[①]，即人的活动及其能力的自由全面发展，包括体力和智力在内的人的能力在其创造性活动中充分地发挥和展示，并得到充分的提升；人的发展是个性和能力不再受到限制和压抑，而是得到确立、丰富和发展，从而个人的自由和创造力得以不断提升；人的发展是社会关系的全面发展，包括社会关系的合理化，即克服了人与人之间社会关系的异化，将人的关系还给了人自身，以及人的各种社会关系如经济、政治、道德、交往关系等的充分丰富和展开，人活动的范围得到尽可能充分的拓展，例如突破了地域甚至民族国家的限制而变为世界历史的人；人的发展归根结底体现为"个人"的发展，人的发展最终要落脚到个人，不是部分个人，而是"每一个个人"，并且是人类解放基础上的"每一个个人"即"一切人的自由发展"。[②] 基于马克思、恩格斯的上述理解，我们认为，从追根究底的意义

① 《马克思恩格斯全集》第3卷，人民出版社1960年版，第330页。
② 《马克思恩格斯选集》第1卷，人民出版社2012年版，第422页。

上说，所谓人的发展，其本质含义就在于：所有人生活得更加幸福、快乐、美好，更加有价值，更加有意义。

人的发展与马克思主义其他价值取向，特别是人的彻底解放价值取向是密切相关的。从逻辑和历史的角度来理解，人的发展与人的解放既存在着差别又内在统一，两者是一种逻辑和历史递进的关系。人的解放是人自由全面发展的前提，也是人自由全面发展的起点，人只有获得了彻底解放，才会"不再有任何阶级差别，不再有任何对个人生活资料的忧虑，并且第一次能够谈到真正的人的自由"①，只有在这时，才能消除劳动异化和社会制度的制约，才能与社会和他人的利益根本上一致，才能消除人与人之间的争斗，才能真正成为"社会化的人类"。只有在那时，人才具有发展自己的现实物质和制度条件，才能有充分的自由时间，也才能有真正意义上的人的自由全面发展。就像宾克莱所说的："按马克思的意思，社会主义是一个使人人都能在自由和创造力中实现他自己的社会的必要条件。"②由此可见，人的彻底解放和自由全面发展的内涵和要求是本质上一致并一以贯之的，人的自由全面发展是人的彻底解放的必然结果，因而实现了人的彻底解放，就消灭了私有制，消灭了剥削，克服了人对物的依赖关系、摆脱物对人的统治，就必然意味着人将获得自由全面的发展。按照恩格斯的说法就是，实现了人的彻底解放就实现了社会占有生产资料，人终于成为自己的社会结合的主人，从而成为自然界的主人，成为自身的主人——自由的人。

其次是明确人的发展的当代含义。

人的发展的本质体现了人的发展的普遍规定性，但这些本质的、普遍的规定性在不同时代又会有不同的表现，因为人的发展虽然是一种理想的目标或状态，但这种理想的目标和状态却不可能一蹴而就地实现，而是要经历一个长期的、分阶段的实现过程，会呈现出阶段性的特征。因此，理解人的发展的当代含义必须明确它的阶段性。

---

① 《马克思恩格斯选集》第3卷，人民出版社2012年版，第492页。

② 宾克莱：《理想的冲突》，商务印书馆1983年版，第102页。

人的发展之所以会具有阶段性，是因为人的发展的实现程度要受到社会历史条件的制约，包括生产力发展状况、社会制度和社会关系的状况以及科学文化因素的制约。恩格斯曾谈到生产力发展水平对人的发展水平的制约，认为"唯有借助于这些生产力，才有可能实现这样一种社会状态，在这里不再有任何阶级差别，不再有任何对个人生活资料的忧虑，并且第一次能够谈到真正的人的自由"①，马克思则在《经济学手稿(1857—1858年)》中具体论述了生产力对人的发展水平的影响，认为随着生产力的发展，将会缩短人们的必要劳动时间，增加自由时间从而扩大他们的自主活动的空间；将改善人们的劳动条件，改变旧式分工造成的劳动异化，使人的能力得到全面发展。

人的发展的阶段性启示我们，人的发展具有现实性，人的发展的现实含义、具体要求和目标会随着时代条件的变化而变化，也就是说，基于不同的时代、不同的社会条件并面临不同的现实问题，人的发展的含义、要求和目标以及推进人的发展的路径和方式也会有所不同。

人的发展的本质要求和阶段性及现实性表明，人的发展既是马克思、恩格斯确立的未来理想社会人生存的理想状态，又是一种改善人们生存状态现实的活动。作为前者，人的发展真正完全的实现有赖于生产力的高度发展和社会关系的合理化，作为后者，人的发展又体现在当代社会现实中各种促进人的发展的活动，体现在对制约当代人生存发展障碍的克服，从这个意义上说，现实中为人的生存发展创造条件的过程就是人的发展的过程。基于人的发展的现实性，在当代中国推进人的发展既要坚持人的发展的本质要求和普遍规定，坚持人的自由全面发展的根本要求和总的方向，又要从时代特征和实践要求以及当前的国情和当代中国人生存发展面临的现实问题出发，从当代中国的社会主要矛盾和发展目标出发。明确人的发展的当代含义，将人的发展总体目标和要求与当代社会发展的现实目标和要求结合起来，为在我国现阶段推进人的发展提供理论和现实的依据。

---

① 《马克思恩格斯选集》第3卷，人民出版社2012年版，第492页。

从马克思主义人学的视角看，在社会主要矛盾已经转化为人民日益增长的美好生活需要和不平衡不充分的发展之间的矛盾的当代中国，满足人民日益增长的美好生活需要正是追求人的发展的现实体现，因为人的发展与人民的美好生活需要是密切相关的、直接统一的，“美好生活需要”内在地包含着人的发展的现实要求。为此，应当从人的发展基本目标和要求出发理解美好生活需要，并从满足美好生活需要的角度对当代中国人的发展含义做出新的阐释。鉴此我们认为，当代中国人的发展主要应当包括以下几个方面的含义。

一是充分肯定人们追求幸福生活的权利，满足人们体面生活的需要。

实现人们对美好生活的向往最基本的内容是满足人们体面生活的需要，实现人们享受意义上的发展。人的需要是多方面、多层次的，其中物质生活的需要是基础。为此，唯物史观特别强调生产力发展在社会发展中的决定作用，认为“只有在现实的世界中并使用现实的手段才能实现真正的解放；……当人们还不能使自己的吃喝住穿在质和量方面得到充分保证的时候，人们就根本不能获得解放。‘解放’是一种历史活动，不是思想活动，‘解放’是由历史的关系，是由工业状况、商业状况、农业状况、交往状况促成的。”①“人们首先必须吃、喝、住、穿，然后才能从事政治、科学、艺术、宗教等等；所以，直接的物质的生活资料的生产，从而一个民族或一个时代的一定的经济发展阶段，便构成基础②。”因此，物质生活需要的满足和物质生活质量的提高是人的发展的基础，也是满足美好生活需要的前提。

在社会财富尚未充分涌流，人的物质需要尚未得到充分满足的情况下，强调人的享受意义上的发展并关注人们满足物质需要的现实利益就显得尤为重要。在社会主要矛盾转化的当代中国，满足人们的物质需要集中体现为过上体面的即小康水平的生活，具体而言就是，人们的经济

① 《马克思恩格斯选集》第1卷，人民出版社2012年版，第154页。

② 《马克思恩格斯选集》第3卷，人民出版社2012年版，第1002页。

条件比较宽裕，在衣食住行以及教育医疗等方面具有较好的条件，日子过得比较舒适和讲究。为此，必须进一步加强社会建设，做到经济增长与社会进步和改善民生并重，切实解决劳动就业、社会保障、教育卫生以及居民住房等关系到人们切身利益的民生方面的突出问题，改善社会的经济、政治和文化条件，为人们提供比较稳定的工作、比较满意的收入、比较基本的社会保障、较好的医疗卫生服务以及更加舒适的居住条件，努力实现绿色发展，建设天更蓝、山更绿、水更清、环境更优美、人与自然和谐的相处、协调发展的资源节约型、环境友好型社会。

二是保障和促进人的自我实现。

人的本质力量的实现是人的发展的核心内容。马克思、恩格斯所说的人的本质力量的实现，就是人通过自由自觉的活动使自己的本质力量，他的天赋和才智，他的能力，他的知、情、意对象化，使个人“在艺术、科学等等方面得到发展”[①]。作为人本质力量实现的人的自由自觉的活动将“给每一个人提供全面发展和表现自己的全部能力即体能和智能的机会”[②]，即“人人也都将同等地、愈益丰富地得到生活资料、享受资料、发展和表现一切体力和智力所需的资料。”[③]他们认为，在未来理想社会中，劳动将超越作为谋生手段的意义，不再是一种被迫的活动，而成为一种自由自觉的展示人的能力、体现人的本质力量即人的知识、情感和审美的创造性的活动，这一活动既创造对象、服务社会和他人，又使人具有成就感从而愉悦自身，因而劳动将成为一种享受，成为人的第一需要。

在自由的活动中实现自己的本质即人的自我实现是人的应然的要求，但又有赖于一定的社会条件，因而具有时代性。在当代，人的自我实现的前提是发展权得到保障。人的发展权包括经济、政治、权利和文化等方面的权利，由于现代化进程滞后，从而人的依赖关系仍然存在，

① 《马克思恩格斯全集》第31卷，人民出版社1998年版，第101页。

② 《马克思恩格斯选集》第3卷，人民出版社2012年版，第681页。

③ 《马克思恩格斯文集》第1卷，人民出版社2009年版，第710页。

在当代中国，人们的发展权尚未得到充分的实现，这体现在人们作为社会主人的地位尚未真正确立，他们参与公共事务、为自己的事做主、表达自己的意愿、表现自己的能力，从而自我实现的程度还很低，各项发展权仍有待切实地保障。恩格斯曾指出，“只有通过大工业所达到的生产力的大大提高，才有可能把劳动无例外地分配于一切社会成员，从而把每个人的劳动时间大大缩短，使一切人都有足够的自由时间来参加社会的、理论的和实际的公共事务。”[①]指明了人作为社会成员参加社会的、理论的和实际的公共事务的重要性，以及做到这一点对生产力发展从而增加自由时间的要求。在当代中国，保障人们的各项发展权特别是对社会各项事务的参与权，提升人们表达自己意愿和表现自己能力的程度，是人的发展以及自我实现的不可或缺的内容，也是满足美好生活需要的题中应有之意。基于存在的问题和人的发展目标，必须切实推进民主法治建设，做到众人的事情由众人商量，采取人类通行的行之有效的民主程序，真正保证人民在社会政治生活中广泛持续深入参与的权利，保障个人社会权利的实现和能力的发挥。

三是发展和满足人的精神需要。

人的需要是丰富多彩的，但从总体上说，可以分为物质的和精神的两种类型。精神需要是人在精神上的欲望和追求，包括愉悦、求知、审美和自我实现的需要等。人满足精神需要的活动就是精神生活，包括求知、体验和审美活动等。精神文化需要的满足，精神生活的充实，有助于人的个性的确立，知、情、意的丰富，情趣、修养和能力的提升，因而实现人的发展、满足人民日益增长的美好生活需要一个重要的方面，就是满足人们的精神文化需要。随着社会的进步，精神需要将逐渐成为人的需要的主体部分，精神生活将在人的整个生活领域中占据越来越重要的地位，这是因为，其一，精神产品具有可分享的特点，可以同时满足不同人的精神需要，即在满足了某人的精神需要的同时还能满足其他人的精神需要。其二，精神需要是高层次的需要，精神生活比物质生活

① 《马克思恩格斯选集》第3卷，人民出版社2012年版，第562页。

具有更加广阔的可深化和可拓展空间，因而满足人们的精神文化需要将成为未来满足美好生活需要、推进人的发展的主要领域和主要内容。

精神需要和精神生活是分层次的，既包括享受性的日常文化生活需要，又包括发展性的高层次精神需要。从人的发展视角看，满足人的精神生活需要既要满足人们的日常文化生活需要，又要满足高层次的精神需要。

首先是满足人们的日常文化生活需要。日常文化生活需要是人们在日常生活中享受性、愉悦性、消遣性的精神需要，其作用在于调节人们的情绪、愉悦人们的心情、充实人们的精神生活、提高人们的生活质量、促进人们的身心健康，使人们在文化娱乐和文化活动中体验和享受真善美，产生对美好事物的期待和对高尚情感的追求，达到愉悦、怡情、审美的效果。在当代，日常文化生活需要与物质需要一样，已经成为人们基本的需要。为了满足人们的日常文化生活需要，必须大力推进文化建设、繁荣文化事业、发展文化产业，生产更多群众喜闻乐见的、丰富多彩的、有益于人们身心健康的高质量的文化产品。

其次是构建优秀的精神价值，提升人们的精神境界。精神境界是指人的思想觉悟、精神修养和人生追求，它决定着人们的人生信仰、价值取向、心胸眼界以及生存态度。提升精神境界，充分借鉴和弘扬人性、理性、民主、自由、人权、法治等现代文明价值，构建与时代特征和民族特色相一致的、有利于社会进步和人的生存发展的精神价值，培育高尚的理想信念，可以充实人的精神生活、开阔人的胸怀、纯洁人的心灵、丰富人的情感、发展人的个性，促进人们形成现代的主体意识、权利意识和民主法治意识，使人们学会独立运用自己的理智，成为个性分明、品德高尚、文明礼貌、有气节和境界的现代公民。

四是保证每一个个人的发展。

马克思、恩格斯认为，人的发展是指“每一个人”的发展。他们认为人的发展的“人”不是群体的人而是个人，不是部分个人，而是“每一个个人”。其一是人的发展归根结底体现为“个人”的发展，人的发展最终应当也必然落实到个体的人，因为人类所以结合成社会，根本目的就在于保障和促进个体的生存发展。其二是人的发展之“个人”绝非社会中某一部分、某一层次或某一群体中的个人，而是“每一个个人”即一切人，因此，人的发展以及满足美好生活的需要必须落实到每一个个人。这就提出了实现社会公平的要求。幸福的社会应当是公平的社会，在当代，关注弱者正在成为人们的共识。《我们共同的未来》指出，“为满足基本需求，不仅需要那些穷人占多数的国家的经济增长达到一个新的阶段，而且还要保证那些贫穷者能得到可持续发展所必需的自然资源的合理份额。”①罗尔斯主张“公平机会的优先意味着我们必须给那些具有较少机遇的人以机会”②，丹尼尔·贝尔亦认为“衡量社会福利的不是个人满足，而是把对社会地位低下者给以补偿作为社会良心和社会政策的优先项目。”③这些论述表明，应当关注每一个人的发展，即每一个人都应当公平地享有各项经济、文化和社会权利。为此，要按照社会主义的本质要求，最大限度地从制度上保障每个人的权益特别是维护弱势群体的利益，解决不同地区和阶层之间经济发展不平衡的问题，尽力缩小贫富差别，在经济增长的同时使经济发展成果惠及包括生活困难群众在内的所有人，使所有人都能公平地参与社会发展过程并平等地享受社会发展成果，逐步实现社会公平，促进全体人民共同富裕。

二、唯物史观价值取向当代建构的现实意义

哲学“是被把握在思想中的它的时代”④，唯物史观尤其如此。唯物史观理论只有全面地反映当代社会的新问题、新挑战和人的发展的新要求、新实践，才能更加准确地把握社会发展的基本趋势，更加合理地定位社会发展的目标，在社会主要矛盾转化的新的历史条件下更有针对性

① 世界环境与发展委员会：《我们共同的未来》，吉林人民出版社 1997 年版，第 11 页。
② 罗尔斯：《正义论》，中国社会科学出版社 1988 年版，第 301 页。
③ 丹尼尔·贝尔：《后工业社会的来临》，商务印书馆 1984 年版，第 490 页。
④ 黑格尔：《法哲学原理》，商务印书馆 1961 年版，第 12 页。

地解答当代社会发展过程中的各种疑难问题，指导人们更有效地调整社会转型过程中的各种利益关系、化解社会转型中的各种矛盾冲突，使我国的现代化建设更加符合现代社会的基本价值目标和社会主义社会的本质要求。为此，必须在唯物史观中建构以人的发展为核心的根本性的价值取向。

唯物史观价值取向当代建构具有重要的现实意义。近几十年来，科技进步和全球化进程重塑了世界的面貌，给人类带来了新的问题和新的挑战。随着改革开放进程以及融入全球化进程的深入，中国的社会发展也遇到了一系列新问题、新挑战，这些问题集中到一点，就是人民日益增长的美好生活需要和不平衡不充分的发展之间的矛盾，这一矛盾深层次地涉及价值定位和价值选择。在唯物史观中确立以人的发展为核心的根本性的价值取向，将重塑唯物史观使命和功能上的完整性，凸显唯物史观改变社会现实、引领社会进步、促进人的发展的使命和功能，使唯物史观站在当代社会道义的制高点，提升唯物史观对社会生活中价值问题的解释力，为解释和解决当代中国现代化建设中的价值问题，特别是解决社会发展不平衡问题提出基本的思路，为人的生存发展提供坚实的价值支撑，进一步增强人们的价值自觉和价值自信，提升国家的软实力。

以人的发展为核心的价值取向的当代建构，将重塑唯物史观使命和功能上的完整性，凸显唯物史观引领社会进步、促进人的发展的使命和功能。

唯物史观自创立始就具有鲜明的实践性，这种实践性根源于马克思对哲学根本使命的理解以及对人的彻底解放和自由全面发展的价值追求，然而正如上文所述，由于被诠释为“认识范式”的、“一维”的社会历史观，唯物史观的价值取向在一个时期中被淡化了，其直接后果便是只注重对社会发展规律性的认识而忽视对其目的性的关注，从而难以对当代社会生活中制约人的发展的一系列价值问题做出有效的说明和回应，导致唯物史观为人的活动和社会发展提供价值导向，从而引领人的活动和社会进步的实践功能的弱化。

价值取向的当代建构，有助于恢复并凸显唯物史观的实践功能。对于社会历史观的认识功能，马克思以前的社会历史观或社会历史理论已经有比较充分的体现，对于社会历史观的实践功能，马克思以前的一些思想家，例如欧洲近代人道主义思想家和启蒙思想家也有相当的自觉，例如他们曾将自己的理论看作是行将到来的资产阶级革命的舆论准备。马克思、恩格斯超越前人之处在于：认为研究社会历史和干预社会历史是一个过程的两个方面，自觉地将“认识”社会视为“改造”社会的前提或环节，将改造社会作为唯物史观的根本使命。在他们那里，唯物史观以引领社会进步、推进人的发展为旨归，具有认识社会和改造社会的双重使命和功能，它既是认识的学说，是对社会历史的反映，能够正确解释社会发展的机制、规律和趋势，也是行动的理论，是在认识的基础上对社会历史的主观阐释和期望，承担着指导实践、改造世界、引领社会进步的使命。马克思关于“哲学家们只是用不同的方式解释世界，问题在于改变世界”①的论断，以及他和恩格斯关于全部问题都在于使现存世界革命化，实际地反对并改变现存的事物的论述，尤其适用于定位唯物史观的使命和功能。正是从这个意义上说，卢卡奇“历史唯物主义的首要功能就肯定不会是纯粹的科学认识，而是行动。历史唯物主义不是目的本身，它的存在是为了使无产阶级自己看清形势，为了使它在这种明确认识到的形势中能够根据自己的阶级地位去正确地行动”②的看法可谓慧眼独具。

唯物史观的使命和功能与时代的变化密切相关。在以改变旧制度为目的的革命时期，唯物史观的使命和功能主要是为革命做论证，所以其功能主要是批判性的，批判旧制度，进入社会主义建设时期，唯物史观的使命和功能就应当随之发生转变，从以对社会现实问题的批判转为同时指导和引领社会主义建设实践，所以其功能主要是建构性的。毋庸讳

① 《马克思恩格斯选集》第1卷，人民出版社2012年版，第136页。

② 卢卡奇：《历史与阶级意识》，商务印书馆1992年版，第307页。

言，马克思主义价值取向在社会批判上的成效十分显著，但在社会建构上的成效却相对不足。正如麦克莱伦所指出的，“马克思本人不是先知，对马克思主义社会的应然状态提到的很少。马克思对未来共产主义社会特征的所有阐述都是极为粗略的。他说得更多的是资本主义，而不是共产主义。”①“到目前为止，马克思主义仍然在解释世界方面，比努力在改变世界方面给人的印象更深刻。”②又如乔纳森·沃尔夫所指出的，一方面，“马克思仍是资本主义的最深刻和最尖锐的批判家”③，但另一方面，他“没对后资本主义社会做出切实可行的说明。”④这些说法虽然不无片面性——因为马克思、恩格斯预测了未来社会的根本特征和总体目标——但却在一定程度上反映了现实状况。更加值得注意的是，他们提出了一个重要问题，就是唯物史观如何更好地指导社会主义建设，在当前，就是如何更好地指导中国特色社会主义建设。这就要求进一步提升唯物史观指导人们改变社会现实的功能。

对唯物史观而言，改变社会的功能比认识（反映）社会的功能更加重要也更加根本，其实践性是其优越于其他社会历史观的基础。唯物史观所以能正确地把握社会历史，不仅在于它比其他社会历史观对“历史”的反映和解释更为全面、准确和深刻，更为接近“历史”本身，还在于它从根本上改变了应对和把握历史的方式：不是在历史之外价值无涉地、纯反映性地、科学地观察历史和分析社会，致力于在理论上还原历史发展的进程、揭示历史既有的本质和规律，而是以介入历史的姿态内在地审视历史，从历史中揭示人活动的本质和规律，进而引导人的活动、干预社会发展进程、实际地改造社会。当代社会主要矛盾的转化和社会发展任务的转换，以及人的发展从理想向现实的转变，更加凸显了唯物史观的价值导向功能。正是在这个背景下，唯物史观的当代性及当代功能，将集中地体现在设定社会发展的方向和目标、实际地指导人们推进社会

① 麦克莱伦：《马克思传》，中国人民大学出版社 2006 年版，第 482 页。
② 麦克莱伦：《马克思传》，中国人民大学出版社 2006 年版，第 485 页。
③ 乔纳森·沃尔夫：《当今为什么还要研究马克思》，高等教育出版社 2006 年版，第 92 页。
④ 乔纳森·沃尔夫：《当今为什么还要研究马克思》，高等教育出版社 2006 年版，第 89 页。

进步和人的发展。

以人的发展为核心的价值取向的当代建构，将使唯物史观站在当代社会道义的制高点，提升唯物史观对社会生活和社会实践价值问题的解释力，为解决社会发展不平衡问题提出基本的思路。

设立明确的价值取向、回答人们在社会生活中价值定位、价值选择方面的问题，是一切社会历史观的题中应有之义，更是唯物史观义不容辞的理论担当。历史是人的活动史以及历史发展动力、机制和规律内在地体现着人的利益和价值取向的特点，决定了唯物史观不仅要正确地揭示社会历史的实然状况，也要合理地设定社会历史的应然状态；不仅应当正确地揭示社会发展的本质、规律、动力和机制，探究社会体系的构成因素及各因素之间的关系以及社会进步与人的发展之间的关系，预测社会发展的趋势，为人们的活动提供科学认识方面的指导，还应当根据人生存发展的主体要求，阐述对社会发展的期望和愿景，设定人生存发展的目标，对社会历史过程中的各种价值问题做出合理的说明和评价，为人们的活动提供价值取向的根据，进而合理地引导和规范人们的行为，定位社会发展的走向和进程。唯物史观作为关于社会历史的总的观点和根本看法，其功能和意义既表现为宏观且深度地把握社会进步和人的发展的规律和趋势，也表现为从根本上确立社会发展的价值取向和目标。质言之，唯物史观作为当代最深刻、最全面、最进步的社会历史观，不仅应当成为历史观层面的普遍真理，能够站在当代社会历史认识的最高峰，把握社会发展的规律和趋势，而且应当成为历史观层面的普遍价值，能够站在当代社会道义的制高点，引领和规范社会的运行，担当衡量和分析社会现实问题的价值尺度。唯物史观只有站在社会道义的制高点，代表人类最先进的价值取向，在科学认识和价值取向上都具有先进性，才成其为最先进的社会历史观，才会具有更加显著的解释力，才能应对当代社会发展中的各种新问题，从根本上承担起引导人的行为、促进社会进步和人的自由全面发展的使命。正是从这个意义上说，唯物史观的当代性不仅在于深刻认识和把握社会历史发展的本质、规律和趋势，还将集中体现在确立社会发展中的公平正义、自由民主、共同富裕、社会和谐等价值理念和目标上，体现在对当代社会各种价值问题的解释上，尤其是体现在对有关不平衡发展问题的分析和应对上。

在社会主义社会，社会运行的目的是促进人的发展、满足人们合理的需要、保障人们正当的社会权利、发挥和发展人们的创造精神和能力、实现人民群众对美好生活的向往，这是所有制度安排和政策导向的根本目标。在当代，许多制约人们生存发展和社会进步的重大的瓶颈性问题，例如社会发展失衡、传统价值失落、拜金主义和消费主义盛行等问题，以及为人们所广泛关注的社会公平问题、民生问题、民主问题、和谐问题、环境问题等，不仅是由于认识方面的因素所导致，还深度地涉及价值方面的因素，这些问题的解决不可能仅仅通过经济的发展来实现，而是有赖于确立合理的价值理念、价值定位，有赖于合理的制度安排和政策导向。

随着改革的深入和市场经济的建立，以“不平衡发展”为总特征的价值问题开始凸显，成为中国人生存发展面临的主要问题，也成为制约中国社会进步的主要矛盾，这就使价值取向和价值选择较以往任何时代都更加重要也更为迫切。在社会转型时期，由不平衡发展带来的价值问题具有理论和现实的复杂性，人们对这些问题做出的价值哲学、政治哲学或伦理学的解读可谓“公说公有理，婆说婆有理”，这就要求在解读问题时要有一种更高的立场，确立一种更高的更为基本的价值尺度。以人的发展为核心的唯物史观价值取向的当代建构，可以为社会发展和人的行为提供历史观层面的、根本的价值尺度，从而对我国现代化建设和社会生活中面临的民主、文明、和谐、平等、公正、法治、诚信等一系列重大的价值方面的现实问题做出深度的理解，为解决或缓解社会发展不平衡问题提出基本的思路和对策。

以关于实现社会公平的讨论为例。公平正义是人类由来已久的追求。早在古希腊时期，亚里士多德就指出，“所有人在说公正时都是指一种品质，使一个人倾向于做正确的事情，使他做事公正，并愿意做公正的事。”[①]马克思主义十分重视公平正义的真正实现，正如弗洛姆所说，马克思主义的社会主义包含有正义、平等和普遍性这样一些精神因素。

公平通常被认为是：一方面人们在经济和其他活动中得到自己所应得的，另一方面又承担自己应该做的，即参与社会合作的每一个人承担应分担的责任，得到应得的利益，亦即付出和得到相对称，同时又照顾到弱者的切身利益。在经济领域，公平指收入分配的相对平等，即社会成员之间的收入差距不能过大，保证社会成员的基本生活需要。在市场经济条件下，公平问题趋于凸显，但如何解读并应对这一问题则是见仁见智，莫衷一是。解决这些纷争的办法，就是诉诸于更高的价值尺度，这个价值尺度就是人的发展。

社会主义本质上以追求公平正义为旨归。在当今，以收入差距扩大为标志的社会不公和社会发展不平衡问题，严重地妨碍着人的生存发展，特别是弱势群体的生存发展，影响着社会和谐，制约着社会进步。正如人们所认识到的，人的幸福程度与社会公平的程度密切相关，因而幸福的社会不仅应当是富有的社会，还应当是公平正义的社会。因此，要切实改善人们的生存环境，解决或缓解人民日益增长的美好生活需要和不平衡不充分的发展之间的矛盾，为人的发展创造条件，就既应当关注社会如何更快地发展，关注社会发展的速度和效益，又应当关注社会如何更合理地发展，关注发展的目的和效果。从人的发展要求看，我们的现代化建设不仅要注重合规律性，实事求是，也要注重合目的性，以人为本。要着眼于社会主义的本质要求，以人的发展尺度规范个人行为和社会运行，始终关注经济、社会和文化发展的成果如何更好地为人们所共享，如何更好地调整社会转型过程中的利益关系、更有效地化解社会转型中的矛盾冲突，着力解决现代化建设过程中价值取向方面的问题，使我国的现代化建设更加符合现代社会的基本价值目标和社会主义社会的本质要求，切实实现公平正义、共同富裕、自由民主、社会和谐。

---

① 亚里士多德：《尼各马可伦理学》，商务印书馆2003年版，第126—127页。

对于公平正义、共同富裕、自由民主、社会和谐等涉及价值合理性方面的问题，只有在唯物史观的理论中才能给予透彻的阐释和说明。从这个意义上说，唯物史观承担着为马克思主义经济学、政治学、社会学、法学和历史学等提供元价值的功能，应当为人文社会科学的研究提供基本的价值取向，进而为人们正确处理相互之间的关系确定基本的原则和规范。有鉴于此，唯物史观理论的当代建构既要着眼于准确地反映现实问题，科学地把握社会发展的基本趋势并预测未来社会发展的基本状态，又要注重适应当代社会的新变化和人的发展的新要求，合理地确定社会发展的价值目标和价值取向，

以人的发展为核心的价值取向的当代建构，将为人的生存发展提供坚实的价值支撑。

马克思认为，“环境的改变和人的活动或自我改变的一致，只能被看作是并合理地理解为革命的实践。”[①]根据这一理解，人在改造客观世界的同时也在改变他自身的主观世界，二者是一个统一的过程。以往人们在论及唯物史观的实践功能时，主要侧重于其指导人们改变客观世界的方面，这种理解显然是不够的。唯物史观作为关于社会历史的根本观点和总的看法，在指导人们改变客观世界的同时，也可以为人的生存和发展提供价值定位和价值选择上的学理支撑，帮助人们改变自己的主观世界。

为人的生存发展提供坚实的价值支撑是唯物史观实践功能的题中应有之意，是其应有的理论担当。人作为具有自我意识的主体，总是要追寻生存的意义和价值，要明白为什么活着，生活的目的是什么，怎样的生活更有意义，个人的生存发展与他人和社会是怎样的关系等问题，要在厘清这些问题的基础上追求更加理想、更有意义的生活，这就意味着，人的生存和发展需要价值的说明，特别是需要历史观层面的价值支撑。这就需要在唯物史观的理论中阐明价值观和人生观的建构问题。在唯物史观中建构以人的发展为核心的价值取向，从历史观层面对人的生

---

① 《马克思恩格斯选集》第1卷，人民出版社2012年版，第134页。

存问题做出说明、对人与社会的关系做出定位并确定人生存的根本价值，可以对有关人的价值问题做出深层次的哲学解读，为人们更加深刻地理解生存的意义提供合理的解释，为人们确立合理的生存态度提供坚实的价值基础，为人们的活动提供道义上的辩护；可以帮助人们更加清楚地理解其生存发展与社会进步的关系，从根基上激发人们向往美好生活、创造理想社会、追求理想境界的动机。正因为如此，在唯物史观中建构以人的发展为核心的价值取向并以其为指导，有助于提升人的精神素质、丰富人的精神修养、升华人的精神境界、充实人的精神生活、完善人的个性和人格、开阔人的胸怀、促进人的发展。

以人的发展为核心的价值取向的当代建构，将进一步增强人们的价值自觉和价值自信，提升国家的软实力。

软实力的提升不仅关乎国家的稳定、发展和繁荣，也关乎国家国际竞争力的提升。软实力建设的核心内容是价值观建设，价值的先进性是软实力最深厚的基础，是软实力的底气之所在。历史和现实都充分证明，一个民族、一个国家的软实力，主要在于其社会制度和价值观念的先进性，在于本国人民以及其他国家人民对这种制度和观念的认同。当今一些发达国家之所以具有比较强的软实力，在世界上具有较大的影响力和示范性，根本原因之一，就在于它们的价值取向具有一定的先进性和普遍性，能够被世界上许多国家和民众所认同、所接受。从一定意义上说，正是制度和观念的先进性造成了一些发达国家持续不断的发展和文明的进步，正是这些软实力造就或支撑了发达国家强大的军事、经济和科学技术等硬实力。中国要想赢得对西方国家在软实力上的优势，就必须具有更为先进的价值观念和文化。

纵观历史和当今的现实，一些区域性或世界性共同体的建立，通常都需要一种普遍性的意识形态特别是价值理念来诠释其合理性，从而建立超脱具体利益的国际互信的基础，例如古代以“仁、义、礼、智、信、忠、孝、廉、耻、节”等为核心的儒家价值观为纽带的儒家文化圈，例如现代的将社会主义国家视为工人阶级联盟的以苏联为首的社会主义阵营，又如以将自由和民主等视为共同价值理念的西方阵营，无不如此。这些经验启示我们，新的世界秩序以及人类命运共同体一定要建立在先进的具有普遍意义的价值观之上。仅仅立足民族主义意识形态而离开普遍价值，就不能提供具有基本意义的、普遍性的、能为不同国家民族所接受甚至赞同的价值观念，在对外交往中就缺乏足够的软实力即价值底气，就难以牵头建立各国共同遵守的新的世界秩序，难以构建真实的人类命运共同体。因此，当代中国在参与构建人类命运共同体的过程中一定要确立一种先进的、具有普遍意义的价值观，这是构建可以为各民族国家广为接受和赞同的普适性话语体系的基础。

先进的、具有普遍意义的价值取向必须是反映人类价值和利益的最大公约数的价值取向，这种价值取向的核心理念就是人的发展。人的发展之所以是人类价值取向方面最大的价值公约数，是因为它是人类优秀价值取向的结晶，能与世界上所有优秀价值取向相契合、相兼容，能超越文明差异和冲突的界限，具有放之世界而皆准的普遍意义。与其他价值取向不同，人的发展价值取向的来源既包括人的发展理念，包括西方社会长期以来形成的普遍价值，同时也可以吸取中国和其他民族传统的优秀价值。这种价值取向没有排他性，它并非各种优秀价值取向的杂多性组合，而是各种优秀价值取向共性的抽象和展开，其自由全面发展的含义既具有确定性又具有包容性，可以结合不同的文化传统、不同的价值观加以理解和阐释。

三、唯物史观价值取向当代建构的理论意义

唯物史观价值取向的当代建构具有重要的理论意义。在唯物史观中建构以人的发展为核心的价值取向，将实现唯物史观研究范式的转换，深化唯物史观的理论内涵，重塑唯物史观理论的完整性，增强唯物史观的理论解释力。

任何真正的历史观都包含着一定的价值观，对于唯物史观来说就更

是如此。从理论逻辑的角度看，作为科学认识与价值取向相统一的完整严密的社会历史观，唯物史观既不能离开物质条件和关系解释历史，也不能仅仅从物质条件和关系出发解释历史。离开物质条件和关系而仅仅从主观的方面解释历史，就会陷入对历史的"'心理学的'看法"①，或者"从哲学的意识形态把这种动力输入历史"②就可能将唯物史观伦理化，可能陷入抽象甚至空想，就不能对历史发展做出科学的说明；而仅仅从物质条件和关系出发理解历史，则会见物不见人，忽视社会发展主体方面的因素，特别是价值观方面的因素，就不能对人类历史做出科学而合理的阐释。既往唯物史观演变的历史表明，价值取向的缺失将使唯物史观成为单一维度的社会历史观，从而影响到唯物史观理论的完整性。由此可以认为，在唯物史观中建构以人的发展为核心的价值取向，是唯物史观理论当代建构的重要内容，也是当代中国价值观建设最基础的工作。

在唯物史观中建构以人的发展为核心的价值取向，将实现唯物史观由"认识范式"向"实践范式"的转换，深化唯物史观的理论内涵。

既往对唯物史观片面理解的一个主要问题，是仅仅强调其科学认识方面的含义及意义而忽视其价值取向方面的含义及意义，在对唯物史观理论形态的描述上具有单向度和简单化的特征。这种将唯物史观归结为关于社会发展科学认识的看法，可称之为"认识范式"的唯物史观。认识范式的唯物史观具有重视社会发展合规律性的优点，但却存在着轻视社会发展合目的性的缺点，这集中表现为其理论内容基本上限于对社会历史发展动力、机制和规律的客观分析和描述，以及对社会有机体各要素之间关系的论述，忽视对价值取向作用的阐释，虽然也涉及价值取向，却未将其理解为与认识维度相对应的唯物史观的基本理论维度，未对其做出深入、系统的阐述，从而少有关于社会发展中人的主观动因和价值取向的阐释与设定，如果有，也往往被淡化或置于边缘性的地位（例如

① 黑格尔：《历史哲学》，上海书店出版社 2001 年版，第 31 页。

② 《马克思恩格斯选集》第 4 卷，人民出版社 2012 年版，第 255 页。

对人的活动动机作用的论述就是如此)。与之相关，唯物史观被诠释为主要甚至仅仅只有认识之“维”的社会历史理论。

认识范式的唯物史观具有“一维”性的主要原因，是忽视人的实践在历史过程中的作用，因而超越认识范式的关键，是确立从实践出发理解社会历史的“实践范式”。实践范式的唯物史观即从实践活动出发理解社会历史的唯物史观，强调人在社会历史发展中的作用，既致力于认识社会发展，也致力于实际地引领社会进步，充分体现着合规律性与合目的性、科学认识与价值取向的统一，体现着马克思主义哲学改变世界的本质特征。

确立实践范式的唯物史观的关键，是从现实的人及其实践出发理解社会历史。马克思明确指出，全部社会生活在本质上是实践的。他和恩格斯多次指出，人类史同自然史的区别在于，人类史是我们自己创造的，历史本质上是人的活动史，是实践的产物，是人活动的结果，因而不能将其归结为物质条件和关系的发展史。

从实践的观点看，物质条件和关系既是人们活动既定的前提和基础，也是人们以往活动的结果以及未来活动改变和超越的对象。在历史过程中，人的活动要依赖于一定的物质条件和社会关系，但这些条件和关系却是人创造的，例如“自然界没有造出任何机器，没有造出机车、铁路、电报、自动走锭精纺机，等等。它们是人的产业劳动的产物，是转化为人的意志驾驭自然界的器官或者说在自然界实现人的意志的器官的自然物质。”①诚然，马克思曾明确指出生产力对人的活动和社会发展的制约性，甚至断定手推磨产生的是封建主的社会，蒸汽磨产生的是工业资本家的社会，进而认为社会经济形态的发展是一种自然史的过程。从表面上看，这似乎是单向度地强调物质条件决定人的活动，其实不然，因为马克思曾明确指出“任何生产力都是一种既得的力量，是以往的活动的产物。……后来的每一代人都得到前一代人已经取得的生产力并当作原料来为自己新的生产服务，由于这一简单的事实，就形成人们

---

① 《马克思恩格斯全集》第31卷，人民出版社1998年版，第102页。

的历史中的联系，就形成人类的历史，这个历史随着人们的生产力以及人们的社会关系的愈益发展而愈益成为人类的历史。”①他和恩格斯还指出，“历史的每一阶段都遇到一定的物质结果，一定的生产力总和，人对自然以及个人之间历史地形成的关系，都遇到有前一代传给后一代的大量生产力、资金和环境，尽管一方面这些生产力、资金和环境为新的一代所改变，但另一方面，它们也预先规定新的一代本生的生活条件，使它得到一定的发展和具有特殊的性质。由此可见，这种观点表明：人创造环境，同样，环境也创造人。”②这就是说，物质条件以及社会关系对于人的“先在性”是相对于特定时代的人们而言的，它们对人的活动的制约本质上正是以往人们的活动及其结果对后来人们的活动的制约。更透彻地说，制约人的活动的物质条件以及社会关系等因素直接地或者现象地看是生产力、生产关系，间接地或本质地看则归根到底是人们以往的活动。随着当代及未来科学技术的发展特别是知识经济成为社会进步的主要推动力量，社会发展将愈加体现出“人为”的特征，如果说对于既往形态的唯物史观而言，将其归结为认识范式都会弱化实践功能而导致片面性，那么对于当代形态的唯物史观来说，这种理解显然就更不恰当。

只有从现实的人及其实践出发，才能对社会历史做出科学而合理的解释。从现实的人及其实践出发理解社会历史，就要在唯物史观理论中强调社会发展的合目的性。所谓合目的性，是指人们的行为应当符合自身的需要、利益和价值。所谓社会发展的合目的性，是指社会发展要以人的生存和发展为旨归，归根到底要符合人趋利避害、追求幸福和自我实现的本性。

社会发展以人的发展为目的，这是马克思、恩格斯的基本信念，也是唯物史观的核心价值理念，然而由于经典作家研究主题的转换以及后人对唯物史观的误读，在一个相当长的时期中，人们在运用唯物史观理

---

① 《马克思恩格斯选集》第4卷，人民出版社2012年版，第409页。

② 《马克思恩格斯选集》第1卷，人民出版社2012年版，第172—173页。

解社会历史时，往往只关注如何有效地推进社会发展而忽视了推进社会发展的目的，甚至离开合目的性单纯地谈论和追求合规律性，似乎只要把握了规律，社会发展的目的、方向等问题就会自然而然地解决，其结果是导致了社会发展的不平衡和片面化。诚然，在社会发展中为了达到最终目的，往往需要强化手段，将某些手段性的因素设定为阶段性目的，这是必然的也是必须的，但问题在于，如果对这种阶段性的做法及其合理性的限度缺乏清醒的认识，这样做就会导致手段与目的的异化，导致作为手段的阶段性目的遮蔽甚至代替最终目的而出现手段与目的的错位。在手段与目的错位的背景下，人的自由全面发展要求、人的需要的满足、人的生存价值和意义以及与之相关的社会公平、道德、人的精神生活等价值方面的因素便在唯物史观理论中退居次要地位甚至被忽略。

为了全面说明人的活动在社会发展中的作用，就必须在唯物史观中对社会发展的目的性做出系统的解释。强调社会发展目的性之关键，是更加重视且重新看待人的动机特别是价值因素在社会历史过程中的作用，只有从人们的价值取向以及需要和利益入手，才能说明他们活动的心理基础及心理逻辑——人的发展诉求，人追求幸福、实现自己价值的本性，是其一切活动的动机之源泉和根本出发点，基于这个动机，人们才有意愿和动力去探寻社会发展的条件、机制、途径和规律，去调整社会关系、建构有利于人生存发展的社会制度、政策和规则，去推动社会发展——质言之，人们一切活动的动机和目的都是为了追求更加幸福美好的生活，为了生活得更有意义，在当代及未来，就是为了实现人自由全面的发展。人的发展集中体现着社会发展的合目的性，确立以人的发展为核心的价值取向进而构建实践范式的唯物史观，可以从根基上对人们活动的动机做出透彻的理解，可以从主客体的结合上、从人与社会物质条件和物质关系的互动中对社会历史发展的动力、机制和规律做出科学而合理的解读，可以进一步拓展和深化唯物史观的理论内涵。

在唯物史观中建构以人的发展为核心的价值取向，将克服对唯物史观的片面理解，重塑唯物史观理论的完整性。

唯物史观是科学认识与价值取向相统一的社会历史观。以往侧重于强调唯物史观科学认识甚至将唯物史观诠释为“一维”的社会历史理论的做法虽然事出有因，但只是在特定时期中具有现实的合理性。在社会发展和社会生活中价值问题凸显的当代，作为完整严密的社会历史观，唯物史观既应当回答关于社会发展的动力、规律、机制、途径等实然性问题，又应当回答关于社会发展的动机、理想、目标等应然性问题，还应当解释和回应社会生活中的公平正义、自由民主、社会和谐等价值方面的问题，也就是说，唯物史观不仅应当包含历史观层面的普遍真理，亦应当包含历史观层面的普遍价值，真正成为既是科学的又是合理的完整严密的社会历史观。

在唯物史观中建构以人的发展为核心的价值取向，将使唯物史观真正成为科学的社会历史观。唯物史观作为关于社会历史的科学认识，包含着对社会历史发展的一系列基本问题如对社会历史的本质、动力、机制、规律和发展代价的理解，以及对人与人、人与社会关系的理解等。历史的主体是人、社会运行和发展受到人的动机和目的影响，因而关于上述一系列社会历史基本问题的理论不可能是价值无涉的，必然会直接或间接地贯穿着价值取向。

以对社会发展根本动力的理解为例。在论述社会发展动力时，应当充分考虑人的需要、利益以及自我实现(发展)愿望对其行为的影响进而对社会运行过程的导向和驱动作用。唯物史观认为，生产力是社会发展的最终决定力量，而生产力中最活跃的因素是人。“在一切生产工具中，最强大的一种生产力是革命阶级本身。”[①]人所以是生产力中最活跃的因素，是因为人是推进生产力发展的启动者或原动力，是生产力中其他因素——生产工具、科学技术等的发明创造者。人所以是推进生产力发展的启动者或原动力，是因为人的生存方式具有超越现实性。从发生学的视角看，人与自然的关系基于人的实践方式和生存方式，劳动创造了

① 《马克思恩格斯选集》第1卷，人民出版社2012年版，第274页。

人，也创造了人的实践方式和生存方式，造就了特定的“人与自然的关系”。由劳动造就的人的生存方式具有超越现实性。所谓超越现实性，就是超越天然自然物对人的需要的满足程度，亦即：天然的自然物不能满足人的需要，人要在有用的形式上利用自然物维持自己(作为人)的生存和发展，就要改造自然物。也就是说，劳动将人从自然中提升出来，决定了人的生存方式不是适应型而是变革型的，人不能简单地顺应自然，而须改变自然物的天然形态即变革自然，从事物质资料的生产和再生产。正如恩格斯所指出的，“动物仅仅利用外部自然界，简单地通过自身的存在在自然界中引起变化；而人则通过他所做出的改变来使自然界为自己的目的服务，来支配自然界。”[①]实践和人的生存方式的互动，是人改造自然最深刻的根源。正是基于生存和发展的需要，人才形成了在有用的形式上利用自然物的动机，才会自觉地去改造自然、从事物质资料的生产和再生产，并在此基础上形成社会关系且进行其他社会活动。

对社会历史其他重要问题的理解亦复如此。例如在论述社会发展规律和基本趋势时，应当充分考虑到人趋利避害、追求幸福和发展的本性对于社会“合力”的形成进而对塑造社会运动规律和趋势的影响；在论述社会发展的方向和愿景时，应当注重合目的性与合规律性的统一，从有利于促进人生存发展的目的出发设定社会发展的目标；在探讨社会发展的代价问题时，应当考虑到这些代价给当事人的生存发展造成的现实影响以及他们的承受能力；在论述社会发展的曲折性时，应当考虑到人们对社会发展的不同期待及其行为的影响，如此等等。这些例证表明，作为人的需要和利益从而行为动机理论表达的人的发展价值取向，必然会贯穿于人的活动从而社会发展的全过程。离开人的发展的价值取向，便不能对当代人的活动进而对社会发展的基本问题做出透彻的说明。

在唯物史观中建构以人的发展为核心的价值取向，将使唯物史观真正成为合理的社会历史观。人是历史的主体之又一要义在于，社会发展

① 《马克思恩格斯选集》第3卷，人民出版社2012年版，第997—998页。

归根结底是为了人的生存发展。推进人的发展这一根本的价值取向，决定了人们的社会活动必须追求一些基本的价值目标，例如解放和发展生产力，满足人们日益增长的物质和文化需要；又如实现社会制度和社会关系的合理化，保障人们的各项社会权利，促进社会生活的公平正义；再如和谐人与自然的关系，实现人与自然的协调发展，等等。正是这些价值追求及其行为，决定了社会发展具有由低级走向高级的基本趋势和总体方向。由此便意味着，人们对社会发展的模式、机制、途径以及自身的行为不仅要提出合规律性的要求，要做出是否正确、是否有效的科学性评价，还要对社会发展的方向以及相应的模式、机制和途径以及自己的行为提出合目的性的要求，要做出是否合理的价值性评价。正是由于社会历史发展须臾不能离开人的动机和目的，不能离开价值取向，所以作为关于社会历史的根本观点和总的看法的唯物史观，就应当从人的自由全面发展这一根本目标出发，提出对社会生活、社会发展一系列深层次价值问题的理解，确立历史观层面的普遍价值，为人的活动以及为社会发展提供基本的价值支持。

综上所述：唯物史观既应当是关于社会历史发展的科学认识，也应当是关于社会历史发展的价值取向，在唯物史观中建构以人的发展为核心的价值取向，既将凸显人的活动在社会发展中的关键作用，又将凸显人的发展在社会发展中的核心地位，从而更加充分地体现唯物史观对人作为社会历史活动主体的认同；在唯物史观中建构以人的发展为核心的价值取向，将改变以往唯物史观以反映和叙述为主甚至停留于反映和叙述的理论模式，超越以往唯物史观仅仅注重社会发展物质条件和规律等客观因素并以之单向度地说明人的活动和社会历史的理论格局，使唯物史观理论从以科学认识为主转向科学认识与价值取向并重，成为既反映社会历史发展规律又设定社会发展价值目标的、科学认识与价值取向相统一的完整意义上的关于现实的人及其历史发展的科学；在唯物史观中建构以人的发展为核心的价值取向，将为唯物史观理论的当代建构和发展注入新的活力，进一步拓展唯物史观的发展空间，深化和丰富唯物史观的理论内涵，将确立马克思主义的根本性、普遍性的价值取向，保持马克思主义价值的持续性，保持马克思主义的价值定力和价值信度。

在唯物史观中建构以人的发展为核心的价值取向，将增强唯物史观的理论解释力。

社会历史研究比自然研究更为复杂，复杂性在于，其研究对象受到人的主观性因素的影响，这种研究不可能完全是价值无涉的，反之，许多研究内容都需要价值介入才能做出合理的解释。以社会发展与人的活动的关系问题为例。这一问题是社会历史观中最重要也是最复杂的问题，关系到对社会发展动力、机制、规律和趋势的认识，是理解其他社会历史问题的关节点。以往在论及唯物史观关于社会发展规律与人的活动的关系时，往往遵循机械的、单向决定或线性对应的思路，将社会因素之间的关系最终归结为生产力与生产关系、经济基础与上层建筑之间的关系，并仅仅将它们之间的矛盾运动视为社会发展的动力和机制，这一理解虽然揭示了人的活动及社会发展的客观制约性，但却低估甚至忽略了人的自觉追求、选择和行为在社会发展中至关重要的、决定性的作用。

对于人的活动与社会发展的关系，必须进行唯物史观层面的价值解读。恩格斯曾明确指出，“在社会历史领域内进行活动的，是具有意识的、经过思虑或凭激情行动的、追求某种目的的人；任何事情的发生都不是没有自觉的意图，没有预期的目的的。”①社会发展这种“人为”的特点，意味着在社会发展过程中必然会出现一系列与人的价值取向、价值选择相关的问题，例如：人生存的意义是什么？怎样的生活才是幸福的？社会发展为什么要以人的发展为目标？理想的社会应当是怎样的？为什么要推进社会进步？如何使社会环境有利于人的生存和发展？为什么在社会生活中要确立一系列价值原则？引导和规范社会发展的主要价值原则是什么？为什么在推进经济发展和财富增长的同时还要追求社会公平、社会和谐以及民主自由？如此等等。从历史辩证法的视角看，这

① 《马克思恩格斯选集》第4卷，人民出版社2012年版，第253页。

些问题显然不仅仅属于科学认识的范畴，并非“科学”的社会历史观所能回答，而是需要“科学”的并且“合理”的社会历史观来回答。由于社会进步是人的自觉选择和行为的结果，体现着人的动机，贯穿着人的价值取向，又由于人的活动具有规律性，因而当我们理解历史发展时，始终会面临社会发展与人的活动之间的关系。离开价值取向和价值选择，显然不能说明客观规律与人的主观选择及其行为的关系，例如：不能说明人的发展与社会进步根本上的一致性、人的发展与社会进步在具体历史进程中的矛盾，以及社会发展的效果与其代价之间的关系；不能回答为什么社会总是由低级向高级发展、为什么社会会以这种方式而不是那种方式发展、为什么社会发展状况及速度在很大程度上取决于人们的努力等问题。在科技发展日新月异、知识经济初露端倪、人改变自然和社会的能力显著增强的当代，如果离开对人的发展价值因素的考量，便不能完整地理解动机、目的等主体方面因素对人的活动的影响，不能透彻地解释人的活动在社会发展中的作用，也就不能真正认识社会发展的动力、机制和规律(因为它们本质上就是人的活动的动力、机制和规律)，若如此，就难以确定且无从把握社会发展的“趋势”和“必然性”。由此可见，只有在唯物史观中建构以人的发展为核心的价值取向，才能合理地说明人在社会历史发展中的作用，说明人的活动与社会发展之间的关系，说明应当如何在尊重社会发展客观规律的基础上充分发挥人的主观能动性。

第五章　唯物史观价值取向当代建构的原则

唯物史观价值取向的当代建构应当遵循一些基本原则：既要不忘本来，基于马克思、恩格斯的经典文本，又要面向未来，从时代和实践中的问题出发，创造性地继承和发展马克思、恩格斯唯物史观的价值观，还要吸收外来，积极借鉴西方哲学特别是其中优秀的价值观念，同时还要自觉吸取中国哲学的优秀价值资源。

一、基于文本的原则

唯物史观价值取向当代建构的第一个原则是回归文本，基于经典。唯物史观价值取向当代建构本质上是唯物史观价值取向在当代的重建，既然是重建，就意味着要有历史文本的依凭，就要不忘本来，回归马克思、恩格斯的经典文本，以他们的思想为依据和出发点。回归经典文本，确认唯物史观价值取向当代建构的文本依据，可以厘定人的发展价值取向在马克思、恩格斯创立的唯物史观理论中的方位，明确经典作家对唯物史观价值取向的基本理解，明确在初始形态的唯物史观理论中人的发展价值取向与唯物史观各个理论部分之间的内在关系，对人的发展价值取向与唯物史观的关系做出历史的定位，找准唯物史观价值取向当代建构的理论基点，恢复并阐发以往唯物史观解读中被忽视甚至遮蔽的人的发展思想内核。回归经典文本，还可以恢复原生态的唯物史观价值取向的本来面貌，明确其从人的发展价值取向到人的解放，从人的解放到无产阶级解放，从无产阶级解放到阶级斗争，从阶级斗争到社会革命之间的逻辑递进关系，明确唯物史观价值取向从显在到潜在的演变及其过程和原因。

唯物史观理论中蕴含着构建以人的发展为核心的价值取向的内在要求和思想资源，在唯物史观中确立以人的发展为核心的价值取向是唯物史观追求人的解放和发展的宗旨的传承和发展。然而问题在于，一百多年来唯物史观经历了一源多流的演变和发展的过程，后人对马克思、恩格斯创立的唯物史观做出了不同的解释和发挥。借鉴解释学的说法，由于时间间距、时代境遇以及立场和任务的差异等，后人对经典作家思想的解释和发挥往往会出现两种情况：意义的“遗漏”和意义的“添加”。因此，唯物史观价值取向的当代建构首先必须挖掘并恢复继承在以往对唯物史观解读中被遮蔽甚至丢失的人的发展理念，同时剔除后人附加在唯物史观上的违背唯物史观基本精神或基本原则的因素，阐扬马克思、恩格斯提出的以人的发展为核心的价值取向。

首先是意义的“添加”，即后人在解释经典作家思想时添加了原来没有的内容。“添加”分两种情况：一种是添加了与马克思主义基本原理、基本精神相符合的东西，即做出了正确的解释和发挥，这就是通常说的“发展”，这在对于唯物史观和马克思主义社会发展理论的探讨中尤为明显，例如在中国革命和建设道路的探索方面，毛泽东在对中国革命道路的探索中提出了农村包围城市、武装夺取政权的理论并付诸实践，邓小平在对中国特色社会主义建设道路的探索中提出了中国特色社会主义理论，包括社会主义初级阶段理论和社会主义市场经济理论并付诸实践。另一种是添加了与唯物史观基本原理、基本精神相违背的东西，即错误的解释和发挥，也就是误读。“添加”中误读的例子也不鲜见，“以阶级斗争为纲”“无产阶级专政下继续革命理论”、离开生产力发展水平和要求改变生产关系以及进行“上层建筑领域的革命”等，就是典型的代表。

其次是意义的“遗漏”，即一段时期中后人在解释经典作家思想时遗漏了一些重要的内容。这方面的例子很多，如社会主义解放和发展生产力的本质、生产关系要符合生产力发展状况的规律、马克思主义哲学的实践观等。在价值取向方面，意义的“遗漏”最突出的表现就是忽视甚至否认马克思主义的人学意蕴，即将马克思主义与人对立起来，讳言人道主义和人性，将人道主义和人性完全归结为资产阶级意识形态，忽视甚至否认个性和个人利益，忽视甚至否认“自由”的价值意义等，另外就是忽视马克思主义人的发展思想，即使提及人的发展，也只是视为社会发展之结果，而没有对马克思主义关于人的发展的丰富思想做出展开的论述，更没有将人的发展视为马克思主义哲学特别是唯物史观的重要组成部分——马克思主义哲学和唯物史观的价值维度。

既然存在意义的“遗漏”和误读性的“添加”，要建构当代形态的唯物史观，首先就必须正本清源，清理唯物史观的思想基础，清晰地厘定经典作家文本中的原意，弄清楚唯物史观价值取向之原状，这就必须回归文本。

回归文本是当代马克思主义研究的历史起点，也是唯物史观价值取向当代建构的起点，但回归哪些文本、回归谁的文本，却是有待研究的问题。我们认为，回归文本首先要回到唯物史观的起点，回归原生态的唯物史观中。如前所述，唯物史观从创立至今经历了一个“一源多流”的演变过程。所谓“一源”，就是初始形态的唯物史观，可以称为“原生态的唯物史观”，所谓“多流”，就是后人对唯物史观不同的解释和发挥，可以称为“次生态的唯物史观”。

关于何为初始形态的唯物史观，存在着不同的看法。在苏联和中国的马克思主义研究中，向来有一个不加考查的前提，认为马克思、恩格斯的思想是完全一致的，甚至视为同一个人的思想。这一假定在一些西方学者那里却受到了质疑。一些西方学者主张用“差异法”研究马克思、恩格斯的思想，着眼于寻找和研究马克思、恩格斯两个人思想上的差异。他们认为，马克思和恩格斯分别作为独立的个人，两人的思想具有显著的差异，并列举了一些文本的依据加以论证，例如将马克思的一些著作如《1844 年经济学哲学手稿》《经济学手稿（1857—1858 年）》《资本论》与恩格斯的一些著作如《反杜林论》《自然辩证法》《路德维希·费尔巴哈和德国古典哲学的终结》加以比较，揭示了各自不同的特点以及它们之间的差异，并由此得出结论，认为只有马克思的思想才是“原生态”的马克思主义，恩格斯的思想只是对马克思思想的一种解释和发挥。例如麦克莱伦在所著的《马克思以后的马克思主义》中，就将恩格斯归入“德国社会民主党人”中。更有甚者，一些人通过放大马克思、恩格斯思想之间的差异，制造了马克思、恩格斯思想的“对立”。近些年来，用“差异法”研究马克思、恩格斯的思想的主张开始为国内学术界接受，以哲学论域为例，学界在重新解读和阐释马克思的哲学思想时比较普遍地使用了“马克思哲学”一词，其在内涵上不同于以往常用的“马克思主义哲学”，前者专指马克思本人的哲学思想，后者则既包括马克思本人的思想，也包括后人对它的解释和发挥，这种使用的用意之一，就是将马克思思想与恩格斯思想区别开来。

这就涉及对马克思与恩格斯在思想上的关系的理解。正如威廉姆·肖所说，“马克思与恩格斯在思想上的关系是复杂的，值得个别研究。”①马克思与恩格斯在思想上的关系是一个有待深入探讨的问题，此处涉及的主要是两者之间的异同。我们认为，在这个问题上用差异法研究马克思、恩格斯的思想是可以的甚至是必要的，这种研究有助于精准地把握他们各自思想的特点及其相互之间的关系，把握马克思主义理论的演进过程，但在承认这一点的同时，更应当看到他们两个人思想上高度的一致性，即他们在几乎所有重大理论和现实问题上高度的一致性。因此，一方面，可以将恩格斯视为马克思思想最初的也是最权威的解释者，同时又应该承认恩格斯与马克思一道创立了马克思主义，与马克思一样是马克思主义的创始人，他的思想同样是“原生态”的马克思主义，或者说，马克思、恩格斯的思想都是马克思主义之“源”。

就唯物史观而言，情况就更是如此。如果说马克思、恩格斯在其他问题上，例如在对自然观或者在对“新唯物主义”(“现代唯物主义”)理论论域的理解上可能存在着差异，那么他们对唯物史观的理解则本质上是

① 威廉姆·肖：《马克思的历史理论》，重庆出版社1989年版，第6页。

一致的，如果有差异，也是恩格斯在马克思之后对唯物史观做出了新的阐释和发挥。

马克思与恩格斯思想上的关系，主要体现在他们分别在马克思主义创立和发展中的地位和作用即扮演角色的差异上。对此，恩格斯曾有精准的说明，他写道，“我和马克思共同工作40年，在以前和这个期间，我在一定程度上独立地参加了这一理论的创立，特别是这一理论的阐发。但是绝大部分基本指导思想(特别是在经济和历史领域内)，尤其是对这些思想的最后的明确的表述，都是属于马克思的。我所提供的，马克思没有我也能够做到，至多有几个专门的领域除外。至于马克思所做到的，我却做不到。马克思比我们大家都站得高些，看得远些，观察得多些和快些。马克思是天才，我们至多是能手。没有马克思我们的理论远不全是现在这个样子。”①“我一生所做的是我注定要做的事，就是拉第二小提琴，而且我想我做得还不错。我很高兴我有像马克思这样出色的第一小提琴手。”②这一说明表明，虽然马克思、恩格斯同为马克思主义(当然也就是唯物史观)的创始人，但是比较而言，他们在其中的贡献又是有区别的。马克思是马克思主义当之无愧的主要创始人，在马克思主义创立和发展过程中一直扮演第一提琴手的角色，恩格斯则扮演着辅助的角色，这一角色体现为双重身份：既是马克思主义的创始人，又是马克思思想的最初的也是最权威解释者。他是马克思主义的创始人，是因为他“在一定程度上独立地参加了这一理论的创立”，他是马克思思想的最初也是最权威的解释者，是因为他最早参加了“这一理论的阐发”。

就唯物史观而言，我们认为恩格斯的贡献主要在两个方面。

一是在唯物史观创立中独自提出了一些独创性见解，做出了独特的贡献，例如马克思曾谈到恩格斯在《政治经济学批判大纲》以及《英国工人阶级状况》等论著中，“从另一条道路得出同我一样的结果”③。表明恩

---

① 《马克思恩格斯选集》第4卷，人民出版社2012年版，第248页。

② 《马克思恩格斯选集》第4卷，人民出版社2012年版，第571—572页。

③ 《马克思恩格斯选集》第1卷，人民出版社2012年版，第3—4页。

格斯的独创性见解得到了马克思的充分肯定。

二是在对马克思思想的阐发中创新唯物史观理论，这是恩格斯在唯物史观领域的主要贡献。在恩格斯那里，唯物史观的创立和阐发是密切相关的，他在马克思确立的“基本指导思想”指导下对马克思的思想进行了创造性的阐发，提出了许多独创性见解，这些阐发本身就包含着原创性的观点。恩格斯对马克思的阐发既体现在与马克思同时代的理论活动中，例如和马克思共同创作的文本（如《神圣家族》《德意志意识形态》《共产党宣言》）中和他个人的文本，如《反杜林论》《自然辩证法》中，也体现在马克思之后的理论活动中。其中《自然辩证法》对劳动与人类起源问题的探讨，《家庭、私有制和国家的起源》对人类史前史的研究以及明确提出“两种生产”理论，《路德维希·费尔巴哈和德国古典哲学的终结》对历史的客观规律和个人动机之间的关系的论述，对经济基础与政治上层建筑及观念上层建筑之间关系的阐述，以及在晚年的书信中对经济基础和上层建筑的关系做出的富有新意的辩证解释，特别是对上层建筑相对独立性及其对经济基础反作用的论述，都具有开创性的意义。

关于恩格斯对马克思思想的阐释和发挥，应当说明的是，其一，这些阐释和发挥是对马克思的“接着讲”，是符合马克思本意的，其中并无对马克思和他自己此前关于唯物史观基本观点（经典论述）的否定；其二，这些阐释和发挥澄清了对唯物史观的一些误解，反驳了对唯物史观的歪曲；其三，这些阐释和发挥创造性地发展（拓展和深化）了唯物史观理论。尤其应当指出的是，恩格斯对唯物史观理论创造性的拓展和深化，使其在理论内涵上更加全面，更加自洽，也更加具有解释力。就此我们认为，恩格斯首先是唯物史观的创始人，同时也是唯物史观最初的解释者。而无论作为唯物史观创始人还是最初的解释者，恩格斯都做出了独立的贡献，其中最值得一提的，就是在晚年时期对唯物史观的补充论述，进一步丰富和展开了历史辩证法思想。

以上所述表明，恩格斯对马克思主义的创立和阐发在唯物史观方面都体现得尤为突出。正因为如此，广松涉曾有“在确立历史唯物主义以及与之融为一体的共产主义理论之际，拉响第一小提琴的，限于合奏的初期而言，毋宁是恩格斯”①一说，这一说法虽然言过其实，却充分肯定了恩格斯在唯物史观创立特别是发展中的重要贡献。比较而言，科尔纽在此问题上的看法则比较公允，他认为，马克思、恩格斯两人通过不同的研究路径“基本上取得了同样的结果，即理解到历史的发展是有规律的，而生产方式决定着社会关系和政治关系。根本观点的这种一致使二人结成了亲密的友谊，使恩格斯成了马克思的战友。”②正是基于这样的理解，上文在叙述“原生态”的唯物史观价值取向时，是将他们两人的思想作为一个整体看待的。

对何为原生态的马克思主义的辨析亦即对恩格斯是马克思主义创始人的确认，回答了“回归文本”的去向问题。马克思在唯物史观（即恩格斯说的“历史领域内”）研究和创立过程中做出了关键性的工作，因而回归文本首先也是最重要的是回归马克思的文本以及他和恩格斯共同创作的文本，然后是回归恩格斯的文本。鉴于马克思、恩格斯思想上的一致性和差异，在回归文本时既应区别对待，注意两者之间各自的特点以及不同之处，又应一以贯之，注意两者之间的关联和互证、互补。当文本所涉及的相同或相似的内容出现差异时，则一般以马克思的文本优先，同时更要视两人的说法与唯物史观基本原理的契合度而定。

在回归经典文本的过程中，应特别注意挖掘和梳理其中所蕴含的价值取向。马克思的文本自不待说，从早期的文本到《资本论》和《人类学笔记》，都蕴含着鲜明的价值取向，马克思、恩格斯合著的三个文本，无论是《神圣家族》《德意志意识形态》，还是《共产党宣言》，同样包含着鲜明的价值取向，至于恩格斯对唯物史观的论述，无论是《反杜林论》《家庭、私有制和国家的起源》《路德维希·费尔巴哈和德国古典哲学的终结》，还是一系列关于唯物史观的通信，也包含着鲜明的价值取向。

回归文本还应注意马克思、恩格斯思想的过程性。马克思、恩格斯

① 广松涉：《文献学语境中的〈德意志意识形态〉》，南京大学出版社 2005 年版，第 358 页。

② 科尔纽：《马克思恩格斯传》第 2 卷，生活·读书·新知三联书店 1965 年版，第 305 页。

对唯物史观的研究立场、观点和方法是一以贯之的，但在不同时期，他们关注的问题以及侧重点却有所不同，以马克思为例，他在早期更注重的是人性和人的自由等问题，在莱茵报时期之后，则开始创立唯物史观，关注唯物史观的科学认识，特别是探讨社会发展的动力、机制、一般规律和趋势等，而在晚期，则在继续写作《资本论》的同时探讨东方国家的社会性质和发展道路。恩格斯的唯物史观研究也经历了变动的过程。早期主要是与马克思共同创立唯物史观，中期主要是对这一理论的阐发，晚年则是针对唯物史观遇到的新问题和新挑战，对唯物史观做出全面的、辩证的解释，运用历史辩证法阐明和发展唯物史观的基本原理，使唯物史观理论得到进一步深化和完善。

回归文本的又一个问题是回归文本之何处？我们认为，着眼于唯物史观价值取向的当代建构，回归文本之要义在于阐发其真精神，即德里达曾提到的马克思的“某种精神”，亦即马克思思想的实质，它的价值内核或价值理论的基本原理。这种精神相似于科学哲学家库恩所说的“范式”以及拉卡托斯所说的理论的“硬核”。库恩在《科学革命的结构》中认为，任何科学理论都有其基本的规范（范式）即在科学活动中被公认的范例。他指出，“这些著作的成就足以空前地把一批坚定的拥护者吸引过来，使他们不再去进行科学活动中各种形式的竞争。同时，这种成就又足以毫无限制地为一批重新组合起来的科学工作者留下各种有待解决的问题。……凡是具备这两个特点的科学成就，此后我就称之为‘规范’。”[①]拉卡托斯在其《科学研究纲领方法论》中认为，“一切科学研究纲领都在其‘硬核’上有明显区别。纲领的反面启发法禁止我们将否定后件式对准这一‘硬核’，相反，我们必须运用我们的独创性来阐明，甚至发明‘辅助假说’，这些辅助假说围绕该核形成了一个保护带，而我们必须把否定后件式转向这些辅助假说。正是这一辅助假说保护带，必须在检验中首当其冲，调整，再调整，甚至全部被替换，以保卫因而硬化了的

① S. T. 库恩：《科学革命的结构》，上海科学技术出版社 1980 年版，第 8 页。

内核。”[①]科学理论(研究纲领)有外围和核心之分,“研究纲领有一个根据约定而接受的(因而根据暂时的决定是‘不可反驳的’)‘硬核’。”[②]“硬核”就是理论的核心,是理论大厦的基石。

库恩和拉卡托斯说法也可以适用于马克思主义理论。马克思主义的基本原理显然属于“规范”和“硬核”之列,有的学者主张当代马克思主义发展应“坚守内核,放宽外围”,这无疑是回归马克思应当采取的态度。而“坚守”的前提,是对内核的挖掘、梳理和厘定。

我们认为,马克思主义的理论内核主要包括两个部分:一是价值取向上的,如追求人的解放和发展;二是科学认识上的,如实事求是原则、实践批判精神,以及唯物辩证法和唯物史观的基本原理等。对唯物史观价值取向的当代建构而言,回归文本之重点,在于挖掘和梳理唯物史观初始形态中蕴含的以人的发展为核心的价值意蕴,从理论来源上厘定唯物史观理论逻辑中蕴含的基本价值理念和价值目标。

二、面向现实的原则

唯物史观价值取向的当代建构的第二个原则是面向时代和实践,在实践的基础上做出创造性的理解。唯物史观同整个马克思主义一样具有与时俱进的品质,只有在与时代和实践的结合中才能保持生机与活力。作为在当代的重建,唯物史观价值取向的当代建构当然不是其原有价值取向的简单回归,而是在马克思、恩格斯的有关思想的基础上以时代和实践为依据的创造性的阐释和发挥,是着眼于进一步发展唯物史观的理论创新。作为创造性重建,就要从新的时代和实践特征出发,根据社会变化给人的生存发展带来的新问题和新要求,对经典作家的思想做出创造性的阐释和发挥,确定唯物史观价值取向的新概念和新内容,建构当代形态的唯物史观价值取向的理论体系。

---

① 伊·拉卡托斯:《科学研究纲领方法论》,上海译文出版社 1986 年版,第 67 页。

② 伊·拉卡托斯:《科学研究纲领方法论》,上海译文出版社 1986 年版,第 153 页。

为此，首先就必须处理好继承与发展的关系，要在承接经典文本的基础上“接着讲”，而不是经典文本中原有唯物史观价值取向的简单复原和叙述，不只是“照着讲”，即不能拘泥于经典，既不能囿于个别的词句和结论，也不能固守原有理论而不越雷池一步。其所以要“接着讲”，是因为马克思、恩格斯并没有结束真理，就唯物史观而言，情况更是如此。阿尔都塞指出：“马克思通过创立他的历史理论，奠定了马克思主义哲学的基础，但还有大量的工作需要我们去做。正如列宁所说，马克思主义哲学仅仅奠定了基础。我们在教条主义的黑夜中所苦衷于解决不了的种种理论困难并不完全是人为的困难，它们的产生在很大程度上也是由于马克思主义哲学还处于不完善状态。”①其所以要“接着讲”，又是因为时代和实践的变化给我们提出了经典作家没有遇到的新问题和新挑战，要求我们通过创造性地阐释马克思主义来给予回答，“如果我们离开马克思主义发展变化和日趋正确、完善的历史过程，把马克思、恩格斯某一时期、某些著作中的某种观点，看作是一成不变的绝对真理，必然会把马克思主义凝固化、教条化，必然会把马克思主义与时代特点和活生生的不断发展变化的实践割裂开来，扼杀马克思主义的生机和活力。”②鉴此，唯物史观价值取向的当代建构既要不忘本来，基于经典，又要面向未来，以当代社会现实和实践为依据，适应当代社会进步和人的发展的目标，在基本理论上有所创新。

问渠那得清如许，为有源头活水来。任何真正的哲学都是自己时代精神的精华，是文明的活的灵魂。唯物史观价值取向从产生开始就根植于生活和实践，在实践中创造理论是唯物史观价值取向形成的主要路径，同理，在实践中创新理论也是唯物史观价值取向发展的主要路径。人们的现实生活和社会实践过去是、现在是、将来还是唯物史观价值取向当代建构的源头活水。实践创新过去、现在和将来都是唯物史观价值取向发展的主要路径。

---

① 阿尔都塞：《保卫马克思》，商务印书馆2010年版，第13页。

② 赵家祥：《马克思主义是发展着的理论》，《光明日报》2017年8月2日。

马克思、恩格斯创立唯物史观和人的发展理论的初衷就是解决现实的社会问题，就是着眼于推进社会进步和人的发展，诚如马克思在《〈政治经济学批判〉序言》中所回顾的，他在《莱茵报》后期之所以从社会舞台退回书房继续进行研究，得出了关于社会历史的科学的认识，创立了唯物史观，是要回答对所谓物质利益发表意见的难事，解决现实中使自己苦恼的有关市民社会与国家关系的疑问，而其背后的原因，就是对劳苦大众现实利益和面临问题的关注。

唯物史观价值取向的当代建构亦是如此，这是由唯物史观价值取向的使命和功能决定的。唯物史观价值取向的使命和功能取决于对唯物史观的定位，即唯物史观“为何”(是什么)从而唯物史观“何为”(做什么)。理解唯物史观“为何”的关键之一，在于唯物史观是“过去时”或“完成时”的，还是“现在时”或“进行时”的，即唯物史观是动态的、正在生长的、活的文本(思想)，还是静态的、既成的“标本”甚至“文物”？我们认为，答案显然是后者。作为一种活的思想，唯物史观的定位决定着它的使命。马克思在《关于费尔巴哈的提纲》中指出，哲学家们只是用不同的方式解释世界，问题在于改变世界，他和恩格斯在《德意志意识形态》中又指出，全部问题都在于使现存世界革命化，实际地反对并改变现存的事物。这两段论述表达了马克思主义哲学改造世界的使命及其存在的根本意义，揭示了马克思主义哲学面向现实、指导实践的根本特征及其生存和发展的根基。一般地说，任何一种承载实践价值(而不仅仅是学术研究对象)的理论都直接或间接地源于并指向生活和实践，对于以“改变世界”“实际地反对并改变现存的事物”为旨归的唯物史观来说，这一点就更是明显。

生活、实践是理论的源头活水。如果我们认定唯物史观的根本使命是指导实践和生活、深度解答当下及未来中国社会进步和人的发展问题，那么其理论建构就应关照社会、回归生活，就应以时代特征和我们的国情为背景，以我们正在做的和将要做的事情为旨归，在与时代和实践的对话中阐发当代意义和价值。

唯物史观价值取向以实践为基础的创新是由时代和实践特征决定的。当代社会出现了很多马克思时代未曾遇见的新情况，这些新情况对唯物史观价值取向提出了新的问题和挑战，亟须从理论与实践的结合上给予透彻的解读和回应。

从时代特征或外部环境说，当代社会进入了全球化时代。全球化带来的普遍交往、高新科技和知识经济的发展既极大地提升了人的能力和素质，拓展了人的活动空间，构建了人的发展的新平台，也给人的发展带来了一些新的问题和挑战。全球化的二重效应带来了文化多元和价值多元的新景象，也造成了一些新的价值问题，需要在价值观上做出新的解释和说明。

从内部环境看，中国的社会主义建设具有马克思、恩格斯设想的社会主义不同的中国的特色，其中最为显著的特色，就是市场经济体制的建立，这是导致了中国特色社会主义与一般意义上的社会主义在价值取向上的重大差异。诚然，中国的市场经济是社会主义市场经济，受到社会主义制度和价值观念的规制，但既然是市场经济，就必然具有市场经济的一般规定和特征，这就是市场配置资源以及利益主体分散化，而正是这两点决定了市场经济环境中所有利益主体都具有逐利的本性，都会追求利益的最大化，这显然与实现人的发展、人的解放从而消灭剥削、消除劳动异化等唯物史观价值取向存在着内在的矛盾甚至背道而驰。消除这种矛盾显然不能削足适履而应当量体裁衣，即应当以理论适应现实而不是相反，只有这样，唯物史观价值取向才能适应新情况，解决新问题。更进一步说，中国特色社会主义建设创造了许多有待阐释和提升的新经验，也提出了一系列有待解答的新问题，需要在唯物史观价值取向的层面做出解释和说明，从而需要在实践中发展即重新建构唯物史观的价值取向，这就要反映时代特征和现实变化，总结实践中的新经验，回答实践中的新问题。在这个意义上说，作为马克思主义中国化之一部分的唯物史观价值取向的当代建构具有双重含义：既要结合时代和实践来回答并解决现实生活中出现的新问题，又要在唯物史观基本理论的探讨和建构上有所创新。

为此，唯物史观价值取向的当代建构既不能拘泥于原始文本，也不能满足于以往的解释和发挥——无论是我们自己的还是西方学者的解释和发挥——而是要超越前人。关于超越前人的解释和发挥，应不会有异议，而超越经典作家的理解则有待论证。马克思、恩格斯创立的唯物史观确立了社会历史的宏观解释框架，制定了一系列基本原理，一方面，我们应当将这些基本原理运用于解释当代社会生活和实践中出现的新问题，凸显唯物史观基本原理的当代性；另一方面，又要在解释新问题中对理论做出新的发展。就唯物史观价值取向而言，所谓做出新的发展，既可以是对原有理论和观点的深化和拓展，也可以在总结实践经验、反映时代要求以及因应实践和时代问题的基础上，突破原来的范式，对既有观点做出改动，对既有理论做出新的解释，例如通过从“认识范式”向“实践范式”的转换，从“规律范式”向“规律范式”与“价值范式”并立的转换，对社会历史一系列重要问题做出新的理解。

以对历史发展趋势的理解为例。随着当代社会发展含义从以经济增长为主向社会全面进步的转变，以及由于人的主观能动性的显著增强，在理解社会发展趋势时，既要肯定认知因素在其中的作用又要肯定价值因素在其中的作用，因为在上述背景下不仅知识进步推动着社会的发展，价值取向的进步也在推动着社会的发展。又以对历史发展动力的理解为例。随着科学技术的进步及其作为第一生产力作用的凸显，随着知识经济时代的到来，在理解社会发展动力时，既要充分肯定物质和精神财富创造中体力劳动的作用，也要充分肯定其中脑力劳动的作用，从而既要充分肯定体力劳动者创造历史的作用又要充分肯定脑力劳动者创造历史的作用。再以社会历史研究重点的转变为例。在我国社会基本矛盾转变，社会发展不平衡问题凸显的条件下，唯物史观应当更加注意对社会发展合目的性问题的研究，更加注重对社会生活中公平正义、自由民主、共同富裕、社会和谐等价值问题的探讨。

社会生活和实践的发展给唯物史观价值取向发展带来的问题和契机

还有很多，借用恩格斯对自然科学与哲学关系的说法：随着社会生活和实践的每一次重要变化和发展，唯物史观也必然要改变自己的形式。

唯物史观价值取向面向时代和实践的理论建构，要处理好现实性与理想性之间的关系。任何价值取向都是人们需要、利益以及情感和审美的抽象的反映，都具有一定的理想性，作为历史观层面的价值取向，唯物史观价值取向更是如此。然而价值取向要反映并反作用于社会生活和实践，又要具有现实性。这就意味着，一方面，价值取向要贴近现实，如果脱离现实就不能发挥指导实践的功能，另一方面，价值取向又要坚持理想，缺乏理想性就不能引领实践。为此，就要在现实性与理想性之间保持一种合理的张力，并根据实践的变化动态地调整，使之保持现实性与理想性的统一。

三、继承传统的原则

唯物史观价值取向的当代建构的第三个原则是借鉴中国传统的价值观念。在当代中国进行唯物史观价值取向的建构，必须基于中国的社会环境和文化资源，积极发掘、继承和弘扬中华优秀传统文化特别是中国哲学中的优秀价值观念。

唯物史观同整个马克思主义一样，本是生长于西方社会的现实和文化之中，其所以能够在一百多年来扎根中国而成为“中国的”理论，能够在中国社会中生根、发芽、开花、结果，一是因为这一理论具有普遍性或普适性，具有“放之四海而皆准”的特性，可以在西方之外的其他国家、民族中生长并发挥作用；二是因为这一理论在进入中国之后逐渐地“中国化”了，不仅与中国的社会实践和社会生活相结合，也逐渐融入了中国的语言文化中，吸取了一些中国文化的优秀思想精髓，在一定程度上采取了中国语言和文化的表达方式，中国的经典作家和一些马克思主义研究者凭借深厚的中国文化和中国哲学素养，以中国文化和中国哲学的概念阐述了马克思主义的有关内容，使之具有了中国气派和中国风格。就此而言，包括唯物史观在内的马克思主义中国化具有两方面的含义，一是与中国的革命实践和建设实践相结合，二是与中国的文化相结合。总体说来，前一方面虽然有过曲折，但总体上是成功的，后一方面则相对效果不彰，虽然做出了一些以中国文化或哲学概念表述既有的马克思主义理论的尝试，但类似的创作或属于以马克思主义理论创造性地解读中国现实，或限于以文化概念表述既有的马克思主义理论，尚未成为真正意义上的马克思主义与中国优秀传统文化的全方位的对话。特别是在理论和学术的层面上，马克思主义与中国文化或中国哲学还比较疏离，未能系统挖掘、梳理并确认中国哲学的学术资源，自觉对接中国哲学的学术传统，未能充分理解中国文化的价值。其结果是，中国文化和哲学尚未全面地融入马克思主义之中。

究其原因，首先是以往的马克思主义研究总体上比较固守既有的经典的理论体系，特别是比较固守从苏联舶来的概念体系。其次是以往的马克思主义研究缺乏文化自觉和自信，或是低估中国文化的价值，见糟粕多，见精华少，或是从固守自身的角度判断中国文化和哲学的性质，取舍中国文化的内容。

当代中国的马克思主义要有效地指导和引领中国社会实践、回答当代中国社会生活中的现实问题，就必须真正成为“中国的”理论。“语言是最切近于人之本质的”①，是思想内容和特质的直接表征，马克思主义真正成为“中国的”之理论标志，是讲“中国话”，具有中国特色、中国气派和中国风格，只有这样，才能成为中国的主流文化精神，对中国人社会心理产生内在的影响，为中国人在理智和情感、认知和价值上所理解、所认同，甚至所喜闻乐见。这不仅要求当代中国的马克思主义直面中国的现实问题，还要求它在理论体系、概念和语言上具有中国特色，采取中国的表达方式，这就要自觉与中国传统文化和价值对话，吸取中国文化的优秀思想资源。

更宏观地看，与中国文化和价值对话是包括唯物史观在内的中国马

---

① 海德格尔：《在通向语言的途中》，商务印书馆2004年版，第1页。

克思主义研究走向世界的需要。当代中国的马克思主义研究，已成为当今世界马克思主义研究的主流之一，作为马克思主义在当代的新形态，中国的马克思主义理应在学术理论上有所创建和超越。马克思主义像任何一种世界历史性的思想一样，可以也应该以不同的语言来思考、表达和发展，从现实看，马克思主义仍然有一个走出西方语境从而更加普遍化的问题，它应当在非西方国家和民族的文化语境中获得新的生机和发展。与中国传统价值对话，正如与中国的时代和实践对话一样，是唯物史观价值取向在世界范围内的马克思主义研究中做出独特贡献的学术和文化依凭，也是中国文化走向世界的重要途径。

唯物史观价值取向的当代建构之所以要汲取中国文化的优秀思想资源，不仅是因为这种理论建构是在中国进行的，所建构的理论体系必须体现中国特色，因而具有必要性，还因为中国传统文化特别是中国哲学中具有丰富的价值意蕴，蕴含着许多具有普遍的意义优秀价值理念，因而又具有可能性。

吸取中华优秀传统价值的一项前提性工作是发掘中华传统文化中的优秀价值观念，这就要去粗取精、去伪存真。中华传统价值是良莠并存的，因而发掘中华传统文化中的优秀价值观念的前提是区分精华和糟粕，而不能照单全收，在强调传统文化复兴的当下，对此尤应有所警觉。毋庸讳言，相关的问题已然出现，例如有人在复兴传统文化（儒学）的背景下宣称"三纲"仍然具有合理性，其理由就是宇宙万物、人类社会、人性心灵都必须具有秩序，即必须具有宇宙秩序、自然秩序、人类秩序、政治秩序、家庭秩序、社会秩序（如公司秩序）以及心灵秩序，然而，大凡讲到秩序，秩序就必须是立体的，而不能是平面的，无高下等差的齐一化与平面化是构不成秩序的。因此，凡是秩序都必须是立体的秩序，在这个立体的秩序中就必须有等级性，而有等级性就必须有"纲"。也就是认为，宇宙万物、人类社会、人性心灵都需要等级和等级观念。我们认为，这种解释显然是不成立的，因为人们对"三纲"在中国历史上所起到的负面作用早就有了共识。这一说法表明区分传统文化和价值的精华和糟粕是必须的，否则，相关的说法及做法不仅无助于传统文化的复兴，反而会对之有所伤害。

中华民族优秀的传统文化，特别是其中独特的哲学智慧和人文精神，是中国人对其文化身份进而民族身份和社会身份认同的根据，它使中国人的精神生活、精神境界和精神享受具有鲜明的民族特色。这些优秀的传统文化中蕴含着大量的具有普遍意义和持久生命力的优秀价值资源，可以为唯物史观价值取向的当代建构所借鉴、所吸收，其中最有代表性的，当数优秀的人文精神和社会哲理。

中国传统文化中包含着许多优秀的人文精神。其中关于个人修养和理想人格的，有仁、义、礼、智、信、忠、孝、悌、节、恕、勇、让，以及气节、崇德、宽恕、谦敬、乐群、重义、慎独、善良、达观、宁静、兼善、和谐等理念，以及自强不息、厚德载物、富贵不能淫、贫贱不能移、威武不能屈的志向。关于理想境界和社会责任的，有“修身齐家治国平天下”“为天地立心，为生民立命，为往圣继绝学，为万世开太平”“先天下之忧而忧，后天下之乐而乐”“苟利国家生死以，岂因祸福避趋之”“人生自古谁无死，留取丹心照汗青”“粉身碎骨浑不怕，要留清白在人间”的豪言壮语。这些思想包含着诸多优秀价值、道德原则和人生境界的因素。与人的解放、人的发展、人的素质的提升和人格培育多有相通之处。

中国传统文化中包含着许多关于人与人、人与社会关系的智慧，如“民为贵，社稷次之，君为轻”“民惟邦本，本固邦宁”“水可载舟亦可覆舟”“仓廪实而知礼节，衣食足而知荣辱”“己所不欲勿施于人”“和而不同”“老吾老以及人之老、幼吾幼以及人之幼”，以及惟德惟贤，中庸和谐等。这些思想与唯物史观多有相通或相似之处。如“民为贵，社稷次之，君为轻”“民惟邦本，本固邦宁”“水可载舟亦可覆舟”的民本思想，与当代所提倡的“以人为本”“以人民为中心”“人民主体论”“群众史观”多有相通之处；“仓廪实而知礼节，衣食足而知荣辱”中的朴素唯物主义思想与物质生活决定精神生活的观点多有相似之处；“己所不欲勿施于人”

“和而不同”为人处世之道中的和谐思想则与建成小康社会所倡导之“和谐”理念，更是直接相通。此外还有“天人合一”观念之于当代生态文明理念和生态文明建设的契合或相通，等等。

中国传统文化尤其是中国哲学特别关注人的问题，具有丰富的价值理念。在中国古代，哲学家们始终注重人性特别是人的德性的完善，对以善恶为中心的人性问题和人的道德修养的蕴意及途径进行了持续的探索。由于古代中国哲学特别关注人与人及人与社会之间的关系，以至于黑格尔竟否认中国有哲学而只承认中国有伦理学——一些充满了名言警句的道德说教。这里当然有误解，即以西方哲学的标准来评判中国哲学，但另一方面也表明，中国的伦理学(关于人与人关系之学)是如此的发达，以至于造成了黑格尔以偏概全的误解，把中国哲学完全等同于伦理学。在中国传统文化特别是中国哲学中蕴含着丰富的价值思想，其中许多价值观念和理论直接涉及对人生存发展以及人与社会关系的理解。尤其应当指出的是，中国传统的人文精神和社会见识所包含的丰富而独特的优秀价值取向，有着鲜活的生命力，与唯物史观、马克思主义伦理学以及社会主义核心价值观所倡导的原则多有相通或相似之处。

吸取中华优秀传统价值的又一重要工作是实现中华优秀传统价值的现代转化。如上所述，中国传统人文精神和社会见识是中国文化特别是中国哲学智慧的结晶，是建构当代唯物史观价值的重要思想资源，通过与时代和实践相结合的现代转换，可以与马克思主义的人文关照、马克思主义人的发展价值取向内在契合。但同时又应当看到，中国传统人文精神和社会见识形成于旧时代，由于历史和文化的局限，不仅其中既有思想精华也存在着糟粕，并且即使是思想精华也具有历史的或阶级的局限性，与当代生活和实践在时代的间隔上相去甚远，往往不能不加分析地直接古为今用，为此就要对其进行现代转化，做出创造性的、现代的阐释。只有对中华优秀传统价值进行合乎时代精神的阐发运用，才能凸显其当代性而超越时代局限，在现实上使其融入当代中国的国民教育、道德建设、文化创造及社会生活中，成为中国文化的精神支柱，在理论上融入唯物史观价值，成为唯物史观价值取向的有机组成部分。

四、借鉴西方的原则

唯物史观价值取向的当代建构的第四个原则是借鉴西方学者的研究成果，这是当代中国马克思主义研究的重要路径之一。

马克思、恩格斯同时代及之后的西方哲学，多向度地涉及价值观问题。被认为是西方现代哲学的开创者的尼采，首先喊出了“上帝已死”的口号，认为人类价值体系的根基在他那个时代正在分崩离析，人们濒临价值危机，因此要重建价值体系，而重建价值体系的前提则是“重估一切价值”。“重估一切价值”就是要抛弃前人灌输的价值，一切价值都由人自己建立，使人类成为自己的主人，成为自己的评价者，重新自己体验生活，得出你自己的价值观念，改变你自己对世界的看法。他认为，传统的基督教价值是颠倒的，必须将其翻转过来，要对所有传统的道德、价值重新评估。“重估一切价值”是对旧文化、旧道德、旧价值的否定和抛弃，这一口号对现代哲学特别是价值观研究产生了深远的影响。尼采之后的所有西方人文主义哲学，都直接或间接地涉及价值方面的议题，无论是新康德主义、新黑格尔主义、过程哲学、现象学、存在主义、新托马斯主义、结构主义、解释学还是奥地利经济学派的哈耶克，莫不如是。

在西方价值理论中对唯物史观研究最具有借鉴意义的当数西方学者的马克思主义研究。西方学者的马克思主义研究，既不同于社会主义国家学者的马克思主义研究，也不同于西方一些主流意识形态学者对马克思主义的批判和否定，可谓用“第三只眼睛”看马克思主义。

西方学者的马克思主义研究既有自身的特色和优势也有其局限和误读。其研究的特色和优势在于，在一定程度上秉持价值中立立场、超越意识形态、坚守纯学术化的理论视角，特别注重研究方法的创新，在历史考察和文本考证方面深入仔细，做出了一些新的发现和新的解读，提升了马克思主义研究的科学性和学理性。其研究的局限性在于，存在着诸种误读甚至臆测，例如忽视马克思主义科学认识及其意义，只看到马克思社会历史解释宏观框架的意义而否定其具体的研究方法及其结论，只承认马克思主义社会批判理论的价值而对其关于未来社会的建设性理解和设想持怀疑甚至否定的态度，等等。

西方学者马克思主义研究的局限性既有现实方面的原因又有认识方面的原因。最主要的现实方面的原因是，他们中的绝大多数人既不是资本主义社会的行动上的反对者，也不是社会主义革命和建设的实践者，而只是其观察者，没有实际地探索革命或建设道路的使命，因而不需要特别关注现实的革命或建设问题，从而缺乏对社会主义建设以及对社会发展机制、本质和规律的科学认识。最主要的认识方面的原因是，他们未能亲历社会主义实践，对其中的问题包括经验和教训缺乏切身的感受和认知。正是这些原因造成了他们对唯物史观乃至整个马克思主义科学认识维度的轻视。

他山之石，可以攻玉。对于西方学者的马克思主义研究，既应当看到其缺陷而不能简单照搬，也应当看到其优势而积极借鉴，借鉴的前提是明确其优势之所在。我们认为，西方学者马克思主义研究的优势主要在以下几个方面。

一是语言和文化上的一脉相承。马克思、恩格斯是德国人，他们的主要著作用德语写作，此外也有少数用其他文字写作的文本，以及他们亲自审阅过的英文或法文著作。诚如海德格尔所说，语言是存在的家，语言是最切近于人之本质的，由于使用同样的或相近的语言，西方学者在研读经典文本时就不存在语言上的隔膜。同样重要的是，马克思、恩格斯长期受到西方文化的熏陶，他们写作的文化背景完全是西方的，所使用的理论概念和文化元素主要源于西方哲学和文化，他们在论著中经常借鉴西方文化中的优秀作品，大量使用西方文化中的典故。例如马克思在《资本论》中谈到巴尔扎克曾对各色各样的贪婪做了透彻的研究，并将莎士比亚戏剧《威尼斯商人》中的夏洛克比喻贪得无厌、狠毒无情的放债者，冷酷无情的人。他在《1844年经济学哲学手稿》中，大量引用了莎士比亚的《雅典的泰门》以及歌德的《浮士德》中的名句以说明货币与人的异化，以莎士比亚“金子！黄黄的、发光的、宝贵的金子！……这东西，只这一点点儿，就可以使黑的变成白的，丑的变成美的；错的变成对的，卑贱变成尊贵，老人变成少年，懦夫变成勇士”[①]的名句，生动地说明了“依靠货币而对我存在的东西，我能为之付钱的东西，即货币能购买的东西，那是我——货币占有者本身。货币的力量多大，我的力量就多大。货币的特性就是我——货币占有者的——特性和本质力量。……货币是最高的善，因此，它的占有者也是善的。”[②]的道理。

二是身处与马克思、恩格斯相同的资本主义社会中。马克思、恩格斯不仅运用唯物史观创造性地预测和说明了未来理想社会的基本特征及其根本的实现路径，而且运用唯物史观对资本主义制度及与之内在关联的现代性问题做出了深刻的反思和批判。资本主义批判是唯物史观潜在的价值取向，是唯物史观重要的组成部分。从19世纪到今天，西方资本主义社会发生了巨大的变化，然而万变不离其宗，当今发达的资本主义社会和当年发展中的资本主义社会具有本质上的同质性，这就是，整个社会活动和社会生活总体上是按照资本逻辑运行的。由于身处发达资本主义社会和生活境域中，一方面，西方学者基于对资本主义和资本逻辑的切身感受，运用马克思主义揭露了当代资本主义制度中各种现实问题，并对作为其实质的资本逻辑进行了深入的分析和批判，或者他们的社会批判是从马克思主义的问题中生发出来的，另一方面，他们从发达资本主义社会(“被五花八门地说成是后工业社会、跨国资本主义、消费社会、媒体社会等等”[③])的现实出发，揭示了当代资本主义经济、政治、社会、文化、资源环境方面的新问题和新特征，提出了对资本主义的新认识，并创造性地回应了马克思主义遇到的新挑战，对马克思主义社会

① 《马克思恩格斯文集》第1卷，人民出版社2009年版，第243页。

② 《马克思恩格斯文集》第1卷，人民出版社2009年版，第244—245页。

③ 詹明信：《晚期资本主义文化逻辑》，生活·读书·新知三联书店1997年版，第418页。

历史理论做出了新的阐释和补充。

三是完整地经历了现代性。由于率先进入现代化，西方发达国家已经完成了现代化进程，这一进程中出现的所有问题，例如消费主义盛行的问题、大众文化对精神生活影响的问题、科技负面效应凸显的问题、工具理性张扬和价值理性式微的问题、人的生存发展片面化的问题以及资源环境危机问题，都曾经在社会生活中逐一显现，为西方学者所亲历。西方学者运用他们称之为“社会批判理论”的马克思主义对这些问题做出了一系列深度的解读与反思，既探究了这些现代性问题的起因和解决问题的路径及方法，又从对这些问题的分析中做出了一些理论概括，对马克思主义进行了新的解释和发挥，提出了解决现代性问题、走出现代性困境的思路。

由于上述优势，西方学者的研究视角及理解方式呈现出一些独特性，他们可以认识或体会到一些其他境域和视角难以认识或体会到的东西，从而在马克思主义研究上有其独特的优势，特别是可以更准确、清晰地把握经典文本的思想以及潜在的意蕴，洞察到经典文本中一些处于其他境域和从其他视角难以察觉和体认到的东西。正因为如此，借鉴西方学者的马克思主义研究具有重要的意义。

借鉴西方学者的马克思主义研究有助于认识马克思主义的人学意蕴和人文价值。由于社会环境的改变，包括社会问题的变化、阶级关系的变化以及革命形势和方式的变化，西方马克思主义特别关注甚至钟情于马克思主义的精神价值和人文意义。一方面，他们在经典作家尤其是马克思的文本中深入挖掘其精神解放和文化批判的内容，并阐发了其在马克思主义理论中的特殊价值和时代的意义，特别是对马克思的哲学思想做出了一些“人学的”阐释；另一方面，他们结合现代性问题对马克思主义哲学的精神文化价值有独到体悟并做出了深度的、时代性的解读。一些西方马克思主义学者，鉴于西方“文明社会”对金钱、商品的崇拜和对人的价值的漠视，试图为之提供“解毒剂”，以“恢复对人的信念”。这种对马克思思想的“人学”阐释，特别是对其精神解放意义的阐发，固然难免视角上的主观性，例如将马克思哲学社会批判的意义主要归结于追求精神解放因而淡化、回避了其主要的东西。但同时更应该看到，这一阐释开启了马克思主义社会批判意蕴的转换，凸显了其精神、文化批判的价值，展开和发挥了以往我们在马克思思想解读中未曾注意到的人学意蕴和人文价值。

借鉴西方学者的马克思主义研究有助于认识当代资本主义。西方马克思主义对马克思主义的解读除了重视文本的阐释之外，又一个显著特点是深植于时代和现实语境，既直接关联社会发展及日常生活中的现实问题，又秉持强烈的批判意识，致力于发现和分析当代西方资本主义的弊病，深度剖析当代资本主义各种新的社会现象的本质，例如对消费社会的分析和批判，对资本逻辑的分析和批判，对资源环境危机的分析和批判，对人的发展片面化(单向度、重占有甚于重生存)的分析和批判，对大众文化负面效应的分析和批判，对文化霸权主义的分析和批判等，这些分析和批判既切中时弊又入木三分，可谓其他人认识西方社会现实问题的一面镜子，透过这面镜子，可以比较全面地了解当代资本主义的现状并深度地理解其本质。

借鉴西方学者的马克思主义研究有助于反思我国的现代化问题。西方社会曾经历了完整的社会现代化进程，西方学者曾身临其境地见证了其间所有的现代性问题并且对其进行了反思。西方学者的现代化反思和现代性批判，往往是通过对马克思思想的阐释进行的，从而对我们运用马克思主义反思我国的现代化问题颇具启示性。现代化是共性与个性的统一，其共性即同质性是不能回避的，这种共性体现在社会影响上，既有正面的，也有负面的，任何一个国家在现代化进程中都不可能只享受其成就而回避其恶果。从社会现代化进程来看，我们正在经历西方国家业已经历的过程，毋庸讳言的是，西方现代化过程中产生的问题许多都已经在我国重现。就对人的发展和社会进步的影响而言，现代化的负面效应主要表现在传统价值失落，拜金主义和消费主义盛行，信仰危机，道德失范，功利原则和工具理性张扬，科技的负面效应趋显以及资源环境危机等。由于现代化及其问题的同质性，又由于西方学者曾经运用马克思主义理论对现代性问题做出过深入系统的反思，因而他们的有关研究无疑对反思我国的现代化问题具有重要的借鉴意义。例如西方学者运用马克思主义分析生态环境危机创立的生态马克思主义或生态社会主义，对于我们应对资源环境危机、实现人与自然的和谐及协调发展，以及实现资源环境上的代内公平和代际公平，就具有重要的启示意义。

我们认为，在以上唯物史观价值取向发展路径中，回归文本是前提，继承传统和借鉴西方是参照，面向实践是根本，也就是说，就理论建构的宗旨而言，面对现实和实践是目的，回到文本、继承传统和借鉴西方，则是达到目的的有效手段。质言之，由于唯物史观的根本使命和功能是改造社会、推进社会进步和人的发展，实践创新是唯物史观价值取向发展的主渠道。

当前唯物史观发展亟须解决的问题，是实现几种路径的互补。毋庸讳言，在当前的马克思主义研究中，一定程度上存在着几种路径相互隔绝甚至排斥的状况。不同路径的研究往往各说各话，相互之间缺乏深度的对话、交流与融合。从方法论上分析，原因是过分的路径依赖：画地为牢、一叶障目，过分强调某种研究路径的优越性、至上性和唯一性。过分的路径依赖，则会有意无意地导致路径排斥，使研究态度和方法陷入某种面性。例如在文本研究中，存在着解释保护和解释垄断以及为回归文本而回归文本的倾向，有的人往往以“考古”的眼光看待马克思主义经典著作，视文本为“文物”，限定马克思思想的研究论域和范围，对经典著作只允许照着讲，不允许接着讲，拒绝发挥和重建，拒斥当代性和当代价值的阐释，认为这样做会失去学术性。又如在借鉴西方马克思主义研究中，一定程度上存在着研究者主体性缺位的问题，有的人言必称“西马”，乐于代他人言而“人云亦云”，一些人甚至将西方马克思主义研究者的观点作为自己马克思主义研究合法性的尺度。再如一些人否定马克思主义研究中的学术化取向，仅强调马克思主义研究中的意识形态功能，画地为牢，作茧自缚。这些倾向和做法都不同程度地造成了马克思主义研究中的唯我独尊、互相疏离、相互轻视的心态，不利于马克思主义理论的综合创新，当然也就不利于唯物史观价值取向的当代建构。

鉴于上述情形，包括唯物史观价值取向当代建构在内的马克思主义理论发展亟须解决的问题之一，是超越路径依赖，实现不同研究路径的互补，使三种路径之间既保持一种必要的张力而并行发展，又相互借鉴和补充。

第六章　唯物史观价值取向当代建构的路径

唯物史观价值取向当代建构的一个前提性问题，是确定建构的基本路径即其实现方式。我们认为，唯物史观价值取向的建构应当体现在对唯物史观变革内容和历史演变的阐释和分析中，体现在唯物史观理论体系的建构中，体现在对唯物史观与各门人文社会科学关系的理解中。

一、体现在唯物史观变革内容的阐释中

唯物史观价值取向的建构应当体现在唯物史观变革内容的阐释上。

以往在对唯物史观变革及其意义的阐释中，存在着强调唯物史观科学认识变革及其意义而忽视唯物史观价值取向变革及其意义的片面性。在论及唯物史观变革的意义时，仅强调其科学地提出并解决了社会历史观的基本问题，发现了社会历史发展的一般规律，使一般宇宙观和社会历史观第一次在唯物主义的基础上得到统一等。关于唯物史观在认识上的变革，马克思、恩格斯及之后的阐释者们已有充分的论述，认为其中最为显著者，就是从社会存在特别是社会的经济事实出发解释社会历史，提出对历史发展规律的认识，正因为如此，恩格斯才以“正像达尔文发现有机界的发展规律一样，马克思发现了人类历史的发展规律”①一语高度概括创立唯物史观的伟大贡献并称之为马克思的第一个伟大发现，列宁才称赞历史唯物主义是科学思想中的最大成果。这种对唯物史观在社会历史科学认识上革命性变革及其意义的理解无疑是抓住了问题

① 《马克思恩格斯选集》第 3 卷，人民出版社 2012 年版，第 1002 页。

的主要方面，但却又是不完全的，因为唯物史观在历史观上实现的革命性变革既是认识上的也是价值上的。唯物史观在价值取向上的变革集中表现在它继承并超越了近代人道主义和启蒙思想家关注人、肯定人的价值优先性的优良传统，并赋予这种理解以新的内涵。

前面已经指出，唯物史观具有丰富的价值取向方面的理论来源。黑格尔曾形象地指出，“每一哲学体系均可看作是表示理念发展的一个特殊阶段或特殊环节。……哲学史的结果，不可与人类理智活动的错误陈迹的展览相比拟，而只可与众神像的庙堂相比拟。这些神像就是理念在辨证发展中依次出现的各阶段。”①这一论述不仅适用于唯物史观与以往的社会历史观历史认识之间的替代和包容关系，也适用于唯物史观与以往的社会历史观价值取向之间的替代和包容关系。唯物史观是科学思想中的最大成果，是破天荒的理论，所谓“破天荒”，是指唯物史观具有前无古人的创新性或原创性，而并非意味着它是无源之水、无本之木，因为唯物史观实现的历史观上的革命性变革，是对以往历史观的批判继承和超越，是继承基础上的变革。那么，唯物史观究竟继承了以往社会历史观哪方面的思想资源呢？这一看似简单的问题实则有待深究，因为一直以来对这个问题的解说并不清晰，或者说具有片面性，其突出表现是，往往只承认唯物史观科学认识方面的理论来源，却否定或者回避其价值取向方面的理论来源。这种片面理解的潜台词就是，既然唯物史观是破天荒的理论，在价值取向上就必须与旧历史观彻底决裂，如果承认它在价值取向方面继承了前人的思想而不与之划清界限，则似乎有贬低之嫌。因此，在对唯物史观理论来源的研究和叙述中，价值取向方面的内容总是自觉或不自觉被忽略，甚至讳莫如深。这显然是一种误解。

唯物史观作为一种社会意识，具有历史继承性，包含着以往社会历史理论或社会历史观的优秀思想资源。唯物史观作为对以往社会历史理论继承发展的科学认识和优秀价值相统一的理论，不仅保留了以往社会历史理论科学认识方面的积极成果，也保留了其价值取向方面的积极成

① 黑格尔：《小逻辑》，商务印书馆1980年版，第191页。

果。正因为继承了以往社会历史理论科学认识和价值取向两个方面的优秀的思想资源，唯物史观才是正确的且合理的社会历史观。从使唯物史观成为完整严密的社会历史观的意义上说，价值取向方面的理论来源与科学认识方面的理论来源具有同等重要的意义。因此，在唯物史观理论来源的叙述中，价值取向方面的理论来源同样是不可或缺的。只有确认并梳理和厘定唯物史观价值取向方面的理论来源，才能明了唯物史观价值取向当代建构的历史渊源及依据，才能在唯物史观理论的当代建构中确立其价值取向建构的历史站位和逻辑起点。

对于唯物史观科学认识方面的理论来源，学术界已有系统的论述和基本的共识，而对于唯物史观价值取向方面的理论来源，则尚未有充分的肯定和阐述。我们认为，唯物史观价值取向方面的理论来源是丰富多样的，其最核心的部分，就是欧洲近代人道主义理论和启蒙思想，特别是它们肯定人性和人的价值、关怀人的幸福的价值理念。

近代人道主义和启蒙思想家提倡关怀人、爱护人、尊重人，提倡人的尊严、道德平等和思想自由，认定人在世间万物中具有价值优先性，从根本上确立了人之为人最基本的权利，这种主张后来又在康德的目的论哲学中得到了更为透彻的哲学的论证。近代人道主义和启蒙思想家所确立的价值，虽然是直接针对封建等级制度和专制制度及其观念的，是着眼于建立他们眼中的“理想王国”即资本主义制度，但其作用和影响却不仅仅适用于特定的阶级和特定的历史时期，而是对整个人类具有普遍的、长久的意义，因为它们反映了人的发展和社会进步的普遍要求和根本方向，是人类共同追求和共同创造的文明成果。以人道主义为例。人道主义是关于人的本质、使命、地位、价值和个性发展的一种思潮、理论或世界观，是以人性论为基础，以自由、民主和人权等为价值诉求的思想体系，其实质是反对封建禁欲主义，提倡关怀人、爱护人、尊重人，主张人的尊严、道德平等和思想自由。人道主义扩展和深化了人对自身及其与外部世界关系的理解，提升了人的自我意识，增强了人对自身生存意义、状况、条件和前景的自觉和关注，确立了人之为人最基本的理念和规则，确立了人之为人最基本的权利，是对人的价值优先性的认可和主张，即从根本上肯定了人。

人道主义和启蒙思想家确立的人道、人权、自由、民主、法治、公平、正义等价值取向，为马克思主义人的发展理论的形成提供了思想资源，既对马克思、恩格斯的历史观产生了直接的影响，又通过近代社会主义特别是空想社会主义间接地渗透于唯物史观和科学社会主义理论中。关于后者，正如恩格斯所指出的，现代社会主义就其理论形式来说，是18世纪法国伟大的启蒙学者们所提出的各种原则的进一步的、似乎更彻底的发展。这一理解同样也适用于人的发展理论。正如国内外学者所指出的，马克思是一个"人道主义者，虽然是一个现实主义的而又严肃认真的人道主义者"。[①] 马克思主义是由人道主义演变而来的，马克思主义的诞生也就是马克思和恩格斯从人道主义历史观转向唯物史观的过程。

批判继承人道主义和启蒙思想家的一些重要思想资源，是马克思、恩格斯确立的人的发展价值取向重要的一环。

马克思、恩格斯继承和发挥了近代人道主义和启蒙思想家对人的价值优先性的肯定。人道主义提倡追求人现世生活的幸福，尊重人的价值和个性，认为人的全部生活的目的就是幸福，确定了包括生存权、自由权、平等权、财产权等为主要内容的人权，在此基础上，康德又对人的价值优先性做出了哲学层面的肯定，提出了"人是目的"原则。马克思、恩格斯在批判继承上述思想的基础上，确立了人的发展的价值取向。他们的社会历史研究一开始便紧紧地抓住了人这一"根本"，对人的解放和发展的关注贯穿于他们理论研究和实践活动的始终，是其理论与实践的起点和目标。他们认为人的发展是社会进步的根本目标，是人的一切活动的旨归，既强调人的自由全面的发展，又将人的发展理解为能力、个性和创造性的充分发展与实现，并认为人的发展的主体是每一个个人，使人道主义主张的人的价值优先性和人是目的理念具有了彻底性。

---

① 宾克莱：《理想的冲突》，商务印书馆1983年版，第79页。

马克思、恩格斯继承和发挥了近代人道主义和启蒙思想家对自由的追求。在近代人道主义和启蒙思想家所倡导的优秀价值中，马克思、恩格斯尤其注重自由的价值和意义。综观他们对人的发展的论述，总是一以贯之地在人的发展内涵中将自由置于优先的地位，把自由发展理解为未来社会人的发展的根本特征之一。早在《第六届莱茵省议会的辩论(第一篇论文)》中，马克思就强调“因为这些先生们不愿把自由看作是理性的普遍阳光所赐予的自然礼物，而想把自由看作是明星的特别吉祥的组合所带来的超自然的礼物，因为他们认为自由仅仅是某些人物和某些等级的个人特性，所以他们就不可避免地要得出结论说，普遍理性和普遍自由是有害的思想，是‘有逻辑次序的体系’的幻想。为了拯救特权的特殊自由，他们就斥责人类本性的普遍自由。”①“自由确实是人的本质，因此就连自由的反对者在反对自由的现实的同时也实现着自由；……没有一个人反对自由，如果有的话，最多也只是反对别人的自由。”②在《〈科隆日报〉第179号的社论》中，他提出应当“把国家看作是相互教育的自由人的联合体”③。基于强调“自由”发展，他们曾多次将未来的理想社会称为“自由王国”，将进入未来理想社会称为人类从必然王国进入自由王国的飞跃，认为在那时，人的活动真正成了自由的生活活动，人终于成为自己的社会结合的主人，从而也就成为自然界的主人，成为自身的主人——自由的人。

马克思、恩格斯继承和发挥了近代人道主义和启蒙思想家对人性的肯定。马克思在《1844年经济学哲学手稿》中提出了向社会的即合乎人性的人的复归，他和恩格斯在《神圣家族》中主张既然是环境造就人，那就必须以合乎人性的方式去造就环境。他在《资本论》中又强调，“社会化的人，联合起来的生产者，将合理地调节他们和自然之间的物质变换，……在最无愧于和最适合于他们的人类本性的条件下来进行这种物

---

① 《马克思恩格斯全集》第1卷，人民出版社1995年版，第163页。
② 《马克思恩格斯全集》第1卷，人民出版社1995年版，第167页。
③ 《马克思恩格斯全集》第1卷，人民出版社1995年版，第217页。

质变换。”[①]在马克思、恩格斯那里，“合乎人性的人”“真正合乎人性的东西”“合乎人性的环境”“最适合于他们的人类本性”等提法，一以贯之地体现着对人性的坚持，这种坚持与人的解放和发展的价值取向是完全一致的：实现人的解放和发展根本上体现着“真正合乎人性”的要求，或者说，从复归及合乎人性诉求以及对资本主义的批判中，可以直接推论出人的解放和发展的价值诉求来。

马克思、恩格斯继承和发挥了近代人道主义和启蒙思想家对公平的诉求。近代人道主义和启蒙思想家提出了实现公平和平等的诉求，但其所理解和追求的只是政治法律领域的公平和平等，而并非人们之间经济社会权利的平等。这一理解实质上只是强调人们起点、机会和规则的平等，而忽视了最终的、结果意义上的平等，其结果是导致人与人之间、群体与群体之间经济社会差异日趋扩大，从而一部分人高居于另一部分人之上。马克思、恩格斯继承并且超越了近代人道主义和启蒙思想家提出的公平和平等要求。正如恩格斯所说，“一切人，作为人来说，都有某些共同点，在这些共同点所及的范围内，他们是平等的，这样的观念自然是非常古老的。但是现代的平等要求是与此完全不同；这种平等要求更应当是从人的这种共同特性中，从人就他们是人而言的这种平等中引申出这样的要求：一切人，或至少是一个国家的一切公民，或一个社会的一切成员，都应当有平等的政治地位和社会地位。”[②]“无产阶级抓住了资产阶级所说的话，指出：平等应当不仅仅是表面的，不仅仅在国家的领域中实行，它还应当是实际的，还应当在社会的、经济的领域中实行。”[③]也就是说，马克思、恩格斯不仅强调人们起点、机会和规则平等，而且强调结果的平等，特别是强调经济领域的公平和平等，主张包括经济领域在内的社会公平即人的彻底解放，这一诉求既体现在他们肯定每一个个人的发展，又体现在他们关于人的发展的理解具有全面性和彻

---

① 《马克思恩格斯全集》第 46 卷，人民出版社 2003 年版，第 928—929 页。

② 《马克思恩格斯选集》第 3 卷，人民出版社 2012 年版，第 480 页。

③ 《马克思恩格斯选集》第 3 卷，人民出版社 2012 年版，第 484 页。

底性。

马克思、恩格斯对近代人道主义和启蒙思想家的批判继承是扬弃，是继承基础上的超越。首先是继承。从价值蕴含关系看，唯物史观中以人的发展为核心的价值取向与历史上优秀的价值观念特别是人道主义价值观是一脉相承的：人道主义思想是人的发展理念重要的思想来源，人的发展理念则蕴含着人道主义肯定人性和人的价值优先性、重视人、尊重人、追求人的幸福的主张，体现着对人道主义价值的肯定和遵从并以之为理论起点。其次是超越。马克思主义人的发展理论将近代人性论和人道主义进一步提升为人自由全面发展的目标。从价值诉求的层次递进看，人的自由全面发展目标既包含着人道主义的价值诉求又包含着比人道主义更高层次的价值诉求，是对人道主义价值诉求的扬弃和超越，因为人的自由全面发展不仅意味着人道主义所期望的人应当在现实生活中获得生存权利、尊严等作为人应有的对待，而且意味着人应当在此基础上进入更加理想的生存环境，达到摆脱各种社会关系束缚的更加理想的“自由王国”的生存状态。

人的自由全面发展在价值取向上高于人道主义，还体现在二者实现条件的不同。历史事实表明，人道主义本质上是一种意向性的价值诉求，其所包含的以人为中心，关心人、尊重人、保障人权等价值诉求可以与市场经济体制及生产资料私有制相容或者并行不悖，可以在人仅仅获得政治法律解放的资本主义条件下成为现实。人的自由全面发展则不然，人的自由全面发展的实现要求有高于资本主义和市场经济的社会条件，要求消灭剥削、消灭私有制，要求社会真正成为没有阶级和阶级对立的、每个人的自由发展是一切人的自由发展的条件的“自由人联合体”或“真正的共同体”。其所以如此，一是因为人的自由全面发展的前提是人的彻底解放，而实现人的彻底解放必然要求人从以往社会关系的异化状态中彻底解放出来，要求消灭一切导致阶级剥削和压迫、导致社会不公平的制度。二是因为实现人的自由全面发展必然要求人与人、人与社会之间根本利益完全一致，而毋庸讳言，只要存在市场经济和生产资料私有制，就必然意味着人们利益的分散化，意味着整个社会必然会按照资本的逻辑运行，意味着人与人之间存在着利益差异或对立从而相互之间要进行利益博弈和争斗，意味着人与人、人与社会之间关系的异化，意味着不可能实现社会调节着整个生产，从而不可能实现人的自由全面发展。

对唯物史观变革内容的阐释启示我们，马克思主义具有不拒外来和与时俱进的品质。马克思主义价值取向其所以具有先进性，一个重要原因就是它从不拒斥而是充分吸取人类优秀的普遍价值，是对人类优秀价值的继承和超越，并且在吸取和消化的基础上推进着人类优秀价值的发展，在反映新的时代和实践的基础上为人类的优秀价值增添新的内容。在当年，马克思、恩格斯创立唯物史观价值取向是对历史上优秀价值取向的继承和超越，在当代，唯物史观价值取向的建构同样应当充分吸收人类的优秀价值观念。只有以海纳百川的胸怀自觉地吸收人类的优秀价值成果，才能继续保持唯物史观价值取向的先进性。

二、体现在唯物史观历史演变的分析中

唯物史观价值取向的建构应当体现在对唯物史观历史演变的分析中。

马克思、恩格斯之后，由于时代条件、生存境遇以及解读方式的不同，唯物史观出现了“一种理论多种阐释”的“一源多流”的演变态势，人们对唯物史观内容、本质、特点、功能和意义的理解和发挥见仁见智，甚至大相径庭，例如在何为唯物史观，如何理解唯物史观的本质及核心内容、唯物史观变革的意义、唯物史观的当代性以及唯物史观与马克思主义哲学的关系等一系列涉及唯物史观的基本问题上都是各持己见。其中，最为显著的差异就是分别形成了侧重于唯物史观科学认识的方面或侧重于其价值取向的方面的两大支流。因此，对唯物史观“一源多流”的演变过程及其影响的分析和梳理，可以以对价值取向在唯物史观中地位

的理解为线索来进行。从总体上说，包括苏联和中国在内的社会主义国家的理论界，往往侧重于唯物史观科学认识方面的意蕴及其意义，而多数西方的马克思主义研究者，则比较强调唯物史观价值取向方面的意蕴及其意义。这两种对唯物史观的理解各有优势及缺陷。

正如前文所指出的，苏联和中国学者主要将唯物史观视为一种科学认识，将唯物主义历史观理解为马克思创立的关于人类社会发展普遍规律的科学，或关于社会发展一般规律的科学。在涉及唯物史观的理论内涵时，多限于对社会构成的物质因素、关系、作用、运动及其规律等的论述，如社会存在与社会意识的关系、生产力与生产关系的关系、经济基础与上层建筑的关系、社会(社会物质体系和关系)运动发展的规律和机制等。这种对唯物史观理解的优势在于，特别坚持唯物史观"唯物"的特点，比较忠实于马克思、恩格斯对唯物史观内容及其意义的论述，尤其是在《德意志意识形态》《〈政治经济学批判〉序言》《资本论》及其手稿、《反杜林论》《路德维希·费尔巴哈和德国古典哲学的终结》以及关于历史唯物主义的书信等重要文本中的论述，肯定并彰显了唯物史观作为科学的社会历史观的特点，充分反映了唯物史观在社会历史认识上实现的变革，坚守并凸显了唯物史观的科学性及其作为认识世界伟大工具的意义。其缺陷则在于，对唯物史观含义及其当代价值的解释过于谨慎而疏于发挥，忽视甚至回避了对唯物史观人学意蕴和精神文化维度的阐释，尤其是较少论及人的问题包括人的发展，只是将人的发展视为社会进步的体现或最终结果，视为社会发展规律使然，"作为共产主义社会的主要特征、附加值而存在，……并不具有独立的意义。"[①]使人的发展在唯物史观体系中仅仅处于从属性的、结论性的地位，而没有成为与科学认识维度并列的另一基本维度——价值维度，其结果是，在一定程度上忽视了唯物史观价值取向方面的内容、功能和意义。

与之不同，就其基本态度和总体取向而言，西方的马克思主义研究者关注的焦点是社会现代化背景下人的生存问题，他们最感兴趣的是马

① 韩庆祥：《思想是时代的声音：从哲学到人学》，新世界出版社 2005 年版，第 182 页。

克思主义理论中的社会批判理论及其所包含的人学意蕴特别是人道主义旨趣。他们致力于凸显马克思主义的人学意蕴和精神文化价值，强调唯物史观的价值功能和意义，并对之做出了深度的时代性解读。卢卡奇强调无产阶级通过行动克服物化、摆脱异化、实现主体阶级意识的觉醒的总体性逻辑，葛兰西强调马克思哲学传统对唯物主义与唯心主义两极对立模式的超越，法兰克福学派早期代表人物强调马克思对资本主义的社会批判、文化批判、技术批判与工具理性批判，弗洛姆主张把马克思主义解释为一种以人本主义为中心的哲学，认为“马克思的目标是使人在精神上得到解放，使人摆脱经济决定论的枷锁，使人的完整的人性得到恢复，使人与其伙伴们以及与自然界处于统一而且和谐的关系之中。”①宾克莱则认为“马克思对我们今天来说，也许还有许多有价值的东西，特别是关于他对异化的概念和他关于全人类自身的经典的人道主义的理想方面。”②其他的一些西方马克思主义学者，则致力于运用马克思主义理论分析当代资本主义时代涉及人的诸种问题，如公共性问题、社会整合问题、环境哲学问题、经济伦理问题、女性问题、后发展与新殖民主义问题，等等。

西方的马克思主义研究者对唯物史观理解上的优势在于，秉承较强的超越意识，以开放的、阐释和发挥的姿态对待唯物史观。他们注重结合社会现代化的时代境遇及其现实问题，凸显唯物史观的社会批判功能，并运用于分析和批判社会现代化过程中制约人生存发展的各种问题，其对唯物史观的理解、阐发和运用具有比较鲜明的时代性，开启了马克思哲学社会批判意义的转换，凸显了其精神、文化批判的价值，挖掘和发挥了我们的马克思哲学解读中未曾注意到的“人文意义”。其解读不乏参照性和启示意义。与此同时，他们的理解也存在着明显的缺陷，例如，他们中的多数人都比较忽视唯物史观的科学认识及其功能和意义，既低估了唯物史观“发现了人类历史的发展规律”的革命性变革的含

① 弗洛姆：《马克思关于人的概念》，旭日出版社 1987 年版，第 8 页。

② 宾克莱：《理想的冲突》，商务印书馆 1983 年版，第 95 页。

义，也低估了唯物史观作为关于社会历史总的观点和根本看法的方法论意义；又如，由于侧重于发挥，他们对文本的阐释经常会出现微言大义、片面放大其中某些思想的偏差，从而与经典作家的本意产生距离。

佩里·安德森在《西方马克思主义探讨》中曾从两个侧面谈到这一点。一是指出“西方马克思主义整个说来，似乎令人困惑地倒转了马克思本身的发展轨道。马克思这位历史唯物主义的创始人，不断从哲学转向政治学和经济学，以此作为他理想的中心部分；而1920年以后涌现的这个传统的继承者们，却不断地从经济学和政治学转回到哲学。”①这里实际上指出了这样一个事实：西方马克思主义的理论和现实关注点与马克思早期的关注点大致吻合，即关注人本身，关注与人相关的抽象的哲学价值取向，而与马克思后期的关注点却相去甚远甚至截然不同。二是指出“自二十年代以来，西方马克思主义渐渐地不再从理论上正视重大的经济或政治问题了。……最常为西方马克思主义所密切关注的，拿恩格斯的话来说，是远离经济基础、位于等级制度最顶端的那些和特定的上层建筑层次。换句话说，西方马克思主义典型的研究对象，并不是国家或法律。它注意的焦点是文化。”②这里则指出了另一个事实，即西方马克思主义不太关注现实的经济或政治问题而更加关注文化问题，这也从一个侧面反映了其对价值取向重视的倾向性。

对唯物史观演变过程中两种倾向的对比启示我们，唯物史观的发展必须遵循科学认识与价值取向双重建构的路径，必须注重两种维度的统一而不能有所偏废。传统的唯物史观价值维度式微或缺失，是由于经典作家历史任务的侧重以及后人片面的文本解读所致，而非由于强调其科学认识及其意义所致，故而唯物史观价值维度与认识维度不是相互对立、此强彼弱的关系，而是相辅相成的关系，两者的功能指向各有特点因而不能相互替代。基于这一理解，在唯物史观的当代建构中，强化价值功能绝不意味着弱化认识功能，也就是说，唯物史观价值维度的建构

① 佩里·安德森：《西方马克思主义探讨》，人民出版社1981年版，第68页。

② 佩里·安德森：《西方马克思主义探讨》，人民出版社1981年版，第96—97页。

不应当是单向的，不能排斥和影响其认识维度的建构，而应当是双向的，是在与认识维度的互动并相互促进中的建构，是坚持丰富和深化价值取向与拓展和深化科学认识并举，以科学认识支撑价值取向，以价值取向引领科学认识。

三、体现在唯物史观理论体系的建构中

价值取向的当代建构应当体现在唯物史观理论体系的当代建构中。

价值取向当代建构最主要的路径，是在唯物史观理论体系中确立人的发展理论，贯穿人的发展理念，将人的发展价值取向确立为唯物史观理论中与认识维度相对应的另一基本理论维度——价值维度。为此，唯物史观价值取向的当代建构的主要方式是整体融入和专题建构，应当做到整体融入与专题建构相统一。

所谓整体融入与专题建构相统一，就是在唯物史观价值取向当代建构过程中既要将人的发展价值取向整体性地融入对唯物史观理论及其意义的理解和叙述中，又要对价值取向做出专题性的研究。

所谓整体融入唯物史观理论中，就是将价值取向全方位地融入或体现于唯物史观的主要概念和原理中，贯穿于唯物史观理论的各个部分、层次和方面。具体来说，就是体现在对唯物史观一系列基本问题的理解中，或者说在对唯物史观一系列基本问题的理解中渗透价值取向。价值取向的渗透不仅要着眼于改变以往唯物史观的叙事方式，还要着眼于深化和丰富既有的唯物史观理论内容，推进唯物史观实质性的理论创新，为此，将价值取向全方位地融入或体现于唯物史观既要从既有的理论体系出发，又要从现实的问题和需要出发。

将价值取向全方位地融入或体现于唯物史观，首先要有理论意识，要从既有的理论体系出发，弥补其中的不足。既有的唯物史观理论总体上看属于认识范式，追求对社会历史反映的正确性、完整性和深刻性，对社会历史问题的理解是围绕着历史和现实生活的各种社会发展实然状

况（事件、人物、过程）进行的，着眼于探究其机制、本质和运动规律等，提供了迄今最优的、不可超越的社会历史宏观解释框架，但相对来说，却比较忽视对这些社会发展应然状况的主观阐释，缺乏整体性的价值维度，故此，唯物史观价值取向的建构首先要有理论上的针对性，针对原有理论的缺陷。从这个角度说，唯物史观价值取向的当代建构要以既有的唯物史观理论为基础，而不是在其之外另起炉灶。鉴此，价值取向的融入首先就要体现在既有唯物史观的主要原理中，即将人的发展价值取向与唯物史观的科学认识相融合，渗透于对唯物史观各个部分科学认识的阐述中。只有将人的发展价值取向确立为唯物史观的基本价值维度，才能使唯物史观具有理论上的完整性，成为科学认识与价值取向相统一的完整严密的社会历史观，才能对社会历史现象、本质和规律做出合理的解释。例如在论述社会发展动力时，应当考虑到人的需要和利益对其行为的驱动作用；在论述社会发展规律和基本趋势时，应当考虑到人趋利避害、追求幸福的本性对社会发展方向的定位和社会发展过程的引领所起到的作用；在论述社会发展的代价时，应当考虑到这些代价给当事人生存和发展所造成的现实影响以及他们的承受能力；在论述社会发展的曲折性时，应当考虑到不同的人或群体对社会发展的不同期待及其行为的影响，如此等等。

将价值取向全方位地融入或体现于唯物史观，又要确立问题意识，从现实问题和新的实践出发。着眼于唯物史观的理论创新，将价值取向融入唯物史观又要从现实问题出发，面向现实，回答问题。正如我们在“唯物史观价值取向当代建构的现实背景”中所指出的，唯物史观价值取向当代建构归根到底是时代和实践的要求，是人的主体性和主体能力增强、社会发展多元化以及价值问题凸显的反映，具体地说，是解决“人民日益增长的美好生活需要和不平衡不充分的发展之间的矛盾”的需要。问题是时代的声音，无论是社会转型和发展还是人民美好生活需要的满足，首先都有赖于对时代脉搏的准确把握和对相关问题的科学认识。只有面向问题才能回答问题进而解决问题，只有在解决问题过程中，才能总结新鲜经验和教训，明确价值取向在唯物史观理论中的地位和作用即其理论定位，使其全方位地、有机地融入唯物史观体系之中。

理论意识和问题意识提示我们，着眼于唯物史观理论创新，必须明确既有唯物史观理论形态及其主要内容的优势和缺陷。首先是优势。既有的唯物史观理论形态是后人根据唯物史观创始人的思路构建的，虽然存在着弱化甚至忽视价值取向的缺陷，但其宏观结构还是在总体上反映了经典作家的本意，例如关于社会有机体宏观结构的理论，关于社会存在与社会意识关系的理论，关于生产力与生产关系、经济基础与上层建筑辩证关系的理论，关于社会历史的发展规律的理论，关于社会历史的发展物质基础的理论，关于历史辩证法的理论，总体上说都是符合马克思、恩格斯基本理解的，这些理论构成了唯物史观价值取向当代建构的基本框架和基石。其次是明确既有唯物史观理论形态的缺陷。毋庸讳言，既有唯物史观理论存在着一些明显的缺陷，例如前文提到的理论维度单一、重认识而轻价值，又如内容比较庞杂，包含着许多非历史观层面的内容，再如重社会和集体而轻个人，重物质及其关系而轻精神和文化，等等。

理论意识和问题意识提示我们，着眼于唯物史观理论创新，必须明确当代世界和中国社会变化出现的新特征，以此为依据分析当代中国人的发展面临的新的条件和新问题及其对唯物史观价值取向当代建构提出的新要求，根据社会变化及其给人的生存发展带来的新问题，重新诠释和发展经典作家的思想，研究如何在阐释这些现实问题的过程中推进唯物史观价值取向发展的路径，确定唯物史观价值取向的新概念、新体系和新内容，建构当代形态的唯物史观价值体系，并在此同时确定当代中国人的发展的新任务。

所谓专题建构，就是对唯物史观价值取向的理论做出专门系统的、分专题的研究和叙述。如前所述，唯物史观中与价值取向直接相关的内容十分丰富，包括合目的性与合规律性、手段与目的、动机与行为、历史辩证法、社会进步与人的发展，等等。这些内容都涉及人、社会以及人与社会的关系，但涉及的方面、领域和层次又是不同的，是分类型、分层次的。

从层次性上说，唯物史观价值取向的核心是人的自由全面发展，这是其最高层次的价值取向，下一层次是人的解放价值取向，包括消灭私有制、消灭剥削、消除两极分化等，更下一层次的价值取向还有公平正义等。不同层次的价值取向之间具有逻辑递进关系，因而一方面，对不同层次的价值取向，都应当结合时代和实践做出创造性的阐释。另一方面，又应当结合时代和实践对不同层次价值取向之间的关系做出说明。

就前者而言，在理论建构上，就是在唯物史观理论中设专门的部分对人的发展价值取向加以阐述。一是在历史观的层面阐述以人的发展为核心唯物史观价值取向的主要内容，围绕人的发展理论对唯物史观价值取向的概念做出专门的、系统的论述，如阐述人的发展的理论基础、基本含义、主要目标以及现实条件和实现路径等，并在上述工作的基础上，将人的发展的价值诉求上升为历史观层面的价值取向。二是在唯物史观理论中设专门的部分对包括消灭私有制、消灭剥削、消除两极分化等人的解放层面的价值取向及其历史观层面的意蕴做出专门系统的论述。三是对公平正义等价值取向及其历史观层面的意蕴做出专门系统的论述。

就后者而言，就是要在理论与实践的结合上说明不同层次价值取向之间的关系。这些价值取向之间的总体关系是：人的发展是最核心、最高层次的价值取向，它是唯物史观价值取向的出发点，也是唯物史观价值取向的归宿。下一层次的价值取向是人的解放，实现人的解放是实现人的发展的内在要求和前提。更下一层次的价值取向则是公平正义。公平正义所以是更下一层次的价值取向，是因为它们是市场经济条件下的价值取向，其含义相当于马克思所说的“人的政治解放”。从实现条件看，人的解放有赖于消灭私有制从而人们在经济上实现完全平等，而政治解放和公平正义则可以在市场经济下实行，可以在私有制条件下实行，因而前者高于后者。

公平正义价值取向在当代中国之所以还具有现实性，是因为我国目前仍处于市场经济环境中。通常认为，马克思鲜有用“正义”之类的话语来评价和批判资本主义私有制或资产阶级社会。这一说法不无道理。马克思的确很少正面谈及正义，很少从这一概念出发讨论现实问题，例如批判资本主义不正义或赞扬社会主义和共产主义正义，原因在于，他的社会批判目标已经超越了“正义”问题由以产生并成为社会批判目标的历史环境即资本主义社会。他追求的是人的彻底解放，其条件是消灭私有制、消灭剥削、消灭阶级，因而他认为在未来的理想社会中，实现“正义”将是自然而然的事情。他在《哥达纲领批判》中指出，“本段末尾‘消除一切社会的和政治的不平等’这一不明确的语句，应当改成：随着阶级差别的消灭，一切由这些差别产生的社会的和政治的不平等也自行消失。”①“不同的文明国度中的不同的国家，不管它们的形式如何纷繁，却有一个共同点：它们都建立在现代资产阶级社会的基础上，只是这种社会的资本主义发展程度不同罢了。所以，它们具有某些根本的共同特征。在这个意义上可以谈‘现代国家制度’，而未来就不同了，到那时‘现代国家制度’现在的根基即资产阶级社会已经消亡了。”②也就是说在未来的理想社会中“正义问题将不复存在”，不再需要加以关注并解决。

在当代市场经济条件下，我们既要实现公平正义又要追求人的解放。要实现公平正义，是因为公平正义和民主、自由、平等、竞争、信用、法制等原则一样，是市场经济得以正常运行的制度保障，因而实现公平正义在当代中国仍然甚至非常具有必要性和可能性，当然也就具有现实性。人的解放则不然，真正意义上的人的解放要求消灭私有制、消灭剥削、消除两极分化等，这在市场经济条件下是不能完全实现的，但社会主义本质上以人的解放为目标，所以又要以消灭私有制、消灭剥削、消除两极分化作为长远的目标，要以“人的解放”引领社会发展的方向。

---

① 《马克思恩格斯选集》第3卷，人民出版社2012年版，第371页。

② 《马克思恩格斯选集》第3卷，人民出版社2012年版，第373页。

民主、自由、公平正义是马克思主义的基本价值追求，但他们对这些价值的理解与资产阶级的理解既有相同之处又有显著差别。相同之处在于，他们肯定资产阶级政治解放实现的民主、自由、公正等具有历史进步性。差别在于，在资产阶级看来，民主、自由、公正是与资本主义制度相融合的，马克思在《论犹太人问题》中明确地指出了这一点：资产阶级实现了政治解放，消灭了等级制度和贵族特权，实现了自由、平等、财产等人权，但政治解放并不是人的解放。更为重要的是，在马克思的理解中，民主、自由、公正等都是资产阶级的话语，是资产阶级已经或正在实现的价值，与民主、自由、公正相关的问题是资产阶级已经、正在或将要解决的问题，因而这些价值取向属于过去时的东西。也就是说，民主、自由、公平正义并非马克思主义提出并着力追求的价值，而是包含在马克思主义人的解放和人的发展基本价值追求中的低阶的价值追求。

在整体融入与专题建构中主要有两项工作。

首先是对原有理论的重新解释。所谓重新解释，就是在尊重和遵循既有的唯物史观理论逻辑的基础上对其中的一些内容做出新的理解或阐释。既有的唯物史观理论可以分为两个部分：一是马克思、恩格斯论述中的唯物史观理论，二是后人对马克思、恩格斯唯物史观解释和发挥中的唯物史观理论。关于前者，马克思在《〈政治经济学批判〉序言》中曾有系统的表述，他和恩格斯在后来的论著以及一系列通信中又做出了必要的补充。对这些原生态的唯物史观理论既要厘清其本意，拂去后人加之于其上的误解，又要读出以往未读出的含义。关于后者，由于马克思、恩格斯之后人们对唯物史观做出了不同的解释和发挥，所以对原有理论重新解释的一项重要工作，就是依据马克思、恩格斯对唯物史观主要观点的基本理解对后人的解释和发挥做出认真的甄别，以确定其是否属于误读，有哪些遗漏或不合理的添加，哪些可以认定为唯物史观理论而哪些不能认定，而认定的标准就是是否符合马克思、恩格斯唯物史观中的基本原理或理论内核。

其次是对原有理论体系的补充。所谓补充，就是结合新的现实和实践，增加一些原有理论所没有的新内容，这就要对马克思、恩格斯的唯物史观理论以及后人合理的解释和发挥做出当代性的阐释并做出新的创造性的阐释和发挥，这既包括对原有理论的引申，例如后文将要论及的对历史发展规律的主体性阐释，也包括增添一些此前没有的内容，例如上文提到的在社会主义阶段对人的发展、人的解放与公平正义关系的认识。这些都是原有理论所没有的内容，同时又是当代社会发展和当代唯物史观价值取向建构需要的内容。

应当重申的是，唯物史观价值取向的当代建构不是在原有唯物史观理论体系之外另起炉灶，而是在原有体系基础上的重建，包括对原有理论、原理的重新解释，对原有理论体系的补充和发展。因此，要充分尊重马克思、恩格斯唯物史观的理论逻辑，肯定其中的基本原理及其逻辑结构是唯物史观价值取向的当代建构以至于建构唯物史观当代形态的基石，也就是说，唯物史观当代形态建构总体上应当承袭以往的架构，同时又有所调整，而不是完全打乱或推倒重来。理论框架的调整即原有内容的增减，增加即结合时代和实践做出创造性的发展，缩减即剔除一些与历史观非直接相关的内容，例如马克思主义的国家学说、阶级斗争学说、社会革命理论，这些内容不应单独成章节地整体地放在唯物史观之中加以具体的论述，否则就与科学社会主义理论、政治学等重复，而是应当在社会形态理论以及政治上层建筑理论中做出概括性的叙述，这样做不仅可以使唯物史观理论削枝强干，还可以丰富社会形态理论和政治上层建筑理论的内容，可以说明它们与社会形态理论以及政治上层建筑理论的直接关联以及与经济基础的间接关系。

还应当指出的是，中国的唯物史观解读源于并属于东方的解读路径，这一路径紧扣经典著作并遵循了马克思、恩格斯强调的唯物史观是科学的社会历史认识的原则，在总的方向上更加符合他们对唯物史观的理解，因此我们认为，唯物史观价值取向当代建构所要秉持的理论体系及理论逻辑主要应当是东方的特别是改革开放以来建构的中国的唯物史观体系及其逻辑，在此基础上参考西方学者的唯物史观解释作为补充，更透彻地说，就是以中国现行的唯物史观体系为主，以西方的唯物史观理解为辅。

四、体现在唯物史观与人文社会科学的关系中

价值取向的建构应当体现在对唯物史观与各门人文社会科学关系的价值引导中。恩格斯指出，“我们的历史观首先是进行研究工作的指南。”①唯物史观与各门人文社会科学的关系本质上属于哲学与具体科学或具体学科的关系。唯物史观与各门人文社会科学既有联系也有区别，联系在于，研究的都是社会历史发展中的问题，区别则在于，前者作为对社会历史的基本观点和总的看法，是对社会历史问题的宏观理解，后者则是对社会历史各个领域、各个层次具体问题的理解。这种联系与区别不仅表现在认识上，也表现在价值取向上，这就是说，唯物史观的价值取向具有宏观的、总体性的特征，这种特征使得唯物史观的价值取向对于各门人文社会科学具有指导的意义，可以为各门人文社会科学提供价值依据。

通常认为，作为哲学层面的社会历史观，唯物史观可以为人文社会科学的研究和发展提供历史观和方法论的指导，帮助人们更好地掌握、运用和发展具体的人文社会科学。这样理解二者的关系总体上说是合适的，但有待深究的是，究竟如何确定“历史观和方法论的指导”的含义，它只是认识上的还是也体现在价值上？我们认为，答案显然是后者。这是由人文社会科学的性质决定的。

对于人文社会科学性质的界定向来见仁见智，其中的关键问题之一是对其研究对象的理解。通常认为，人文学科的研究对象是人类的精神世界及其沉淀的精神文化，包括人的观念、精神、情感和价值等，社会科学的研究对象是人类社会及其发展。这一理解虽然不无可议之处，却

① 《马克思恩格斯选集》第4卷，人民出版社2012年版，第599页。

也有其合理性，这就是大致指明了人文社会科学研究对象与人和社会相关的特点。这一特点也就决定了人文社会科学研究不同于自然科学研究的特点，即人文社会科学研究与研究者的立场和价值取向直接相关。

关于人文社会科学研究的价值特征，一直为近代以来的学者们所关注。休谟首先提出了区分“是”与“应该”的问题，认为不能简单地从“是”与“不是”推论出“应该”与“不应该”，从而区别了“事实判断”与“价值判断”。涂尔干提出了怎样价值无涉地认定和识别社会事实的问题，其观点在社会学方法上就表述为对社会事实认识的“价值无涉”的立场。他认为，价值无涉并不是去除研究主体的主观意识，而是要求研究主体放弃自己的价值至上性地位，在与他者或者其他认识主体的良性互动中寻求对他者社会文化的真切的体会。所谓价值无涉，就是指社会科学研究工作不使用价值判断，只采用逻辑判断，即客观地说明对象及其变化过程，研究者个人的价值取向和利益不应当影响社会科学研究中的分析及结果。韦伯反对将学术研究与价值判断相混淆，主张保持科学研究的客观性、严肃性，他在《教育科学研究方法》中明确提出了“价值无涉”观点。他所谓的价值无涉，是指在科学研究中只采用逻辑判断而不使用价值判断，即只是客观地说明“事实是什么”，以及“事物是如何变化的”等，而不做出价值评价。他坚持认为，在一门“理性化的学科”中，价值不应该影响研究过程，而只能用理性和逻辑分析研究对象，只有驱逐价值判断、摆脱研究者的主观偏见，社会学才能成为真正的科学，例如他认为社会学不应当是一门道德科学，不应当对所涉及的规范、价值或行为模式做出价值评价。他还身体力行地坚持价值无涉理念，在所著的《儒教与道教》一书中，就试图“用完全价值无涉的方式来理解”①问题。

韦伯等人主张的“价值无涉”具有合理性，因为在人文社会科学研究的事实认定阶段就应如此，但就整个研究来说，这种要求却是不可能达到的，也是无需如此的。我们认为，人文社会科学既然是以人类的精神文化现象和社会生活为研究对象，涉及人的观念、精神、情感以及人的

① 马克斯·韦伯：《儒教与道教》，商务印书馆 1995 年版，第 5 页。

需要和利益，所以必然会涉及价值问题和价值观念。进一步说，在人文社会科学研究中，认识问题与价值问题属于不同范畴却又同等重要而不能相互替代，因为前者追求的是正确性，要求客观地反映社会现象及其本质和规律，而后者追求的是合理性，要求合理地确立人的行为及社会发展的价值取向和价值目标。在当代，一些主要的人文社会科学理论都不是也不可能是价值无涉的，而是程度不同地、直接或间接地体现着一定的价值取向。

人文社会科学研究不可能完全价值中立，而必须有价值引领，在当代中国社会价值问题日趋凸显的社会转型时期，社会科学研究的价值渗透和价值引领就显得尤为重要。在当代，我国社会的主要矛盾已经从“人民日益增长的物质文化需要同落后的社会生产之间的矛盾”转化为“人民日益增长的美好生活需要和不平衡不充分的发展之间的矛盾”，社会发展的不平衡问题开始凸显，作为人文社会科学所研究对象的社会生活和社会发展中的诸多问题，都不仅关涉到合规律性并取决于认识的正确性，更关涉到合目的性并取决于价值的合理性。与此相关，人文社会科学研究在反映各种社会现象及其本质的同时更要对之做出解读和评价，进行褒贬，在回答社会生活和社会发展中各种实然性问题的同时更要思考社会生活和社会发展中的应然性问题。

人文社会科学的价值取向是生活和实践的反映，是人们现实需要和利益诉求的理论表现，是调整人们之间关系的需要，同时，也来源于人的价值信念。在社会生活中，人们为自己的行为设定哪些价值而拒斥哪些价值，并不是随意的，往往有更深刻的价值理念为依据。例如社会发展要以人为本，要实现公平正义，要追求和谐，要最终达到共同富裕，这些要求虽然是基于现实的需要并以一定的客观条件为基础，但同时又间接地源于一定的价值信念。由此才能理解，在特定的环境中，人们追求什么、他们期望社会朝哪个方向改变和发展，并非仅仅取决于外部条件，并非环境和条件的被动反映，还要取决于他们对社会发展、对人生存意义的理解，取决于他们所信奉的一些基本价值取向。

在我国社会转型过程中，由于市场经济、现代性、全球化等因素的综合影响，在经济发展和财富增长的同时，也出现了一系列新的问题，一些涉及公平、正义的不平衡发展问题趋显，制约着社会进步和人的发展。这些问题涉及社会生活的诸多方面，引起了人们广泛的关注，也成为经济学、政治学、法学、社会学、历史学、教育学、伦理学、管理学等各门人文社会科学关注或研究的热点，需要各个学科从特定的角度给予科学而合理的说明。与之相关，社会科学的价值特征和价值评价功能较以往更为明显。问题在于，随着不平衡发展问题的凸显，在现实生活中往往会出现各价值之间相互冲突的现象，例如对平等的理解、对公平的理解、对正义的理解，以及对它们之间关系的理解，基于不同的理论范式或观点，往往会得出不同的结论来。以公平问题为例。不仅在一般的意义上对实现社会公平的理解有歧义，更大的差异还在于：在当前的条件下，公平的实际内涵是什么，是谁的公平，怎样实现公平，不同的人往往会有不同的甚至截然相反的答案。这就要在多元的理解中找到一种共同的、根本的出发点，即确立一种判定是非曲直的基本的价值尺度，为各门人文社会科学所遵循，这种尺度就是有利于人的发展，就是有利于每一个个人的发展。

鉴于此，以人类社会为研究对象的人文社会科学，在研究涉及人们利益关系的社会现象从而在解释社会生活的合理性问题时，必须从一些基本的价值取向、价值观念或价值信念出发。这种基本的价值取向只能是历史观层面的价值设定，也只有在历史观的层面才能得到透彻的说明。唯物史观价值取向正是这种历史观层面的基本价值取向。作为历史观层面的基本价值取向，唯物史观的价值取向同其科学认识一样，具有普遍的适用性和长期的稳定性，正因为如此，唯物史观不仅应当而且能够为人文社会科学的研究和发展提供科学认识方面的学理根据或理论说明，也应当而且能够为其研究和发展提供价值取向方面的学理根据或理论论证。唯物史观的价值取向可以贯穿于各门人文社会科学中，指导人文社会科学的理论建构以及人文社会科学的研究工作，运用于分析当代社会生活和社会发展面临的各种理论和现实问题及其原因，探究应对或解决相关问题的思路和对策，进而引领、规范和矫正人们的活动。也就是说，唯物史观对人文社会科学的指导不仅应当体现在认识的方面，也应当体现在价值的方面。这是唯物史观的功能所在，是唯物史观应有的理论担当。

唯物史观所以具有这样的功能和担当，是因为其以人的发展为核心的价值取向具有很大的包容性，能涵盖和统摄马克思主义的主要价值追求，因而可以作为人文社会科学分析和解释问题的价值依据和理论出发点。从这个意义上说，唯物史观承担着为人文社会科学研究提供基本的、元价值的功能，可以为人文社会科学的研究提供根本性的价值支撑。只有在唯物史观中确立以人的发展为核心的价值取向，才能在历史观的层面对一系列普遍性的价值做出合理的设定和说明，才能为人文社会科学的发展提供完整的理论支撑，才能引领人文社会科学更加全面深入地反映分析当代社会生活和社会实践中的问题，更加有效地促进社会进步和人的发展。

唯物史观价值取向之所以能为各门人文社会科学研究提供价值引导，又是因为人文社会科学本身就具有价值内蕴和价值意义。

例如经济学。经济学是研究人类经济活动的理论，其研究对象是人类经济活动的本质与规律。按照通常的理解，经济学分为政治经济学与科学经济学两类，科学经济学主要研究人类经济活动的规律即价值的创造、转化和实现的规律，政治经济学则是研究社会生产、资本、流通、交换、分配和消费等经济活动、经济关系和经济规律的学科。政治经济学是以一定的社会生产关系为研究对象的经济学，它总是根据一定阶级的利益研究经济现象和经济规律，具有显著的阶级性，从而渗透着价值取向。以《资本论》为代表的马克思经济学具有鲜明的价值取向。马克思在《资本论》中公开地声明自己决不用玫瑰色描绘资本家和地主的面貌，《资本论》研究了资本主义生产方式以及和它相适应的生产关系和交换关系，在批判地继承古典经济学劳动价值理论的基础上创立了剩余价值理论，认为剩余价值是雇佣工人在生产过程中创造的被资本家无偿占有的超过劳动力价值的价值，从而揭露了资本家剥削工人的秘密，论证了资本主义制度的剥削实质即其价值取向上的不合理性。马克思还揭示了资本主义生产方式发展的规律和趋势，分析了资本主义经济危机的必然性，认为生产资料的私人占有和产品的社会化之间的矛盾必然会导致产生周期性的经济危机，只有实行计划经济才能从根本上解决这一矛盾。正是因为《资本论》具有鲜明的价值取向，它才被誉为“工人阶级的圣经”。《资本论》启示我们，经济学研究应当有正确的价值导向，既应当促进价值的创造、转化和实现，又应当有利于大多数人利益的实现，使经济发展成果为所有社会成员共享。

例如法学。法学是以法律和法律现象及其规律性为研究对象的科学，是研究法律问题的知识和理论体系。法具有鲜明的阶级性，从世界上第一部比较完整的成文法典《汉谟拉比法典》到现今世界各国的法律，都鲜明地体现着这一点。马克思在《黑格尔法哲学批判》中批判了黑格尔国家决定市民社会的观点，得出了市民社会决定国家的重要结论，指出“家庭和市民社会是国家的前提，他们才是真正的活动者；而思辨的思维却把这一切头足倒置。”[①]恩格斯在《路德维希·费尔巴哈和德国古典哲学的终结》中论述了作为上层建筑的法与经济基础之间的关系，他认为，“如果说国家和公法是由经济关系决定的，那么不言而喻，私法也是这样，因为私法本质上只是确认单个人之间的现存的、在一定情况下是正常的经济关系。”[②]并列举了英国、德国和法国私法的内容加以佐证。他认为，“国家一旦成了对社会的独立力量，马上就产生了新的意识形态。这就是说，在职业政治家那里，在公法理论家和私法法学家那里，同经济事实的联系就完全消失了。因为经济事实要取得法律上的承认，必须在每一个别场合下采取法律动机的形式，而且，因为在这里，不言而喻地要考虑到现行的整个法律体系，所以，现在法律形式就是一切，而经

---

① 《马克思恩格斯全集》第1卷，人民出版社1956年版，第250—251页。

② 《马克思恩格斯选集》第4卷，人民出版社2012年版，第259页。

济内容则什么也不是。”[①]从表面上看，是法律决定经济内容，但从本质上说，则是经济内容决定法律。恩格斯的论述表明，法是经济基础的反映，体现出鲜明的阶级性，作为关于法的理论表现的法学，当然会体现出一定的价值取向。

例如政治学。政治学是研究政治行为、政治体制以及政治问题的学科。狭义地理解，政治学研究的对象是国家的活动及其发展规律，广义地理解，政治学研究的对象是社会公共权力的活动及其发展规律。政治学具有鲜明的阶级性和价值取向。虽然在马克思、恩格斯那里是否有政治学或政治哲学是一个有争议的问题，但他们对政治学相关概念阶级性的认识则是众所周知的，恩格斯对“平等”的阶级性的论述就是典型的一例。恩格斯在《反杜林论》中认为，近代的平等要求是资产阶级反封建过程中提出的，因为资本主义生产和交换(贸易)“要求有自由的、在行动上不受限制的商品占有者，他们作为商品占有者是有平等权利的，他们根据对他们所有人来说都是平等的，至少在当地是平等的权利进行交换。”[②]“社会的经济进步一旦把摆脱封建桎梏和通过消除封建不平等来确立权利平等的要求提上日程，这种要求就必定迅速地扩大其范围。……由于人们不再生活在像罗马帝国那样的世界帝国中，而是生活在那些相互平等地交往并且处在差不多相同的资产阶级发展阶段的独立国家所组成的体系中，所以这种要求就很自然地获得了普遍的、超出个别国家范围的性质，而自由和平等也很自然地被宣布为人权。”[③]他指出：无产阶级抓住了资产阶级所说的话，平等应当不仅仅是表面的，不仅仅在国家的领域中实行，它还应当是实际的，还应当在社会的、经济的领域中实行，无产阶级平等要求的实际内容都是消灭阶级的要求。政治学具有鲜明的价值取向，对政治学问题之是非得失的判断归根结底要从是否有利于人的发展的层次来判断。以合法性为例。在政治学中用于表示政府与

① 《马克思恩格斯选集》第 4 卷，人民出版社 2012 年版，第 260 页。

② 《马克思恩格斯选集》第 3 卷，人民出版社 2012 年版，第 482 页。

③ 《马克思恩格斯选集》第 3 卷，人民出版社 2012 年版，第 483 页。

法律的权威为民众所认可程度的“合法性”，就与价值取向直接相关。合法性是对法律或者政府机构权威性来源的认定，一种制度的合法性取决于它被民众认同的程度，被普遍认同的便具有合法性。在当代，政府的合法性最普遍的来源是实行民主政治，特别是民主选举及作为其补充方式的协商民主，其所以如此，从人学和政治哲学的层面看，是因为这样做最能保障民众表达自己的意愿，最符合人性，也就是说，从人的发展的价值取向看，任何一种制度的合法性、正当性、稳定性，都一定要源于并符合人性、有利于人的生存发展。

此外，历史学、社会学、教育学甚至管理学等，都直接或间接地蕴含着价值取向。例如历史学。历史学是以人类社会存在与人类文明现象作为它的研究对象，是对历史材料进行筛选和组合的知识形式。它既要科学地反映历史事实，重现历史的本来面貌，又要体现研究者对历史意义的理解以启迪后人。历史事实的挖掘和认定可以价值无涉，而历史材料的筛选和组合以及历史意义的解释则总是渗透着价值立场，同一个历史事实，在不同的解释中会呈现出不同的意义，从而对人们会有不同的启示。例如社会学。社会学是研究社会行为与人类群体的学科，是从社会哲学演化出来的现代社会科学学科。无论是以社会整体为研究对象还是以特殊的社会现象即“社会事实”为研究对象，都离不开对社会和人的评价，离不开价值取向。例如在划分社会阶层时，首先要基于占有资源多少的不同，即要考虑同一社会集团成员之间经济地位的相同或相似性，同时也要考虑价值观和行为模式等方面的相同或相似性。例如管理学。管理学是系统研究管理活动基本规律和普遍方法的科学。表面上看，它似乎远离社会的意识形态，但实际上也蕴含着一定的价值取向，例如，管理学在不同时期所确立的“经济人”假设、“社会人”假设、“道德人”假设和“综合人”假设，就分别体现着不同的价值预设，而依据不同价值预设确定的管理制度和管理方式，对作为被管理者的人，管理的过程以及管理的效果会产生截然不同的影响。就是哲学、宗教这些远离经济基础的意识形态，也蕴含着价值取向，正如恩格斯所指出的，虽然

“在这里，观念同自己的物质存在条件的联系，越来越错综复杂，越来越被一些中间环节弄模糊了。但是这一联系是存在着的。”①

唯物史观对人文社会科学价值指导的理论担当以及人文社会科学的价值特征表明，将唯物史观价值取向融入各门社会科学中，有助于在各门社会科学中建构统一的、相互契合的价值取向，提升各门社会科学相互补充、从不同视角共同解释社会历史问题的能力。同时，也有助于澄清人文社会科学研究中的一些误区，深度理解一些人文社会科学中与价值取向相关的争论，例如经济学中凯恩斯与哈耶克的争论；政治学中罗尔斯与科恩、桑德尔、诺齐克的争论，福柯与哈贝马斯的争论；历史学中关于历史人物评价的理论与方法的争论，“历史主义”与“阶级观点”的争论，历史创造者问题的争论；社会学中关于自然科学与社会科学是否应当遵循同样的方法论准则、社会科学是否应当以自然科学为标准模式建立统一的知识体系的争论，等等，使对有关讨论的理解超越形式化而切入问题的实质。

① 《马克思恩格斯选集》第4卷，人民出版社2012年版，第260页。

第七章　唯物史观价值取向的普遍性和特殊性

唯物史观价值取向具有普遍性，但其表现形式、具体目标和要求以及实现方式和路径则具有特殊性。正确理解唯物史观价值取向普遍性和特殊性的关系，有助于占据社会道义的制高点，有助于超越价值特殊论与价值普遍论的对立、正确处理人类共同价值与民族特殊价值之间的关系，有助于真正确立价值的先进性和价值自信，构建人类共同价值。

一、唯物史观价值取向的普遍性

作为历史观层面的价值取向，唯物史观价值取向具有普遍性，具有放之四海而皆准的意义。

从辩证法的观点看，特殊性和普遍性、多样性与同一性是相互依存、互为条件的，具体到价值来说，一种价值之所以成其为某一类价值，必然要符合该类价值的普遍规定性，具备该类价值的一般性质，也就是说，不同的价值之间虽然有差异，但也必有共性，任何群体、任何民族的价值概莫能外。价值的普遍性、共性、同一性或相似性(这几个概念此处在相同的意义上使用)是基于主观和客观两方面原因。

从主观方面看，价值同一性或相似性是不同民族间人们共同心理的反映。南宋心学大家陆九渊曾有“人同此心，心同此理”一说。此说法不仅适用于一个国家的人们(如中国人)，也适用于不同国家或民族的人们。“人是类存在物”。从本性上说，所有人都是一种有理性、有情感的

“动物”。一个人无论属于哪个种族、宗教、民族、国家、地区、阶级、阶层，有着怎样的兴趣、爱好、需要、利益和个性，都是“人类”的一分子，都有共同或相似的理性及情感。所谓“同心”“同理”，本质上是人类的共性或共同人性的反映。“同心”“同理”既表现在思维方式上的相同、相似或相通，也表现为社会心理和价值观上的相同、相似或相通，这种相同、相似或相通投射到价值上，即构成为价值的一般性含义，即人类价值的共性或普遍性。

从客观方面看，价值同一性或相似性是对不同民族共同的或相似的生活环境和生活条件的反映。价值作为观念上层建筑，归根结底是经济基础和社会生活的反映，是人们在一定经济基础和社会生活基础上的需要、利益和愿望的主观表达，因而处于相同或相似的经济基础和社会生活中的人们往往会形成相同或相似的价值观念。人都生活在一定的社会环境中，不同国家民族的人们虽然社会生活和社会实践方式会有差别，但同时又在本质上相同或相似，具有一些基本的共同点，在全球化背景下，随着国家民族之间经济、社会和文化的普遍交往，随着“民族历史”转变为“世界历史”，各个国家、民族的社会经济文化条件和社会生活、社会实践越来越趋同或越来越相似，价值普遍性从内容上看正是各个国家、民族相同或相似的社会经济文化条件和社会生活、社会实践的主观反映。

价值的普遍性或同一性是文化同一性的最高体现。通常认为，文化可以分为物质文化、行为文化、制度文化、观念文化几个层次。物质文化是人们创造的物质产品及其所表现的文化，行为文化是人们生活中约定俗成的以礼俗、民俗、风俗等形态表现出来的行为模式，制度文化是人们创造的有组织的规范体系，观念文化是人们的价值观念、审美情趣和思维方式。参考这种分类，我们认为，文化具有层次性，物质文化、行为文化、制度文化、观念文化在层次上是从具体到抽象而依次递进的，其中观念文化是文化的最高层次。就不同民族文化之间的关系而言，一般来说，各民族文化之间越是低层次的文化在内容上差异越大，反之，越是高层次文化，内容上相同或相似的程度就越高。由此可以认为，不同文化之间的差别主要表现在较低层次文化内容和形式的不同，或者说表现在文化的具体内容和形式上，如社会心理、生活习惯或民风习俗以及行为和仪式等方面。与之相对应的是，在高层次的、观念形态的文化上，各民族文化之间的同一性则较多，进一步说，在文化具有同一性的因素中，最核心的因素就是普遍性较强的观念文化特别是价值观念，这正是不同的人、人群共同体“心同此理”的“理”之所在。

价值取向上的“心同此理”最突出地表现在历史观层面的价值取向上，在我国当代，就表现在唯物史观的价值取向上。

以人的发展为核心的唯物史观价值取向之所以具有普遍的意义，首先是因为这一价值取向继承和发展了前人具有普遍意义的优秀价值。近代人道主义和启蒙思想家的优秀价值，尤其是其中的人道、人权、自由、民主、法治、公平、正义等价值理念，包含着具有普遍意义的因素，正是在扬弃了这些普遍性的优秀价值的基础上，马克思主义以人的发展为核心的价值取向才能超越前人，才能深刻全面地反映人类共同而长久的价值追求，成为具有普遍的意义的先进的价值取向。

以人的发展为核心的唯物史观价值取向之所以具有普遍的意义，还因为它深刻地反映了社会进步和人的发展之根本要求和总体趋势。马克思、恩格斯是在对资本主义社会人的劳动异化和生存片面化批判基础上提出人的发展价值取向的，这一价值取向作为实践和历史的产物，作为人生存发展实际状况的理论表现，具有时代性，但作为人的主体性自觉意识，作为人对自身理想生存状态的理解和价值预设，作为人追求幸福的本性和愿望，又并非社会现实的简单反映，而是对未来社会人的应然生存状态的理解，是对社会进步和人的发展之根本要求和总体趋势的深层次反映，因而具有普遍的、长久的意义。

基于社会进步和人的发展之根本要求和总体趋势，马克思、恩格斯提出并阐释了具有普遍意义的人的发展价值取向的基本内涵，将人的自由全面发展确立为人类生存和社会生活的理想状态，确立为一切历史活动及社会进步的根本目标。

人的发展价值取向虽然是马克思、恩格斯在当时的资本主义境遇中针对资本主义社会人的异化状态而提出的，然而，其意义却不限于当时，而是具有普遍适用性，属于具有最广泛适用性或最大普遍性的价值，这种价值取向既是“放之四海而皆准”的，又具有恒久的意义。

从横向的维度看，人的自由全面发展价值取向具有“放之四海而皆准”的普遍的意义。正如前文所指出的，人的发展是唯物史观的出发点、是唯物史观最根本的价值目标和理论旨归，因而在价值取向上具有最大的包容性，能蕴含和统摄马克思主义的一系列主要价值诉求，具有普遍的适用性。具体地看，马克思、恩格斯确立的人的发展要求，无论是人自由全面地发展和实现自己的本质力量，确立和丰富自己的个性，还是全面发展自己的社会关系，都不仅适用于确立这一价值取向时作为其研究范本的西欧或西方社会，也适用于世界上其他地区，适用于一切国家和民族，其中当然也包括东方社会。也就是说，任何一个国家和民族所追求的人的发展，都应当且必然是全面和自由的发展，都应当且必然是发展和丰富自己的个性，应当且必然是提升、实现和展示自己的能力。诚然，在不同的国家和民族，不同的历史环境、不同的经济条件和文化背景下，人的发展的具体要求、目标和含义及其实现路径会有所不同，但其根本的、总体的目标和基本特征则是共同的，因为显然不能想象，某些国家和民族由于历史或现实因素的差异，其人的发展可以离开自由全面发展的要求和目标。对于中国和中国人而言，由于经济、政治、文化等的特殊性，实现人的发展的路径和具体内容必然会有自身的特色，但其基本要求和目标无疑是普遍的，非此便不成其为人的发展。

从纵向的维度看，正因为人的发展是一种普遍性的价值取向，所以它具有长久的生命力。人的自由全面发展价值取向具有与时俱进的特点，既适用于马克思、恩格斯所处的资本主义社会，又适应于当今社会主义市场经济社会，还将长久地适用于未来的理想社会。所谓适用于马克思、恩格斯所处的资本主义社会，是因为它在当时体现在人的解放和资本主义批判的理论和现实活动中。适应于当今社会主义市场经济社会，是因为它可以规范人们在市场经济中的行为，矫正市场经济的负面影响，消解物的依赖性。而将长久地适用于未来社会，是因为它将是未来社会进步的根本目标，是未来理想社会的根本价值取向。

对于未来理想社会，马克思、恩格斯曾预测了其基本的特征，主要包括社会条件和人的状态两个方面：社会条件方面，是高度发达的生产力和科学文化，以及合理的经济关系即社会占有了生产资料，社会生产内部的无政府状态将为有计划的自觉的组织所代替以及和谐的社会关系。人的状态方面，就是人的自由全面发展。为了尽可能清晰地说明这一点，他们在《德意志意识形态》中对人的自由全面发展状态做出了情景性的描述。这种描述虽然由于非常具体而具有显而易见的局限性，但他们所以要做出这种具体的情景性的描述，意在以生动的、具象的方式反映抽象的意思，这就是：在未来的自由人联合体中，每个人都是自由而全面发展的，都可以完全根据自己的兴趣和爱好充分发挥和发展自己的能力、个性和创造性，实现自己的本质力量。在那时，衡量社会发展的现实尺度就是人的发展程度。

以上所述表明，无论从时间还是空间的维度看，马克思、恩格斯确立的人的发展价值取向都具有普遍的适用性，其中许多内容，特别是每个人的自由全面发展，显然就是典型的普遍价值，而且是最高层面的普遍价值。

有人以最高层面的普遍价值形成于资本主义革命过程中而加以否定，这一做法所依从的逻辑显然站不住脚。我们认为，对一种价值是非曲直的判断主要着眼点不应是其形成的由来和过程，而应是其内容本身是否合理。众所周知，构成现代人类文明基本要素的文化、思想和原则都是在历史中形成的，都有其特殊的社会历史背景或者阶级根源，但我们并不能因其特殊的社会历史背景和阶级根源而简单地否定之，而应是去其历史局限性带来的糟粕，取其具有普遍意义和普遍价值的精华，并加以现代的转换。

对待西方历史上形成的最高层次的普遍价值就应当是如此。西方历史上形成的一系列具有普遍意义的价值，如自由、平等、民主、人权、法治等，是由资产阶级在反封建的过程中提出的，一方面，这一价值体现着资产阶级的阶级利益，资产阶级在对这些价值内涵的理解上存在着显著的局限性，并且资产阶级在现实中也并未完全地践行并实现这些价值，或即使是实现，也经历了一个曲折而漫长的过程，例如实现不分阶级、阶层、种族的平等，实行无财产、性别等差别的民主选举，以及真正实现社会自由等，都是如此。另一方面，这些在具体历史环境中形成的代表资产阶级利益的价值同时又反映了人类普遍性的要求，具有普遍的意义，因为随着时代的变化，这些价值由以产生的具体历史环境以及所反映的资产阶级的利益可能时过境迁而弱化甚至消失，但其中具有普遍性的内容或含义却不断地被抽象出来并沉淀下来。

从历史背景看，普遍价值不是从来就有的，而是历史发展的产物，是随着世界历史进程和全球化而出现的。近代以来资产阶级通过世界贸易开启了世界历史进而全球化进程："不断扩大产品销路的需要，驱使资产阶级奔走于全球各地。它必须到处落户，到处开发，到处建立联系。"[①]由于拥有先进的生产力，资产阶级对世界市场和资源的开拓既改变了自身的生产方式、社会面貌和社会生活，也给一些落后国家和地区的经济结构和经济活动带来了深刻的影响，加深了各个国家之间的经济联系，改变了世界经济的面貌，使不同国家和地区的生产和消费相互交融，"过去那种地方的和民族的自给自足和闭关自守状态，被各民族的各方面的互相往来和各方面的互相依赖所代替了。"[②]这种互相依赖使世界各国相互影响，"把全球各国人民，尤其是各文明国家的人民，彼此紧紧地联系起来，以至每一国家的人民都受到另一国家发生的事情的影响"[③]，这种影响不仅体现在经济上也体现在文化上："物质的生产是如

① 《马克思恩格斯选集》第1卷，人民出版社2012年版，第404页。
② 《马克思恩格斯选集》第1卷，人民出版社2012年版，第404页。
③ 《马克思恩格斯选集》第1卷，人民出版社2012年版，第306页。

此，精神的生产也是如此。各民族的精神产品成了公共的财产。民族的片面性和局限性日益成为不可能，于是由许多种民族的和地方的文学形成了一种世界的文学。”[①]世界历史进程的展开导致各种民族文化之间更加深入的交流直至融合，导致文化之间的趋同，形成为一种具有普遍性的世界文化，与之相关的，就是普遍价值的形成。

从这个意义上说，对西方近代以来形成的自由、平等、民主、人权、法治等普遍价值可以解析出两层含义：一是资产阶级在反对封建专制制度斗争中提出的具有时代特征和阶级属性的价值，二是由这些价值提升、演变而来的具有最大普遍意义的价值。前者是特指，后者是泛指。两者之间有联系也有区别，在当代，既不能将对这些价值的理解停留于近代资产阶级的阶级诉求，也不能因为其提出的环境、过程以及与资产阶级有关而否定这些价值的一般的、现实的意义。

对待历史上价值理念的正确的态度是超越其历史和阶级的局限，阐扬其一般性的意义。因为问题的关键在于，共同价值与最高层次的普遍价值内涵具有本质上的一致性，因为我们现在倡导的人类共同价值与近代以来形成的最高层次的普遍价值并无不同。

所谓最高程度的普遍性，顾名思义就是世界性的，因而最高层次的普遍价值就是放之四海而皆准的价值，是具有最大普遍适用性的、迄今最为合理的价值，例如马克思主义人的发展价值取向。最高层次的普遍价值的形成既具有人性的基础又具有历史的条件。

从人性的方面看，最高层次的普遍价值根源于人性的共同性。人性作为人普遍的、同质的规定性，决定了不同的人会有共同或者相同的想法和情感，即所谓“人同此心，心同此理”，心同此理不限于认知意义上的真理即“道理”，也包括共同的情感和价值。

价值和真理虽然内涵不同，但都是主观意识，同时又是人对外部事物及关系的反映以及人对人与他人及社会关系的反映，因而二者在主体根据和适用范围上又必然具有共同性。在主体根据上，对真理的共识必

---

① 《马克思恩格斯选集》第1卷，人民出版社2012年版，第404页。

须基于共同的理性，没有共同的理性就不可能有认知方面的共识；同样的，对价值的共识必须基于共同的人性或情感，没有共同的人性或情感就不可能有价值方面的共识。我们通常并不否认不同的人会有共同的认识，为什么要否认不同的人会有共同的价值？我们既然可以承认放之四海而皆准的理论（真理），为何不能承认放之四海而皆准的价值？

关于最高层次的普遍价值，当下就有两个典型的例证。一个是马克思主义人的发展价值取向。前文已经谈到，马克思主义人的发展价值取向是总体性的价值取向，从根本上指明了未来人们的理想生存状态，因而它是适用于所有的国家和民族，虽然不同的国家和民族对人的发展具体含义会有不同的理解，但其“使人们生活得更加幸福、更加美好以及更加有意义”的本质要求和含义则是不变的，由此可见，人的发展就是最高层次的普遍价值。另一个是社会主义核心价值观。社会主义核心价值观虽然是在当代中国的社会环境中提出的，但却包含了一些最高层次的普遍价值，例如“民主、文明、自由、平等、公正、法治”等，这些都是近代西方提出并为当代文明人类普遍遵从的价值取向，这充分反映了社会主义核心价值观的普遍性、包容性和先进性。

下文将要指出，承认最高层次的普遍价值具有重要的理论和实践意义：承认最高层次的普遍价值既有助于形成价值先进性自觉，真正确立价值自信，又有助于将我们自己具有普遍性的先进价值推向世界。

二、唯物史观价值取向的特殊性

唯物史观价值取向是普遍性与特殊性的统一，其内容具有普遍性，但其表现形式、具体目标和要求以及实现方式和路径则具有特殊性。

价值的特殊性首先在于其内容和形式的多样性。价值的特殊性是文化多样性的集中反映。联合国教科文组织大会通过的《保护和促进文化表现形式多样性公约》，“确认文化多样性是人类的一项基本特性，认识到文化多样性是人类的共同遗产，应当为了全人类的利益对其加以珍爱和维护；意识到文化多样性创造了一个多姿多彩的世界，它使人类有了更多的选择，得以提高自己的能力和形成价值观，并因此成为各社区、各民族和各国可持续发展的一股主要推动力。”①《公约》在确认文化多样性的同时，还确定了保护和促进文化表现形式的多样性、鼓励不同文化之间对话的目标与指导原则。文化多样性可以有多层次的体现，核心则是价值的多样性，因为价值是文化的内核，是文化最内在的特征，不同文化之间的差异集中体现在价值上。

文化和价值的多样性是由多种因素造成的，其中最重要的是地域的因素和历史的因素。地域因素是指文化会受到地域条件的影响，从而可以以地域来加以区分。从这一视角看，每一种文化都与一定的地域特征相关联，如通常可以分为农耕文化与游牧文化(草原文化)，内陆文化与海洋文化，平原文化与山区文化等。历史的因素，即不同国家或地区发展的具体历程对文化的影响。一个民族在历史上发展的早晚、快慢，发展过程中所取得的成就，所遭遇到的问题或磨难，都会在该民族的文化中反映出来，从而呈现出特殊性或特色，同样地，各民族特殊的历史经历、生活习惯和社会风俗等都会直接或间接地反映在价值观上，呈现出显著的差异，体现在不同的国家民族对相同或相似的事物会做出不同的价值判断。例如，某一民族认为是美的东西在另一种民族中就可能被认为是丑，某一种民族认为是善的东西另一种民族就可能被认为是恶，某一种民族倡导的东西另一种民族就可能是禁忌；又如，在某些人群那里被视为良俗的在另一些人眼中则可能被视为陋习，在某些人群那里倡导的行为在另一些人那里则可能被禁止。价值观的多样性直接影响人们对生存方式和需要定位的判断，影响他们对自己行为合理性的评价，影响他们对自己与他人、与社会关系及社会交往的理解，从而影响他们对人的发展内容和方式的界定，影响他们对自身行为乃至社会发展具体路径的选择。

---

① 《保护和促进文化表现形式多样性公约》，(2005 年 10 月 20 日联合国教育、科学及文化组织第三十三届会议通过)。

价值的多样性表征着各种价值的独特性。每一种价值都有自己的本色、长处、优点。价值的多样性表征着各种价值的独特性和特殊意义，因而在全球化时代强调价值的多样性是十分必要的。在当代，维护和发展文化从而价值的多样性已成为人类的广泛共识，基于这一共识，人们在文化和价值的交流中应当尊重差异，理解个性，和睦相处，相互借鉴，求同存异，既要尊重和发展本民族的文化和价值，又要尊重其他民族的文化和价值，共同促进世界文化的繁荣与进步。

价值的特殊性又在于其具体目标、实现方式和路径的多样性。唯物史观价值取向的总体要求和根本目标在不同历史经历、不同文化环境中会表现出不同的特点。比如对自由发展的理解。就其普遍规定而言，自由发展是人的本质力量的实现，是人的活动不受外在条件的制约，是人做自己想做的事情，是人的能力、知情意在自由的活动中得到体现和提升。但何为“自由”的活动，却要因时因事而定。孟德斯鸠就曾指出，“在各种名词中间，歧义丛生，以多种方式打动人心的，无过于自由一词。”[①]自由的根本特征即普遍规定是人做自己想做的又无害于社会和他人的事情，然而，哪些事情是无害于社会和他人且法律许可的，哪些事情是有害于社会和他人的，在不同的时代，不同的国家或地区以及不同的民族那里既有一定的共识也有着不同的理解和规定，也就是说，自由发展既有根本规定又有特殊要求。这就意味着，由于具体目标的不同以及社会条件的差异，唯物史观的价值取向虽然具有普遍的适用性，但它的运用却不能直接照搬，而应当结合一定的时代特征和国情，也就是说，唯物史观的价值取向在不同时代、不同国家或地区和民族的实现方式和路径是不拘一格、多种多样的。

价值的特殊性是与社会条件的差异直接相关的。马克思曾经指出，“权利决不能超出社会的经济结构以及由经济结构制约的社会的文化发

---

① 北京大学哲学系外国哲学史教研室编译：《十八世纪法国哲学》，商务印书馆 1963 年版，第 38 页。

展。”[①]价值取向的形成及其实现程度也要受到经济、政治、社会和文化条件的制约。

价值观作为观念上层建筑，要受到经济基础的影响，人们在不同的经济条件下，或者在特定经济结构中处于不同的地位，就会形成不同的价值观念。同时，价值观也要受到社会政治和文化条件的影响。由于受到社会经济政治和文化条件的影响，在阶级社会中，价值观具有阶级性，不同阶级往往会持有不同的甚至截然相反的价值观念，从而会对同样的人或事做出不同的价值判断和价值选择。此外，由于价值观的主体性和复杂性，在阶级社会中，同一阶级的成员在价值观上也会表现出一些差异。历史上不乏这样的情形，同样一种社会现象或社会事件，不同阶级的人们往往会做出不同的甚至是截然相反的评价。春秋之际，之所以出现了孔夫子感叹的“礼崩乐坏”的局面，就是经济发展的结果。随着生产力的发展，在社会的经济领域出现了一些标志着奴隶制走向衰落的新现象，如一些诸侯将王田变为私田，经济上的变化反映到政治上，即一些诸侯改分封制为郡县制，并制定了自己的法律等，严重破坏了西周等级森严的分邦建国制度，引起了社会秩序的混乱，这种状况反映到价值观念上，即各诸侯、卿大夫僭用礼乐的现象十分普遍，导致社会观念发生巨大变化，传统的伦理道德文化日渐式微，“礼崩乐坏”的主流价值观的破产，“人心不古，世风日下”。与此同时，长期的分散状态和各自为政的诸侯国不同的文化诉求为新文化的发端提供了发展空间，进入了被今人称为文化“轴心时代”的春秋战国时期，出现了百家争鸣的新气象，各种思想文化竞相开放，丰富的文化思想最终汇聚融合成了博大精深、既包容又开放的中华文化传统。

价值观作为观念上层建筑，要受到政治制度因素的影响，在一定条件下和一定领域中，价值观往往是某一阶级或集团政治诉求和政治观念的直接体现，具有不同政治观点的人对同一社会现象往往会做出不同的

---

① 《马克思恩格斯选集》第3卷，人民出版社2012年版，第364页。

评价，这情形在历史上和现实中也是屡见不鲜，前面所述关于湖南农民运动“糟得很”和“好得很”两种截然相反的评价即是典型的一例。此外，改革开放以来的一系列观念变化和更新，也是非常典型的案例。改革开放从一开始就伴随着观念之争。改革伊始，在农村实行家庭联产承包责任制，在城市扩大企业自主权，实行物质奖励，这些举措在受到广泛好评的同时也受到了非议，引起了调动广大人民群众的积极性应当靠人们的政治觉悟还是靠物质刺激的“义利之辨”，最后还是改革本身和人们的行为对争论做出了回答。此后随着改革开放实践的拓展和深化，又引发了一系列观念的变革，如关于唯生产力的讨论、关于物质利益的讨论、关于按劳分配原则的讨论，通过这些讨论，实现了观念的变化和更新，确立了生产力标准、社会主义市场经济观念、以人为本为核心的科学发展观，以及以人民为中心的发展观和创新发展、协调发展、绿色发展、开放发展、共享发展等发展理念。从生产力标准到以人民为中心的发展观，每一次观念的变化都是由改革开放的实践推动的，而观念的变化又反过来推动了改革开放实践的深入。

三、普遍性与特殊性的关系

价值取向既具有普遍性又具有特殊性，正确理解价值取向普遍性与特殊性的关系，对于唯物史观价值取向的当代建构具有重要的意义。

在价值研究问题上通常存在的主要问题，是将价值的普遍性与特殊性对立起来，或是以普遍性否定特殊性而导致价值普遍论，或是以特殊性否定普遍性而导致价值特殊论。价值普遍论就是只承认价值的普遍性而否认价值的特殊性，用普遍价值代替特殊价值。价值普遍论既可能导致价值绝对论，将某种普遍价值绝对化而否认价值的相对性和多样性，又可能导致价值自卑，在价值建构上简单地照搬照抄他人，缺乏价值自主性，不能将普遍价值与国情、民情、世情相结合。价值特殊论就是只承认价值的特殊性而否认价值的普遍性。价值特殊论既可能导致价值相对论，以特殊价值否定普遍价值，又可能导致价值自负，在价值建构上片面强调自身的特色。价值普遍论和价值特殊论虽然是价值立场问题上的两个极端，但两者共同的失误就是误解了价值普遍性与特殊性的关系。

当前在价值普遍性与特殊性关系问题上存在的主要误解，是离开价值的普遍性而孤立地强调价值的特殊性，并进而否定普遍性价值的价值特殊论。这种观点认为，既然价值要受到历史和现实条件的制约，不同民族、国家或不同时代会具有不同的价值取向和价值选择，因而价值就不具有普遍性，或者说不存在普遍适用的价值。这种观点在现实中的主要表现，是通过否认普遍价值来否定自由、民主、法制的普遍适用性。

当前否认普遍价值的一个理由，是这些价值是由资产阶级提出的，因而具有阶级局限性。我们认为，这个理由并不成立。毫无疑问，普遍价值并非天赋，而是人赋，是在社会历史过程中凝聚而成的，其形成过程具有时代性以及阶级性，但是，我们却不能因其形成过程中的具体环境和条件而否定这些价值本身。例如自由、民主、法治、公平、正义等，就是在近代资产阶级反对封建专制制度和传统宗教神学过程中形成的，其每一项内容都是对后者的反动，从这一点来说，这些价值具有时代性和阶级性，只是具有相对的合理性而并非永恒的价值，因而不可能适用于一切时代。对于这一道理，恩格斯曾有一个形象的说法，他指出，“从动产的私有制发展起来的时候起，在一切存在着这种私有制的社会里，道德戒律一定是共同的：切勿偷盗。这个戒律是否因此而成为永恒的道德戒律呢？绝对不会。在偷盗动机已被消除的社会里，就是说在随着时间的推移顶多只有精神病患者才会偷盗的社会里，如果一个道德宣扬者想来庄严地宣布一条永恒真理：切勿偷盗，那他将会遭到什么样的嘲笑啊！”[①]恩格斯的意思是，某种价值在其所依赖的条件丧失之后便会失去其意义。正是基于这一道理，马克思、恩格斯认为在未来的理想社会中，自由、民主、法治、公平、正义问题所由以存在的社会条件

① 《马克思恩格斯选集》第3卷，人民出版社2012年版，第471页。

已经发生根本性变化，这些价值所涉及的现实问题不复存在，它们不再是应当为之奋斗的价值目标。也是基于这一道理，我们可以做出进一步的引申：某种价值只有在其所涉及问题不复存在的条件下才会失效，而在其所涉及问题尚存在的条件下，则仍然具有意义，就此而言，自由、民主、法治、公平、正义等价值在当代中国仍然具有现实性，因为中国特色社会主义以市场经济为基础，而市场经济必然带来涉及民主、自由、法制、人权、公平、正义方面的问题。也就是说，民主、自由、法制、人权、公平、正义这些价值所涉及的问题在当今中国社会依然存在，它们仍是现实的“真问题”，因而这些价值仍然具有普遍适用性，对这些价值的追求仍然具有现实性以及合理性。质言之，虽然民主、自由、法制、人权、公平、正义等价值具有相对性，但在其相对的那个环境中，它就是普遍的、绝对的，在人类进入“自由王国”之前，这些价值将不会被超越，将一直具有现实意义。

当前否认普遍价值的另一个理由，是提出这些价值的西方国家并未完全遵循它。的确，这些价值皆为理想的价值取向，即使它们的倡导者也未必能完全遵守，何况有时候为了自身利益的最大化还会故意违背之。这里暂且不论西方国家对这些价值是否遵循以及遵循的程度，只是要从道理上说明，一种价值是否合理与其提出者是否完全遵循它是两个不同的问题。常识告诉我们，在辩论中不能“因人废言”，不能离开立论者论断的内容之是否正确而只是根据其人品或自己对其的好恶来判断其论断的是非曲直。在这个问题上恩格斯曾做出了表率，他在《反杜林论》中指出，虽然资产阶级的平等概念存在着局限性，但马克思主义并未完全抛弃，反之，无产阶级抓住了资产阶级的话柄，提出了对平等的新的理解，即消灭阶级。

这里还要指出的是，构建普遍价值并非西方近代资产阶级的专利，西方近代资产阶级可以将本阶级的价值取向转变为具有普遍性的价值，同样的道理，我们可以也应当将中国的优秀价值转变为具有普遍性的价值或人类共同的价值，为世界文明做出贡献，只是将自己的优秀价值转变为具有普遍性的价值，既要求这些价值本身具有普遍性和先进性，又要对这些价值做出现代性的转化。

价值具有特殊性，总是要与一定的社会历史条件相联系，因而必然具有相对性。我们承认价值的相对性，但反对价值相对主义。当前的价值相对主义主张价值因人而异，在价值上各有各的好，完全否认不同的主体(国家、民族、阶级及其他群体)之间存在普遍的、共同的价值。从表面上看，该主张似乎十分自信，从实质上看，这种自信是盲目的，说到底并不是真正的有底气的自信，而是缺乏真正的价值自信乃至文化自信，因为这种观点直接否定的是普遍价值，间接并深层次否定的，则是价值的先进性和可比较性。其中的道理在于，承认价值的普遍性及普遍价值，就意味着承认价值有先进与落后之别，就承认不同的价值之间具有可比较性。而否认普遍价值就可以回避这种比较，就可以自得其乐地认为在价值上各有各的好，甚至认为自己的价值是唯一的好。我们认为，价值本质上就是比较而言的，如果没有共同的、一般的尺度，没有优劣之分，它就没有存在的意义。价值相对主义认为所有价值都是同等重要的，应当获得同等的尊重和认可，实质上是否认了是非、美丑、善恶、优劣、先进与落后、野蛮与文明之界限，否定了人类现代文明的普遍标准。毋庸置疑，价值是有优劣之分的，衡量价值优劣的标准，就是是否有利于人的解放和发展。

不能因价值的特殊性而否定价值的普遍性，这一道理早在18世纪就被伏尔泰所提及，他指出，“尽管在一个地方被称为美德的在另一个地方正好被称为过恶，尽管大多数善与恶的规范的不同有如语言和服装的分歧，然而，我觉得确实有一些自然的法则，普天之下的人都不能不承认。”[①]价值相对主义的主张不仅在学理上站不住脚，在实践上也是有害的。对内而言，秉持价值相对主义，既难以在学理上透彻说明自身价值的优越性，难以增强自身价值的先进性从而缺乏说服力，难以理直气

① 北京大学哲学系外国哲学史教研室编译：《十八世纪法国哲学》，商务印书馆1963年版，第84—85页。

壮地澄清价值自信问题上的一些误解，也难以认识到自身价值的不足与缺陷并加以改正和弥补。对外而言，价值相对主义的危害在于，一方面，会因为囿于自身价值的优点而忽视存在的差距，盲目自信和自满，从而不能见贤思齐，自觉地借鉴和吸收其他民族的优秀价值，甚至拒斥具有普遍意义的人类优秀的共同价值，在人类文明大道之外另寻他途。另一方面，不能将自身的优秀价值普遍化并上升为人类的共同价值，不能充分发挥自身的价值引领的作用并充分凸显和展示自身的软实力，不能在构建人类命运共同体的过程中为人类提供优秀的价值观念。

价值相对主义的出现既有社会历史原因又有认识上的原因，从认识上看，原因就是否定价值的普遍性以及否定普遍价值。从学理上澄清这一误解，涉及两个相互关联的问题：一是有没有人类共同创造和共同追求的普遍价值，二是人类是否需要共同的普遍价值。下面以人的发展价值取向为例加以说明。

首先是有没有人类共同创造和共同追求的普遍价值，我们认为，回答应当是肯定的。价值是一元与多元、普遍与多样的统一，既不能以其普遍性否定特殊性，亦不能以其特殊性否定普遍性。

肯定价值的普遍性并不意味着否定价值的特殊性，反而是以肯定其特殊性为前提的，因为特殊性是普遍性的实现形式。就人的发展价值取向而言，其所以具有特殊性，是因为在不同时期、不同环境中，人的发展会具有不同的具体含义和要求，具有不同的实现路径。正如前文所说，人的发展价值取向的形成、发展和实现，都要受到社会历史条件的制约，受到一定时代经济的、政治的、文化的因素的影响。例如在经济上要受到生产力发展水平、生产关系性质的限制，在政治上要受到国家制度和体制的影响，在文化上要受到不同民族文化价值、精神特色甚至风俗习惯的影响，等等。

同样的道理，肯定价值的特殊性也不意味着排斥其普遍性，因为特殊性是相对于普遍性而言的，是普遍性的“分有”，是普遍性含义在特殊条件下的具体体现。就人的发展价值取向而言，承认人的发展价值取向普遍性的前提是承认普遍价值，或者说，承认人的发展价值取向的普遍性必然意味着承认普遍价值。虽然由于受到客观条件的制约，人的发展价值取向在不同时期、不同环境中会表现出殊异性，但其所以成其为人的发展价值取向，显然必须符合其基本的、普遍的含义，如上文所述的人的能力的自由全面发展，人的个性的丰富和发展，人的社会关系的发展等。这些基本含义作为人的发展基本的规定性，就是其普遍性之所在，是在任何国家民族、任何社会环境、任何时代皆是如此即放之四海而皆准的，非此就谈不上是人的发展。

应当指出的是，价值是分层次的，只有最抽象、最一般的价值才具有最高层次的普遍性。为此，不能不加分析地将一些特殊的价值上升为普遍价值甚至最高层次的普遍价值，相应地，也不能因一些价值只具有特殊性而断言所有的价值都只有特殊性，从而否定存在普遍性和最高层次的普遍价值。进一步说：虽然承认最高层次的普遍价值(即承认一些价值具有最高程度的普遍性)并不等于认为所有价值都是最高层次的普遍价值或具有最高程度的普遍性，但是一些最高层次的普遍价值一定是具有最大普遍性的价值。

还应当指出的是，价值是一元与多元的统一。基于不同的历史经历，不同的经济发展水平，不同的政治制度，不同的文明、文化或宗教传统，各个社会群体，各个民族或国家必然会持有不同的价值观念，且这些价值观念同其他因素一道构成这些社会群体、民族、国家身份认同的根据，进而与其他社会群体、民族、国家相区别。鉴此，在价值观念方面不应当也不可能强求所有的人一致，而必须承认价值的多元性，承认每一种无害于人生存发展和社会运行的价值的独特性及其意义。然而同时又应看到，不同的社会群体、民族、国家除了存在着各自特有的价值外，也会存在共同的价值，即全人类普遍追求的价值，如近代人道主义和启蒙思想家所倡导的自由、民主、法治、公平、正义，如马克思主义提出的每个人的自由全面发展，如当代人类追求的人与自然协调及和谐发展，等等。这些正是上文提到的最高层次的价值。

有人可能会担心倡导普遍价值将阻碍世界的文化多样性、文明多元性，将导致绝对普遍性价值观，这显然没有必要。前文已经指出，肯定价值取向的普遍性并不意味着否定价值的特殊性，因此，倡导普遍价值与倡导世界的文化多样性、文明多元性是并行不悖的。至于对绝对普遍性价值观的担心亦是有待澄清。从逻辑上看，承认普遍价值是主张绝对普遍性价值观的前提，但却不能反推出承认普遍价值必然会导致绝对普遍性价值观，因为如果承认普遍价值并将其唯一化、绝对化，无疑会导致绝对普遍性价值观，而承认普遍价值但不将其绝对化，同时亦承认特殊价值，则不会导致绝对普遍性价值观。

其次是人类是否需要共同的普遍价值。我们认为，回答应当是肯定的，因为承认普遍价值具有重要的意义。

其一，只有承认普遍价值，才能解释为什么当代中国应当并且能够坚持人的发展的价值取向。人的发展价值取向是马克思、恩格斯在19世纪西欧的社会环境中确立的，是针对当时西方资本主义社会人的片面存在的状况提出的，是为了消除资本主义社会中人的异化提出的。这一价值取向之所以能够并且应当成为当代中国社会发展的根本目标，显然是因为其具有普遍的意义，既适用于西方社会，也适用于当代中国，否则就不能解释，为何当代东方社会中的中国人不仅能够并且应当坚持这一价值取向，并将人的发展确立为社会进步的目标，将以人为本和以人民为中心确立为社会发展观的核心。

其二，只有承认普遍价值，才能使唯物史观价值取向站在人类道义的制高点上。作为当代最进步的、代表未来社会发展方向的价值取向，唯物史观价值取向只有从根本上反映和代表人类优秀的普遍价值并将其提升为人类的共同价值，才能真正站在人类社会道义的制高点上。质言之，只有承认普遍价值才能确立价值的先进性，只有确立价值的先进性才能站在当代社会道义的制高点上。承认普遍价值不仅有助于唯物史观价值取向的建构，也具有重要的现实意义。对于国家民族内部而言，先进的价值对内具有凝聚人心的作用。任何一个民族国家，要强国必先强心，必先凝心聚力，而强心之关键就在于具有先进的、为大多数人赞成并心悦诚服、自觉遵循的共同的价值取向。一般说来，越是先进的、具有普遍性价值，就越是易于被人们所赞同、所接受，就越是具有长久的生命力。对于国家民族外部交往而言，先进性的价值具有提升软实力并提高文化辐射力和国家影响力的作用。约瑟夫·奈认为，软实力一般指一国对他国的吸引和诱导能力，以及一国在国际事务中设定议题和制订规则的能力。决定软实力的因素包括文化、价值观、影响力、道德准则、文化感召力等无形领域，其中最核心的因素就是价值观。根据这一理解，在全球化的时代，先进的价值是国家民族文化软实力最为集中的体现，一个民族、国家要以独特的身份屹立于世界民族之林，就必须具有相应的文化和价值上的软实力，以便在文化和价值上求得世界的广泛认同。就此而言，一个民族、一个国家能否在国际舞台上发挥影响力，经济实力和军事力量只是直接的物质支撑，真正具有决定性的因素，是其所奉行的价值观和话语体系，能否得到各国人民的真心尊重、拥护和信赖。近代以来，一些发达国家所以长期在世界政治、经济和文化等各类游戏中处于主导地位，除了具有强大的硬实力支撑外，另一个关键因素就是具有一套与现时代相适应的、能为世界上较多的人们广为认同的核心价值，并以之为原则建立起一个比较稳定的政治、经济体制，从而能够通过各种形式将自己的价值观、文化和生活方式成功地推介到其他国家和地区。

其三，只有承认普遍价值，才能自觉吸收人类的先进价值，并为世界的文化和价值建设做出积极的贡献。价值的普遍性表明，在价值自信问题上既要讲特殊性也要讲先进性。在全球化的背景下，只有承认普遍价值，才能真正确立价值自信，积极吸收人类创造的优秀价值，为我们的价值建设提供有益的借鉴，更好地进行当代中国的文化和价值建构，保持中华民族文化和价值的先进性。在全球化的背景下，只有承认普遍价值，才能真正确立价值自信，禀赋为人类提供先进价值的意识和使命，自觉地为人类的文化和价值建设做出贡献。纵观历史，价值的普遍性根本上来源于各国家民族优秀价值中具有普遍意义的因素。作为有着悠久优秀文化传统的民族，中华民族应当对人类文化的发展做出应有的贡献。只有在融合中西、贯通古今的基础上创造先进的价值取向，才能弘扬、提升和推广当代中国人创造和发展的优秀价值取向，使之更加广泛地为世人所了解、欣赏、采纳、遵从，才能为世界文化和共同价值的建构和交流做出应有的贡献，才能自觉地将自己融入到世界文明的大格局中，以中华民族的历史底蕴和文明特色，与其他文明争奇斗艳，并驾齐驱，创造人类更高和更先进的文明。

其四，只有承认普遍价值，才能构建多元一体的价值环境，促进社会的价值观建设。在一个健全的社会中，价值观的理想状态应当是多元与一体的统一。所谓“多元”，就是社会不同群体持有各自比较稳定的、代表自身利益和信念的、有益于或无害于他人和社会的价值观，不同群体间互相尊重，互相包容，“各美其美”。所谓“一体”，就是各群体除了坚持自己的价值观外，又共同持有更为普遍性的、反映所有社会成员利益、代表所有社会成员共同意志的价值观，“美美与共”。也就是说，各个群体和谐共处，既拥有共同信仰的国家和社会层面的价值观和具有最高程度普遍性的价值观，也拥有各群体互有差异的价值观。在多元一体的价值环境中，唯物史观价值取向应当是主流的价值取向，但却不应当是唯一的价值取向，它应当在价值观中居于主导的地位，但这种主导的作用是引领而不是排他，不是取代其他价值取向。在社会主义初级阶段的市场经济环境中，只要是无害于他人和社会的价值取向都应当有存在的空间，这样才能保障不同群体和个人的权利、个性和特色。

其五，只有承认普遍价值，才能为构建人类命运共同体提供坚实的基础。在全球性问题凸显，和平、发展、合作成为各国共同诉求的背景下，中国以更积极的姿态参与世界和平与发展事业，提出了弘扬联合国宪章的宗旨和原则，推进全球治理，打造人类命运共同体，使各国人民公平享有世界经济增长利益的主张。中国积极参与全球化进程，是因为全球化既有利于社会的进步，为我国全面建设小康社会提供了重要的战略机遇期，又有利于人的发展，将为当代中国人的发展创造新的条件。构建人类命运共同体是一个复杂的工程，其前提性问题是考察构建的可能性，而其中最关键的因素，是确定构建的基础或依据。只有在坚实的基础上，才能构建"真实的"人类命运共同体。

马克思、恩格斯在《德意志意识形态》中曾区分了"虚假的共同体"和"真实的共同体"，指出，"在过去的种种冒充的共同体中，如在国家等等中，个人自由只是对那些在统治阶级范围内发展的个人来说是存在的，他们之所以有个人自由，只是因为他们是这一阶级的个人。从前各个人联合而成的虚假的共同体，总是相对于各个人而独立的；由于这种共同体是一个阶级反对另一个阶级的联合，因此对于被统治的阶级来说，它不仅是完全虚幻的共同体，而且是新的桎梏。在真正的共同体的条件下，各个人在自己的联合中并通过这种联合获得自己的自由。"①"正是由于特殊利益和共同利益之间的这种矛盾，共同利益才采取国家这种与实际的单个利益和全体利益相脱离的独立形式，同时采取虚幻的共同体的形式。"②他们认为，国家是"虚假的共同体"，因为国家的共同利益与实际的单个人的利益是相脱离的。而"真正的共同体"则是个人可以在其中得到发展的共同体。借鉴马克思、恩格斯的说法，我们认为，所谓"虚幻(假)的共同体"和"真实的共同体"的区分，主要就看"共同体"是否代表其中每一个个体的利益以及代表的程度，如代表，则是真实的共同体，如不代表，则是虚假的共同体。

在现实生活中，利益可以有两种呈现方式，一是直接的利益(主要是经济利益)，二是价值。价值是利益的抽象，是综合的、长远的利益，是利益的高层次表现。所谓综合的利益，既包括经济利益也包括政治利益、文化利益和安全利益，所谓长远的利益即持续的、根本性的利益，而非具体的、暂时的利益。比较而言，经济利益是易变的，价值则具有相对稳定性。根据这一特点，我们认为，真实的共同体之"真实"性是有

① 《马克思恩格斯选集》第1卷，人民出版社2012年版，第199页。

② 《马克斯恩格斯全集》第1卷，人民出版社2012年版，第164页。

程度之别的。最真实的共同体是建基于价值和利益两者之上的共同体，次真实的共同体是仅仅建基于价值之上的共同体，再次真实的共同体则是仅仅建基于利益之上的共同体。

综观历史和现实，共同体的建构及其稳定性莫不遵循这一逻辑。就人类(或国家之间)的现实而言，在当代，大体上有这样几类共同体：一是基于价值和利益两者之上的共同体，例如一些西方国家在相互之间未发生利益冲突时的共同体；二是仅仅建基于价值之上的共同体，例如一些西方国家在相互之间发生利益冲突时的共同体；三是仅仅建基于利益之上的共同体，如不同社会制度、不同意识形态而又有广泛(经济或安全的)共同利益的国家之间的共同体。

共同利益和共同的价值观在构建共同体中的作用既有联系又有区别。有一种流行的说法："没有永远的朋友，只有永恒的利益，"然而问题是如何构建永恒(长久)的利益？我们认为，构建永恒(长久)利益的根本途径是构建共同的价值观。虽然不能说价值观体现着永恒的利益，但应当承认价值观代表着综合的、长远的利益。当然，在现实中，基于暂时的共同利益，也经常会建构没有共同的价值支撑的共同体，这种共同体在一定情况下或一定时期中是真实的共同体，但由于是基于暂时的利益特别是经济利益，因而又往往是脆弱的，或者说其真实性只是暂时的，随着条件的变化，例如利益诉求的变化和共同利益的丧失、当政者的变化、外部环境的变化等，这种共同体就会变成虚假的共同体进而解体。这方面的事例历史上和现实中屡见不鲜。反之，基于共同价值观的共同体则具有稳定性，虽然秉持共同价值观的共同体成员之间的关系也会因时因事(一些具体的利益诉求的差异)发生一些变化，但通常不会发生根本性的改变，因为其根本的利益是一致的，也就是说，价值观在一定条件下是可以超越国家利益的。因此，构建人类命运共同体的基础或依据是共同价值，构建共同的价值观是现时代构建人类命运共同体最坚实并且最稳定的基础，是构建人类命运共同体的关键的环节。

在当代，国家之间结成的共同体依次照其密切程度可以分为亲密盟友、盟友、战略协作伙伴等。决定密切程度的因素一是共同价值，二是共同利益。基于这两方面因素，有的国家之间是亲密盟友，有的国家之间是战略协作伙伴。由于各个国家和人民各有自己的利益诉求，即使在盟友之间，国家利益特别是经济利益方面的冲突是经常发生的，各国的政策往往会导致盟友之间同样正当和“合法”的竞争，因而一段时间内会出现不协调甚至混乱的状况，但在盟友之间，任何国家都不能为所欲为，不能损害共同体的根本利益，因而即使有分歧，最终彼此也会进行新的妥协，达成各方都同意的方案，从而建立更加稳固的关系和更加有效的秩序。

一些国家相互之间是盟友，存在着比较牢靠的关系，是因为它们有着完全相同的价值观，本质上是价值观盟友，有着本质上相同或相似的意识形态和政治经济体制，因而相互之间价值共享，在政治和防务上相互高度依赖，这些国家相互之间会存在利益上的矛盾，会因为一些利益博弈甚至发生激烈的争吵，在贸易问题上一度也会成为对手甚至敌人，但这些分歧是暂时的、浅层次的，他们之间的矛盾类似于他们的“内部矛盾”，往往会因为长久的利益而淡化，利益共同体成员之间可以和平共存和和平竞争。尤其应当注意的是，价值共同体因其根本利益相同，在面对共同体之外(价值观对立)的主体时，具有一致对外的特征。

在当代世界，“一方面是共同利益，各国之间一损俱损，一荣俱荣；另一方面则是全球性问题、不确定性加剧，一旦出了问题，没有哪一国家能够置身事外、独善其身。现实的经验已经明确昭示，各个国家的命运休戚与共，人类命运与各个国家、各个民族的命运直接联系在一起。”①然而问题在于，由于利益的驱使，“许多国家忽视、无视人类主体及其共同利益，总是以本国利益为最高利益甚至唯一利益，以邻为壑，以邻为敌，或是虽承认人类共同利益，但在讨论责任承担和分配问题时，起决定性作用的还是民族利己主义。”②因此，建设持久和平、普遍

① 马俊峰：《世界历史理论与构建人类命运共同体》，中国社会科学报2018年4月27日。
② 马俊峰：《世界历史理论与构建人类命运共同体》，中国社会科学报2018年4月27日。

安全、共同繁荣、开放包容、清洁美丽的世界任重道远。历史是现实的镜子，没有共同利益就没有当下的共同行为和目标，而没有共同的价值观就没有共同语言，也就没有长远的共同行为和目标。由于共同体要以共同的利益特别是共同的价值为纽带，构建人类命运共同体既有赖于形成共同利益，更有赖于形成共同价值，因而构建人类命运共同体的关键环节就是形成共同利益并构建反映所有民族国家共同利益的人类共同价值。

人类共同价值是人类历史交往和思想智慧的结晶，构建人类共同价值的必要性和可能性就在于全球化导致普遍交往的形成。就其必要性而言，全球化引起人们之间交往范围的扩大，一方面，人们之间的共同利益逐渐增多致使价值共识也逐渐增加；另一方面，人们之间的利益冲突也日趋凸显，亟须从价值上做出调节和整合，使构建人类共同价值成为必要。就其可能性而言，随着信息化、智能化的发展，人们之间的交往从而他们之间的利益协调、利益表达和价值交换日趋便捷，为构建人类共同价值提供了现实的条件，在此背景下，通过各国的共同努力，人类共同价值将从过去的美好愿望逐渐变成人类生活中的现实。

关于构建人类共同价值的现实路径，有人提出了“人类文化多样性视角下的对话式文明思路”，认为“人类命运共同体思想强调人类共同的文化基因，认可不同国家和民族的文化差异性特征，它改变了少数西方国家操纵和制定共同体发展的游戏规则，为正确处理文明差异提供了有效方略。人类命运共同体思想蕴含的‘和而不同、兼收并蓄’的文化价值观，超越了国家、种族与意识形态的界限，在尊重世界各国文化多样性、差异性的基础上，强调全人类的价值认同。人类命运共同体思想强调共同发展、利益共享，各种文化主体应在承认人类文化价值多样性的基础上，形成人类普遍认同的全球共同价值理念。”①这种观点意在改变单方面制定价值的做法，有其合理性，但问题在于如何以“和而不同、兼收并蓄”的方式构建共同价值。

① 刘志刚：《人类命运共同体思想的文化价值》，新华日报2018年5月15日，第11版。

明确理解价值普遍性与特殊性的关系对于正确处理人类共同价值与民族特殊价值之间的关系，以“和而不同、兼收并蓄”的思路构建人类命运共同体具有重要的方法论意义。

这里的关键问题是处理好人类共同价值与民族特殊价值之间的关系，既要以相应民族、国家、地区的共同生活实践、共同物质利益的考量为前提，更应该关注相应人民的精神世界，以“人类共同价值”为基础。这里的一个重要问题是，如何理解人类共同价值与以往人类的普遍价值之间的关系。价值作为社会意识具有历史继承性，人类共同价值也不例外，构建人类共同价值绝不是在以往的普遍价值之外另起炉灶，不应忽视甚至抛弃人类以往的普遍价值。正如前文所述，人类普遍价值的形成经历了一个提升和普遍化的过程，已经成为当今人类共同价值的组成部分，而且是核心的部分，因此，要承认人类文化价值的多样性，在构建人类共同价值的过程中应当充分关注和吸收世界各国的文化和价值，但同时又应当看到，既有的人类普遍价值是构建人类共同价值的主体或基石。

对价值的普遍性和特殊性关系以及普遍价值必要性的阐释表明，在价值取向和价值观上的“和而不同”是有条件的。价值的普遍性和特殊性与层次性直接对应。一般来说，价值的层次与其普遍性成正比，与其特殊性成反比，越是高层次的价值取向就越是具有同一性和普遍性，越是低层次的价值取向则越是具有特殊性，正如有学者所指出的，“人类不同的种族之间是有文化差异的，但是，涉及人类深层的东西，不同文明之间有相当程度的共识。”[①]基于这一事实，有些价值，例如层次较低的、具有较强民族、文化或地域特征的价值，可以且应当“和而不同”“各美其美”，保持和弘扬自己的特色，有些价值，例如层次较高的、具有较高普遍性的价值则应当趋同、应当“美美与共”。因此，在价值取向上既不能片面地强调特殊性，也不应不加区别而一味地主张“和而不同”，而应当根据所涉及价值的层次加以区别对待。有鉴于此，我们构建当代的

① 杜丽燕：《人性的曙光：希腊人道主义探源》，华夏出版社2005年版，总序。

人类共同价值，既要自觉继承中华民族的传统优秀价值，又要始终站在人类价值（道义）的制高点上，带头承认、遵守和维护人类的普遍价值，将既有的人类普遍价值作为构建人类共同价值的主体或基石，并在此基础上将中华民族的优秀传统价值转变为具有普遍性的价值，为人类优秀价值建设添砖加瓦。

四、价值先进性与价值自信

明确价值普遍性和特殊性的关系，有助于正确理解价值的先进性和价值自信问题。

文化自信是一个国家、一个民族发展中基本的、深沉的、持久的力量。文化作为人类精神活动的结晶，作为社会意识，既包括自然科学和技术、语言和文字等非意识形态的部分，又包括价值观、人生观等意识形态的部分。价值观是文化的核心内容，是决定文化发展方向的因素，因而文化自信的核心是价值自信，价值自信是文化自信的集中体现。

文化自信的前提是明确文化的先进性，而明确文化先进性的前提则是承认不同文化之间的可比较性，也就是承认各种文化之间应当也可以进行比较，进而承认不同文化之间具有先进性与落后的分别。那么，如何进行不同文化之间的比较，如何确定文化的先进与落后？我们认为，关键取决于其中内含的价值取向，文化的先进性集中体现为价值的先进性，价值自信是文化自信的基础。

首先要明确的是，进行不同文化之间的比较，比较的是文化中的哪些内容。由于各种文化既具有特殊性又具有普遍性，因而它们之间既具有可比较的一面又具有不可比较的一面。那么，哪些方面是可以比较的，哪些方面是不可以比较的？根据以上论述，不同文化之间可以进行比较的显然不是它们特殊的方面，例如特殊的文化内容和样式，因为这些特殊的方面各具特色、各美其美，就像大自然中的花朵，各具特有的芬芳和色彩，无所谓优劣和高下。也就是说，不同文化之间可以进行比较的只能是它们共性的方面，即具有普遍性的观念层面的文化，特别是其中的价值观念。

其次要明确的是，进行不同文化及其价值之间的比较使用的尺度是什么，或者说以什么价值标准衡量文化及价值的先进与落后。价值的先进性有赖于价值之间的比较，而比较的前提则是确定标准或尺度，只有确定了标准或尺度，才能区分出价值的先进与落后。我们认为，不同文化及价值之间比较的尺度可以有不同的层次，但从归根结底的意义上说，判断文化及价值先进与落后的根本价值尺度，应当是是否有利于社会进步和人的发展。对此可以从两个层面来理解，一是从文化及价值作为社会意识的角度看，它对社会存在具有反作用，先进的文化及价值应当是与社会发展的趋势相一致的、促进社会进步的文化及价值。从有利于社会发展的价值取向看，在当代中国，先进的文化及价值就是与社会主义核心价值观相一致的文化及价值，在当代世界，先进的文化及价值就是与人类共同价值相一致的文化及价值。二是从文化作为“精神食粮”的角度看，先进的文化及价值就是有利于人的精神文化需要满足的，有利于人身心愉悦和健康的，有利于人素质提升的文化及价值。凡是与社会主义核心价值观及人类共同价值相一致的、满足并发展人的精神文化需要的、有利于人的生存发展的文化及价值就是先进的，凡是与之相背离的文化及价值则是落后的。这两个“有利于”本质上是统一的，因为社会进步归根结底是为了促进人的发展。

前文已经指出，价值自信的前提是确立价值的先进性，确立价值的先进性的前提是承认不同价值之间的可比较性，而承认不同价值之间的可比较性的前提则是确认价值的普遍性和同一性。因为如果价值没有普遍性，不同价值之间就没有同一性即共性，就没有进行比较的尺度，就不能区分出优劣。

当前在价值研究中存在着以特殊性和多样性遮蔽甚至否定普遍性和同一性的倾向，一些人主张价值的本质是存异而不是趋同，强调不同民族的价值各具特色各有其好而否定它们之间的可比较性，其结果必然是抹杀各种价值之间的先进与落后之分别，难以确定真正意义上的价值自信，因而在理论上是片面的，在实践上是不妥的。

价值的普遍性是价值的同一性的基础。价值的同一性与价值的多样性都是同一价值的不同的方面，承认价值的同一性并不意味着排斥其多样性，同样的道理，承认价值的多样性也不意味着排斥其同一性。价值的同一性为不同价值进行比较从而为区分价值的先进与落后提供了基础，因而承认价值的同一性是确立价值自信的前提。由此，可以得出关于价值自信的两个相互关联的重要论断。

一是承认价值的可比较性是确立价值自信的逻辑前提。

价值的同一性、可比较性与先进性三者之间具有内在的逻辑关联：承认价值的同一性意味着承认价值的可比较性，进而意味着承认不同的价值之间具有先进与落后的分别。只有在此基础上，才能对不同的价值进行比较，才能区分价值的先进与落后，才能切实认识到自身价值的优势与不足，才会见贤思齐，自觉追求并创造先进价值，成为先进价值的创造者、倡导者和维护者。反之，否认价值同一性，就会否认价值的可比较性，而否认价值的可比较性，就会否认价值的先进性，否认学习和吸收其他优秀价值的必要性，这种态度表面上显得十分自信，实质上却是缺乏自信。

否认价值的普遍性和同一性、否认普遍价值，实质上正是价值上不自信的表现。所谓价值自信，就在于坚信自己的价值站在价值取向的制高点，优越于其他的价值，而坚信自己价值优越于其他价值的前提便是承认价值的可比较性，因为如果价值之间不能比较，显然就无所谓优劣，无所谓先进与落后。就此推论，确立价值自信必然意味着承认不同的价值取向之间是可以比较的。反过来说，否认不同价值取向之间的可比较性，显然是缺乏价值自信，因为这种害怕不同价值之间进行比较的主张，实质上是怀疑自己所持价值的先进性，担心自己所持价值会在与其他价值的比较中相形见绌。因为很显然，如果对自己的价值有自信，就不怕比较，就不会否认价值的同一性。如其不然，显然没有害怕不同价值比较之理，也就不应一概否定价值的普遍性。

由此可见，坚持价值自信就绝不能以价值的特殊性否定其普遍性，以价值的多样性否定其同一性，以国情和特色拒斥和否定普遍价值，而是要以价值的普遍性规范价值的特殊性，以先进的普遍价值改造国情并塑造特色，因为价值自信的依据既在于价值的独特性即其特色，更在于价值的先进性。

价值自信要基于价值的特殊性。价值的多样性表征着各种价值的独特性，价值的独特性则关联到文化的独特性。就某一民族自身而言，特殊的民族文化特别是其中的价值观念是该民族成员对其文化身份进而民族身份和社会身份自我认同的根据和标志，是该民族成员人生意义不可或缺的部分，它关联着该民族的历史、现实与未来，使该民族成员的精神生活、精神享受和精神境界具有特殊的标记和鲜明的特色。从这个角度看，各个民族的文化从而其中的价值都有其独特的意义。正因为如此，任何一个民族都会因本民族文化和价值独特的内涵和样式、独特的历史和魅力而对其自发地、由衷地热爱和欣赏，从而就会有不同程度的自豪感，有一定的文化和价值自信。正是在这个意义上说，中国人的价值自信首先就源于中华民族独特的历史经历和源远流长的优秀文化传统。中华优秀传统文化和价值是中华民族的“根”和“魂”，是中华儿女共有的精神家园，我们确立和坚持文化自信和价值自信的一个重要方面，就是要做中华优秀传统文化和优秀价值的守护者、传承者、弘扬者和推广者。

价值自信更要基于价值的先进性。从根本的意义上说，价值自信应当建立在价值先进性的基础之上，只有承认价值的先进性，承认普遍价值，才能真正确立理论自信和文化自信。先进性是价值自信最坚实的基础，因为只有具有普遍意义的先进的价值才能既为自己又为他人所赞赏，从而以先进价值为基础的价值自信才是更加具有普遍意义和长久生命力的价值自信。就此而言，是否承认价值的可比较性进而是否承认价值的先进性，是衡量和检验是否真正具有价值自信的标准。离开价值的先进性谈论价值自信并不是真正的自信，而只是坐井观天或夜郎自大。

价值自信不是坐井观天、故步自封。在理解价值自信时，切忌陷入一种片面性，就是仅仅将价值自信建立在价值的特殊性之上，离开普遍性而单方面地强调特色，以文化的多样性否认价值的可比较性，似乎在价值上各有各的好，相互之间既不应趋同也不能比较。这种自信是盲目的而不是清醒的，既不能真正认识到自身价值的优势进而将其发扬光大，又不能真正意识到自身价值的缺陷从而对其加以弥补，因为不进行比较，即使实际上存在着缺陷，也会以为自己永远是最好的，无需改进和完善。

价值自信更不是夜郎自大、孤芳自赏。历史上曾经存在过文化(本质上是价值)自负的现象，所谓对华夏和狄夷之别的强调，就是其典型的表现，其结果是自傲自大，排斥外来文化和价值。在当前，出现了一些值得商榷的看法。有人认为，随着现代性弊端的显现，现代西方价值早已左支右绌、漏洞百出，它的理论破产是迟早的事，当代中国文化和价值已经超越了西方，开始引领世界文化发展；有人认为，不同文化和价值之间的地位取决于力量的博弈而非先进性，西方文化和价值长期处于中心位置仅仅是基于强权而非道义，如今中国强大起来了，就应当解构西方话语，确立中国中心观；还有人认为，如何解决后现代的文化和价值问题，应当好好向中国儒释道三教学习，主张以儒家思想主导中国的改革和文化价值的发展。

以上所述可见，一个民族在价值上的成熟既体现为价值自信，不妄自菲薄，又体现为在价值上有自知之明，能做到价值自律，不自以为是、妄自尊大。

二是不同的价值之间可以而且应当相互学习。

不同的价值之间是否可以相互学习是一个有争议的问题。亨廷顿提出“文明冲突论”，认为世界存在着西方文明、儒教文明、日本文明、伊斯兰文明、印度文明、南斯拉夫—东正教文明、拉美文明及非洲文明等几种主要的文明，这些文明之间存在着根本性的差异，不同的文明之间的竞争和相互影响强化了人们的文明意识，加剧了文明之间的对立和冲突，由于文化的特殊性和差异性难以改变，也难以用妥协的方式解决，因而几大文明之间的冲突是不可调和的。毫无疑问，这里讲的文明冲突的实质就是价值冲突。亨廷顿的文明冲突论对各文明之间差异的认识是深刻的，部分地反映了当今人类社会的现实，但他把文明之间的差异直接等同于对立和冲突，并将相互之间的冲突绝对化，则是片面的。对于亨廷顿的文明冲突论学术界已有诸多评述，这些评述批评了亨廷顿夸大文明冲突论的倾向，从不同角度指出了各文明之间的相容性及相互交往的可能和必要，认为亨廷顿的失误在于把各种“文明”截然对立起来，只注意到它们之间的差异，以偏概全，夸大了不同文明间的矛盾与冲突，忽视了它们之间的共性以及它们在历史上发生过的相互交融和渗透，无视文明之间的相互联系和交流是人类历史发展的主线。

我们认为，由于历史、文化以及经济、政治等方面的原因，不同民族文化和价值各有特色，存在着差异甚至在一定条件下会发生冲突，但与此同时，不同文明也有长期共存、相互借鉴、共同发展的一面，且在交往和交融中形成了一些共同的东西。各文明之间相互借鉴、相互交往的基础和根据就在于它们共同具有一些“人同此心、心同此理的”价值，这就是追求美好幸福的生活，就是追求人的自由全面发展。在追求美好幸福的生活，追求人的自由全面发展方面，所有文明及其价值都是一致的或相似的。在当代，即使不同文明在历史上存在着冲突，随着社会的进步、随着全球化进程中不同国家民族之间交融的愈加普遍和频繁，不同文明之间的长期共存、相互借鉴、共同发展是可能的也是必要的，并且是全球化背景下推动历史进步的重要保障。

不同文明相互借鉴、共同发展的基础就是价值的同一性。由于不同的价值具有同一性，它们之间既有应当存异的一面又有应当趋同的一面，可以也应当相互借鉴和融通。先进价值的确立既要根植于时代和实践，继承传统的优秀价值，又要站在人类价值发展的大道上，自觉吸收人类具有普遍意义的先进价值。

价值自信的重要表现之一，是秉持文化的包容性。一个民族的成熟集中体现在价值上的成熟，既具有先进的、稳定的、为多数人心悦诚服、自觉遵从的价值观，又能做到不拒外来，自觉借鉴和吸收人类优秀的价值。我国社会主义核心价值观中的许多内容，如民主、文明、和谐、自由、平等、公正、法治等，都既包含了中国传统价值的优秀成分，也吸纳了包括西方文化在内的一切文化的优秀价值成果，体现了人类共同价值的基本精神。与之相关，有中国特色的社会主义先进文化，应当体现人类的共同价值。历史和现实表明，和平、发展以及社会主义核心价值观中的民主、文明、和谐、自由、平等、公正、法治等，是全人类的共同价值，是人类共同的行为导向和行为规范，遵循、维护和倡导这些共同价值，不仅有助于中国特色的社会主义先进文化的发展，也是促进当代中国社会进步和人的发展的内在要求。

文化和价值自信的前提是要有宽广的胸怀，文化因交流而多彩，因借鉴而丰富，各民族和国家之间进行文化的交流并相互汲取对方的长处，是当代文化和价值发展的必由之路。确立价值自信绝不能以价值的特殊性否定其先进性，既不能害怕、拒绝与其他价值的比较，又不应离开人类文明大道另寻他途，一叶障目、不见泰山，甚至趾高气扬、傲视全球，而是要清晰地认识本民族文化和价值的优势和缺陷，扬长避短，积极借鉴和吸收人类文化和价值的优秀成果，在人类文明的大道上继续前行。这里最为重要的，是要有开阔的视野，融入人类大家庭，带头承认、遵守和维护人类的普遍价值，始终站在人类价值的制高点，做人类共同价值的构建者、遵循者、维护者和倡导者。随着全球化进程的深入，人类面临的共性问题增多。共性问题凸显既意味着人们之间的利益博弈趋于频繁，也反映了人们共同利益的增加，从而要求确立具有普遍性的价值取向和行为规则，构建人类共同的价值。共同价值是人类共同的行为导向和行为规范，虽然共同价值的形成不会一蹴而就，但经济全球化带来的普遍交往和人们生活方式的改变，已为共同价值的形成提供了现实的条件。确立人类共同价值，有利于解决人类共同面临的问题，有利于各民族文化之间的交流与发展，也有利于人类命运共同体的构建。

文化和价值交流中的自信要建立在文化和价值的感召力及其先进性的基础之上，不以非文化和价值因素为诱导，更不能强人所难，否则便不能持久。文化和价值交流中的自信又要体现在表里如一、内外无别。在当代，全球化在创造了社会经济意义上的没有界限的整体的同时也创造了崭新的信息流通方式，创造了信息流通上没有界限且十分便捷的条件，有助于文化和价值更加顺畅地交流。中国在国际上一贯维护国际法治以及公平和正义，主张政治多极化，推动国际关系民主化，坚持走和平发展道路，这些做法有待于提升为先进的价值理念，只有结合我们传统的优秀价值，在反映时代精神的基础上塑造先进的价值理念，为人类提供新的优秀价值，才能在文化和价值交流中真正做到价值自信，真正将自己的优秀文化和价值推向世界。

五、唯物史观价值取向与社会主义核心价值观

价值是文化的核心。文化是一个国家和民族生命力、创造力和凝聚力的重要体现，也是一个国家、一个民族生命力、创造力和凝聚力的重要滋养，作为文化核心的价值则是一个国家、一个民族生命力、创造力和凝聚力最深厚的精神底蕴和精神依托。作为当代中国主流价值观的社会主义核心价值观的建设，应当以唯物史观价值取向为指引，因为只有从唯物史观价值取向出发，才能对社会主义核心价值观做出深度的理解，才能准确把握社会主义核心价值观的实质。

现行的社会主义核心价值观包括“富强、民主、文明、和谐、自由、平等、公正、法治、爱国、敬业、诚信、友善”等内容，这种对社会主义核心价值观的定位从内涵上说具有合理性，因为它吸纳了古今中外最主要的优秀价值。但问题在于，这些核心价值中共同的理论内核是什么？我们认为，社会主义核心价值观共同的理论内核，就是人的发展，

或者说，这些社会主义核心价值归根结底都指向并有利于人的发展。通常认为，社会主义核心价值观在内容上涉及国家、社会、公民三个层面：富强、民主、文明、和谐，是立足国家层面提出的实现国家昌盛、人民幸福和民族复兴的要求。自由、平等、公正、法治，是立足社会层面提出的反映社会主义社会的基本属性和核心价值理念的要求。爱国、敬业、诚信、友善，是立足公民个人层面提出的对公民道德行为的要求。这些社会主义核心价值观的内容涉及面广，但从价值目标而言，都直接或间接地指向人的发展，可以人的发展作为其根本旨归，只有从人的发展入手，才能对社会主义核心价值观做出全面、深刻理解，才能把握社会主义核心价值观的“社会主义”属性、把握社会主义核心价值观的中国特色、把握社会主义核心价值观的当代性。

只有从人的发展入手，才能全面、深刻地把握社会主义核心价值观的社会主义属性。

社会主义核心价值观是社会主义的核心价值观，这是其最基本的属性。怎样理解社会主义核心价值观的社会主义属性，社会主义核心价值观的社会主义属性应当如何体现？社会主义核心价值观的社会主义属性首先在于它体现了社会主义本质要求。关于社会主义本质，有许多理解，现在通行的理解是“解放生产力，发展生产力，消灭剥削，消除两极分化，最终达到共同富裕。”[①]有人借此将社会主义本质与社会主义核心价值观相对照，论证了社会主义核心价值观的社会主义属性，认为：社会主义核心价值观的“富强”观念体现了解放和发展生产力，社会主义核心价值观的“文明、和谐”观念体现了物质贫穷不是社会主义、精神空虚也不是社会主义，社会主义核心价值观的“民主、法治”观念体现了没有民主就没有社会主义、没有法制也没有社会主义，社会主义核心价值观的“平等、公正”观念体现了平均主义不是社会主义、两极分化也不是社会主义。由此论述了社会主义核心价值观与社会主义本质之间的内在统一性。这种对比的方法不无道理，但却比较形式化而没有抓住问题的

① 《邓小平文选》第三卷，人民出版社1993年版，第373页。

本质。

我们认为，社会主义核心价值观的社会主义属性在于它从根本上反映了社会主义的本质要求，这就是《共产党宣言》讲的“每个人的自由发展”或“人的自由全面发展”，因为无论是解放生产力、发展生产力，还是消除两极分化，都是为了最终达到共同富裕，促进人的解放和自由全面发展。从本质上看，无论国家层面的价值、社会层面的价值还是公民层面的价值，都指向促进人的发展这一根本的目标：着眼于优化人生存发展的物质条件和社会环境环境，着眼于保障人的社会权益、促进人的本质力量的充分实现，着眼于提高人的素质和境界。因此，可以将人的发展作为社会主义核心价值观的核心。

社会主义核心价值观的社会主义本质又在于它对人类优秀价值取向实现的新超越。根据马克思主义的理解，社会主义是高于资本主义的社会形态，继承了人类全部的文明成果。这一特点反应在价值取向上，就是继承了人类优秀的价值取向并在此基础上做出了新的发展，这就意味着，以人的发展为核心的社会主义价值观与包括资本主义社会在内的人类历史上形成的先进价值不是截然对立而是一脉相承的。具体地说，人的发展价值取向与自由、民主、法治、公平、正义等价值就是一脉相承的，包含着所有这些价值追求，同时又超越了这些价值追求。这里要消除的一个误解是，不能因其对前述价值的超越就认为两者是对立的。超越不是否定。黑格尔在谈到哲学发展过程中后来的哲学之间的超越时认为，每一哲学体系均可看作是表示理念发展的一个特殊阶段或特殊环节，这一说法无疑也适用于理解社会主义价值观和前社会主义价值观之间的关系，即前者对后者的超越不是抛弃，而是吸收了后者的优秀成分，并将其包含在自身内部作为自身的一部分了。

只有从人的发展入手理解社会主义核心价值观，才能全面、深刻地把握社会主义核心价值观的中国特色。

社会主义核心价值观的中国特色首先体现在它反映了中国社会主义处于初级阶段的现实。中国社会主义处于初级阶段，这一特点反映在价值取向上，就是社会主义核心价值观具有过渡的性质：一方面，它的本质及发展方向是社会主义的，另一方面，它还保留了一些与市场经济相适应的因素。对于后一点，可以从市场经济对人的发展的影响以及社会主义市场经济对人的发展的要求这两个方面来理解。

一是市场经济对人的发展的影响。唯物史观认为，生产力以及建立在其基础之上的社会经济形态是社会形态的基础，经济体制在社会结构中是基础性的结构，在社会生活中对整个社会的运行起主导性的、决定性的作用。正因为如此，中国特色社会主义最显著的、在社会发展中最具有决定性的特色就是社会主义市场经济，它对现时代的价值提出了特殊的要求，因而与现时代相适应的价值，首先就是与社会主义市场经济体制相适应的价值，这是由市场经济的本质及其在社会结构中的地位和社会生活中的作用决定的。我们认为，在谈论市场经济对人的发展的影响时，可以忽略“市场经济”前面的限定词，这是因为任何市场经济都具有“财产私有”和“逐利”等本质上的同质性。就此而言，市场经济对人的发展具有双重影响：一方面，市场经济在一定程度上消除了人的依赖关系，人们的生存环境及活动空间更为宽松，主体性及主体能力显著提升，从而人的个体意识、权利意识、民主法制意识显著增强。另一方面，市场经济必然会带来物的依赖性，包括资本逻辑、商品拜物教、金钱拜物教和贫富分化等问题。

二是社会主义市场经济对人的发展的要求。与市场经济对人的发展的影响不同，社会主义市场经济对人的发展的要求是一个应然的问题，讨论的是“社会主义市场经济”而不是“市场经济”对人的发展的要求。其所以如此，是因为“社会主义市场经济”对人的发展的要求显然要高于一般的(资本主义)“市场经济”对人的发展的要求，因为在这里，“社会主义”是比一般市场经济更高层次的社会制度方面的制约因素。

综合以上理解，“与社会主义市场经济相适应的价值”不仅要着眼于未来，反映社会主义的本质和方向，又要基于现实，体现与物的依赖性、资本逻辑等相对应的特点。所谓相对应，就是说要既适应物的依赖性和资本逻辑的现实，又要有效地回应和限制市场经济带来的问题及其负面影响，为人们的行为提供现实而合理的价值选择和价值规范。

社会主义核心价值观的中国特色又体现在它继承了中华传统文化中的优秀价值理念。价值具有历史继承性，中国的社会主义核心价值观尤其如是。中华民族具有优秀的传统文化，其人文精神和社会见识包含着丰富而独特的优秀价值取向，是中国人对其文化身份、民族身份和社会身份认同的根据，使中国人的精神生活、精神境界和精神享受具有鲜明的民族特色，为社会主义核心价值观建设提供了优秀价值资源。一方面，传统文化中的优秀价值理念具有普遍意义和持久生命力，包含着有利于人生存发展的优秀精神价值因而具有鲜明的当代性，可以为社会主义核心价值观所吸收，另一方面，中华优秀传统文化确立了从中国特有的人文精神理解社会主义核心价值观的视角。

只有从人的发展入手理解社会主义核心价值观，才能全面、深刻地把握社会主义核心价值观的当代性。

社会主义核心价值观的当代性集中体现在与社会主义初级阶段的国情相适应。近几年来，我们确立的社会主义核心价值观与社会主义初级阶段的价值定位既有内在关联也有一定的距离。关联在于：它代表着社会主义初级阶段价值观发展的本质要求和发展方向。社会主义初级阶段虽然只具有初级阶段的社会主义特征，但性质上却已经是社会主义，因而其主导性的价值取向必须是社会主义的，必须反映社会主义价值观消灭剥削、消除两极分化、最终达到共同富裕，并促进人的发展的本质要求。区别在于：在社会主义初级阶段，仍然存在着市场经济，这是当代中国社会主义初级阶段最基本的国情之一，这一国情决定了在我国社会中仍然存在着私有经济、存在着剥削，人们之间、人与社会之间的利益并不完全一致，因而在价值取向上又要体现社会发展现实的、阶段性的目标，如实现社会公平。实现社会公平之所以是体现社会主义价值取向的阶段性目标，是因为实现社会公平是市场经济追求的目标。实现社会公平之所以是体现社会主义价值取向的阶段性目标，还因为对公平可以做出多种理解，例如可以采用其最低层次的“底线”含义即规则公平，而规则公平在市场经济体制或资本主义制度下也能得到实现。同样的道理，民主、文明、自由、平等、公正、法治等价值也具有阶段性的特点。同时应当看到，对这些价值不仅可以做出低层次的解释，也可以做出高层次的理解。所谓高层次理解，就是从人的发展要求来理解。还以社会公平为例，除了规则公平之外，还有起点公平和结果公平，这两种含义正是对公平做出的高层次理解，因为它们内在地包含着消灭剥削、消除两极分化、最终达到共同富裕的价值诉求。正因为如此，自由、平等、公正这些价值可以纳入社会主义核心价值观，成为其重要的组成部分。

如前所述，社会主义初级阶段价值观建设的理想状态是价值观多元一体。就当代中国特色社会主义社会而言，多元就是多种价值并存，一体就是社会主义核心价值观占据主导地位。要达到这种状态，必须反思和借鉴以往价值观建设的经验和教训。长期以来，我们在价值多元的环境中虽然十分注重包括主流价值观在内的意识形态的宣传和教育，但毋庸讳言的是，所宣传和教育的价值观并未转化为全社会普遍遵循的价值观念，其所以如此，既有客观方面的原因又有主观方面的原因。客观方面的原因，是市场经济导致利益多元化及各利益主体的金钱至上和逐利取向。主观方面的原因，从价值建构上看主要有两点，一是所倡导的价值观比较僵化、保守，往往从抽象的社会主义规定出发，未能基于市场经济的现实，未能面对市场经济的问题，与政策制定脱节甚至南辕北辙，未能体现市场经济条件下价值的先进性和现实性的统一。二是未能建构起历史观层面的总体价值，从根基上透彻地说明社会理论、政策和人们行为的合理性及其根据，与之相关，价值取向经常因时因事而变，缺乏稳定性，缺乏一以贯之的持续性，缺乏价值定力和价值信度，从而使人们在价值取向上无所适从。“理论只要说服人，就能掌握群众；而理论只要彻底，就能说服人。”[①]价值取向要为人们信服，既要能彻底地、

① 《马克思恩格斯选集》第1卷，人民出版社2012年版，第9—10页。

不加掩饰地说明现实和生活，又要能在理论逻辑上自圆其说。只有彻底的、能说服人的价值观才能成为社会的主流价值观，才能为人们广泛信奉和遵从。当社会真正从观念到制度全面确立社会主义核心价值观并且社会主义核心价值观被普遍接受和践行之时，就是现代文明和现代价值理念深入人心之际，当然也就是社会各群体、各阶层形成并普遍拥有共同价值之日，这也将是一个真正的价值观多元一体的时代。

社会主义核心价值观的当代性同时意味着它的世界性。纵观社会主义核心价值观的主要内容可见，它们既是适用于世界的，也是有利于世界的。社会主义核心价值观的世界性有两层含义：一是以人类社会发展的共同文明成果为基础。社会主义核心价值观吸收了人类文明的有益成果，特别是吸收了人类优秀的普遍价值的核心内容，正如有学者所指出的，“社会主义核心价值观必须具有‘人类意识’、全球视野和整体精神。……改革开放以来，在全球化、信息化、智能化背景下，中国正是吸纳了科学、民主、自由、平等、法治、人权、和平、发展、效率等先进文明成果和‘人类共同价值’，提出并积极倡导建设‘和谐世界’的‘共同价值’理想，才更好地向世界开放，融入了世界，取得了改革开放和中国特色社会主义建设的伟大成就。”[①]因此，社会主义核心价值观建设应当自觉处理好与人类优秀价值取向的关系，特别是要强化与人类优秀价值取向的联系，充分体现人类共同价值的精神、代表人类共同价值的发展方向。二是社会主义核心价值观的内容具有世界意义。中国不仅有历史悠久的优秀传统价值，而且有世界上最大规模的社会主义实践，社会主义核心价值观的内容既汲取了人类优秀的普遍价值，又是对中国源远流长的优秀文化和价值的传承和升华，同时还概括了中国特色社会主义实践经验，纳入了中国特色社会主义建设中培育的社会主义价值观的核心内容，因而其价值取向具有世界的意义，可以为构建“人类共同价值”提供有益的思想资源。

---

① 孙伟平：“人类共同价值”与“人类命运共同体”，《湖北大学学报》（哲学社会科学版）2017年第6期，第7页。

社会主义核心价值观与“人类共同价值”是相互联系、相互作用、辩证统一的，培育社会主义核心价值观既要体现并彰显中国特色、中国风格和中国气派，继承中国传统核心价值观的精髓，又要吸纳全人类共同的文明成果和“人类共同价值”，彰显“人类意识”、全球视野和整体精神，将特殊性和普遍性、民族性和世界性有机统一起来，建构既体现人类共同价值又有中国特色的、能为其他国家和民族自觉地借鉴和吸收的先进价值。

第八章　唯物史观的价值取向与科学认识

唯物史观之所以被称为完整严密的社会历史观，被列宁誉为科学思想中的最大成果，就在于它实现了科学认识和价值取向的统一。唯物史观的完整性在于，既包含着对社会历史的科学认识，也包含着优秀的价值取向；唯物史观的严密性在于，对社会历史的科学认识与优秀的价值取向是密切相关、相互促进的：科学认识支撑价值取向，价值取向引导科学认识。

一、唯物史观是完整的社会历史观

唯物史观是科学的社会历史观，确立了科学的社会历史的宏观解释框架，包含着对社会历史的科学认识。

马克思、恩格斯创立的唯物史观破天荒地提出了关于社会历史的科学认识，确立了关于社会历史的宏观解释框架，对社会的结构及其各部分之间的关系，对历史发展的动力、机制、规律做出了科学的说明。马克思在《〈政治经济学批判〉序言》中对这一开创性的工作做出了如下的概括："我所得到的、并且一经得到就用于指导我的研究工作的总的结果，可以简要地表述如下：人们在自己生活的社会生产中发生一定的、必然的、不以他们的意志为转移的关系，即同他们的物质生产力的一定发展阶段相适合的生产关系。这些生产关系的总和构成社会的经济结构，即有法律的和政治的上层建筑竖立其上并有一定的社会意识形式与之相适应的现实基础。物质生活的生产方式制约着整个社会生活、政治生活和精神生活的过程。不是人们的意识决定人们的存在，相反，是人们的社会存在决定人们的意识。社会的物质生产力发展到一定阶段，便同它们一直在其中运动的现存生产关系或财产关系(这只是生产关系的法律用语)发生矛盾。于是这些关系便由生产力的发展形式变成生产力的桎梏。那时社会革命的时代就到来了。随着经济基础的变更，全部庞大的上层建筑也或慢或快地发生变革。……无论哪一个社会形态，在它们所能容纳的全部生产力发挥出来以前，是决不会灭亡的；而新的更高的生产关系，在它存在的物质条件在旧社会的胎胞里成熟以前，是决不会出现的。所以人类始终只提出自己能够解决的任务，因为只要仔细考察就可以发现，任务本身，只有在解决它的物质条件已经存在或者至少是在生成过程中的时候，才会产生。”[①]这是马克思本人对唯物史观内涵最精辟的表述，直接体现着他对唯物史观意义的理解，即唯物史观是关于社会历史的科学认识。正是基于这一理解，恩格斯反复强调唯物史观是一个伟大的发现，具有重要的认识意义，正如他在《反杜林论》中所说，“新的事实迫使人们对以往的全部历史做一番新的研究，结果发现：以往的全部历史，都是阶级斗争的历史；这些互相斗争的社会阶级在任何时候都是生产关系和交换关系的产物，一句话，都是自己时代的经济关系的产物；因而每一时代的社会经济结构形成现实基础，每一个历史时期由法律设施和政治设施以及宗教的、哲学的和其他的观点所构成的全部上层建筑，归根到底都是应由这个基础来说明的。这样一来，唯心主义从它的最后的避难所中，从历史观中被驱逐出来了，唯物主义历史观被提出来了，用人们的存在说明他们的意识而不是像以往那样用人们的意识说明他们的存在这样一条道路已经找到了。”[②]在《马克思墓前的讲话》中，他更是认为“正像达尔文发现有机界的发展规律一样，马克思发现了人类历史的发展规律，即历来为繁芜丛杂的意识形态所掩盖着的一个简单事实：人们首先必须吃、喝、住、穿，然后才能从事政治、科学、艺

---

① 《马克思恩格斯选集》第3卷，人民出版社2012年版，第2页。

② 《马克思恩格斯选集》第3卷，人民出版社2012年版，第401页。

术、宗教等等；所以，直接的物质的生产资料的生产，从而一个民族或一个时代的一定的经济发展阶段，便构成基础，人们的国家设施、法的观点、艺术以至宗教观念，就是从这个基础上发展起来的，因而，也必须由这个基础来解释，而不是像过去那样做得相反。"[①]揭示了唯物史观科学认识上的伟大意义。恩格斯在其晚年的一系列书信中，在坚持上述基本原则的基础上辩证地说明了社会存在和社会意识、经济基础和上层建筑的关系，创造性地丰富了唯物史观的基本原理，使其对社会历史的认识更加完整准确。正是因为确立了关于社会历史的宏观解释框架，海德格尔认为唯物史观比其他历史学优越，萨特认为"历史唯物主义对历史做出了唯一合理的解释"，[②]"马克思主义的力量和宝贵之处，在于它曾是整体性阐述历史过程的最激进的尝试"[③]，马克思主义"仍然是我们时代的哲学：它是不可超越的，因为产生它的情势还没有被超越。"[④]

唯物史观是合理的社会历史观，包含着对社会历史的合理期望，确立了以人的解放和发展为核心的价值取向。

马克思、恩格斯创立唯物史观不是为了纯学术地分析研究社会生活和历史发展，而是为了深刻地揭示社会发展的动力、机制和规律并运用于分析和批判资本主义制度，实现人的彻底解放和自由全面发展。确立优秀的价值取向，是马克思、恩格斯创立唯物史观的又一重要贡献，这集中体现在他们继承并超越了欧洲历史上优秀的价值观，提出了人的彻底解放和自由全面发展的价值目标，分析了资本主义社会人的异化现象及其根源，展开了对资本主义制度和资本逻辑系统、深刻的批判，指明了无产阶级乃至全人类解放的现实途径。

马克思曾对自己创立唯物史观的动机和社会历史研究的价值立场做出过详尽、生动的说明。他在回忆莱茵报时期的经历及思想转变过程时指出，"1842—1843 年间，我作为《莱茵报》的编辑，第一次遇到要对所

---

① 《马克思恩格斯选集》第 3 卷，人民出版社 2012 年版，第 1002 页。
② 萨特：《辩证理性批判》，安徽文艺出版社 1998 年版，第 21 页。
③ 萨特：《辩证理性批判》，安徽文艺出版社 1998 年版，第 27 页。
④ 萨特：《辩证理性批判》，安徽文艺出版社 1998 年版，第 28 页。

谓物质利益发表意见的难事。莱茵省议会关于林木盗窃和地产分析的讨论，当时的莱茵省总督冯·沙培尔先生就摩泽尔农民状况同《莱茵报》展开的官方论战，最后，关于自由贸易和保护关税的辩论，是促使我去研究经济问题的最初动因。另一方面，在善良的'前进'愿望大大超过实际知识的当时，在《莱茵报》上可以听到法国社会主义和共产主义的带着微弱哲学色彩的回声。我曾表示反对这种肤浅言论，但是同时在和《奥格斯堡总汇报》的一次争论中坦率承认，我以往的研究还不容许我对法兰西思潮的内容本身妄加评判。我倒非常乐意……从社会舞台退回书房。"[①]为了解决使自己苦恼的疑问，他继续进行研究，得出了关于社会历史的科学的认识，创立了唯物史观。马克思在这里谈到了他研究经济问题进而创立了唯物史观的动机：要对所谓物质利益发表意见，反对在此问题上错误的肤浅言论，解答关系到劳动人民切身利益的社会现实问题。由此可见，他从社会退回到书房，就是为了解答他还无力解答的社会现实问题。在马克思的自述以及后人的论述中，《莱茵报》时期是一个重要的转折点，因为他在这一时期中走出"象牙塔"进入到现实社会，直接观察到了底层大众生活的困苦，切身感受到社会制度的不公正，并始怀疑黑格尔国家决定市民社会，"人们必须崇敬国家，把它看做地上的神物"[②]的观点，开始思考市民社会与国家的关系，得出了"家庭和市民社会都是国家的前提，它们才是真正活动着的；而在思辨的思维中这一切却是颠倒的。"[③]"政治国家没有家庭的自然基础和市民社会的人为基础就不可能存在。"[④]的认识，找到了未来理论研究的切入点，开始创立唯物史观。

正如前文所指出的，马克思、恩格斯社会历史研究中的价值取向集中体现在对资本主义的批判中，因为"资本主义生产过程，在联系中加以考察，或作为再生产过程加以考察时，不仅生产商品，不仅生产剩余

---

① 《马克思恩格斯选集》第2卷，人民出版社2012年版，第1—2页。
② 黑格尔：《法哲学原理》，商务印书馆1961年版，第285页。
③ 《马克思恩格斯全集》第3卷，人民出版社2002年版，第10页。
④ 《马克思恩格斯全集》第3卷，人民出版社2002年版，第12页。

价值，而且还生产和再生产资本关系本身：一方面是资本家，另一方面是雇佣工人。”[①]在《1844年经济学哲学手稿》中，马克思深刻地剖析和尖锐地批判了资本主义劳动异化，包括劳动者同他的劳动产品的异化，劳动者同他的劳动活动的异化，劳动者同他的类本质的异化，以及劳动中人与人的关系的异化，指出了工人在自己的劳动中不是肯定自己，而是否定自己，不是感到幸福，而是感到不幸，不是自由地发挥自己的体力和智力，而是使自己的肉体受折磨、精神遭摧残的悲惨现实。在《共产党宣言》中，他和恩格斯揭露了个人的悲惨境遇，包括劳动异化即“工人变成了机器的单纯的附属品”[②]，受资本家剥削即“花在工人身上的费用，几乎只限于维持工人生活和延续工人后代所必需的生活资料”[③]，受奴役即在工厂里“受着各级军士和军官的层层监视”[④]，以及在生活中受到“资产阶级中的另一部分人——房东、店主、当铺老板等等”[⑤]的剥削。在《资本论》中，马克思公开地声明了自己“决不用玫瑰色描绘资本家和地主的面貌”[⑥]的价值立场，并一针见血地指出，“资本来到世间，从头到脚，每个毛孔都滴着血和肮脏的东西”[⑦]，揭示了资本主义生产过程中的异化现象，对资本家对工人的剥削和压迫做出了坚决地批判。这些深刻的分析和尖锐的批判表明，马克思对资本主义和资本家的描述绝不是价值无涉的，而是冷峻的、严厉的、否定的，其中包含着鲜明的价值诉求，这就是对资本主义的尖锐批判和对工人阶级的深切同情，就是消灭资本主义不公正的社会现象和社会制度，使劳动者真正成为劳动的主人和劳动成果的所有者。

基于上述价值立场，马克思、恩格斯确立了消灭私有制、消灭剥削、实现共同富裕，使人民生活得幸福美好，以及追求民主、自由、公

① 《马克思恩格斯文集》第5卷，人民出版社2009年版，第666—667页。
② 《马克思恩格斯选集》第1卷，人民出版社2012年版，第407页。
③ 《马克思恩格斯选集》第1卷，人民出版社2012年版，第407页。
④ 《马克思恩格斯选集》第1卷，人民出版社2012年版，第407页。
⑤ 《马克思恩格斯选集》第1卷，人民出版社2012年版，第408页。
⑥ 《马克思恩格斯选集》第2卷，人民出版社2012年版，第83—84页。
⑦ 《马克思恩格斯文集》第5卷，人民出版社2009年版，第871页。

正等社会主义和共产主义的价值诉求，并将其归结为人的彻底解放和自由全面发展的目标。人的彻底解放和自由全面发展价值取向蕴含着马克思主义的一切价值诉求，是其根本的出发点和最高目标，它是唯物史观的价值取向，是唯物史观的理论旨归。

马克思、恩格斯确立了人的自由全面发展的目标，提出了个人的全面发展、个人的独创的和自由的发展、个人向完整的个人的发展的目标，并从不同角度谈到对自由发展、全面发展内涵的理解，包括人全面地发展自己的一切能力，人的个性的确立、丰富和发展，人的社会关系的全面发展等。他们明确了人的发展的主体，认为人的发展的"人"是个人，并且是"每一个个人"，人的发展归根结底体现为"每一个个人"即一切个人的发展。人的发展价值取向既继承了人类以往优秀的价值，又扬弃并超越了其局限，在价值观上实现了革命性变革，开启了人类优秀价值发展的新路向。

关于马克思、恩格斯在价值取向方面的工作和贡献，一些西方学者已有认识，麦克莱伦认为，"马克思在社会主义的理论和价值两方面都是思想巨人。"①美国学者保罗·斯威齐 1983 年 3 月在为《每月评论》撰写的题为《马克思逝世后一百年的马克思主义和革命运动》的社评中指出，马克思主义从一开始就具有两重性："一方面它是一门社会的和历史的科学，另一方面它是一个改变世界的纲领。"②伯特尔·奥尔曼则指出，"我倾向于将马克思主义看成是所有这四个方面——科学、批判、理想和革命策略——的一种不寻常的、可能是惟一的结合，从而把马克思本人看成是一位科学家、批判家、理想家和革命家，而这四个方面又总是相辅相成的。"③奥尔曼所说的这四个方面归结起来就是科学认识和价值取向。

我们认为，对于唯物史观来说，价值取向与科学认识一样是不可或

① 麦克莱伦：《马克思传》，中国人民大学出版社 2006 年版，第 487－488 页。

② 顾海良：《马克思与世界》，中国人民大学出版社 2018 年版，第 73 页。

③ 奥尔曼：《辩证法的舞蹈——马克思方法的步骤》，高等教育出版社 2006 年版，第 3 页。

缺的，从某种意义上说，价值取向比科学认识更加具有普遍性和生命力，正如纳齐奥·斯隆所说："宣称社会主义理论的'科学性'越大，这些理论的生命也就越短暂，但是社会主义的价值将是永恒的。理论和价值之间的区别没有被充分地认识，但是这种区别是根本性的。依靠一套理论，一个人可以创建一个学派；但是依靠一套价值，一个人可以创建一种文化、一种文明、一种共同生活的新方式。"①这一说法虽然有明显的片面性，但其合理之处在于看到了价值取向的普遍性和生命力。

从理论逻辑看，唯物史观是科学认识与价值取向相统一的社会历史观，它既注重从物质条件和社会关系来解释历史，也注重人们改变社会的历史主动性和创造性。在我国当代，一方面，经济社会和文化事业取得了重大进步，人的主动性和创造性显著增强，人的发展成为社会生活的主题；另一方面，社会发展不平衡的问题凸显，社会公平缺失、消费主义盛行、传统价值失落等价值问题严峻。这两方面因素的出现使价值取向和价值选择较以往任何时代都更加重要也更为迫切。为了提升唯物史观解释当代社会价值问题、引领社会发展的能力，回答并解决制约人的发展的深层次问题，为了克服对唯物史观的片面理解，应当进一步强化人的发展价值取向在唯物史观中的地位，使唯物史观真正成为科学认识与价值取向相统一的、完整严密的社会历史观。

作为完整严密的社会历史观，唯物史观是科学认识与价值取向相统一的一体两翼的理论。在唯物史观理论中，科学认识与价值取向是相辅相成、相互支撑的，价值取向要以科学认识为基础，科学认识要以价值取向为导向。

二、科学认识支撑价值取向

在唯物史观中，价值取向以科学认识为基础，对社会历史的正确认识是确立合理的价值观的前提。恩格斯在《反杜林论》中指出，为了使社

① 麦克莱伦：《马克思传》，中国人民大学出版社 2006 年版，第 486—487 页。

会主义变为科学，就必须首先把它置于现实的基础之上。这里的潜台词是，以往的社会主义学说只是确立了社会主义的价值取向而未能确立社会主义的科学认识，因而把“社会主义”置于现实的基础之上实际上指的是把“社会主义价值取向”置于现实的科学认识的基础之上，这正是他和马克思创立科学社会主义理论所做的主要工作。社会主义理论如此，唯物史观理论亦然，同样是将人类优秀价值置于了现实的、科学认识的基础之上。

如前所述，从古希腊到近代，西方哲人确立了一系列优秀的价值取向，其中最有代表性的是启蒙思想和人道主义以及康德的目的论，这些理论将人类价值提升到现代的层次，马克思、恩格斯在前人的基础上做了两项工作，一是批判继承了其价值取向而创立了人的发展理论，这一点上文已有详述。二是将其置于了科学历史观的基础之上。

近代人道主义、启蒙思想以及康德的目的论，虽然重新发现了人并将人的价值提升到现代的层次，却存在着明显的缺陷，因为他们的价值取向不是从历史事实中提出的，而仅仅是基于理性的构想和逻辑的推论。例如人道主义和启蒙思想对人类价值的肯定就是基于人性论的假定。如卢梭的人性论，他认为，人之所以具有与生俱来的生命权和自由权，是因为人具有“自我保存”（自爱）和“怜悯心”（怜悯同类）两种本性，一方面，人最先意识到并最为关注的是自我保存，这是自然法的第一要义，另一方面，人对于自己的同类受苦有一种天生的同情，即人天性中有一种怜悯心。又如康德的目的论，就是基于逻辑的推论，他认为“在我们假定世界的东西，在其真正的存在看来都是有所依靠的，而作为这样的东西，它们就需要一个按照目的而行动的最高目的。这个时候，人就是创造的最后目的。”①而“在全部被造物之中，人所愿欲的和他能够支配的一切东西都只能被用作手段；唯有人，以及与他一起，每一个理性的创造物，才是目的本身。”②因此，人就是最后目的，具有最高的价值。

---

① 康德：《判断力批判》下卷，商务印书馆1964年版，第100页。

② 康德：《实践理性批判》，商务印书馆1999年版，第95页。

马克思主义人的发展价值取向则不然，马克思、恩格斯提出人的发展理念、要求和目标固然是基于道义，基于他们追求人类幸福的理想，但更是基于对社会历史发展规律和趋势的科学认识，基于对资本主义社会现实的批判。应当看到，人的发展的每一项内容都是针对资本主义社会人的生存状况“反其道而行之”提出的，都有其深刻的现实根据。以人的“自由全面发展”为例。所谓“自由全面发展”，完全是针对资本主义社会中人生存面临的问题提出的，这些问题主要是：受剥削、受奴役，成为资本增值的工具，变成机器的简单附属品，工人不能不如同其他任何货物一样把自己零星出卖，他们不仅是资产者阶级的奴隶，不仅是资产阶级国家的奴隶，并且他们每日每时都受机器、受监工，首先是受各本厂厂主资产者本人的奴役。正是针对工人劳动和生存的这种异化状态，他们提出了对人的发展的理解。所谓“自由全面发展”，是指人从不合理的社会关系中解放出来，充分地发挥、展示并提升自己的能力，即人的活动超越了生存的需要，可以自由地选择活动领域，在活动中展示自己的能力、情感和审美，发挥自己的创造性，既发展体力更发展人的智力，增强自己的主体性，完善人格，满足自我实现的需要；所谓“自由全面发展”，又是指人的个性的确立、丰富和发展，即人的个性不再受到限制和压抑，而是得到充分的展示，从而个人的自由和创造力得以不断提升；所谓“自由全面发展”，还是指人的社会关系的全面发展，即克服了人与人之间社会关系的异化，将人的关系还给人自身，人的各种社会关系如经济、政治、道德、交往等关系的充分丰富和展开，人活动的范围得到充分的拓展。综上可见，正是对社会历史发展的科学认识，将人的发展价值取向建立在现实的基础之上。

基于科学的历史观从而对社会现实的科学认识，马克思、恩格斯还揭示了人的发展的社会条件，指明了人的发展的现实途径。唯物史观的科学认识告诉我们，人是社会的人，实现人的解放和发展既有赖于高度发达的生产力，也有赖于合理的、公平正义的经济和政治制度，因此实现人的彻底解放和自由全面发展的现实途径是解放和发展生产力，满足人民的生活需要，是消灭私有制、改变不合理的社会制度从而消灭剥削、消除两极分化、实现共同富裕，是实现民主、自由、公正，在经济、政治和社会生活所有领域消除人与人之间的一切不平等。正是基于对人的发展社会条件和现实途径的理解，他们明确提出要推翻那些使人成为被侮辱、被奴役、被遗弃和被蔑视的东西的一切关系，对现存的一切进行无情的批判，使人的世界和人的关系回归于人自身，彻底揭露旧世界，积极建立新世界。并提出无产阶级在掌握国家政权后要“尽可能快地增加生产力的总量。”①

唯物史观的价值取向都是建立在科学认识的基础之上的。以马克思主义的群众史观为例。群众史观是科学认识与价值取向的统一。马克思主义确立的一切为了群众的价值取向，不仅是基于对劳苦大众的同情，还具有深刻的认识根源，是科学认识支撑价值取向的典范。

群众史观包含着相互关联的两层含义，即一切为了人民，一切依靠人民，即如马克思、恩格斯在《共产党宣言》中所指出的，“过去的一切运动都是少数人的，或者为少数人谋利益的运动。无产阶级的运动是绝大多数人的，为绝大多数人谋利益的独立的运动。”②这两层含义分别属于认知和价值的范畴。“一切为了人民”这是一个价值判断，所表达的是一种价值取向，即人们的行为以及社会运行的价值目标，这一目标是判断人们行为以及社会运行合理性（合目的性）的标准。“一切依靠人民”则是一个认知判断，即人民群众是历史的创造者，只有人民群众才是推动历史发展的动力，基于这一判断，无产阶级解放不能寄希望于少数杰出人物，而必须依靠人民群众，即人民群众必须自己解放自己。我们在看到两层含义差异的同时又应当看到，二者是内在关联的。其所以要“一切为了人民”，是因为“一切依靠人民”，因为人民群众是历史的创造者，对历史发展起着最大的作用。《共产党宣言》的这一段论述，开始将“一切依靠群众”（无产阶级的运动是绝大多数人的运动）这一建立在人民群

---

① 《马克思恩格斯选集》第1卷，人民出版社2012年版，第421页。

② 《马克思恩格斯选集》第1卷，人民出版社2012年版，第411页。

众是历史创造者科学认识基础上的判断与“一切为了群众”(无产阶级的运动是为绝大多数人谋利益的运动)的价值取向直接相关联，将群众史观的价值取向建立在科学历史观的基础之上。

至于对人民群众是历史的创造者的肯定，则与马克思、恩格斯对历史是人的活动史的理解密切相关。恩格斯在《路德维希·费尔巴哈和德国古典哲学的终结》指出，研究历史不能停留于人们的思想动机，而应当寻找思想动机背后的物质动因，而这个“动机”“与其说是个别人物，即使是非常杰出的人物的动机，不如说是使广大群众、使整个整个的民族，并且在每一民族中间又是使整个整个阶级行动起来的动机；而且也不是短暂的爆发和转瞬即逝的火光，而是持久的、引起重大历史变迁的行动。……这是能够引导我们去探索那些在整个历史中以及个别时期和个别国家的历史中起支配作用的规律的唯一途径。”①这实际上是认为，社会发展规律是和大多数人的活动及其思想动机内在关联的。依据这一逻辑，推进社会发展必须尊重社会发展的规律，因而必须尊重人民的活动及其动机，尊重人民群众的首创精神。

在《宣言》中，马克思、恩格斯还依从这一逻辑对无产阶级历史作用和地位做出了充分的肯定。他们对无产阶级的肯定(认为无产阶级是最革命的阶级)，主要不是出于同情，而是基于科学的认识，基于无产阶级在推动历史发展和社会进步中的作用。他们认为，“在当前同资产阶级对立的一切阶级中，只有无产阶级是真正革命的阶级。其余的阶级都随着大工业的发展而日趋没落和灭亡，无产阶级却是大工业本身的产物。”②这就是说，无产阶级的先进性不在于其他的特质，例如贫穷，而在于代表着先进的生产力，是先进生产力的创造者。简言之，生产力是社会发展的最终决定力量，所以无产阶级是最先进的阶级。

综上可见，群众史观是在唯物史观基础上提出的，是唯物史观的重要组成部分。马克思、恩格斯所以在价值取向上主张一切以人民的利益

---

① 《马克思恩格斯选集》第4卷，人民出版社2012年版，第255—256页。

② 《马克思恩格斯选集》第1卷，人民出版社2012年版，第410—411页。

为依归，就是因为他们认识到人民群众是历史的创造者，即：物质资料的生产和再生产是整个历史的基础，而人民群众是物质资料的生产和再生产的主体，并且还是社会精神财富的创造者，是推动历史变革的决定力量。代表最广大人民群众的根本利益、充分肯定人民群众的创造精神是唯物史观的本质特征，是唯物史观区别于其他社会历史观的显著标志。

三、价值取向引导科学认识

在唯物史观中，科学认识以价值取向为导向，确立合理的价值取向有助于对社会历史的正确认识。

马克思、恩格斯一贯强调社会历史理论研究要注重立场、观点和方法，立场在这里是根本性的因素、是基础、是出发点。立场既包括核心的认知理念，也包括核心的价值理念，唯物史观的创立和研究就是如此。唯物史观核心的价值理念就是追求人的彻底解放和自由全面发展，这是马克思、恩格斯社会历史研究的起点，也是他们社会历史研究的归宿。历史事实表明，马克思、恩格斯从不以社会历史中立的观察者和评论者自居，而是自视为改变世界(社会)的实践者和责任担当者，因而他们的社会历史研究绝非价值中立地、外在地探究和描述社会历史演进过程，而是为了内在地干预历史进程，始终体现着对人的彻底解放和自由全面发展的深切关注。

纵观唯物史观的形成过程，对社会历史的科学认识既是以历史和现实为基础，以正确反映事实为前提，又是以追求人的解放和发展为导向。唯物史观作为社会历史的认识，并非社会历史过程和现象消极被动的反映，而是对社会历史现象及其本质和规律积极的探索。马克思、恩格斯毕生致力于认识社会，就是为了有效地改变社会，使社会制度更加合理，更有利于人的生存和发展。历史上和他们同时代的诸多思想家的社会历史理论之所以未能正确、深入地揭示社会发展的机制、规律和趋势，除了社会条件的限制和认识方法的失误外，一个重要原因就是缺乏对人类命运的深度关怀，缺乏正确的价值导向。马克思、恩格斯的社会历史认识的目的和使命，就是要通过改造世界实现人的解放和发展，正如他们所明确指出的，哲学家只是以不同的方式解释世界，而问题是改变世界。对实践的唯物主义者即共产主义者来说，全部问题都在于使现存世界革命化，实际地反对并改变现存的事物。价值引领在马克思的社会历史研究中十分明显，正如乔纳森·沃尔夫所说，“事实上，马克思在其生涯中很早就预言了共产主义的到来，至少是在1843年，即在他提出其历史理论的主要线索的前几年。换句话说，他的预言最初不是来自他的理论，相反，他的历史理论倒是为了支持他自己做出的预言而设计的。”[①]这一说法虽然过于绝对，但却指出了马克思社会历史研究价值在先、价值引领的事实，也指出了唯物史观的科学理论是其价值取向科学支撑的事实。

这里涉及的一个重要问题是，社会发展规律如何与理想的社会目标关联起来？虽然唯物史观认为社会中占统治地位的思想是由经济基础决定的，然而“不管马克思的理论怎样使人非相信不可，或者相反，但到目前为止仍有一个问题不是很清楚，这就是它与共产主义的出现的思想有什么关系。人们相信到现在为止所讲的一切，然而对共产主义的可能性却没有任何看法，这种情况不可能吗？”[②]经济基础是通过怎样的环节导向人们的思想、转变为人的愿望和动机的？为什么同样的经济基础会转变为不同的愿望和动机？我们认为，这种转变的中介因素之一就是价值取向。

唯物史观从创立之始就体现着深度的价值关怀和追求，这一点在叙述马克思、恩格斯文本中的唯物史观价值取向时，以及在本章论述马克思对资本主义批判的价值取向诉求时已有充分的展示。然而问题在于，

① 乔纳森·沃尔夫：《当今为什么还要研究马克思》，高等教育出版社2006年版，第80页。

② 乔纳森·沃尔夫：《当今为什么还要研究马克思》，高等教育出版社2006年版，第45—46页。

为什么包括唯物史观价值取向在内的马克思主义的价值立场却常常被人们所忽视？究其原因，既有经典作家自己的因素，又有后人的误解。

马克思、恩格斯的社会历史研究具有鲜明的道德（价值）立场，但这些立场似乎又不太为他们本人所强调，甚至他们还反对从伦理出发论证社会主义。这就引出了一个问题：马克思、恩格斯的社会历史研究及其理论是否秉持道德（价值）立场，或者说道德（价值）立场在他们社会历史研究及其理论中居于怎样的地位？

关于马克思社会历史研究中的价值因素的作用及其地位，向来存在着不同的看法，有一种比较流行的观点认为，马克思对资本主义的批判和对社会主义的设想是基于科学认识而不是基于道德立场，并就此认定马克思忽视价值取向，其主要理由就是他一贯反对伦理社会主义并慎言公平、正义等价值观念或对其不以为然。这显然是一个有待辨析的问题。

在科学社会主义创立之前，的确存在着仅仅从伦理道德出发谈论社会主义的学说，其典型的代表就是伦理空想社会主义和“真正的”社会主义。伦理空想社会主义和“真正的”社会主义的根本缺陷在于，未能以对社会历史的科学认识为基础，未能认识资本主义社会发展的规律和趋势，未能将社会主义建立在现实的基础之上。因此，马克思主义根本上不同于伦理空想社会主义或“真正的”社会主义。他们坚决反对仅仅从道德出发理解社会主义，反对离开科学认识谈论价值取向，明确指出“共产主义者根本不进行任何道德说教”①。他们的这种态度集中体现在对伦理空想社会主义或“真正的”社会主义的批判中。

伦理空想社会主义是欧洲 16—19 世纪出现的一种社会主义理论，代表人物为摩莱里和马布利等。他们将社会主义建立在抽象人性论和功利主义基础之上，认为只有顺应人的本性生活才是幸福的，人类幸福和社会生活的目的就是追求道德的善。他们谴责私有制带来的贪婪自私和道德堕落，主张以道德的手段改造私有制、建立理想的新社会，并认为

---

① 《马克思恩格斯全集》第 3 卷，人民出版社 1960 年版，第 275 页。

这一目标必须通过恢复人的理性、运用道德手段培养有道德的新人来实现。19世纪40年代德国的"真正的"社会主义者赫斯、格律恩和克利盖等人，从抽象的人性论出发，鼓吹人类普遍的"爱"，宣扬用人类之爱来实现社会主义，抹杀阶级矛盾，他们把英法的社会主义文献同德国的唯心主义、人道主义任意地联系起来，宣称负有向全世界揭示社会主义真理的使命。马克思、恩格斯尖锐地指出，"真正的"社会主义者主张以人类之爱来实现社会主义。"以美文学的词句代替了科学的认识，主张靠'爱'来实现人类的解放，而不主张用经济改革生产的办法来实现无产阶级的解放，一句话，它沉溺在令人厌恶的美文学和泛爱的空谈中了，"[①]"他们不代表真实的要求，而代表真理的要求，不代表无产者的利益，而代表人的本质的利益，即一般人的利益，这种人不属于任何阶级，根本不存在于现实界，而只存在于云雾弥漫的哲学幻想的太空。"[②]他们歪曲共产主义在欧洲各国的真正的历史发展，对于这种发展一无所知，污蔑无产阶级的阶级斗争是一种野蛮的破坏倾向，他们把宗法式的小土地私有制理想化，主张无代价地把土地平均分配给穷人，把无产者变为小生产者，认为"每一个穷人，一旦保证他有从事生产劳动的可能，他立刻就变成人类社会有用的成员。"

马克思、恩格斯对伦理社会主义的批判还体现在对费尔巴哈"抽象的爱"的批判中。恩格斯指出，费尔巴哈的社会批判诉诸于"抽象的爱"，"直接地而不是间接地在我和你之间的爱中寻找自己的真理"[③]，"赞美新的爱的宗教"[④]。他通过将费尔巴哈与黑格尔在善恶对立研究上的比较指出，费尔巴哈"同黑格尔比起来也是很肤浅的。"[⑤]他还揭示了费尔巴哈宣扬"抽象的爱"的阶级局限性和现实危害："在费尔巴哈那里，爱随时随地都是一个创造奇迹的神，可以帮助他克服实际生活中的一切困

---

① 《马克思恩格斯选集》第4卷，人民出版社2012年版，第229页。
② 《马克思恩格斯选集》第1卷，人民出版社2012年版，第427页。
③ 《马克思恩格斯选集》第4卷，人民出版社2012年版，第240页。
④ 《马克思恩格斯选集》第4卷，人民出版社2012年版，第242页。
⑤ 《马克思恩格斯选集》第4卷，人民出版社2012年版，第243页。

难，——而且这是在一个分裂为利益直接对立的阶级的社会里。这样一来，他的哲学中的最后一点革命性也消失了，留下的只是一个老调子：彼此相爱吧！不分性别、不分等级地互相拥抱吧，——大家都陶醉在和解中了！”①

然而应当指出的是，马克思、恩格斯坚决反对“伦理社会主义”，反对仅仅从道德出发理解社会主义，并不等于他们对资本主义的批判和对社会主义的主张中没有伦理原则和道德追求。罗伯特·韦尔就对人们的这一误解做出过澄清。

罗伯特·韦尔在《作为道德哲学家的马克思》中认为，“马克思是一位努力理解世界的启蒙思想家，他致力于为一个更好的世界——很大程度上是在道德上更好的世界——而改变世界。马克思对经济增长感兴趣，主要是因为它为一个更人性化的，也是在道德上更好的社会提供了重要的基础。”“马克思确实具有道德原则，有时他会谴责那些违反原则的人。正如上文所指出的，马克思没有进行道德说教，但这并不说明他不宣扬道德。他反对只用道德语言进行说教却忽视了道德的其他用法，而不是反对道德原则本身。”他提出的例证是，“据马克思所见，资产阶级的剥削是‘掠夺’，而工厂主只是将工人当做机器的附属品，正如他在《资本论》中所声称的那样。这一看法从任何角度听起来都像是道德谴责。在这里，马克思采用道德立场并做出了道德指责。”“从少数人是资本所有者的角度来看，社会应当建立普遍的自由。通过废除生产资料的私人所有权，通过使它们成为‘自由的和联合的劳动的工具’，共产主义可以显著地改变自由的平衡。共产主义不会产生新的自由原则，而是在这个词总会被人们理解的意义上扩展了自由的意义。”

他同意科恩的看法，即“马克思试图表明英国资本主义是建立在不正义的基础上的。这个观点认为资本家所做的事情是不道德的。在科恩看来，‘马克思主义者认为，资本主义本身是不正义的……而这样的论述需要道德论证而不是历史论证’。”他在此基础上进一步指出，“这是很

① 《马克思恩格斯选集》第4卷，人民出版社2012年版，第246页。

难想象的——尝试起来也是错误的——马克思主义将缺失平等、自由、博爱或共同体等清晰的道德原则。对马克思来说，道德原则在任何地方对国际上的任何人和任何国家都是普遍适用的。马克思反对鼓吹道德和道德说教，尤其反对道德错位，但他坚持‘简单的道德和正义的准则’。”①罗伯特·韦尔上述观点的中心思想是，马克思从来就不是什么“道德哲学家”，但他无疑是有伦理原则和道德追求的哲学家。

毋庸置疑，马克思反对伦理社会主义的要义是反对仅仅从伦理道德的角度批判资本主义并论证社会主义，例如他对资本主义的批判就不仅仅是基于道德立场，其理解的社会主义不是或主要不是基于伦理道德，因为马克思对资本的批判从而对社会主义的论证根本上是基于资本运动自身的规律，基于资本主义生产方式本身包含的自我否定的辩证法，基于资本主义发展的历史必然性，但并不能由此断定他没有价值立场。有一种观点认为，马克思、恩格斯认为道德是建立在一定社会经济基础上的社会意识形态或思想上层建筑，是由社会物质条件特别是经济关系决定的并为其服务，本质上是社会经济关系的反映，因而他们不承认“善良意志”等抽象的道德原则。我们认为，马克思、恩格斯的确反对离开社会经济条件抽象地谈论道德原则，不承认道德原则是先天的、一成不变的，但这并不意味着他们否认普遍性的道德原则，更不意味着他们的理论没有价值立场。

马克思、恩格斯社会历史理论的价值取向最突出地体现在对资本的批判中。在资本主义社会中，资本运动的逻辑中内在地包含着价值取向的因素，整个生产、贸易和消费活动最主要的甚至唯一的目标是资本增殖，而资本增殖的唯一途径就是占有工人的劳动，剥削工人的剩余价值，这正是资本逻辑的实质所在。马克思、恩格斯对资本的批判包括对资本家剥削工人的非正义性的批判，对工人因劳动异化而丧失人性和自由的批判，对资本家追求金钱的拜物教的批判，以及对工具理性遮蔽价值理性而导致人的生存片面化的批判等，都包含着马克思鲜明的价值诉

---

① 罗伯特·韦尔：《作为道德哲学家的马克思》，《社会科学辑刊》2016年第5期

求和情感，其中不乏尖锐、辛辣的用词。

在《1844年经济学哲学手稿》中，马克思揭露和批判了异化劳动现象，即工人生产的财富越多，他的产品的力量和数量越大，他就越贫穷。工人创造的商品越多，他就越变成廉价的商品。物的世界的增值同人的世界的贬值成正比。“劳动对工人来说是外在的东西，也就是说，不属于他的本质；因此，他在自己的劳动中不是肯定自己，而是否定自己，不是感到幸福，而是感到不幸，不是自由地发挥自己的体力和智力，而是使自己的肉体受折磨、精神遭摧残。……他的劳动不是自愿的劳动，而是被迫的强制劳动。因此，这种劳动不是满足一种需要，而只是满足劳动以外的那些需要的一种手段。劳动的异己性完全表现在：只要肉体的强制或其他强制一停止，人们就会像逃避鼠疫那样逃避劳动。……他的活动属于别人，这种活动是他自身的丧失。”①“人(工人)只有在运用自己的动物机能——吃、喝、生殖，至多还有居住、修饰等等——的时候，才觉得自己在自由活动，而在运用人的机能时，觉得自己只不过是动物。动物的东西成为人的东西，而人的东西成为动物的东西。”②马克思揭露和批判异化劳动的原因就在于“在资本主义社会，我们的类本质的两个方面都被异化了”③。

在《共产党宣言》中，马克思、恩格斯进一步揭示了资本对人的统治，尖锐地指出了资本对人的个性的侵害：“在资产阶级社会里，活的劳动只是增殖已经积累起来的劳动的一种手段。在共产主义社会里，已经积累起来的劳动只是扩大、丰富和提高工人的生活的一种手段。因此，在资产阶级社会里是过去支配现在，在共产主义社会里是现在支配过去。在资产阶级社会里，资本具有独立性和个性，而活动着的个人却没有独立性和个性。”④他们在此基础上明确指出，“现代的资产阶级私有制是建立在阶级对立上面、建立在一些人对另一些人的剥削上面的产品

① 《马克思恩格斯文集》第1卷，人民出版社2009年版，第159页。

② 《马克思恩格斯文集》第1卷，人民出版社2009年版，第160页。

③ 乔纳森·沃尔夫：《当今为什么还要研究马克思》，高等教育出版社2006年版，第27页。

④ 《马克思恩格斯选集》第1卷，人民出版社2012年版，第415页。

生产和占有的最后而又最完备的表现。从这个意义上说，共产党人可以把自己的理论概括为一句话：消灭私有制。”[①]马克思在《人口、犯罪率和赤贫现象》中指出：“这种一方面扩大自己财富但贫困现象又不见减少，而且犯罪率甚至增加得比人口数目还快的社会制度内部，一定有某种腐朽的东西。”[②]他在回应一些人对巴黎公社的忧虑时坚定地指出“是的，先生们，公社是想要消灭那种将多数人的劳动变为少数人的财富的阶级所有制。它是想要剥夺剥夺者。它是想要把现在主要用做奴役和剥削劳动的手段的生产资料，即土地和资本完全变成自由的和联合的劳动的工具，从而使个人所有制成为现实。”[③]

马克思在《资本论》中尖锐地指出，资本来到世间，从头到脚，每个毛孔都滴着血和肮脏的东西，他还肯定了“一旦有适当的利润，资本就胆大起来。如果有10%的利润，它就保证到处被使用；有20%的利润，它就活跃起来；有50%的利润，它就铤而走险；为了100%的利润，它就敢践踏一切人间法律；有300%的利润，它就敢犯任何罪行，甚至冒绞首的危险”[④]的说法。他揭示了资本主义制度的罪恶，对资产阶级和资本逻辑做出了坚决地批判，认为，“使生产者转化为雇佣工人的历史运动，一方面表现为生产者从农奴地位和行会束缚下解放出来；对于我们的资产阶级历史学家来说，只有这一方面是存在的。但是另一方面，新被解放的人只有在他们被剥夺了一切生产资料和旧封建制度给予他们的一切生存保障之后，才能成为他们自身的出卖者。而对他们的这种剥夺的历史是用血和火的文字载入人类编年史的。”[⑤]“在资本主义制度内部，一切提高社会劳动生产力的方法都是靠牺牲工人个人来实现的；一切发展生产的手段都变成统治和剥削生产者的手段，都使工人畸形发展，成为局部的人，把工人贬低为机器的附属品，使工人受劳动的折磨，从而

① 《马克思恩格斯选集》第1卷，人民出版社2012年版，第414页。

② 《马克思恩格斯全集》第13卷，人民出版社1962年版，第551页。

③ 《马克思恩格斯选集》第3卷，人民出版社2012年版，第102—103页。

④ 《马克思恩格斯文集》第5卷，人民出版社2009年版，第871页。

⑤ 《马克思恩格斯选集》第2卷，人民出版社2012年版，第291页。

使劳动失去内容，并且随着科学作为独立的力量被并入劳动过程而使劳动过程的智力与工人相异化。”[①]“资本主义生产不仅是商品的生产，它实质上是剩余价值的生产。工人不是为自己生产，而是为资本生产。……这种生产关系把工人变成资本增殖的直接手段。所以，成为生产工人不是一种幸福，而是一种不幸。”[②]“血和肮脏的东西”“血和火的文字”等辛辣的用词表明：这里的确没有中性的研究，而是具有鲜明的价值诉求，体现了马克思对工人阶级的深切同情和对资本主义社会中阶级剥削和阶级压迫的严厉谴责。

在《社会主义从空想到科学的发展》和《反杜林论》中，恩格斯叙述了马克思揭示的资本家剥削工人剩余价值的秘密：无偿劳动的占有是资本主义生产方式和通过这种生产方式对工人进行的剥削的基本形式；即使资本家按照劳动力作为商品在商品市场上所具有的全部价值来购买他的工人的劳动力，他从这劳动力榨取的价值仍然比他为这劳动力支付的要多；这种剩余价值归根到底构成了有产阶级手中日益增加的资本量由以积累起来的价值总量。“资本主义的生产形式和交换形式日益成为生产本身所无法忍受的桎梏；这些形式所必然产生的分配方式造成了日益无法忍受的阶级状况，造成了人数越来越少但是越来越富的资本家和人数越来越多而总的说来处境越来越恶劣的一无所有的雇佣工人之间的日益尖锐的对立；最后，在资本主义生产方式内部所造成的、它自己不再能驾驭的、大量的生产力，正在等待着为了有计划地合作而组织起来的社会去占有，以便保证而且是以不断增长的规模来保证全体社会成员都有生存和自由发展其才能的手段。”[③]在《哥达纲领批判》中，马克思预测了在共产主义高级阶段“个人奴隶般地服从分工的情形将会消失”的前景。

基于以上论述，一方面，应当肯定马克思、恩格斯对资本主义的批判和对社会主义的设想具有鲜明的伦理原则和价值追求，正如马尔库塞

---

① 《马克思恩格斯选集》第 2 卷，人民出版社 2012 年版，第 289 页。

② 《马克思恩格斯选集》第 2 卷，人民出版社 2012 年版，第 236 页。

③ 《马克思恩格斯选集》第 3 卷，人民出版社 2012 年版，第 529 页。

所指出的，“对于马克思来说，无产者首先是把其体力花费和消耗在劳动过程中的体力劳动者，即使他是用机器工作的。在非人的条件下，为剩余价值的私人占有而购买和使用劳动者的体力，产生了种种令人震惊的残酷剥削；马克思主义谴责这种给身体带来痛苦和不幸的劳动。”①另一方面，又应看到马克思、恩格斯的伦理原则和价值追求与“伦理空想社会主义”和“真正的”社会主义等的相同之处和本质差别。二者的相同之处在于价值取向的指向上具有一致性或相似性，都是以人为目的，或者为着人的解放。二者的本质差别在于，“伦理空想社会主义”和“真正的”社会主义等把社会主义看成是一种抽象的道德观念，认为社会主义的目标是“道德完美”，回避甚至反对在现实中改造资本主义制度、消灭私有制。此外他们的价值诉求是提高人们的道德修养，而马克思主义的价值诉求则是消灭资本主义制度在内的一切私有制，实现人的彻底解放和自由全面发展。这也就回答了马克思、恩格斯对资本主义的批判为什么不直接诉诸于伦理道德或价值取向的问题，正如 M. 迈尔所指出的，“没有任何一种哲学像马克思主义哲学那样，如此紧密地与实践意向交织在一起——马克思主义哲学将现实关系的改变确立为阐释目标。然而，马克思根本没有构思和意识到‘道德科学’，或以任何方式被表征为道德科学。”②

在唯物史观的创立和发展过程中，人的解放和发展的价值渗透和价值引领尤其明显。

这首先体现在研究领域的设置上。唯物史观的研究领域完全是围绕着人的解放和发展来设定的。恩格斯认为，唯物史观揭示了社会发展的本质和规律，这是马克思的第一个伟大发现，而马克思、恩格斯之所以致力于揭示社会发展本质和规律，就是为了揭示资本主义制度灭亡的趋势、论证社会主义的历史必然性、寻找无产阶级从而人类解放的现实途径，全部唯物史观乃至于马克思、恩格斯全部社会历史研究都是围绕着

---

① 马尔库塞：《单向度的人》，上海译文出版社 2006 年版，第 24 页。

② 王凤才：《重新发现马克思》，人民出版社 2015 年版，第 179 页。

这一主题来进行的。如果我们把本书第二章"'原生态'唯物史观中的价值取向"的内容做一个概括性的梳理，就可以看到其中的理论逻辑：追求人类的幸福、每个人的自由全面发展——实现无产阶级从而全人类的解放——对专制制度和资本主义制度的批判——揭示资本主义制度必然灭亡和社会主义必然胜利的趋势——揭示社会发展的本质和规律。

其次又体现在研究材料的选取和理论论证上。马克思、恩格斯唯物史观研究中的取材总是有明显的目的指向性或倾向性，《资本论》研究中经济材料的选取就是一个代表。在理论论证上，价值渗透和价值引领体现得尤为明显。马克思、恩格斯对历史人物和事件等的研究就是如此，他们对人和事的评价总是结合客观事实和评价者的主体价值尺度来进行。一方面，以客观冷静科学的态度对人和事做出实事求是的分析和叙述，另一方面又在此基础上对其做出价值的评价，特别是涉及不同阶级的需要和利益，因而往往从事实中看到不同的意义。仍以《资本论》为例。劳动力买卖市场被资产阶级经济学家视为"天赋人权的真正乐园"，马克思则在这个"乐园"的背后看到了悲惨的景象："劳动力的买和卖是在流通领域或商品交换领域的界限以内进行的，这个领域确实是天赋人权的真正伊甸园。"①"一离开这个简单流通领域或商品交换领域，……就会看到，我们的剧中人的面貌已经起了某些变化。原来的货币占有者作为资本家，昂首前行；劳动力占有者作为他的工人，尾随于后。一个笑容满面，雄心勃勃；一个战战兢兢，畏缩不前，像在市场上出卖了自己的皮一样，只有一个前途——让人家来鞣。"②这里天壤之别的评价无疑涉及了价值立场特别是阶级立场。正是无产阶级的价值立场即阶级立场，激励并驱使马克思以站在地狱入口处的勇气，根绝一切犹豫，积几十年之功对资本主义生产关系做出了条分缕析的研究，揭露了资本家剥削工人的秘密，揭示了资本主义制度灭亡的趋势，指明了社会发展的方向，设定人的自由全面发展的目标。

以上两节的论述表明，唯物史观科学认识与价值取向是相辅相成、

① 《马克思恩格斯文集》第5卷，人民出版社2009年版，第204页。

② 《马克思恩格斯文集》第5卷，人民出版社2009年版，第205页。

相互支撑的。为此，既要注重唯物史观科学认识和价值取向各自的特点、地位和作用，又要注重二者之间的内在关联和相互作用。

把握唯物史观是科学认识与价值取向的辩证关系具有重要的现实意义。随着中国特色社会主义进入新的时代，我国社会主要矛盾已经转化为人民日益增长的美好生活需要和不平衡不充分的发展之间的矛盾。不平衡发展与不充分的发展是两种相互区别又相互关联的矛盾，与之相关，解决两种矛盾的方式既有区别又有联系。不平衡发展要通过进一步解放和发展生产力来解决，不充分的发展则要通过进一步促进社会公平来解决。从唯物史观的层面看，前者应注重社会发展的合规律性，要以对社会历史的科学认识为基础，后者应注重社会发展的合目的性，要以对社会历史的价值取向为导向。在现实中，两方面问题的解决既是统一的，都是为着满足人民日益增长的美好生活需要，同时也会发生矛盾，例如在一定条件下会面临公平与效率孰先孰后、孰轻孰重的矛盾等。解决这些问题，必须注重科学认识与价值取向的统一：以解决不充分的发展为基础，继续以经济建设为中心，提升经济发展质量，促进经济增长；以解决不平衡的发展为导向，坚持以人民为中心的发展思想，促进社会公平，使改革发展成果惠及全体人民。

第九章　价值取向建构与对历史发展的新理解

以往的唯物史观对社会历史一系列基本问题做出了唯物主义的论述，充分体现了历史观研究上的科学性。价值取向的建构将增加唯物史观社会历史解释的价值之维，引发对历史发展问题的新理解，使唯物史观对社会历史的解释更加全面且更加合理。

一、对社会基本矛盾的新理解

唯物史观价值取向的当代建构有助于重新理解历史观的基本问题，构建社会基本矛盾的新解说。

既有的唯物史观认为，历史观的基本问题是社会存在和社会意识的关系问题，即社会存在决定社会意识还是社会意识决定社会存在？由于对社会存在与社会意识关系的不同理解而划分出唯物史观和唯心史观。

根据唯物史观的理解，社会存在是指社会的物质生活过程，其核心是物质资料的生产方式，社会意识是指社会的精神生活过程，包括社会心理和社会意识形式，二者的关系总起来说就是：一方面，社会存在是第一性的，社会存在决定社会意识，是社会意识内容的客观来源。社会意识是社会物质生活过程及其条件的主观反映，是人们社会实践的产物，随着社会存在的发展而相应地发生变化并发展。另一方面，社会意识反映并反作用于社会存在。社会意识具有相对独立性，它在反映社会存在的同时，还遵循着自己特有的发展形式和规律。此外，社会意识对社会存在具有能动的反作用，先进的社会意识对社会存在的发展起积极的促进作用，落后的社会意识对社会存在的发展起消极的阻碍作用，会制约社会历史发展的进程。

对于社会存在与社会意识的关系，马克思、恩格斯主要强调的是前者决定后者，其中最具代表性的表述，即"物质生活的生产方式制约着整个社会生活、政治生活和精神生活的过程。不是人们的意识决定人们的存在，相反，是人们的社会存在决定人们的意识。"①"唯物主义历史观从下述原理出发：生产以及随生产而来的产品交换是一切社会制度的基础；在每个历史地出现的社会中，产品分配以及和它相伴随的社会之划分为阶级或等级，是由生产什么、怎样生产以及怎样交换产品来决定的。所以，一切社会变迁和政治变革的终极原因，不应当到人们的头脑中，到人们对永恒的真理和正义的日益增进的认识中去寻找，而应当到生产方式和交换方式的变更中去寻找；不应当到有关时代的哲学中去寻找，而应当到有关时代的经济中去寻找。"②对于社会意识的反作用以及社会存在和社会意识决定和反作用之间的关系，却并无专门的、展开的论述。但众所周知的是，他们对经济基础与上层建筑的关系做出了深入系统的探讨。为此，我们可以从他们对经济基础与上层建筑辩证关系的论述中反观他们对社会存在和社会意识之间决定作用和反作用辩证关系的理解。

对于经济因素的决定作用和上层建筑的反作用之间的关系，恩格斯曾有系统的论述。他在《致康拉德·施米特》的书信中指出，"物质存在方式虽然是始因，但是这并不排斥思想领域也反过来对物质存在方式起作用，然而是第二性的作用"。③ 肯定了物质存在方式是人类社会存在和发展的"始因"亦即原始的起因和决定性因素，同时指出"思想领域"即社会意识对物质存在方式具有反作用，并且认为这种反作用是第二性的作

① 《马克思恩格斯选集》第2卷，人民出版社2012年版，第2页。

② 《马克思恩格斯选集》第3卷，人民出版社2012年版，第654—655页。

③ 《马克思恩格斯选集》第4卷，人民出版社2012年版，第598页。

用，而非决定性的作用。他在《致约瑟夫·布洛赫》的书信中指出，“根据唯物史观，历史过程中的决定性因素归根到底是现实生活的生产和再生产。无论马克思或我都从来没有肯定过比这更多的东西。如果有人在这里加以歪曲，说经济因素是唯一决定性的因素，那么他就是把这个命题变成毫无内容的、抽象的、荒诞无稽的空话。”[①]也就是说，他虽然肯定经济归根到底是历史发展的决定性因素，但却反对“经济因素是唯一决定性的因素”的片面观点。在此基础上他还进一步指出，“经济状况是基础，但是对历史斗争的进程发生影响并且在许多情况下主要是决定着这一斗争的形式的还有上层建筑的各种因素。”[②]“这里表现出这一切因素间的相互作用，而在这种相互作用中归根到底是经济运动作为必然的东西通过无穷无尽的偶然事件……向前发展。”[③]肯定上层建筑在历史进程中的作用，认为经济运动是通过无穷无尽的偶然事件向前发展的，因此影响历史发展的还有上层建筑的各种因素，虽然它对历史进程的影响往往只是决定着斗争的形式。在《致瓦尔特·博尔吉乌斯》的书信中则又指出，“经济关系不管受到其他关系——政治的和意识形态的——多大影响，归根到底还是具有决定意义的，它构成一条贯穿始终的、唯一有助于理解的红线。”[④]

马克思认为社会生活本质上是实践的，历史并非存在于人的活动之外，根据这一理解，历史不仅仅是物质条件的发展史，社会发展的动力、机制和规律只有在实践中才能得到合理的解释。从实践的观点看，物质条件不只是人们活动既定的前提和基础，也是人们以往活动的结果以及未来活动超越的对象。人的活动与物质条件的关系绝不是后者单方面地决定前者，而是相互作用的：一方面，在任何时代，物质条件和关系都构成为人的活动的基础，从而构成为未来社会发展的基础，另一方面，任何时代的物质条件和关系又是以往人们活动的结果，并将是未来

① 《马克思恩格斯选集》第4卷，人民出版社2012年版，第604页。
② 《马克思恩格斯选集》第4卷，人民出版社2012年版，第604页。
③ 《马克思恩格斯选集》第4卷，人民出版社2012年版，第604页。
④ 《马克思恩格斯选集》第4卷，人民出版社2012年版，第649页。

人们活动改变的对象。正如马克思、恩格斯所说，“历史的每一阶段都遇到一定的物质结果，一定数量的生产力总和，人和自然以及人与人之间在历史上形成的关系，都遇到有前一代传给后一代的大量生产力、资金和环境，尽管一方面这些生产力、资金和环境为新的一代所改变，但另一方面，它们也预先规定新的一代的生活条件，使它得到一定的发展和具有特殊的性质。”①

在这里，我们看到恩格斯思想上的一个内在的矛盾或纠结：既要充分肯定上层建筑的作用，又要将其置于被决定的、次要的地位。对社会意识的理解亦复如此，既要肯定社会意识的作用又要将其置于被决定的、次要的地位。那么，应当如何解决这一矛盾？我们认为，解决这一矛盾可以从对社会存在的重新理解入手，而问题的核心在于，明确“社会存在”不同于“自然存在”，它对于人及其活动并没有先在性，而是人的活动的产物。就此而言，社会存在与人的活动的关系是，它制约人的活动，是人的活动的前提条件而又不断为人的活动所改变和超越，从而形成未来人的活动的新的前提条件和超越对象，因为社会存在是由人创设的，又会通过人的行为而改变。根据这一理解，所谓决定作用和反作用的区分只能是就历史的某一阶段而言的，而并非具有发生学的意义。

以往在表述唯物史观的基本观点时，对于物质因素和物质关系与人们动机的关系做出了单向度的理解，只强调物质因素和物质关系对人的活动的制约性，而忽视动机对人们行为乃致社会运行所起的作用，在论及社会发展的动力、机制和规律时，或是否认动机的作用，或是将其置于边缘的、被决定的位置，例如在论述生产力在社会发展中的最终决定作用时，虽然指出了“生产力是人们‘以往活动的产物’，‘是人们实践能力的结果’，……生产力不是超历史的预成的实体，而是人的实践活动的产物，具有属人的性质”②，但是在论述社会发展的根本动力时，又回避甚至否定人的活动及其背后的意识的决定性作用和地位。这就出现了

① 《马克思恩格斯选集》第1卷，人民出版社2012年版，第172页。

② 肖前、李秀林、汪永祥：《历史唯物主义原理》，人民出版社1991年版，第99页。

一个矛盾：既认为社会生活在本质上是实践的，“整个所谓世界历史不外是人通过人的劳动而诞生的过程，是自然界对人来说的生成过程”①，肯定人的实践是历史的基础，社会历史是建立在实践基础之上的，又否认在实践背后决定着实践内容和方式的动机和意识在历史发展中的决定作用和定位。

这里就引发了一个问题：唯物史观之“唯物”究竟是何含义，特别是，唯物史观之“唯物”是否意味着否定人的主观意识在社会发展中的决定作用？我们认为，唯物史观之唯物，就在于它不仅承认主观因素在社会发展中的作用（如一些唯心史观那样），也承认物质因素和关系在社会发展中的作用，而不在于它仅仅承认物质因素和关系在社会发展中的作用并否定主观因素在社会发展中的作用。也就是说，承认物质因素和物质关系对人的活动的制约性并不意味着否认人的动机在社会发展中的作用，因为物质因素和关系的作用与人的主观因素在社会发展中的作用是相辅相成而非相互排斥的。

更透彻地说，一方面，唯物史观对人们行为的解释不停留于他们的动机，而是要求进一步探求这些动机背后的原因，即这些动机由以产生的客观的物质条件和社会关系，并将物质生产发展状况看作是决定该社会关系体系的根源，认为离开物质的即经济的原因解释人类历史，便难以正确理解价值观在人类社会中的地位和作用，也无从把握价值观作为社会存在反映的实质以及它们的演变和发展的原因及其过程。另一方面，唯物史观又承认动机的作用，承认价值因素对人们行为的影响。在唯物史观看来，“生产力具有属人性。生产力不是空洞无物的抽象范畴，也不是具有独立人格意志的超历史的存在物。它不是存在于人的活动之外，而是存在于人的活动之中；它是在人的劳动中形成的、人能够直接掌握的力量。人是生产力的主体。”②唯物史观不是经济决定论，更不同于机械决定论，它本质上是既肯定经济因素的最终决定作用，又承认上

① 《马克思恩格斯文集》第1卷，人民出版社2009年版，第196页。

② 肖前、李秀林、汪永祥：《历史唯物主义原理》，人民出版社1991年版，第99页。

层建筑诸因素反作用的辩证的历史观。恩格斯晚年的书信对这种辩证的历史观做出了清晰的阐述。

二、对历史发展动力的新理解

唯物史观价值取向的当代建构有助于重新理解历史发展的动力，构建历史发展动力的新解说。

通常认为，生产力是社会发展的最终动力，因为生产力发展归根到底决定生产关系的变化，进而决定上层建筑的变化，是社会制度从而社会形态变革的最终原因。然而有待深究的是，生产力的发展本身是否有动力，其动力又是什么？我们认为，生产力既然会变化发展，当然就有推动其发展的动力，这个动力就是人。

生产力包括生产工具、生产对象、生产者以及科学技术等，其中生产者是最活跃的因素。何为"最活跃"？就是永远地变动不居、超越现状。生产者是最活跃的因素，就意味着生产力中其他因素是因它的变动而变动，也就意味着作为生产者的人的活动、人改造对象的实践是生产力发展的原始动力，从而是社会发展的最终动力。

对于这一点，马克思、恩格斯在《德意志意识形态》中曾有过论述，他们指出，"全部人类历史的第一个前提无疑是有生命的个人的存在。因此，第一个需要确认的事实就是这些个人的肉体组织以及由此产生的个人对其他自然的关系。"[①]"我们首先应当确定一切人类生存的第一个前提，也就是一切历史的第一个前提，这个前提是：人们为了能够'创造历史'，必须能够生活。但是为了生活，首先就需要吃喝住穿以及其他一些东西。因此第一个历史活动就是生产满足这些需要的资料，即生产物质生活本身，而且，这是人们从几千年前直到今天单是为了维持生活就必须每日每时从事的历史活动，是一切历史的基本条件。"[②]这两段话

---

① 《马克思恩格斯选集》第1卷，人民出版社2012年版，第146页。

② 《马克思恩格斯选集》第1卷，人民出版社2012年版，第158页。

讲述的道理是：历史有赖于人的存在，人要生存就必须有生活资料，自然界不能提供人所需的生活资料，所以人要改变自然，进行物质资料的生产和再生产。由此可见，生产力的形成和发展都是基于人的生存和发展需要，人生存和发展的需要及其引起的人的活动是生产力从而社会发展原始动力。乔纳森·沃尔夫在一定意义上看到了这一点，因而他认为"马克思的最重要的思想是，人类历史从本质上讲是人的生产能力发展的历程。我们人类与绝大多数动物不同的地方就在于，我们改造自然以生产我们所想和所需的东西。"①

在生产力的其他因素中，生产工具和科学技术是人发明创造的。马克思曾指出："自然界没有制造出任何机器，没有制造出机车、铁路、电报、走锭精纺机等等。它们是人类劳动的产物，是变成了人类意志驾驭自然的器官或人类在自然界活动的器官的自然物质。"②工具是科学的物质表现，正如马克思所指出的，科学技术一旦渗透和作用于生产过程中，便成为现实的、直接的生产力。现代科学技术发展的特点和现状告诉我们，科学技术特别是高新技术，正以越来越快的速度向生产力诸要素全面渗透，同它们融合。下面将要指出，劳动对象也是人活动的产物，是被人纳入其活动领域、为人的活动所直接作用、改变的自然物。

诚然，人们在历史过程中的活动及其作用是在一定社会条件基础上进行和实现的，但这些条件和关系却并非先在于整个人类就存在，而是人们以往的活动创造的。对此马克思曾从不同角度做出过透彻的论述，明确指出，"自古以来'条件'就是这些人们的条件；如果人们不改变自身，而且如果人们即使要改变自身而在旧的条件中又没有'对本身的不满'，那么这些条件是永远不会改变的。"③人们周围的感性世界是人世世代代活动的结果，"历史的每一个阶段都遇到一定的物质结果，一定的生产力总和。"④因而"这种活动、这种连续不断的感性劳动和创造、这种

---

① 乔纳森·沃尔夫：《当今为什么还要研究马克思》，高等教育出版社 2006 年版，第 41 页。

② 《马克思恩格斯全集》第 31 卷，人民出版社 1998 年版，第 102 页。

③ 《马克思恩格斯全集》第 3 卷，人民出版社 1960 年版，第 440 页。

④ 《马克思恩格斯选集》第 1 卷，人民出版社 2012 年版，第 172 页。

生产，正是整个现存的感性世界的基础，它哪怕只中断一年，费尔巴哈就会看到，不仅在自然界将发生巨大的变化，而且整个人类世界以及他自己的直观能力，甚至他本身的存在也会很快就没有了。”①

的确，马克思曾断定手推磨和蒸汽磨与不同社会形态之间具有直接对应的关系，认为“随着新生产力的获得，人们改变自己的生产方式，随着生产方式即谋生的方式的改变，人们也就会改变自己的一切社会关系。手推磨产生的是封建主的社会，蒸汽磨产生的是工业资本家的社会。”②并认为社会经济形态的发展是一种自然史的过程。从表面上看，这一说法似乎是单向度地强调物质条件决定人的活动，其实不然。马克思这里强调工具的作用本质上正是强调(以往的)人的活动的作用，而使用“自然史的过程”则意在强调社会史与自然史总趋势上的相似性，强调人的活动结果不完全以人的意志为转移的特点，并不是将社会过程等同于自然过程。因为，他在肯定生产力发展水平与社会形态之间对应关系的同时，亦曾认为“新生产力的获得”本身就是人活动的结果，并对其中的辩证关系做出了精辟的阐释：“人们不能自由选择自己的生产力——这是他们的全部历史的基础，因为任何生产力都是一种既得的力量，是以往的活动的产物。可见，生产力是人们应用能力的结果，但是这种能力本身决定于人们所处的条件，决定于先前已经获得的生产力，决定于在他们以前已经存在，不是由他们创立而是由前一代人创立的社会形式。后来的每一代人都得到前一代人已经取得的生产力并当作原料来为自己新的生产服务，由于这一简单的事实，就形成人们的历史中的联系，就形成人类的历史，这个历史随着人们的生产力以及人们的社会关系的越益发展而越益成为人类的历史。”③事实上，不仅前一代人已经取得的生产力是后一代人活动的基础，而且前一代人创建的社会结构，包括经济、政治、法律制度以及全部社会关系和社会意识，都构成为下一

① 《马克思恩格斯选集》第1卷，人民出版社2012年版，第157页。
② 《马克思恩格斯选集》第1卷，人民出版社2012年版，第222页。
③ 《马克思恩格斯选集》第4卷，人民出版社2012年版，第408—409页。

代人活动的基础。

这就是说，物质条件以及社会关系对于人的"先在性"是相对的，是相对于特定时代的人们而言的。一定的生产工具与一定的社会形态的对应关系，并不意味着物质条件单方面地决定人或人在社会发展中完全处于被动的地位，因为工具实质上就是人的本质力量的对象化，是物化的知识或智力。毫无疑问，自然界本身并没有产生出"手推磨"或"蒸汽磨"，这些"磨"都是人的活动创造的。从这个层面看，生产工具对人的制约性本质上正是人以往活动及其结果对他们未来活动的制约性。更透彻地说，制约或决定人的活动的客观因素直接地或者现象地看是生产力、生产关系等物质条件和关系，间接地或者本质地看则归根到底是人们以往的活动。将历史仅仅理解为物质条件和关系运动过程的看法，必然会导致见"物"不见"人"的偏颇。因为在这种理解中，人及其作用被弱化、被边缘化了，人仅仅成了历史进程中被决定的对象，处于被动的地位，只是在某些具体环节(如作为生产力要素之"劳动者"时)具有一定的主动性。这种理解显然有悖于历史什么事情也没有做、人们自己创造自己的历史，以及"在一切生产工具中，最强大的一种生产力是革命阶级本身"[①]的事实。

生产力是人们活动的产物，是社会发展的根本动力，因而从归根结底的意义上说，社会历史是人的活动史，历史观之对"社会历史"的研究本质上就是对"人"的研究，是对人的动机和行为及其规律和机制的研究，作为对社会历史的根本观点和总的看法的历史观，既要追求社会历史发展的合规律性进而追求历史理论的正确性，也要追求社会历史发展的合目的性问题进而追求历史理论的合理性。

对于历史本质上就是人的活动史，恩格斯曾从社会运动不同于自然运动的特点上做出说明，认为"社会发展史却有一点是和自然发展史根本不相同的。在自然界中(如果我们把人对自然界的反作用撇开不谈)全是没有意识的、盲目的动力，这些动力彼此发生作用，而一般规律就表

① 《马克思恩格斯选集》第1卷，人民出版社2012年版，第274页。

现在这些动力的相互作用中。在所发生的任何事情中，无论在外表上看得出的无数表面的偶然性中，或者在可以证实这些偶然性内部的规律性的最终结果中，都没有任何事情是作为预期的自觉的目的发生的。相反，在社会历史领域内进行活动的，是具有意识的、经过思虑或凭激情行动的、追求某种目的的人；任何事情的发生都不是没有自觉的意图，没有预期的目的的。"[①]"推动人去从事活动的一切，都要通过人的头脑，甚至吃喝也是由于通过头脑感觉到饥渴而开始，并且同样由于通过头脑感觉到饱足而停止。"[②]根据这一说明，正是因为渗透着人的动机等主体性因素，所以社会运动不同于自然运动。

一直以来，在唯物史观研究中对于动机的作用没有足够的重视和研究，威廉姆·肖就曾发现了这一缺憾，认为"目前很少有人认为：'唯物主义的'动机在马克思的历史理论中有什么地位。"[③]毫无疑问，这是现今唯物史观理论中一个显著的缺陷。究其原因，主要是对唯物史观一些基本原理做出了机械的、片面的理解，把社会存在决定社会意识、经济基础决定上层建筑原理片面化，把充分肯定动机在社会发展中的作用等同于唯心史观。诚然，历史上的唯心史观特别是唯意志论往往与无限夸大动机在社会发展中的作用，认为杰出人物的主观意志决定历史的方向和进程，但是，承认动机的作用并不等于无限夸大。所谓无限夸大，就是对社会历史发展原因的解释仅仅停留于动机而否认动机背后的动因即物质条件方面的原因。

动机与客观条件是互为前提、相互促进的，但问题在于，在动机与客观条件中何者是起点？何者是更加根本的因素？对这一问题可以从两个层面来理解。一是发生或起始意义上的。从发生的意义上来说，究竟是动机在先还是客观条件在先似乎是一个"先有鸡还是先有蛋"的问题，其实不然，追究起来还是有解的。我们认为，从追根究底的意义上说，

---

① 《马克思恩格斯选集》第 4 卷，人民出版社 2012 年版，第 253 页。

② 《马克思恩格斯选集》第 4 卷，人民出版社 2012 年版，第 238 页。

③ 威廉姆·肖：《马克思的历史理论》，重庆出版社 1989 年版，第 70—71 页。

应当是动机在先的，当原始人第一次拿起石头打磨石器，当他第一次拿起石器击打动物时，就开始了人类改造世界也改造自身的过程，而引发他(们)制造和使用工具的初始原因，就是满足某种需要的动机。从这个意义上说，满足需要的动机支配人的行为、导致行为的结果进而引起客观条件的变化。二是过程意义上的，即在具体、给定的现实生活和实践过程中，二者之间的因果关系是怎样的，是动机在先还是客观条件在先？这也是一个真实的问题，因为如何理解这一关系具有重要的现实意义。我们认为，在现实生活和实践过程中，二者是互为因果的关系，从某一个片段看，动机形成于客观条件的基础之上，而从另一个片段看，客观条件是在动机的支配下形成的，反之亦然，两者并无绝对不变的先后顺序。

这里的关键是对"客观条件"的理解。客观条件虽然是独立于人的客观存在，但却不是纯自然物。如只是纯自然物，当然对于人及其动机来说具有绝对的先在性，但作为人化自然则不然，人化自然是人活动的产物，打上了人的主观意识(动机)的烙印。客观条件是人化自然物。从物质资料生产的角度看，作为人们活动客观条件的人化自然物，主要是指生产资料中的生产工具和劳动对象，从人的生产的角度看，则是指维持劳动力再生产的生活资料。

生产工具是人活动的产物，一部物质生产发展的历史从一定意义上说就是生产工具演进的历史，这一点从人们划分历史时代的标志便可窥见端倪。划分历史时代可以采取不同的标志，唯物史观以社会形态特别是社会经济形态作为划分历史时代的标志，费尔巴哈以宗教的变迁作为划分历史时代的标志，当然还有以其他标志划分历史时代的做法，可谓见仁见智。然而各种历史理论在此问题上也有比较一致的或至少是相似的看法，即以生产工具作为划分历史时代的尺度，并以此为尺度断定，从人猿揖别到当今，人类依次经历了旧石器时代、新石器时代、青铜器时代、铁器时代、蒸汽机时代、电气时代、信息时代等。其所以在划分历史时期标志上有这种尺度上的趋同，是因为生产工具在历史发展中具有至关重要的作用，是生产力发展的客观标志，诚如马克思所说，“各种经济时代的区别，不在于生产什么，而在于怎样生产，用什么劳动资料生产。劳动资料不仅是人类劳动力发展的测量器，而且是劳动借以进行的社会关系的指示器。”①生产工具所以能成为标志历史时代的尺度，是因为它不是既成的、一成不变的，而是由人创造并不断改进和发展的，其中渗透着人的主观的因素，人的智慧，并在近代以来越来越渗透着科学技术的要素。马克思曾明确指出，生产力中也包括科学，社会劳动生产力，首先是科学的力量，劳动生产力是随着科学和技术的不断进步而不断发展的。他写道，“固定资本的发展表明，一般社会知识，已经在多么大的程度上变成了直接的生产力，从而社会生活过程的条件本身在多么大的程度上受到一般智力的控制并按照这种智力得到改造。”②“随着大工业的发展，现实财富的创造较少地取决于劳动时间和已耗费的劳动量，较多地取决于在劳动时间内所运用的作用物的力量，而这种作用物自身——它们的巨大效率——又和生产它们所花费的直接劳动时间不成比例，而是取决于科学的一般水平和技术进步，或者说取决于这种科学在生产上的应用。”③他还指出，大工业把巨大的自然力和自然科学并入生产过程，必然大大提高劳动生产率。近代以来，第一次工业革命开创了以机械代替手工劳动的机器大工业时代，第二次工业革命开创了电气时代，第三次工业革命开创了以信息技术、新能源技术、新材料技术、生物技术、空间技术和海洋技术等为标志的高新科技时代。当代生产力发展的事实表明，科学技术愈益成为现实的生产力，成为第一生产力。

劳动对象具有二重性，一方面，作为自然物的劳动对象是先于生产者而客观存在的，是人们用来实现自己的劳动、在其中展开劳动活动并借以生产出产品的材料，没有自然界，人们就什么也不能创造。另一方

① 《马克思恩格斯文集》第5卷，人民出版社2009年版，第210页。

② 《马克思恩格斯全集》第31卷，人民出版社1998年版，第102页。

③ 《马克思恩格斯全集》第31卷，人民出版社1998年版，第100页。

面，它又是由人来开拓的。正如马克思、恩格斯所说，劳动对象即人们“周围的感性世界决不是某种开天辟地以来就直接存在的、始终如一的东西，而是工业和社会状况的产物，是历史的产物，是世世代代活动的结果，其中每一代都立足于前一代所达到的基础上，继续发展前一代的工业和交往，并随着需要的改变而改变它的社会制度。甚至连最简单的‘感性确定性’的对象也只是由于社会发展、由于工业和商业交往才提供给他的。”①随着技术和科学的发展，纳入人的改造范围的自然物将越趋丰富，成为人们现实的劳动对象。

生活资料分为天然物和人造物两个部分。天然物主要包括阳光、空气和水以及禽兽、鱼介、草木、矿物等各种各样无机的和有机的天然生成之物，人造物则是人生存所需要的由人对天然物加工制造出来的物品。我们生活于其中的地球上的天然自然物是有限的，人造自然物则不然，科技和生产越发达，人们的需要越拓展，人造物的种类就越多，随着未来科技和生产的继续发展，人造的生活资料将会更加多样。

对客观物质条件中的生产资料(生产工具和劳动对象)和生活资料的辨析表明，客观物质条件既是人满足需要的基础，又是人形成新的需要、从事新的实践活动的基础。正如马克思所说：“生产不仅为需要提供材料，而且它也为材料提供需要。……消费对于对象所感到的需要，是对于对象的知觉所创造的。艺术对象创造出懂得艺术和能够欣赏美的大众，——任何其他产品也都是这样。因此，生产不仅为主体生产对象，而且也为对象生产主体。”②“消费生产出生产者的素质，因为它在生产者身上引起追求一定目的的需要。”③

人的社会行为即社会活动的进行既有客观方面的原因也有主观方面的原因。一般来说，在社会生活中，人做某件事情的想法和行为首先有赖于一定的客观条件，客观条件不具备，就不会有相应的想法和行为，

① 《马克思恩格斯选集》第1卷，人民出版社2012年版，第155页。
② 《马克思恩格斯选集》第2卷，人民出版社2012年版，第692页。
③ 《马克思恩格斯选集》第2卷，人民出版社2012年版，第692页。

如果有，也只能是幻想或空想。与之同时，人做某件事情的想法和行为又有赖于一定的主观条件，这就是动机，没有主观动机，即使具备了一定的客观条件，想法和行为也不会发生。动机是人从事社会活动的主观出发点和原因，但问题是，动机是怎样形成的？我们认为，动机作为主观意识，既取决于人的需要也取决于价值取向。价值取向与需要（欲望、利益）是构成人的动机的基本要素，价值取向或需要或二者的结合形成为人的动机。

动机的形成首先有赖于需要。需要是人自觉活动的出发点，人要有所为，必先有所欲，而人之所欲，则决定于他的需要，有需要才有动机，需要是人的自觉活动的动机之源。毋庸置疑，需要是实践发展的产物并受到社会条件的制约，然而，它却并非完全是实践或社会条件被动的体现。“需要是同满足需要的手段一同发展的，并且是依靠这些手段发展的。”①一定的需要形成并受制于一定的实践和社会条件，同时又必然具有超越该实践水平和社会条件所能满足的需要的内在要求和趋势。需要本质上具有一种不满足性，具有一种超越客体现状并从人的内在要求出发来把握和规范客体的指向性，这种指向性同与人相关的客体现状之间的矛盾，便成为主体动机从而成为主体能动性最深刻的根源。人们为之奋斗的一切，都同他们的利益有关。从追根究底的意义上说，社会发展的动力不在人之外，就在人之中，正是人的需要和利益、人们追求生活幸福的愿望和行为，构成了社会发展的原动力。

动机的形成又有赖于人的价值取向。价值取向具有超越现实性，在一定条件下会引导和促使人形成超越个人物质需要和利益的强烈愿望，做出不同凡响的举动，这种情况在中外历史上和现实中屡见不鲜。中国古代曾有“义利之辨”，所谓“君子喻于义”，指的就是这种情形。历史上的仁人志士们不仅极力倡导舍生取义，写下了“先天下之忧而忧，后天下之乐而乐”“人生自古谁无死，留取丹心照汗青”“粉身碎骨浑不怕，要留清白在人间”“苟利国家生死以，岂因祸福避趋之”等千古名句，而且

① 《马克思恩格斯选集》第2卷，人民出版社2012年版，第239页。

身体力行，堪为楷模。此种情形在西方亦不鲜见。恩格斯《路德维希·费尔巴哈和德国古典哲学的终结》中"如果说有谁为了'对真理和正义的热诚'(就这句话的正面的意思说)而献出了整个生命，那么，例如狄德罗就是这样的人"①一说，就是一个例证。当然，马克思、恩格斯自己也正是这方面的典型，马克思也因此被誉为"人间的普罗米修斯"。

价值取向作为需要和利益的反应以及它的超越现实性，使其在人特定的活动中而成为原发性的动力。纵观历史和现实，人们的行为引起的社会事件往往不仅缘起于需要和利益，同时也有许多行为引起的许多社会事件缘起于价值取向，或缘起于需要、利益与价值的综合作用。例如上文所列中国古代仁人志士们舍生取义的壮举，又如现代社会的公益活动以及见义勇为的行为，无不是受到价值取向的驱使。小到个人行为，大到民族复兴等国家行为，莫不如此。价值取向在人们动机和行为以及社会发展中的动力作用由此可见一斑。

三、对历史发展规律的新理解

唯物史观价值取向的当代建构有助于重新理解历史发展规律，构建历史发展规律的新解说。

关于历史发展规律，一直存在着不同的理解。社会历史与自然史不同，在理解历史规律和趋势时有一个绕不过去的问题，就是历史规律和趋势与人的主体因素特别是主观动机的关系，因为正如恩格斯说，"在社会历史领域内进行活动的，是具有意识的、经过思虑或凭激情行动的、追求某种目的的人；任何事情的发生都不是没有自觉的意图，没有预期的目的的。"②但是，承认人的活动受动机支配却并不意味着否定历史发展的规律性，因为"不管这个差别对历史研究，尤其是对各个时代和各个事变的历史研究如何重要，它丝毫不能改变这样一个事实：历史

① 《马克思恩格斯选集》第4卷，人民出版社2012年版，第239页。

② 《马克思恩格斯选集》第4卷，人民出版社2012年版，第253页。

进程是受内在的一般规律支配的。”①历史规律与人的主观动机和行为之间的关系是所有历史观都要回答的一个重要问题，由于不能正确解释这一关系，在以往的历史观中存在着机械决定论、非决定论以及黑格尔的唯心史观等错误观点。

首先是机械决定论。机械决定论只承认一切事物具有必然性、因果制约性和客观规律性，认为世界上的一切现象都是由某种先定的原因决定的，把必然性绝对化而否认偶然性，在社会历史领域否认人的主观能动性，将社会历史中的因果性联系归结为上帝、天意等神秘力量预先安排的结果，认为历史结局完全由这种神秘的东西来决定。霍尔巴赫就认为：世界上一切事物都是互相关联的，自然界中一切原因都必然产生一定的结果，自然界的一切都是必然的因果链，前因与后果之间分毫不差，没有偶然性，没有属于意外的事物。例如自然界中一场风暴，每个小沙粒落在何处，方位如何，它这样运动而不是那样运动等都是必然的。“在一切都遵守着自己的生存法则的这个自然之中，既不能有混乱，也不能有真实的恶，在这个自然之中，没有偶然，没有属于意外的事物，也决没有充分原因的结果。”②因此，偶然性是一个没有意义的字眼，是人们把不了解的因果联系归结出来的，“我们使用偶然这个字，不过是来掩盖我们对于产生所见的那些结果的自然原因的愚昧无知罢了。”③他还运用机械决定论来解释社会的发展，认为社会发展过程中只有必然性，没有偶然性。这种机械决定论最终必然陷入宿命论。

其次是非决定论。非决定论否认社会现象、历史事件具有必然性、规律性、因果制约性，认为历史是偶然事件的堆积，既无规律性，更无所谓趋势，从而陷入了黑格尔所谓对历史的“‘心理学的’看法”④。例如一些18世纪法国唯物主义哲学家就否认历史发展的规律和趋势，正像

---

① 《马克思恩格斯选集》第4卷，人民出版社2012年版，第253—254页。

② 霍尔巴赫：《自然的体系》下卷，商务印书馆1964年版，第66页。

③ 霍尔巴赫：《自然的体系》下卷，商务印书馆1964年版，第63页。

④ 黑格尔：《历史哲学》，上海书店出版社2001年版，第31页。

恩格斯所指出的，这些旧唯物主义者从来没有给自己提出过寻找历史规律的问题，“因此，它的历史观——如果它有某种历史观的话，——本质上也是实用主义的，它按照行动的动机来判断一切，把历史人物分为君子和小人，并且照例认为君子是受骗者，而小人是胜利者。旧唯物主义由此得出结论说，在历史的研究中不能得到很多有教益的东西；而我们由此得出的结论是，旧唯物主义在历史领域内自己背叛了自己，因为它认为在历史领域中起作用的精神的动力是最终原因，而不去研究隐藏在这些动力后面的是什么，这些动力的动力是什么。不彻底的地方并不在于承认精神的动力，而在于不从这些动力进一步追溯到它的动因。”①。在现代，非决定论代表性的观点有卡尔·波普尔对历史决定论的反驳，他强调人的意志绝对自由，强调历史发展的主观性，否定历史发展的规律和趋势。

波普尔将对历史决定论的反驳概括为五个论题：“(1)人类历史的进程受人类知识增长的强烈影响。(即使把我们的思想，包括我们的科学思想看作某种物质发展的副产品的那些人，也不得不承认这个前提的正确性。)(2)我们不可能用合理的或科学的方法来预测我们的科学知识的增长。(这个论断可以由下面概述的理由给予逻辑的证明。)(3)所以，我们不能预测人类历史的未来进程。(4)这就是说，我们必须摈弃理论历史学的可能性，即摈弃与理论物理学相当的历史社会科学的可能性。没有一种科学的历史发展理论能作为预测历史的根据。(5)所以历史决定论方法的基本目的是错误的；历史决定论不能成立。”②

他由此得出结论：“历史决定论是一种拙劣的方法——不能产生任何结果的方法。”③“我已证明，由于纯粹的逻辑理由，我们不可能预测历史的未来进程。”④进而断言：历史命运之说纯属迷信，科学或任何别的合理方法都不可能预测人类历史的进程。

---

① 《马克思恩格斯选集》第 4 卷，人民出版社 2012 年版，第 255 页。

② 卡尔·波普尔：《历史决定论的贫困》，华夏出版社 1987 年版，第 1—2 页。

③ 卡尔·波普尔：《历史决定论的贫困》，华夏出版社 1987 年版，第 2 页。

④ 卡尔·波普尔：《历史决定论的贫困》，华夏出版社 1987 年版，第 2 页。

再次是黑格尔的唯心史观。与非决定论相反，黑格尔所代表的历史哲学认为历史人物的表面动机和真实动机都决不是历史事变的最终原因，这些动机后面还有应当加以探究的别的动力，因而致力于寻找这种动力。黑格尔在《历史哲学》中就认为，“历史上的事变各各不同，但是普遍的、内在的东西和事变的联系只有一个。”①不停留于动机而要追究动机背后的动力，超越了那种浅薄的对历史的“‘心理学的’看法”，是黑格尔在同时代思想家中鹤立鸡群之处，然而问题在于，“黑格尔的历史观以抽象的或绝对的精神为前提，这种精神是这样发展的：人类只是这种精神的无意识或有意识的承担者，即群众。……人类的历史变成了抽象精神的历史，因而也就变成了同现实的人相脱离的人类彼岸精神的历史。”②他“不在历史本身中寻找这种动力，反而从外面，从哲学的意识形态把这种动力输入历史”③，主观地杜撰出历史规律，甚至断言“‘理性’是世界的主宰，世界历史因此是一种合理的过程”④，“从世界历史的观察，我们知道世界历史的进展是一种合理的过程，知道这一种历史已经形成了‘世界精神’的合理的必然的路线——这个世界精神的本性永远是同一的，而且它在世界存在的各种现象中，显示了它这种单一和同一的本性。”⑤“上帝统治着世界，而‘世界历史’便是上帝的实际行政，便是上帝计划的见诸实行。”⑥陷入了唯心史观。

马克思、恩格斯创立的唯物史观承认决定论，既超越了机械决定论，又超越了非决定论以及唯心史观。他们认为，人类社会普遍存在客观规律和因果联系，历史是有必然性和规律性的，但他们不是主观地杜撰历史规律，而是在历史本身中寻找规律，这是其超越黑格尔历史哲学而成其为唯物主义的历史观之处。但问题是，如何理解历史规律与人的

---

① 黑格尔：《历史哲学》，上海书店出版社2001年版，第5页。
② 《马克思恩格斯文集》第1卷，人民出版社2009年版，第291—292页。
③ 《马克思恩格斯选集》第4卷，人民出版社2012年版，第255页。
④ 黑格尔：《历史哲学》，上海书店出版社2001年版，第8页。
⑤ 黑格尔：《历史哲学》，上海书店出版社2001年版，第10页。
⑥ 黑格尔：《历史哲学》，上海书店出版社2001年版，第37页。

主观动机之间的关系?

为了说明这一关系，恩格斯提出了“合力论”，对社会发展的规律与人的活动及其动机之间的关系做出了详细而深刻的解读。他指出，在社会历史领域内，“尽管各个人都有自觉预期的目的，总的说来在表面上好像也是偶然性在支配着。人们所预期的东西很少如愿以偿，许多预期的目的在大多数场合都互相干扰，彼此冲突，或者是这些目的本身一开始就是实现不了的，或者是缺乏实现的手段的。这样，无数的单个愿望和单个行动的冲突，在历史领域内造成了一种同没有意识的自然界中占统治地位的状况完全相似的状况。行动的目的是预期的，但是行动实际产生的结果并不是预期的，或者这种结果起初似乎还和预期的目的相符合，而到了最后却完全不是预期的结果。这样，历史事件似乎总的说来同样是由偶然性支配着的。但是，在表面上是偶然性在起作用的地方，这种偶然性始终是受内部的隐蔽着的规律支配的，而问题只是在于发现这些规律。”①“人们总是通过每一个人追求他自己的、自觉预期的目的来创造他们的历史，而这许多按不同方向活动的愿望及其对外部世界的各种各样作用的合力，就是历史。”②他还指出，“历史是这样创造的：最终的结果总是从许多单个的意志的相互冲突中产生出来的，而其中每一个意志，又是由于许多特殊的生活条件，才成为它所成为的那样。这样就有无数互相交错的力量，有无数个力的平行四边形，由此就产生出一个合力，即历史结果，而这个结果又可以看作一个作为整体的、不自觉地和不自主地起着作用的力量的产物。因为任何一个人的愿望都会受到任何另一个人的妨碍，而最后出现的结果就是谁都没有希望过的事物。所以到目前为止的历史总是像一种自然过程一样地进行，而且实质上也是服从于同一运动规律的。……然而从这一事实中决不应做出结论说，这些意志等于零。相反地，每个意志都对合力有所贡献，因而是包括在这

---

① 《马克思恩格斯选集》第4卷，人民出版社2012年版，第254页。

② 《马克思恩格斯选集》第4卷，人民出版社2012年版，第254页。

个合力里面的。”①

恩格斯在这里涉及了人的动机和行为与社会发展规律之间的关系，即什么是社会发展的“合力”(即社会发展的规律)，它是如何形成的？按照恩格斯的逻辑可以认为，“合力”本质上是由个人的活动(个体有意识的行为)构成的群体的活动(群体无意识的行为)。在现实生活中，每一个个体(以及人类之中的各个群体)为了追求他自己的、自觉预期的目的，其行为都是有意识、有目的的，但由于他们之间的动机和目的不同并相互冲突、相互抵消，从而导致群体无意识的行为结果，即“出现的结果就是谁都没有希望过的事物”。“谁都没有希望过的事物”之出现，表明历史进程不以个人(以及人类之中的各个群体)的意志、动机为转移，但并不意味着它与个人的意志、动机无关，“相反地，每个意志都对合力有所贡献”，也就是说，“合力”所蕴含的社会发展“趋势”归根到底是人的动机导致人的行为的结果。

由这一理解来反观仅仅将唯物史观归结于社会历史认识的观点，反观以往唯物史观价值取向缺失的原因，便可以看到，其偏颇之处就在于，将社会历史发展的过程简单地等同于物质体系或物质条件的运动和发展过程，将社会历史发展的规律简单地等同于物质体系或物质条件的运动和发展规律，完全否定了人的活动及其动机在社会发展中的作用。

唯物史观肯定历史发展有规律性，肯定经济的社会形态的演变是一种自然史的过程，并不意味着将历史规律完全归结为物质条件和关系运动的规律，也不意味着取消或否定人作为历史活动主体的地位。阿尔都塞曾认为，“在历史中起作用的辩证法不是任何主体的作用，无论这主体是绝对的(神)还是仅仅是人类的，历史的起源总是已经被推到了历史以前，因此历史既没有哲学上的起源，也没有哲学上的主体。”②其实类似的观点早就受到过马克思、恩格斯的批评，他们认为，以往历史观的一个缺陷是，“历史总是遵照在它之外的某种尺度来编写的；现实的生

① 《马克思恩格斯选集》第4卷，人民出版社2012年版，第605—606页。

② 阿图塞：《列宁和哲学》，台北远流出版公司，1990年版，第146页。

活生产被看成是某种非历史的东西，而历史的东西则被看成是某种脱离日常生活的东西，某种处于世界之外和超乎世界之上的东西”①，明确否定了历史是一个无主体过程的观点。正如弗罗洛夫所说，“马克思主义从一开始就把人的本质同劳动、生产联系起来。如果把马克思对于生产和需要的辩证法的理解运用于中介问题和用社会因素改造生物因素的问题，那么，可以说，‘每一方表现为对方的手段；以对方为媒介；这表现为它们的相互依存’。”②

接下来的问题是，物质条件及物质关系运行规律与人的活动规律之间是怎样的关系？我们认为，这两个规律本质上是同一的。在历史过程中，物质条件和物质关系状况虽然不完全以人的主观意志为转移，却又并非与人的活动无关，而是由人的活动决定并体现的。历史地看，“社会历史的发展规律不是既成的、先定的，它的孕育、形成、存在和最终实现，是一个长期的、统一的、完整的过程”。③ 社会规律是人与物质条件和社会关系交互作用的结果，是物质条件和关系制约人与人对物质条件和关系超越的统一，是人在一定物质条件和关系基础上的主体选择、创造和超越的总趋势，即恩格斯所谓“合力”的结果。马尔库塞提出了“决定性选择”一词，并认为“这个术语仅仅是‘人们创造自己的历史，不过是在一定条件下创造自己的历史’这一命题的浓缩”④，这个词比较贴切地表达了马克思对物质条件及其规律与人的活动之间关系的理解。

物质体系及其关系的规律既构成人活动的基础并制约着人的活动，又蕴含在人的活动的趋势之中。正是在人的活动的趋势具有规律性和必然性的意义上说，以经济运动为基础的社会运动是一个自然历史过程。回溯历史，人类社会发展的道路并不是笔直而平坦的，其间充满着曲折和反复。这种曲折性和反复性正表明了历史是人的活动史。试想，如果社会运动只是物质体系的运动，那么社会发展就应当是一帆风顺、一以

---

① 《马克思恩格斯选集》第1卷，人民出版社2012年版，第173页。

② N.T.弗罗洛夫：《人的前景》，中国社会科学出版社1989年版，第36页。

③ 赵家祥：《马克思主义是发展着的理论》，《光明日报》2017年8月2日。

④ 马尔库塞：《单向度的人》，上海译文出版社2006年版，第202页。

贯之的，而不可能出现或快或慢、或起或伏的变化，更不会出现反复甚至倒退。社会进程之所以在不同时期会出现波动、反复甚至倒退，就是因为人的思想和行为会出现变化，甚至会出现失误。由此可以断定，社会物质体系及其关系的规律只是人的活动规律的客观外在的表现而已，它们不在人的活动之外，就在人的活动之中，本质上就是人的活动的规律。从追根究底的意义上说，由于历史本质上是人的活动史，历史规律本质上是人们自己的社会行动的规律，因而历史规律可以也应当纳入人的活动范畴来理解。

随着科学技术的发展特别是知识经济成为社会进步的主要推动力量，在未来，社会历史过程的人为性将更趋明显。

上文提到，卡尔·波普尔在对“历史决定论”进行诘难时，曾从“人类历史的进程受人类知识增长的强烈影响。……我们不可能用合理的或科学的方法来预测我们的科学知识的增长”的前提推导出“历史决定论不能成立”的结论。我们当然不能苟同其否定历史可预测性进而否定历史发展规律的结论，但却应当承认，从当代社会发展的新特征看，其论证又不无启示性，这就是强调了知识经济背景下社会发展更为鲜明的人为性亦即主体性。诚然，从“人类历史的进程受人类知识增长的强烈影响”的前提，不能必然地推导出“我们不能预测人类历史的未来进程”进而否认历史发展规律的结论，但却可以得出知识经济时代人的活动对社会发展的影响将更为显著、更为深刻的结论。值得重视的是，人类历史进程越来越受到人类知识增长的强烈影响，可以预见，在正在到来的知识经济时代，由于知识的增长远比物质财富的增长更加取决于人的主体能力及其创造性活动，更少受到物质条件和规律的制约，也更加具有不确定性，所以人的能力(特别是智力)将成为推动经济发展和社会进步的主要动力，将对社会发展起着愈益重要的甚至是决定性的影响，社会发展将愈加体现出“人为”的特征。为此，通过对人的动机和行为及其规律和机制的研究来认识社会历史规律就显得更为重要也更为必要。

四、对历史发展趋势的新理解

与对社会发展规律的理解直接相关的是对社会发展趋势的理解。社会发展是否具有必然趋势以及何为社会发展的必然趋势，向来存在着争议。在一个很长的时期中，许多人认为历史是偶然事件的堆积，既无规律性，更无所谓趋势。例如一些18世纪法国唯物主义哲学家就无视历史发展的规律和趋势，而陷入了黑格尔所谓对历史的“心理学”的解释，正像恩格斯所指出的，“旧唯物主义从来没有给自己提出过这样的问题。因此，它的历史观——如果它有某种历史观的话——本质上也是实用主义的，它按照行动的动机来判断一切，把历史人物分为君子和小人，并且照例认为君子是受骗者，而小人是胜利者。旧唯物主义由此得出结论说，在历史的研究中不能得到很多有教益的东西；而我们由此得出的结论是，旧唯物主义在历史领域内自己背叛了自己，因为它认为在历史领域中起作用的精神的动力是最终原因，而不去研究隐藏在这些动力后面的是什么，这些动力的动力是什么。不彻底的地方并不在于承认精神的动力，而在于不从这些动力进一步追溯到它的动因。……相反，历史哲学，特别是黑格尔所代表的历史哲学，认为历史人物的表面动机和真实动机都决不是历史事变的最终原因，认为这些动机后面还有应当加以探究的别的动力。”①黑格尔致力于寻找这种动力，虽然他不在历史本身中寻找这种动力，反而从外面、从哲学的意识形态把这种动力输入历史。这正是黑格尔在历史观上高于同时代的人之处。

我们强调动机的作用与黑格尔所批评的“‘心理学的’看法”是有区别的。黑格尔批评的“‘心理学的’看法”是主张历史进程由个别杰出人物的“心理”变化决定的，而我们自认为应当注意的是群体的甚至是整个人类的“心理”。恩格斯曾注意到这两者之间的差别，他指出，“如果要去探究那些隐藏在——自觉地或不自觉地，而且往往是不自觉地——历史人

① 《马克思恩格斯选集》第4卷，人民出版社2012年版，第255页。

物的动机背后并且构成历史的真正的最后动力的动力，那么问题涉及的，与其说是个别人物，即使是非常杰出的人物的动机，不如说是使广大群众、使整个整个的民族，并且在每一民族中间又是使整个整个阶级行动起来的动机；而且也不是短暂的爆发和转瞬即逝的火光，而是持久的、引起重大历史变迁的行动。”①在恩格斯看来，广大群众的动机不同于个别杰出人物的动机之处，就在于它反映着人心所向，代表着历史发展的潮流和方向。

当然，恩格斯强调广大群众的动机(即“人心所向”)的作用，但并不认为它就是历史发展的终极原因，他认为还可以追溯动机背后的“动因”，即在行动者的头脑中以这些动机的形式出现的历史原因。通常认为，这些“历史原因”就是客观条件，特别是社会的经济因素。这一理解有待商榷。决定动机的因素仅仅是客观条件吗？我们认为，所谓客观条件决定动机，是指在影响动机形成的因素中，社会的经济、政治和文化等客观条件是最基本的因素，构成了动机形成的宏观的、基础性的背景，但它与动机之间却不一定是直接对应的关系，因而一般来说，一个人如果缺乏主体性，他的动机和行为就可能是被动地反映客观条件，或者说是由客观条件直接地、单向度地决定的，他就会在生活中随波逐流，但对于主体性强的人来说，动机和行为就不是动因的被动反映，而是具有主动性从而超越现实性，由此才能理解，在同样的社会条件下或同样的社会环境中，人们却往往会形成不同的动机，其选择和行为会大相径庭甚至截然相反。

客观条件只是动因的一部分，那么决定动机的其他动因是什么？当然就是主体方面的因素，只有承认主体方面的因素的作用，才能解释“人心所向”在历史发展中具有至关重要的意义。

对于何为“人心所向”，以往一直没有透彻的说明。通常认为，“人心所向”就是人们的心愿、想法反映或代表着历史发展的潮流和方向。这种理解有一定道理但却并不全面，因为“人心所向”的依据既是客观的

① 《马克思恩格斯选集》第4卷，人民出版社2012年版，第255—256页。

也是主观的，是客观与主观的统一。

一方面，人心所向要有客观依据即一定的社会条件，社会条件不具备、不成熟，就不会形成相应的动机，因为"人们自己创造自己的历史，但是他们并不是随心所欲地创造，并不是在他们自己选定的条件下创造，而是在直接碰到的、既定的、从过去承继下来的条件下创造。"[①]在历史上，离开社会历史条件谈论社会发展的事例屡见不鲜。例如 18 世纪的法国哲学家们把理性当做一切现存事物的唯一的裁判者。他们要求建立理性的国家、理性的社会，要求无情地铲除一切和永恒理性相矛盾的东西。又如空想社会主义者圣西门、傅立叶和欧文认为社会主义代表着"真正的理性和正义"，是符合人性和合乎理性的。圣西门认为："这个能对社会发生最有力影响的原因，就是一般观念、一般信仰的改变或改进。"[②]欧文认为共产主义是"受理性和良知指导的正确行为所孕育出来的幸福的源泉。"[③]在他们看来，"真正的理性和正义至今还没有统治世界，这只是因为它们没有被人们正确地认识。所缺少的只是个别的天才人物，现在这种人物已经出现而且已经认识了真理；至于天才人物是在现在出现，真理正是在现在被认识到，这并不是从历史发展的联系中必然产生的、不可避免的事情，而纯粹是一种侥幸的偶然现象。这种天才人物在 500 年前也同样可能诞生，这样他就能使人类免去 500 年的迷误、斗争和痛苦。"[④]恩格斯曾对这些离开社会历史条件谈论社会变革以及将社会主义视为纯主观愿望的错误观点进行了深刻的分析和批判。

另一方面，人心所向本身又具有主观依据，是人们在一定现实条件基础上形成的主观动机、心愿和想法。众所周知，在历史过程中，每一种大的运动的产生和开展都是由一些先觉者发动和领导的，故有"众人皆醉我独醒"，真理(和优秀价值)往往掌握在少数人手里的说法。当然，如果仅仅是"独醒"，仅仅是少数人掌握真理和优秀价值，并不能形成一

---

① 《马克思恩格斯选集》第 1 卷，人民出版社 2012 年版，第 669 页。

② 《圣西门选集》第一卷．商务印书馆 1979 年版，第 74 页。

③ 《欧文选集》上卷，商务印书馆 1965 年版，第 222 页。

④ 《马克思恩格斯选集》第 3 卷，人民出版社 2012 年版，第 393 页。

场大的历史运动，所谓独醒实质上是独自先醒，所谓少数人掌握真理实质上是率先掌握真理和确立优秀价值。而这些人只有以先觉觉后觉，唤起民众，才能成事。而其所以先觉能够觉后觉，既是因为先觉者在一定的历史条件基础上反映和代表了多数人(后觉者)共同的需要和利益，又是因为先觉者和后觉者“人同此心，心同此理”。这里的“心同此理”之“理”就是共同的认识和共同的价值取向，只不过被少数人先行发现或率先提出，而这些科学认识和优秀价值一旦为广大群众所掌握，就会形成为广泛深入的历史运动，中国古人曾就此总结出历史上的政治规律：“得民心者得天下，失民心者失天下”。

只有肯定人的动机和行为的相对自主性和独立性，才能与“人民群众是历史的创造者”的主张自洽。唯物史观认为，人民群众是历史的创造者，因为人民群众是社会物质财富和精神财富的创造者，是历史进步的主要推动力。然而我们要追问的是，这一说法怎样与唯物史观的其他理论特别是历史决定论统一起来?

唯物史观的历史决定论认为，社会发展是一个自然历史过程，具有不以人的意志为转移的客观规律和趋势，唯物史观的群众史观则主张人民群众是历史的创造者，这两种观点从表面上看显然是矛盾的。通常化解矛盾的方式是，认为人民群众创造历史要以一定的社会条件为基础，不能随意创造，从而就有了人民群众创造历史是决定与选择相统一的说法，有了决定论与选择论相统一的解释，认为，社会发展是合规律性和合目的性的统一，是自然历史与人的选择、创造性的统一。所谓选择，就是对人的行为和社会发展前景做出基于现实的主观定向，因而选择的依据除了客观条件和规律之外，还有人们主观上的因素即动机。理解决定论与选择论统一的关键，是明确人的动机和行为与社会发展趋势之间的关系，而理解选择的关键，则是对人的动机及其作用的阐释。

唯物史观批判地继承了黑格尔的历史哲学，认为社会发展具有客观的规律和趋势，社会发展的总趋势是不断由低级走向高级的过程，从而对社会发展持进步论的主张。毋庸置疑的是，这种主张已为迄今为止的人类历史所证实。然而问题在于，为什么社会发展会是一个由低级向高级的进步的过程，这一趋势的根据何在？我们认为，历史是人的活动史，社会发展之所以呈现出由低级向高级的趋势，并非物质条件使然，而是人的活动使然，是人的动机和行为使然，因为物质条件本身并无目的性，且物质条件变化是由人的活动造成的。为此，社会由低级向高级发展趋势之根据不在人之外，就在人之中，归根到底是人的动机及活动的结果。更进一步说，社会之所以由低级向高级发展，归根结底就在于人的活动具有合目的性，在于人具有追求幸福、追求美好生活，追求自身发展的向善、向好的趋向和本性，这种向善、向好的趋向和本性体现在世世代代的人们的动机和行为中，进而决定了历史发展的总趋势是逐渐由低级走向高级的过程，即使过程中会历经反复和曲折。也就是说，社会发展由低级向高级的趋势既不是上帝的旨意，又不是绝对精神的要求，也不是大自然的隐蔽计划，而是人的动机及其引起的行为使然，是人们动机和行为向善、向好总趋向的外在体现。

那么决定人们向善、向好的动机背后的动因又是什么？通常认为，作为主观意识的动机背后的动因只能是客观的、物质性的、经济的因素，我们认为，这种理解是不全面的，动机背后的动因既包括客观因素也包括主观因素。

一方面是客观因素，即社会经济、政治和文化条件等，特别是经济条件，这是马克思、恩格斯一贯强调的。另一方面是主观方面的因素，即人的需要、利益和价值等。历史进步是由人的活动实现的，既由需要和利益驱动，也由价值取向引领，人的价值取向与需要和利益所共同构成的动机与物质条件和物质关系交互作用，决定着社会发展的规律、趋势和必然性。

主观因素首先是需要和利益。需要和利益是决定人们动机的基本因素。人们的动机基于他们的需要，但又不是需要被动的反映。一方面，人的需要是由低级向高级依次递进的，其中生存性的需要（物质需要、安全需要等）是基础，是人们生存（生产等）活动动机的来源。正如马克思所说，“当人们还不能使自己的吃喝住穿在质和量方面得到充分保证的时候，人们就根本不能获得解放。”①满足生存性的需要是人们一切活动最基本的目标。另一方面，生存性需要的满足是人的其他需要满足的基础，却并非人的一切活动的主旨，并非人们生活追求的全部，随着生存性需要的满足，人活动的动机将发生改变，将从创造丰裕的物质财富和更好的物质条件转向或提升为自身的发展：自身素质的提高，能力和个性的自由全面发展。

主观因素又包括价值。价值是决定人们动机的重要因素。价值与人们的日常生活息息相关，人的思想观念，他们的情感和行为，既是以需要和利益为动力，也会基于一定的价值取向。例如人们在从事一项工作之前，通常要研判行为的实际后果，对其做出价值上的权衡，判定这项工作是否符合自己、群体或社会的利益，是否有价值而值得去做。在决定动机的主观因素中，价值之所以具有特殊的作用和地位，是因为它是需要和利益的集中体现，是需要和利益的抽象，体现着人们的根本的、长远的需要和利益，正因为如此，价值取向往往是超越具体的需要和利益而代表根本的、长远的需要和利益的。一方面，它往往与当下的需要和利益无关，具有超越现实性，另一方面，它在动机的形成过程中起着长期的、稳定的作用。由于体现着人们的根本的、长远的需要和利益，在现实生活中，不同的价值取向往往会对人的思想和行为产生重大的影响。也正由于体现着人们的根本的、长远的需要和利益，价值取向带给人的动机之强烈和持久，往往远胜于具体的需要和利益，古往今来仁人志士们为追求真理、正义和自由而赴汤蹈火、舍生取义、终生奋斗的种种壮举，就是其典型的事例。

由于价值取向对历史发展趋势的影响，在叙述历史发展的趋势和预测未来历史走向时，就应当充分考量价值因素的作用，至少将其与知识因素等量齐观，视之为社会发展主观因素的车之两轮、鸟之两翼。历史和现实表明，知识对社会发展起着一种助力的、推动的作用。关于知识

---

① 《马克思恩格斯选集》第1卷，人民出版社2012年版，第154页。

在历史发展中的作用，迄今已成共识，“科学技术是第一生产力”论断之深入人心就是例证。科学技术是生产力，生产力是社会发展的最终决定力量，这两个论断中隐含的逻辑结论就是科学技术是社会发展的最终决定力量或最终决定力量中的因素之一，而科学技术的核心正是知识。比较而言，价值对社会发展则起着一种定向的引领的作用，决定着对未来社会的理想，决定着社会的发展方向和目标。以对“人民日益增长的美好生活需要和不平衡不充分的发展之间的矛盾”的解读为例。解决这一矛盾的目标是满足人民日益增长的美好生活需要，然而何为美好生活需要，怎样的生活才是美好的生活，却是一个有待明确的问题，因为“美好生活”作为社会发展的目标，不是一种既定的社会状态，而是需要在理论上建构并在实践中实现的理想的社会状态。

对美好生活社会状态的建构既要基于对现实条件的科学认识，也要基于价值取向，基于人们对生活意义、人生价值和追求的理解，价值取向不同，对美好生活的理解就会大相径庭。基于人的发展要求，在人的生存性需要得到较好满足后，美好生活将主要体现在人的精神生活的充实和丰富，人的能力的实现和发展以及人的素质的提升等方面。我们认为，这方面需要的发展及其满足将决定未来社会发展的基本趋势，这就是：社会发展将越来越围绕着人的发展来进行，人们在未来将更加重视自我实现，社会将更加尊重每个人的首创精神及其成就，人们在改造客观世界的同时将更加重视自身素质的提高，人们将更加重视精神生活的满足和拓展，更加重视人与人、人与社会、人与自然的和谐及协调发展。

五、对人与自然关系的新理解

唯物史观价值取向的当代建构将为理解人与自然的关系、促进可持续发展提供新的视角。

唯物史观价值取向的当代建构有助于强调自然发展与社会发展的内

在关联。

马克思、恩格斯创立的唯物史观一开始就包含着对人与自然关系的理解，其核心观点就是从人的生存发展要求和实践活动出发理解自然的价值以及人与自然的关系。在唯物史观创立的过程中，他们深刻地指出了自然史与人类史不可分割的联系："我们仅仅知道一门唯一的科学，即历史科学。历史可以从两方面来考察，可以把它划分为自然史和人类史。但这两方面是不可分割的；只要有人存在，自然史和人类史就彼此相互制约。"①恩格斯基于自然史与人类史内在关联的观点，曾在《自然辩证法》中尝试构建统一自然史和人类史的历史科学。正如勃·凯德洛夫所指出的，恩格斯的《自然辩证法》是要为《资本论》提供一部自然科学的导言，"对恩格斯来说，这本书的主要目的是创作一部直接同《资本论》衔接，并且与《资本论》一起提供关于马克思主义学说统一而完整的观念和对这个学说加以阐明的著作。"②也就是说，恩格斯是想将马克思主义的自然观与社会历史观贯通起来，形成统一的理论体系。这一工作虽然没有最后完成，但却给后人留下了深刻的启示。

自然史和人类史之所以相互关联并可以形成统一的历史观，是因为从唯物史观关于人生存发展的条件和方式看，自然资源和环境与人的生存发展是内在关联而不可分离的。

唯物史观认为，"全部人类历史的第一个前提无疑是有生命的个人的存在。因此，第一个需要确认的事实就是这些个人的肉体组织以及由此产生的个人对其他自然的关系。"③这种关系就是，自然是人和社会存在的前提和基础。马克思、恩格斯充分肯定自然环境和条件对社会进步和人的发展的影响，马克思在《1844 年经济学哲学手稿》中指出："自然界，就它自身不是人的身体而言，是人的无机的身体。人靠自然界生活。这就是说，自然界是人为了不致死亡而必须与之处于持续不断的交

① 《马克思恩格斯选集》第 1 卷，人民出版社 2012 年版，第 146 页。

② 勃·凯德洛夫：《论恩格斯〈自然辩证法〉》，生活·读书·新知三联书店 1980 年版，第 35 页。

③ 《马克思恩格斯选集》第 1 卷，人民出版社 2012 年版，第 146 页。

互作用过程的、人的身体。"①"共产主义，作为完成了的自然主义，等于人道主义，而作为完成了的人道主义，等于自然主义，它是人和自然界之间、人和人之间的矛盾的真正解决，是存在和本质、对象化和自我确证、自由和必然、个体和类之间的斗争的真正解决。"②指出了人内在于自然以及人对自然的依赖性，揭示了"人和人之间的矛盾的真正解决"与"人和自然界之间矛盾的真正解决"之间的关系，即两种矛盾的解决是互为前提和条件的，是一个互动的、统一的过程。至于恩格斯，更是在《自然辩证法》中以大量的事例对人对自然的依赖性做了令人信服的论述。他从自然对人的报复中，得出了我们不要过分陶醉于我们人类对自然界的胜利，对于每一次这样的胜利，自然界都对我们进行报复的深刻启示，揭示我们连同我们的肉、血和头脑都是属于自然界和存在于自然之中的这种人与自然不可分割的联系。

从唯物史观关于人生存发展方式的理解看，人与自然的关系本质上是改造与被改造的实践关系。人依赖于自然物生存，但天然的自然物不能满足人的需要，人要在有用的形式上占有或利用自然物，就要对其进行改造，从事物质资料的生产和再生产。"动物仅仅利用外部自然界，简单地通过自身的存在在自然界中引起变化；而人则通过他所作出的改变来使自然界为自己的目的服务，来支配自然界。这便是人同其他动物的最终的本质的差别，而造成这一差别的又是劳动。"③正是基于自然史和人类史是内在关联且相互制约的这一唯物史观的观点，恩格斯在《自然辩证法》"历史导论"中提出了两种"提升"内在关联的思想，即"在物种方面把人从其余的动物中提升出来"④以及"在社会方面把人从其余的动物中提升出来"⑤。这一论述表明，社会发展与人与自然的和谐及协调发展之间密切相关。

---

① 《马克思恩格斯文集》第1卷，人民出版社2009年版，第161页。
② 《马克思恩格斯文集》第1卷，人民出版社2009年版，第185页。
③ 《马克思恩格斯选集》第3卷，人民出版社2012年版，第997—998页。
④ 《马克思恩格斯选集》第1卷，人民出版社2012年版，第860页。
⑤ 《马克思恩格斯选集》第1卷，人民出版社2012年版，第860页。

一方面，人与自然和谐的程度直接影响到人与人和谐的程度。

唯物史观认为生产力是社会发展的决定力量，在生产力的诸要素中，除了劳动者和劳动工具之外，劳动对象同样会对生产力发展水平产生重要影响，因而作为劳动对象承载体的自然环境就不是历史进程中完全被动的因素，而是生产力发展以及社会进步的基础。纵观历史，自然环境对社会发展的作用随着生产力水平的提升而经历了一个逐渐由弱变强的演变过程。在以往生产力发展水平低下的时代，人们往往认为自然界的资源是无限充裕的，他们对自然改造的可能性只是取决于他们的需要和能力，而无需考虑自然资源和环境的可承受性。就此而言，作为劳动对象的自然资源和环境被潜在地假定为可以无限度地被利用，即自然资源和环境不会对社会发展有什么制约和影响。在当代资源环境问题愈趋严重的背景下，情况则发生了变化，当代资源环境危机从根本上改变了人们对人与自然关系的认识，改写了以往人们观念中的自然图景，形成了对资源环境有限性的认识。资源环境危机凸显了自然环境在社会发展中的地位和作用，也进一步证实了唯物史观关于自然与社会内在关联理念的正确性。为此，应当在唯物史观中充分估量自然环境对人生存发展的影响。

反思当代社会各种矛盾和冲突的原因，资源环境危机正在成为制约社会发展与和谐程度的重要因素。现实表明，人们之间的分歧和争斗，往往与资源的短缺和环境的破坏直接相关联。资源与环境问题往往直接引发贫困、饥荒甚至战乱，破坏社会和谐，阻碍社会发展。随着人口的增长和资源环境危机的加深，当代国际社会的许多纷争，包括经济竞争、政治斗争乃至军事冲突，都与资源环境的分配、开发和利用密切相关，正如许多有识之士所指出的，环境安全正在成为国际安全重要的组成部分。不解决资源环境问题，不真正实现可持续发展，人们不能有一个美好的生活环境，也不能解决人与人之间的社会矛盾，更不能建设安定有序的和谐社会以及和谐世界。

在当代，社会发展的目标从而人类的一切实践活动，都必须充分考虑到自然资源和环境的状况特别是其承受能力的边界。根据这一思路，对社会进步的要求和评价既要着眼于生产力发展、社会财富的增长、社会关系的合理与完善、文化的进步等社会领域的因素，也要包含资源环境的良性循环和永续发展以及人与自然和谐的程度。

另一方面，人与人的关系也深刻地制约着人与自然的和谐。

基于人与人的关系制约着人与自然关系的认识，马克思认识到资源环境问题的解决取决于社会关系的合理化，提出了从人与人的关系入手解决人与自然关系的思路，指出“社会化的人，联合起来的生产者，将合理地调节他们和自然之间的物质变换，把它置于他们的共同控制之下，而不让它作为一种盲目的力量来统治自己；靠消耗最小的力量，在最无愧于和最适合于他们的人类本性的条件下来进行这种物质变换。”① 认为生产者的联合是合理地调节人和自然之间物质变换的条件。

追溯当代环境资源问题日渐严重的原因，与其说主要是认识和技术方面的问题，不如说主要是利益和价值取向方面的问题。一些利益主体为了追求利益的最大化，完全不顾自然环境自身的状况，滥用资源并污染环境，造成了严重的危害。正如《我们共同的未来》所指出的，“我们没有能力在可持续发展过程中促进共同的利益，往往是在国家内部和国家之间相对忽视经济和社会正义的产物。”②事实表明，要真正解决人与自然的关系，实现人与自然的和谐，实现自然的持续发展，就必须确立合理的价值取向，从根本上消除人们之间利益的分离和对立，建立合理的社会关系和社会制度，包括政治制度的合理化以及社会的和谐。

当前正在进行的生态文明建设就是文明的新开展，是社会进步发展到一定阶段出现的新的文明形态，是人们在改造自然过程中的新创造。生态文明的出现及其与物质文明、精神文明和制度文明相并列且相辅相成，标志着人类文明进入了一个新的人与自然、人与人的和谐相处、协调发展的阶段。在建设生态文明的社会发展的新阶段，必须追求人与人

① 《马克思恩格斯全集》第46卷，人民出版社2003年版，第928—929页。

② 世界环境与发展委员会：《我们共同的未来》，吉林人民出版社1997年版，第60页。

的和谐及人与自然的和谐两种和谐的统一。

唯物史观价值取向的当代建构，有助于以人的发展看待可持续发展（绿色发展），深刻把握可持续发展的本质要求，这就是，可持续发展作为人们自觉的行为，必须以有利于人的生存发展为旨归。

首先，可持续发展必须渗透唯物史观人的发展价值取向，以人的发展为目标、为引领、为尺度。从追根究底的意义上说，可持续发展理论和实践虽然直接关注的是自然的持续发展，但间接且根本上关注的是人自身的持续发展，因为它缘起于人对自己生存发展条件和环境的担忧。毫无疑问，宇宙之中比地球环境更差的星球不计其数，但人们并未像担忧地球的环境那样担忧这些星球的环境，道理很简单，就是因为这些星球环境之好坏至少在可以预见的将来无关于人的生存与发展，此外更加重要的是，所谓环境的好与坏，本质上是相对于是否有利于人生存发展而言的，离开这一价值尺度，环境的好坏、优劣根本无从谈起。因此，可持续发展本质上是为了人的发展，要以人的生存发展为旨归，这是可持续发展的基本价值定位。为此，绝不能离开人的发展这一目标来孤立地谈论可持续发展，片面地理解保护生态和自然，从否定人生存发展要求及改造自然活动的方面将人与自然对立起来，否则可持续发展将会迷失方向、流于空谈甚至适得其反。

对可持续发展的价值定位告诉我们，实现可持续发展既要见物，关注自然，更要见人，从有利于人的生存发展的角度看待人与自然的关系，离开了人的发展目标，可持续发展就会失去其本来的意义，就不能确定可持续发展的内涵、目标和实现路径。从有利于人的生存发展的目标出发，实现可持续发展绝不应当被动地顺应自然，不应当为了保护自然而保护自然，而应当从人（人类）的需要出发合理地改造和利用自然。也就是说，可持续发展本质上是一种积极有为的改造自然的行为，是保护环境与发展经济的统一。因此，我们应当实行的是改造自然与保护自然相结合的积极有为的可持续发展战略，通过可持续发展来满足人们日益增长的美好生活需要，满足人们对优良环境的要求，促进人的发展。

其次，唯物史观人的发展价值取向包含着鲜明的政治哲学意蕴，这就是在实现可持续发展过程中追求公平正义。在当代，资源环境问题的一个重要方面是环境资源享用的不平等正在加重，这种不公平是人们之间的贫富差别加大的重要体现，已成为影响社会稳定和进步的重要因素。《增长的极限》指出："我们需要的最难以理解的和最重要的信息涉及人类价值。当一个社会认识到它不可能为每个人把每样东西都增加到最大限度时，它就必须开始做出选择。是否应当有更多的人或者更多的财富？更多的荒地或者更多的汽车？给穷人更多的粮食，或者给富人更多的服务？对这些问题确立社会的答案，并把那些答案转化为政策，这是政治过程的本质。"①这一论述明确指出了资源环境从而可持续发展问题的价值意蕴，即实现社会公平是实现可持续发展的重要诉求。

总之，从唯物史观人的发展价值取向出发理解可持续发展，可以将社会发展与自然发展视为一个连续统一的运行过程，既认为社会发展不能脱离自然环境状况而孤立地进行，又认为不能离开社会历史因素理解自然环境及其发展。这一发展观超越了以往离开自然基础谈论社会历史发展以及离开社会历史发展谈论自然环境问题的缺陷，提出了构建统一的自然——历史观的任务，这就是确立社会历史观与自然观之间双向互动的关系，阐明自然环境在社会发展中的地位和作用，分析社会因素对资源环境的影响。

① 丹尼斯·米都斯：《增长的极限》，吉林人民出版社 1997 年版，第 140—141 页。

第十章　中国特色社会主义的价值解读

改革开放以来的现代化建设极大地促进了我国经济、政治、社会和文化的进步，为当代中国人的发展创造了前所未有的条件，同时也提出了一些有关社会发展的新问题，有待于从唯物史观价值取向的视角加以解读。这些问题包括：如何从唯物史观价值取向解读中国道路，如何从唯物史观价值取向解读社会主义市场经济，如何从唯物史观价值取向解读现代性问题。对于这些关乎中国特色社会主义建设性质的重大现实问题，只有在历史观的高度才能加以透彻地解释和说明。

一、中国道路的价值解读

中国特色社会主义开创了社会主义建设的中国道路，在取得了举世瞩目的成就的同时，也给历史唯物主义和科学社会主义理论提出了有待说明的新问题，其中最重要的问题，就是社会主义道路的普遍性与中国特色社会主义特殊性的关系。对唯物史观与中国特色社会主义之间关系问题做出解答，对中国特色社会主义道路进行历史观和价值观层面的分析，从中寻找出规律性的东西，既关系到对中国特色社会主义合规律性即其历史必然性的理解，关系到理论自信、道路自信和制度自信，关系到对中国特色社会主义建设中现实问题的理解，也关系到对唯物史观当代价值的理解，关系到进一步丰富历史唯物主义关于社会发展规律的认识，关系到唯物史观理论的当代建构。

唯物史观与中国特色社会主义之间的关系主要体现在两个方面：唯

物史观关于社会发展普遍规律的理论与中国特色社会主义特殊规律的关系，以及社会主义的普遍价值取向与其在当代中国的特殊表现的关系。回答前一问题，就是要从中国特色社会主义规律与历史唯物主义关于社会发展规律理论的一致性和差异性出发，从理论与实践的结合上探讨历史唯物主义与中国特色社会主义规律的关系。一方面，着眼于中国特色社会主义与社会发展规律之间的差异，从历史观层面对这些差异以及由此造成的一些疑难问题做出合理的解答，深化对中国特色社会主义特殊性的理解，另一方面，揭示中国特色社会主义与社会发展规律之间的一致性，为中国特色社会主义建设实践做出理论说明，提供理论依据。对此问题，理论界迄今已有充分的研究。

我们这里关注的是社会主义的普遍价值取向与其在当代中国的特殊表现之间的关系。本文的基本观点是，中国特色社会主义道路要符合社会主义的普遍价值，遵循社会主义的一般原则和要求，在此基础上，才能且必须体现中国特色。为说明这一问题，可以从梳理经典作家对社会主义普遍规定和特殊要求关系的认识入手，从中得出有益的启示。

经典作家对社会主义的认识经历了一个从相对模糊到逐渐清晰的演进过程。在早期，马克思、恩格斯在谈论未来理想社会时，多数情况下使用的称呼是“共产主义”而非“社会主义”，原因主要有两点。

一是回避当时流行的形形色色的“社会主义”并与之划清界限。“社会主义”一词的词根源于拉丁文 sociare(社会)，意思是联合或共享。关于社会主义的起源存在着不同的说法，一种认为是英国政治家、空想社会主义先驱托马斯·莫尔在其《乌托邦》中提出的，另一则认为是德意志平民宗教改革家、农民战争领袖、空想社会主义先驱托马斯·闵采尔提出的，还有一种认为社会主义思想起源于法国大革命时期。通常认为，社会主义之本意是以社会为本位，其核心是“社会”，即主张将社会作为整体，由这个整体拥有和控制产品、资本、土地、资产等，并从公众的利益出发对它们进行管理和分配。由此可见，社会主义就其本意而言，乃是“社会公正”的代名词。在 19 世纪 30 年代至 40 年代的欧洲，“社会主义”成为一个得到广为认同甚至在一定程度上受到追捧的概念，各种社会思潮和流派都争相戴上这一桂冠，正因为如此，对“社会主义”的理解十分混乱，出现了各种各样打着社会主义旗号的社会思潮，例如《共产党宣言》第三章《社会主义和共产主义的文献》中提到的封建的社会主义、小资产阶级的社会主义、德国的或“真正的”社会主义、保守的或资产阶级的社会主义、批判的空想的社会主义。正是为了划清科学社会主义与当时流行的“社会主义”的界限，马克思、恩格斯对这些“社会主义”进行了系统地批判，也正是为了区别于这些“社会主义”思潮，他们在早期往往将自己的理论主张称为“共产主义”。

二是对社会主义作为一个独立的社会发展阶段的认识经历了一个过程。在早期，马克思、恩格斯认为在无产阶级推翻资本主义制度之后，人类将直接进入共产主义社会。他们在《共产党宣言》中指出，“当阶级差别在发展进程中已经消失而全部生产集中在联合起来的个人手里的时候，公共权力就失去政治性质。……在消灭这种生产关系的同时，也就消灭了阶级对立的存在条件，消灭阶级本身的存在条件，从而消灭了它自己这个阶级的统治。”[①]并认为代替那存在着阶级和阶级对立的资产阶级社会的，将是共产主义社会的“自由人联合体”。这时还没有指出在资本主义到社会主义之间还存在着某种过渡时期。马克思在1852年给约·魏德迈的信中开始提出了“过渡”时期的设想，即“阶级斗争必然导致无产阶级专政；这个专政不过是达到消灭一切阶级和进入无阶级社会的过渡。”[②]认为从阶级社会到无阶级社会之间要经历一个过渡时期。《哥达纲领批判》在对社会主义的认识上是一个转折：一方面，马克思仍然认为资本主义社会和共产主义社会之间只存在一个过渡时期而不是一个独立的社会形态（社会主义），认为“在资本主义社会和共产主义社会之间，有一个从前者变为后者的革命转变时期。同这个时期相适应的也有

---

① 《马克思恩格斯选集》第1卷，人民出版社2012年版，第422页。

② 《马克思恩格斯选集》第4卷，人民出版社2012年版，第426页。

一个政治上的过渡时期，这个时期的国家只能是无产阶级的革命专政。”[①]与1852年给魏德迈书信的看法本质一致，另一方面，他又明确区分了“刚刚从资本主义社会里产生出来的，……在经济、道德和精神方面都还带着它脱胎出来的那个旧社会的痕迹”[②]的“共产主义社会”（即共产主义社会初级阶段）和消灭了私有制和体力劳动与脑力劳动的对立、劳动成为人的第一需要、个人全面发展、社会财富充分涌流、各尽所能按需分配的“共产主义社会高级阶段。”[③]在共产主义社会中划分出两个阶段，前者实质上就是社会主义社会，后者即共产主义社会，开始将“社会主义”理解为在资本主义社会和共产主义社会之间的一个独立的社会形态。在科学社会主义创立后，他们往往又以科学社会主义代指关于社会主义和共产主义的理论，例如《反杜林论》第三篇的名称“社会主义”以及“社会主义从空想到科学的发展”的名称。

以上所述表明，马克思、恩格斯对社会主义的认识是不断发展的。与空想社会主义者认为社会主义是绝对真理和理性、正义的表现，只要把它发现出来就能征服世界的观点截然不同，马克思、恩格斯反对把社会主义看作是某种既成的、一成不变的东西，正如恩格斯所说：“我们没有最终目标。我们是不断发展论者，我们不打算把什么最终规律强加给人类。关于未来社会组织方面的详细情况的预定看法吗？您在我们这里连它们的影子也找不到。当我们把生产资料转交到整个社会的手里时，我们就会心满意足了，但我们也清楚地知道，在目前的君主联邦制政府的统治下，这是不可能的。”[④]

在马克思、恩格斯对社会主义的理解中，有两点尤其应当引起我们的重视：一方面，他们提出了关于社会主义最本质的规定和理解，其中特别值得注意的是关于社会主义最本质的价值规定，如《共产党宣言》中

---

① 《马克思恩格斯选集》第3卷，人民出版社2012年版，第373页。

② 《马克思恩格斯选集》第3卷，人民出版社2012年版，第363页。

③ 《马克思恩格斯选集》第3卷，人民出版社2012年版，第364页。

④ 《马克思恩格斯全集》第22卷，人民出版社1965年版，第628—629页。

的消灭私有制、每个人的自由发展，又如《哥达纲领批判》中的脑力劳动和体力劳动的对立消失、劳动成了生活的第一需要、个人的全面发展、集体财富的一切源泉充分涌流、各尽所能、按需分配，还如《反杜林论》中的社会占有生产资料、商品生产被消除、社会生产内部的无政府状态将为有计划的自觉的组织所代替，等等。另一方面，马克思、恩格斯对社会主义的理解是动态的、不断变化的，是统一性与多样性的辩证统一，他们对历史发展道路不是做出一种单一的、线性的理解，而是保持对不同民族国家具体历史发展道路的尊重。马克思在"给《祖国纪事》杂志编辑部的信"中曾明确指出，"一定要把我关于西欧资本主义起源的历史概述彻底变成一般发展道路的历史哲学理论，一切民族，不管他们所处的历史环境如何，都注定要走这条路，……但是我要请他原谅。（他这样做，会给我过多的荣誉，同时也会给我过多的侮辱。）"①"使用一般历史哲学理论这一把万能钥匙，那是永远达不到这种目的的"。② 他还以俄国为例说明了社会主义道路的多样性，指出"俄国可以不通过资本主义制度的卡夫丁峡谷，而把资本主义制度所创造的一切积极成果用到公社中来"③，即"俄国可以在发展它所特有的历史条件的同时取得资本主义制度的全部成果，而又可以不经受资本主义制度的苦难"④，跨越资本主义的"卡夫丁峡谷"，直接过渡到社会主义。恩格斯在其书信中亦明确指出，"所谓'社会主义社会'不是一种一成不变的东西，而应当和任何其他社会制度一样，把它看成是经常变化和改革的社会。"⑤他们并没有也不想对其具体情形（如"关于未来社会组织方面的详细情况的预定看法"）做出预测和描述，因为他们认识到，对未来社会描绘得越具体，就越容易陷入空想。

这两方面思想给我们理解中国特色社会主义以深刻的启示。

---

① 《马克思恩格斯选集》第3卷，人民出版社2012年版，第730页。
② 《马克思恩格斯选集》第3卷，人民出版社2012年版，第730页。
③ 《马克思恩格斯选集》第3卷，人民出版社2012年版，第825页。
④ 《马克思恩格斯选集》第3卷，人民出版社2012年版，第728页。
⑤ 《马克思恩格斯选集》第4卷，人民出版社2012年版，第601页。

首先，社会主义与共产主义价值取向上是内在统一、一脉相承的，中国特色社会主义和中国道路在价值取向上必须符合社会主义的普遍规定和本质要求。

马克思、恩格斯认为，社会主义是在否定资本主义基础上建立起来的社会制度，在社会形态上要高于资本主义，社会主义就其本质规定和目标而言，一定要在社会发展上超过资本主义国家，这种超越不仅体现在经济、社会和文化发展水平上，还应当体现在价值取向上，然而由于中国社会主义初级阶段的特殊性，特别是在生产力、社会发展和文化发展等许多方面与西方发达国家还有较大的距离，因此，现阶段首要的任务是通过改革开放进一步发展生产力和各项社会文化事业，在社会发展程度上赶超发达国家，以便在将来真正达到社会主义在各方面超过并优越于资本主义的本质要求，虽然实现这一目标还要经历一个相当长的过程，但绝不能放弃努力。在价值取向上，由于市场经济是现阶段发展生产力的最佳经济体制，由于市场经济本质上是以资本逻辑运行的，因而中国特色社会主义应当比资本主义更加注重社会公平，应当始终趋向“消灭剥削，消除两极分化，最终达到共同富裕”的目标，并探索达到这一目标的制度和政策。也就是说，中国特色社会主义建设的总方向是未来的社会主义高级阶段以至于共产主义。与之相关的另一个更为现实的问题是，社会主义在社会形态上高于资本主义，那么资本主义超越前资本主义的所有的优越性，包括其优秀的价值取向，都不能为社会主义所拒斥，而应该为其所继承和发展。一是要建构将这些价值的合理因素包含在内的更高层次的价值，例如马克思、恩格斯创建的人的发展价值取向，二是要对这些价值做出新的阐释和运用，例如社会主义核心价值观对民主、文明、自由、平等、公正、法治价值的吸收。

与之相关的是，社会主义的价值取向是高于资本主义的，因而首先是高于前资本主义的，社会主义一定要拒斥并超越前资本主义的、封建的价值取向。

应当看到，我国社会主义初级阶段的特殊性，不仅表现在生产力不够发达，有关不平衡不充分发展的一些突出问题尚未解决，在创新能力、发展质量、公共服务、生态保护、民生建设方面存在短板，以及社会文明水平尚需提高等方面，还表现在一些前现代的观念仍然制约着人们的思想和行为。在观念上，等级观念、门第观念、宗法观念、人情观念等旧观念仍然禁锢着人们的头脑。这些观念使人们思想僵化、封闭，缺乏独立的理解意识和能力，缺乏作为现代公民所应有的精神素质，严重地限制着人的主体性和个性的发展，本质上与社会主义所倡导民主、自由、平等、公正、法治背道而驰，与现代社会的科学精神、民主法治意识和独立个性等观念格格不入。在社会关系和制度上，尊卑有别、贵贱有等的等级关系和人身依附关系、以血缘为纽带的宗法关系等仍普遍存在于社会生活中，这在一些经济文化落后地区表现得尤其明显。在制度上，政治体制改革不到位，民主法制不健全，国家治理体系和治理能力的现代化程度较低。一些地方在政治和社会管理体制上权力过分集中，依靠个人意志的作用来进行管理的人治现象以及有法不依、执法不严现象十分普遍，既导致民主法制被压制，影响着个人的权利的实现和能力的发挥，制约着人的自由全面发展，也导致社会关系的无序化，妨碍社会良性、有效地运行。

这里还要指出的是，虽然社会主义核心价值观得到了广泛的宣传和教育普及，但有关的深层次问题并未真正解决。社会主义核心价值观仍然停留在宣传和教育上，而未能真正成为贯穿于整个社会生活的原则或规范，原因主要在于，对其中的一些内容如民主、文明、自由、平等、公正、法治等迄今仍然心存疑虑，因而一方面，在解释上加以种种似是而非的限定，往往顾左右而言他，以某种基于特殊性的解释而遮蔽其本意，使这些价值的核心内涵不了了之，比如对民主的解释、对自由的解释、对法治的解释都是如此。另一方面，未决心在制度和政策层面对社会主义核心价值观加以贯彻和实行。由于这些原因，社会主义核心价值观所倡导的“民主、自由、平等、公正、法治”等现代社会的优秀价值，迄今尚未真正成为社会的主流价值，更没有广泛地深入人心，成为社会心理层面的价值取向。

解决这些问题的关键，是对社会主义核心价值观一些重要内容如“民主、自由、平等、公正、法治”真正地理解和认同，即一方面，接受这些价值的本真含义，并在意识形态上做出与这些价值相适应的调整，使这些价值在理论逻辑上与中国特色社会主义理论相吻合，成为中国特色社会主义理论的重要组成部分。另一方面，以相应的制度与社会主义核心价值观建设相配套，将“民主、自由、平等、公正、法治”等价值直接体现在制度和政策的层面，以这些价值为导向进行制度改革和建设。

毋庸讳言，中国特色社会主义现实与马克思主义理论之间存在着诸多不一致之处，例如采用了社会主义市场经济体制，还要发展和建设现代性，其所以如此，是为了进一步解放和发展生产力，为了实现现代化，建立了公有制为主体、多种所有制经济共同发展的基本经济制度，即综合性的经济基础，为此，就要求我们协调经济基础与上层建筑之间的关系，一方面，要看到作为观念上层建筑的价值取向必须与经济基础相适应，另一方面，又要以作为观念上层建筑的社会主义价值取向引领社会的发展。

其次，中国特色社会主义和中国道路在价值取向上必须基于国情并体现特色。

前面已经指出，中国特色社会主义价值取向上的特色主要表现在两个方面：中国社会主义建设现实条件的特殊性，以及历史经历和文化的特殊性。众所周知，中国社会在经济基础、政治制度、阶级结构、文化背景、民族传统、社会心理、生活方式等各个方面都与马克思、恩格斯设想建立社会主义的西方社会存在着显著的差异，这些差异和中国的特殊现实构成了中国的国情，而中国的国情则决定了中国社会主义建设的特殊性即中国特色。

对于中国特色社会主义道路既要在价值取向坚持社会主义的普遍规定和本质要求又要体现中国特色，人们已有充分的共识，问题只在于如何体现二者的统一，例如体现的要求是怎样的，体现的方式和路径是什么，等等，这些都是有待具体探讨的问题。我们在这里关注的是另一个问题，即中国特色社会主义道路既要在价值取向上坚持社会主义的普遍规定和本质要求，又要体现其现实基础的特殊性。在当代中国，社会主义建设现实基础最显著的特殊性，就是市场经济和现代性，因而中国特色社会主义和中国道路在价值取向上坚持社会主义的普遍规定和本质要求并体现中国特色的关键，是处理好社会主义与市场经济的关系，以及处理好社会主义与现代性的关系。下面将分别做出展开的论述。

二、社会主义市场经济的价值解读

当代中国特色社会主义最基本、最独特的时代背景是市场经济，市场经济是中国特色社会主义特有的新事物，正确理解和处理"社会主义"与"市场经济"的关系，是中国特色社会主义建设取得成功的关键。

近几十年来，"社会主义"与"市场经济"这两个在经典文本中不相容甚至截然对立的因素结合在了一起，为中国社会主义开辟了新的道路，给中国社会主义注入了新的活力，但与此同时，也带来了一些新的问题。对中国特色社会主义的价值观解读首先面临的重要问题，就是社会主义价值取向与市场经济的关系，而其关键点，又是对相关经典论述与社会主义市场经济体制的一致性和差异性及其原因加以解释和说明，即从唯物史观价值取向视角出发解读社会主义市场经济，特别是以马克思主义人的发展理论解释社会主义市场经济对人的发展的要求和影响。

依据马克思主义创始人的设想，未来的理想社会(包括社会主义和共产主义)将实行计划经济体制，因为计划经济是"社会调节着整个生产"的制度前提，是达到共同富裕基本路径，是人的自由全面发展和建构"自由人联合体"的前提。这里的逻辑关联是，其一，人的自由全面发展的前提是消灭私有制。未来的理想社会是每个人自由全面发展的社会，要达到这一状态，必然要求人们之间以及人与社会之间根本利益的一致，要求消除人们之间的利益博弈，要求消灭私有制和阶级剥削，要求实现生产资料公有制。马克思、恩格斯曾反复强调消灭私有制、实行公有制，指出共产党人可以把自己的理论概括为一句话：消灭私有制，强调“以个人自己劳动为基础的分散的私有制转化为资本主义私有制，同事实上已经以社会的生产经营为基础的资本主义所有制转化为社会所有制比较起来，自然是一个长久得多、艰苦得多、困难得多的过程。前者是少数掠夺者剥夺人民群众、后者是人民群众剥夺少数掠夺者。”①认为“以一种集体生产方式为基础的资本主义所有制只能转变为社会所有制。”②并认为未来经济制度的基本特征，是“以现代生产资料的本性为基础的产品占有方式：一方面由社会直接占有，作为维持和扩大生产的资料，另一方面由个人直接占有，作为生活资料和享受资料。”③等等。其二，计划经济是公有制的实现方式，也是未来社会经济持续良性增长的保障。马克思、恩格斯曾多次预言计划经济即按计划生产是未来社会的基本特征，是人的自由全面发展的前提，因为只有这样，才会彻底改变物支配人以及人们之间的利益博弈和相互争斗的状况，才能将所有社会成员的利益高度地统一起来，才能合理地配置资源并安排消费。他们明确指出，未来的自由人联合体“是各个人的这样一种联合(自然是以当时发达的生产力为前提的)，这种联合把个人的自由发展和运动的条件置于他们的控制之下。”④在自由人联合体中，生产将由社会自觉进行计划、控制和调节，人们将根据社会需要来分配社会总劳动时间，将根据需求制定合理的计划并自觉地组织和实施，即“一切生产部门将用最合理的方式逐渐组织起来。生产资料的全国性的集中将成为自由平等的生产者的各联合体所构成的社会的全国性的基础，这些生产者将按照共同的合理的计划进行社会劳动。”⑤这时“社会的每一成员不仅有可能参加社会财富的生产，而且有可能参加社会财富的分配和管理，并通过有计划地经

① 《马克思恩格斯全集》第44卷，人民出版社2001年版，874—875页。
② 《马克思恩格斯选集》第3卷，人民出版社2012年版，第729页。
③ 《马克思恩格斯选集》第3卷，人民出版社2012年版，第667页。
④ 《马克思恩格斯选集》第1卷，人民出版社2012年版，第202页。
⑤ 《马克思恩格斯选集》第3卷，人民出版社2012年版，第130页。

营全部生产，使社会生产力及其成果不断增长，足以保证每个人的一切合理的需要在越来越大的程度上得到满足。”①由此可见，马克思、恩格斯认为，在未来理想社会，计划经济是实现公有制唯一的也是最好的经济体制，因为计划经济可以有效地配置资源、自觉地调节生产、保障生产力发展、合理地分配社会产品、实现社会公平，满足人们的物质文化需要及其他需要。

然而毋庸置疑的是，中国特色社会主义与经典作家曾经的设想存在着显著的差异。中国的社会主义制度以及它所建立于其中的社会环境(尤其是生产力发展水平)迥然不同于马克思设想的将来在西欧和美国建立的社会主义社会，因而在中国特色的社会主义社会中就产生了马克思未设想到的社会主义与市场经济的关联。

关于中国特色社会主义建立社会主义市场经济体制的必然性和必要性，学术界已有充分的论述。中国特色社会主义选择市场经济体制，是解放和发展生产力的需要。根据科学社会主义基本原理，社会主义有比社会资本主义更高水平的生产力，有比资本主义更强大的物质基础，有比资本主义更雄厚的经济实力，但中国社会主义却有着特殊的历史和国情。这个历史就是，中国社会主义是在东方经济文化落后的国家建立的，是在半封建半殖民地社会脱胎而来，直接进入了社会主义社会，其间没有经历过完整的资本主义发展阶段。与这一历史原因相联系，中国社会主义的最基本的国情之一，就是生产力不发达，即中国社会主义制度是建立在很低的生产力水平之上的，也就是通常说的，中国已经进入社会主义社会，但又处在社会主义的初级阶段，处在生产力发展水平还不高的不发达的阶段，生产力发展水平远远低于资本主义国家。这显然不符合马克思、恩格斯对社会主义的理解，不符合社会主义的本质要求，因而是不合格的社会主义。

根据历史唯物主义观点，人们所达到的生产力的总和决定着社会的状况，物质或器物层面的现代化不仅是推进社会进步和提升人民的物质

① 《马克思恩格斯选集》第3卷，人民出版社2012年版，第724页。

文化生活质量的根本保障，也是整个社会发展包括社会现代化的基石，这是历史唯物主义的基本原理。根据这一原理，只有进一步解放和发展生产力，才能推动中国社会的全面进步，才能为人的发展创造条件。社会主义要比资本主义制度更加具有优越性，要满足人民日益增长的物质文化需要或美好生活需要，要在未来向更高级的共产主义社会过渡，首先就必须尽可能快地解放和发展生产力。在社会主义初级阶段，在中国这样一个经济和文化不够发达的国家建设社会主义，解放和发展生产力将是我们长期面临的最重要的任务。

市场经济是我国现阶段发展生产力的最优体制，因为市场经济具有一些基本的、普遍的特征及优势。市场经济是产品和服务的生产及销售完全由市场的自由价格机制所引导的一种经济体制，它最显著的优点之一，是产权清晰，产权清晰的前提是在权力和利益上明确区分出“你的”“我的”和“他的”，人们相互之间在利益上不能混淆。这种区分必然会带来两个结果：一是每个利益主体（包括经营者和劳动者）都追求利益的最大化，从而能最充分地调动各利益主体的积极性，这一点是市场经济最本质的特征，是经济发展相对不足的条件下市场经济体制最大的优势所在，也是在社会主义初级阶段确立市场经济体制的根本原因所在。二是利益主体之间为了利益最大化而相互竞争和进行利益交换，从而能够更加充分地调动人们的积极性，最大限度地提高人们的活动效率，最有效地促进科技进步、生产力发展和财富增长，因为充分的竞争既能刺激分工的深化，又能促进技术的进步和专业知识的积累。由于每个人都在市场经济中追求个人的幸福，使得整个社会始终具有发展的内在驱动力和生机活力。市场经济又一显著的优点，是由“看不见的手”调节市场，使市场对资源配置起基础性作用，使经济活动遵循价值规律的要求，适应供求关系的变化，并且它通过自由交换促进了专业分工，让每一个人可以做自己最擅长做的事，并通过市场实现商品或服务的交换。由依据市场而不是行政性指令性计划进行社会的资源配置，配置的依据是市场的反映和需要，因而具有灵敏性和现实性，即使出现失误，也便于纠正。

总之，中国特色社会主义所以要采取市场经济体制，既是因为要遵循社会发展的规律，又是基于特殊的历史和国情。历史和国情决定了市场经济是我国现阶段发展生产力不可逾越的体制，改革开放以来的大量事实也充分证明，市场经济体制是与我国当代生产力发展水平和要求最相适应的经济体制。进一步解放和发展生产力，为中国社会的全面进步和人的发展创造条件，是中国在现阶段建立社会主义市场经济最主要、最充足的理由。

市场经济在推进中国特色社会主义建设的同时，也有一些负面的影响。这种负面影响是由市场经济的本质特征决定的。

市场经济的负面影响源于其与私有制的内在关联。西方学者认为，市场经济的基本原则是私有财产制度、契约自由的原则和自我负责的原则。市场经济制度所以能促进充分的竞争和发展，关键就在于它保护私有产权，包括知识产权，这是它得以有效并高效率运行最关键的基础。市场经济是产品生产及销售完全由市场的自由价格机制所引导的经济体系，在这种经济体系中，市场分配成为最基本的分配形式，所有市场资源和劳动产品，都要通过市场交换来进行分配。与这一理解相关，我们认为，市场经济是与生产资料私有内在关联的。一是因为市场经济本质上是竞争性经济，而要有竞争，就要有不同的利益主体，也就必须有一定程度、一定范围的生产资料私有。二是因为市场经济的特点是使市场对资源配置起基础性作用，由市场来配置资源是有前提的，这个前提就是清晰地区分人们的利益，将人们的利益分散化、明晰化，在人们之间清晰地划定利益边界，并且相互之间不容侵犯，而利益分散化、明晰化则必然要求社会的全部或至少是部分要求生产资料为私人所有。只有生产资料全部或部分私有，才能将人们的利益分散化、明晰化，而只有将人们的利益分散化、明晰化，才能由市场来配置资源。即使在以公有制为主体、多种所有制经济共同发展的社会主义市场经济环境中，市场经济也以一定程度上或一定范围内的财产私有制为前提，正如拉比卡所指出的，“在西方，除非存心不良，人们从长期的经验中知道，市场等同于追逐最大限度的利润，而且以生产和分配资料的私人占有为前提。”①市场经济的前提就是生产资料私有制，我们不能想象在完全公有制环境中的市场经济，因为在公有制的社会中，人们之间的利益是完全一致的，在这样的单一利益主体的社会中，必然是社会有计划地安排生产和经济活动，不需要也不可能由市场来配置资源，也无需通过不同利益主体之间的竞争来调动积极性并促进生产力发展，当然也就无需市场的存在及其发生作用，不会存在市场经济体制。

生产资料私有制以及市场经济对人的发展的负面影响在于，导致阶级剥削、人们之间收入差别的扩大以及阶层和阶级的分化，导致人们之间的利益分化、利益对立和利益博弈，导致资本对人的统治、物对人的支配即重占有甚于重生存亦即物的依赖性，导致“商品拜物教”和“金钱拜物教”。而利益分散化、明晰化的必然结果则是利益主体之间的利益博弈甚至你争我夺、尔虞我诈。由此可见，市场经济能较好地解决经济效率问题，却不能实现个人利益与社会利益的统一，必然造成物支配人以及人与人的利益对立，制约人的发展。就整个社会生活而言，市场经济确认了显在的和潜在的财产私有，也就确认了资本的逻辑，并且使资本的逻辑不仅畅行于经济领域，也通行于整个社会生活，导致了社会发展的失衡，特别是产生了严重的贫富分化和腐败现象。

特别应当指出的是，生产资料私有制对人的发展和社会生活的负面影响不仅存在于资本主义市场经济，也同样存在于社会主义市场经济，只要是真正的市场经济，无论对其做出怎样的制度性限制，都将是按照资本的逻辑运行，它对社会和人的发展的影响本质上都是一样的。

经济学家们通常认为，市场经济只是手段，可以与资本主义制度相联系也可以与社会主义制度相联系。我们认为，市场经济虽然有手段的一面，但毋庸置疑的是，它本质上并不仅仅是一种手段，其功能也不仅仅是让市场的需求和供应在资源的配置中起主导作用，提高资源配置的

① 曾枝盛：《20世纪末国外马克思主义纲要》，中国人民大学出版社1998年版，第71—72页。

有效性。正如前文所指出的，市场经济的前提就是利益主体独立和利益分化，就是财产为不同的利益主体所有，也就是财产私有，所以市场经济本身就具有价值取向，这就是：各个利益主体都要追求利益的最大化。从本质上说，不论在“市场经济”一词前面加以何种限定，戴上什么样的帽子，其固有的“财产私有”和“逐利”的本质及其带来的负面影响都不会改变，否则就不是市场经济了。这是西方历史和现实以及中国当前社会现实业已证明了的。

对于市场经济的负面影响，从市场经济出现以来人们就有了逐渐深入的认识。早在18世纪，亚当·斯密就指出了市场经济环境中人的逐利本性，揭示了经济活动追求利益最大化的行为特征，在19世纪，马克思、恩格斯更是一针见血地指出了资本使“人和人之间除了赤裸裸的利害关系，除了冷酷无情的‘现金交易’，就再也没有任何别的联系”[①]的特点，在20世纪，凯恩斯深刻地指出了市场机制的缺陷，主张通过政府宏观干预的方法来加以补救。在当代，一些西方学者在反思经济危机的过程中，更是触及到在市场经济中金融资本家为追逐利润不惜损害社会和他人的本性，有针对性地提出了“有道德的资本主义”的理念，试图缓解市场经济的负面影响。随着市场经济体制的运行，我国社会的主要矛盾已经转化为“人民日益增长的美好生活需要和不平衡不充分的发展之间的矛盾”，以收入差距扩大为标志的发展不平衡问题凸显，虽然导致发展不平衡的原因是多方面的，但就制度方面而言，主要就是市场经济及与之相关的资本逻辑。

基于市场经济对中国特色社会主义的双重影响以及社会主义价值取向的本质要求，在当代中国，对市场经济应当采取辩证的态度。

对市场经济采取辩证的态度，首先应当充分肯定市场经济在当代中国的历史合理性而又充分认识和规避其负面影响，趋其有利于生产力发展之利，避其给社会进步和人的发展造成的负面影响之害。这就要对市场经济的双重影响有一种全面的、清醒的认识。为此，就必须秉持合目

① 《马克思恩格斯选集》第1卷，人民出版社2012年版，第403页。

的性与合规律性的双重尺度，从合规律性尺度理解建立社会主义市场经济体制的必然性与必要性，从合目的性尺度理解建立社会主义市场经济体制带来的问题及应当采取的应对措施。

一方面，应当从合规律性尺度理解市场经济在现时代的合理性。在任何一个时代，社会进步和人的发展都不是一帆风顺、一以贯之的，往往要经历许多曲折甚至付出重大代价，在社会发展中，为了长远的、整体的发展，往往要牺牲暂时的、部分的损失。正如马克思所说，“在人类，也像在动植物界一样，种族的利益总是要靠牺牲个人的利益来为自己开辟道路的，其所以会如此，是因为种族的利益与特殊个体的利益相一致，这些特殊个体的力量，他们的优越性，也就在这里。”[①]“当文明一开始的时候，生产就开始建立在级别、等级和阶级的对抗上，最后建立在积累的劳动和直接的劳动的对抗上。没有对抗就没有进步。这是文明直到今天所遵循的规律。到目前为止，生产力就是由于这种阶级对抗的规律而发展起来的。”[②]马克思的上述观点对于理解市场经济的历史合理性问题尤为贴切，富有启示性。由于实现中国特色社会主义建设的长远目标有赖于生产力的高度发展，且由于市场经济是当代中国社会主义建设最优的经济体制，因而市场经济是中国社会主义建设不能跨越的经济体制，建立市场经济体制、实行公有制为主体多种所有制经济共同发展的政策具有合规律性。也就是说，在中国实行市场经济虽然在一定时期中会导致物的依赖性，但从社会发展的总过程看，这样做可以更快地发展生产力，既有利于满足人民日益增长的美好生活需要，又可以为未来的社会进步和人的发展创造条件。

另一方面，应当从社会主义价值取向估量市场经济的负面影响。社会主义价值取向的核心是达到共同富裕并追求人的彻底解放和自由全面发展，而其现实要求则是追求实际的社会公平。从人的彻底解放和自由全面发展以及社会公平的价值取向看，市场经济运行过程中利益的分散

① 《马克思恩格斯全集》第26卷(Ⅱ)，人民出版社1973年版，第125页。

② 《马克思恩格斯全集》第4卷，人民出版社1958年版，第104页。

化、利益主体追求利益最大化的优点，正是其负面效应的根本原因之所在。因为正是利益的分散化、利益主体对利益最大化的追求，导致人们之间的利益博弈、资本逻辑的盛行以及人与物（商品、金钱）关系的异化，使当代社会发展背离其实现社会公平、达到共同富裕、促进人的发展的初衷，为此，必须以实现社会公平、达到共同富裕、促进人的发展这一目的引领和规范市场经济的运行过程，将其负面效应限制到最小。

对市场经济采取辩证的态度，又应当正确评估和限定所要付出的代价。应当看到，社会进步必然要付出代价，但是这种代价的付出只是在特定阶段具有合理性，并且这种代价必须是有限度的，因而绝不能对代价的付出安之若素甚至放任自流、任其扩大，而应当尽可能缩小或减轻它给社会发展带来的副作用。经济增长是社会发展的基本条件却不是其全部内容，社会发展还包括实现公平正义的价值诉求。这就要求在实行市场经济时既充分发挥其有效配置资源、调动人积极性的优势，又以社会公平的价值取向对市场行为做出适时地调控和规范，自觉限制其引人贪婪、博弈的负面效应，减缓其自发倾向带来的问题，着力实现社会公平和共同富裕的目标，特别是切实解决社会发展不平衡尤其是贫富悬殊问题给弱势群体造成的影响。

关于中国应否建立并完善市场经济体制，以及国有经济与其他经济的关系，一直以来有一些争论，我们认为，所有争论，所有解决问题路径和方向的确定，一定要从是否有利于人的发展这一根本目标出发，而不能从一些抽象的教条出发。在当代中国，建立并完善市场经济体制不仅是发展生产力的需要，是社会转型与发展的需要，更是满足人民日益增长的美好生活和促进人的发展的需要。

对市场经济采取辩证的态度，还应当明确市场经济的未来走向。市场经济有现实的合理性，但从长远的、未来的走向看，它又是有缺陷的。一方面，在市场经济环境中，虽然每个个体具有理性，但由于个体之间围绕利益相互博弈，整个社会往往缺乏理性，缺少整体的目标、规划和设计，因而对社会整体发展会产生一些不利影响，另一方面，市场经济并不能自然而然地带来社会发展的价值合理性，使经济发展有利于人的生存发展，例如不会自然地带来发展成果的社会共享，反而会加大贫富分化。市场经济优势和缺陷并存的特点，决定了它既具有现实的合理性又缺乏长远的、道义上的合理性。基于社会主义的本质要求、中国特色社会主义建设的长远目标以及市场经济的负面影响，必须看到，实行市场经济是一种阶段性的做法，市场经济是当代中国社会主义初级阶段最合适的经济制度，却并非未来人类社会最合理的经济制度。基于长远的、道义上的合理性，在未来，市场经济体制一定会由更高级的、能为人的发展提供最合适制度条件和环境条件的经济体制所代替，这就是生产资料公有制。

然而应当指出的是，虽然生产资料公有制是真正完全实现社会公平正义的经济基础，是人的彻底解放的前提，代表着一种崇高的价值，但在以往的现实生活中，实行的结果却是不理想的，与马克思“重建个人所有制”的目标相去甚远。原因在于，现行的公有制尚未找到一个有效的实现途径，由谁来代表“公有”的问题没有得到很好的解决，在现实中只能是用公权力来代表“公有”，例如公有制在现实中多是以国有制和国有企业的形式出现的，但结果往往造成了控制国有企业的公权力的膨胀和异化，甚至出现掌握公权力的人盗取公共财产的情况。

当前，在对市场经济问题上尤其应当警惕和防止的，是站在前市场经济的立场反对市场经济，超越阶段，将未来才能做的事情放在现在来做，离开生产力和社会发展条件否定市场经济的必然性和必要性。以公平的实现为例。马克思主义追求的是彻底公平即结果公平，但结果公平的实现是有条件的。在市场经济条件下，就不能完全实现结果公平，既不能追求绝对的公平，也不能期望公平的实现一蹴而就，而只能降低结果不公的程度，在承认和发挥市场基础地位的前提下致力于消除制度的不平等，创造公平的自由竞争机会，在此基础上向弱势群体倾斜，尽可能地防止收入差距的扩大，即通常说的，一次分配主要讲效率，二次分配主要讲公平。一次分配讲效率，本质上也是讲公平，讲的是起点和规则的公平，没有起点和规则的公平就没有效率，就没有又好又快的发展，就不能把蛋糕做大，就只能是普遍的贫穷，也就不可能有“共同富裕”意义上的结果公平，更不可能有社会进步和人的发展，因为“生产力的这种发展之所以是绝对必需的实际前提，还因为如果没有这种发展，那就只会有贫穷、极端贫困的普遍化；而在极端贫困的情况下，必须重新开始争取必需品的斗争，全部陈腐污浊的东西又要死灰复燃。”①另一方面，这并不意味着应当放弃结果公平，正相反，在社会主义社会，特别是从未来社会发展的趋势上说，基于人的自由全面发展的最终目标，一定要追求并尽量实现结果公平，将其作为社会发展的最终目标。二次分配讲公平，就是让先富者拿出第一次分配所得的一部分照顾弱势群体和投入公共建设，做二次分配，缩小收入差距。这是社会主义的本质要求，也是实现人的自由全面发展的基本条件。为此，要以解决“人民日益增长的美好生活需要和不平衡不充分的发展之间的矛盾”为抓手，在效率和公平之间确定新的平衡，在促进科技进步、生产力发展和物质财富增长的同时切实促进社会公平，尽力满足人民日益增长的美好生活需要，为最终实现共同富裕创造条件。

三、现代性问题的价值解读

当代中国特色社会主义的又一时代背景是现代化建设以及社会由传统向现代的转型，这就要完成现代化和现代性建设。改革开放以来中国社会主义现代化建设的成就已经充分证明，在当代中国建构现代性的理由是毋庸置疑的，因为现代化是国家富强、人民幸福的必由之路，因为中国还未完成社会由传统向现代的转型，因为中国特色社会主义道路一定要符合人类文明的普遍价值，走被历史所证明了的现代化建设道路。

为此，就出现了作为现代化进程副产品的现代性问题。中国特色社会主义建设中出现现代性问题，是与现代化建设和社会转型特别是市场

① 《马克思恩格斯选集》第1卷，人民出版社2012年版，第166页。

经济的兴起相关联的。随着社会转型和经济的兴起，现代性问题在我国逐渐显露出来，这些问题主要有工具理性张扬、拜金主义、消费主义盛行、传统价值失落、贫富差距悬殊、资源环境危机等，它们阻碍社会进步，也制约着人的生存发展。

社会主义社会出现现代性问题是马克思、恩格斯等经典作家未曾预料的事情，是一个需要做出解释的新问题，而解释这一问题的关键，就是对现代性与科学社会主义经典有关社会主义论述之间的一致性和差异性及其原因做出说明。

马克思曾以人的发展为尺度区分了社会发展的三大形态，认为社会发展依次经历了人的依赖关系、物的依赖性和人的自由全面发展三个阶段，“人的依赖关系（起初完全是自然发生的），是最初的社会形式，……以物的依赖性为基础的人的独立性，是第二大形式，……建立在个人全面发展和他们共同的、社会的生产能力成为从属于他们的社会财富这一基础上的自由个性，是第三个阶段。”[①]依据这一理论范式并结合中国的实际，我们认为，在当代中国，人的发展正处于“由人的依赖关系向物的依赖性过渡”，以及“限制物的依赖性从而开始推进人的自由全面发展”两个过程并行的阶段。从社会转型的视角看，“人的依赖关系”“以物的依赖性为基础的人的独立性”“自由个性”三个阶段分别对应着前现代、现代性以及现代性之后的社会发展阶段，因而从社会转型过程看，这两个过程就是“由前现代到现代过渡”以及“由现代性到现代性之后过渡”的过程。

按照马克思的理论模式，社会主义不仅超越了人的依赖关系，而且超越了物的依赖性，超越了资本逻辑的支配，但中国的现实却并非如此。从社会转型的视角看，由于中国社会主义道路的特殊性以及社会主义初级阶段的特殊国情，在现实中既存在着人的依赖关系问题又存在着物的依赖性问题，而人的依赖关系问题与物的依赖性问题两种依赖关系（性）并存，从一定意义上说，就是前现代问题与现代性问题并存。

---

① 《马克思恩格斯全集》第30卷，人民出版社1995年版，第107—108页。

从社会转型视角看，“由人的依赖关系向物的依赖性过渡”就是“由前现代到现代过渡”。人的依赖关系问题从时代上说属于前现代性的问题，当代中国之所以处于“由前现代到现代过渡”的过程，是因为特殊的历史进程使我们的现代性尚未整体性地建构起来，各种前现代性的社会因素仍然不同程度地存在，包括物质层面的因素如生产力不够发达，制度层面的因素如等级制度和人身依附关系，观念层面的因素如等级观念、宗法观念和人身依附观念等封建观念的残余。从改革开放到现在，中国社会一直处于转型之中，应当清醒地看到，一方面，转型在一些领域已取得了比较显著的成效，另一方面，转型的过程十分艰难，有曲折也有反复，总体过程尚未完成，所以本来属于前现代问题的人的依赖关系仍然存在于当代中国。

转型过程尚未完成既有历史的渊源又有现实的原因。从历史上看，我国长期处于封建社会中，旧时代的传统根深蒂固，流毒既深且广，在社会生活的各个方面都留下了深刻的影响，然而近代以来，中国社会发展却经历了一条特殊的未能系统清理封建因素的道路。中国社会主义是在半封建半殖民地基础上建立的，之前未经历彻底铲除封建制度和观念的完整的资本主义发展阶段，反封建被批判资本主义所代替和遮蔽，特别是近现代历史上思想文化启蒙过程反复断裂，反封建以及思想启蒙事业一直未能深入彻底地进行。

从现实上看，由于强调与资本主义的对立，许多制度设计都是以区别于或反对资本主义制度为目标的，又由于将资本主义与现代性直接等同起来，因而反资本主义在一定程度上被误解成了反现代性，所建立的制度中自然而然地存在着一些非现代性甚至反现代性的缺陷。制度上，例如对待市场经济，因为市场经济的价值属性（由资本主义创建，追逐利润最大化、遵循资本逻辑）而加以拒斥，没能承认并充分肯定其有利于经济发展的一面，以至于往往在这一问题上陷入意识形态争论而不能自拔。观念上亦是如此，将一些现代性的观念直接等同于资本主义而加以拒绝甚至批判，以对待自由为例，将自由完全理解为某种消极甚至负面的价值因素，往往将其与一些负面的东西联系在一起，例如自由化、自由主义，等等。这些看法和做法既离开了社会主义初级阶段的现实，忘记了马克思、恩格斯追求人的自由发展的初衷，也妨碍有效清除封建残余因素的影响。

由于历史上的原因和现实认识及工作中的失误，造成了各种前现代性问题仍然广泛存在于社会生活中，许多长期的封建社会遗留下来的负面因素如人身依附关系、官僚主义、家长制、等级观念、宗法观念、特权思想、人治意识等并未清除。正如邓小平所指出的，“我们进行了二十八年的新民主主义革命，推翻封建主义的反动统治和封建土地所有制，是成功的，彻底的。但是，肃清思想政治方面的封建主义残余影响这个任务，因为我们对它的重要性估计不足，以后很快转入社会主义革命，所以没有能够完成。现在应该明确提出继续肃清思想政治方面的封建主义残余影响的任务，并在制度上做一系列切实的改革，否则国家和人民还要遭受损失。”[①]“肃清封建主义残余影响，对广大干部和群众来说，是一种自我教育和自我改造，是为了从封建主义遗毒中摆脱出来，解放思想，提高觉悟，适应现代化建设的需要，努力为人民作贡献，为社会作贡献，为人类作贡献。肃清封建主义残余影响，重点是切实改革并完善党和国家的制度，从制度上保证党和国家政治生活的民主化、经济管理的民主化、整个社会生活的民主化，促进现代化建设事业的顺利发展。”[②]清除封建专制主义，肃清思想政治方面的封建主义残余影响，在党和国家领导制度上做一系列切实的改革，依然是中国特色社会主义建设面临的基本任务和要求。

这些问题从社会发展阶段的视角看，就是依然存在人的依赖关系并严重禁锢着人们的思想和行为，影响着社会生活和社会进步，制约着人的发展。在当代，人的依赖关系的影响突出地表现在两个方面：一是在观念层面，传统社会遗留下来的一些落后的观念仍在束缚着人们的思

---

① 《邓小平文选》第二卷，人民出版社 1983 年版，第 335 页。

② 《邓小平文选》第二卷，人民出版社 1983 年版，第 335—336 页。

想，制约着人的素质的提升，现代性的思想观念尚未完全建立起来，自由、民主、平等、公正、法治等现代意识未能在社会中真正确立，人们比较普遍地缺乏作为现代公民应有的思想道德和科学文化素质。二是在制度层面，现代性的制度和体制尚未完全建立起来，与现代价值相关的制度设计和建设仍然缺位，这突出地表现在民主法制不健全、依法执政、依法行政不到位，等级制度和人身依附关系仍在深刻地阻碍着人的权利的实现，制约着人的自由发展。

除人的依赖关系问题之外，现代性不到位的另一表现是经济发展相对不足以及不同地区和阶层发展程度的不平衡。我国新时代社会主要矛盾中的“不充分的发展”虽然体现在诸多方面，但其最突出的问题还是生产力发展不充分，而不平衡发展最突出的问题就是贫富差距的扩大。“不平衡的发展”与“不充分的发展”往往是交织在一起的。虽然改革开放近 40 年来我国经济得到了巨大发展，特别是通过扶贫攻坚使农村的贫困面大幅缩小，但迄今为止，按照世界银行的标准，还有近 2 亿人口处于贫困线之下，基本生活需要得不到较好的满足。这些贫困的家庭和个人缺少获取和享有正常生活的能力和足够的收入，缺乏必要的生活资料和服务，生活水平达不到一种社会可接受的最低标准，不能过一种体面的生活，既谈不上各种社会权利的实现，更谈不上素质的提高和能力的发展。

这种不平衡不充分的发展，决定了我们在讨论人的发展问题时，既要统而言之，从总体上进行把握，又不能一概而论，既要关注普遍性的问题，又要关注特殊性的问题，对不同领域、地域、阶层的问题做出具体的分析。从人的发展或社会发展阶段的宏观尺度看，我国当代人的生存发展面临的社会问题分别属于前现代的、现代的和后现代的性质，这些问题的表现、原因和解决途径各不相同，因而讨论当代中国人的生存发展时既要关注现代和后现代性问题，更要关注前现代的问题。为此特别要强调的是，在反思现代化问题、避免现代化陷阱的同时，更要注重一些地区和人群如何早日进入现代化，拥有现代的生活条件，通过反思进而政策的调整，缩小不同地区和群体经济文化等方面的差距，最大限度地实现社会公平。这是社会主义的现代化建设的题中应有之义，也是推进每一个人共同发展不可或缺的、核心的内容。

从社会转型视角看，“限制物的依赖性从而开始推进人的自由全面发展”就是“由现代性向现代性之后过渡”。这里说的“现代性之后”并非西方学者语境中的“后现代”，而是克服了现代性弊病的社会主义社会的中、高级阶段。当代中国之所以处于“由现代性向现代性之后过渡”的过程中，是因为市场经济与物的依赖性具有内在的关联，这一关联在上一部分已有详述。概言之就是：市场经济在为人的发展创造条件的同时，也造成了物的依赖性，带来了一系列被称为现代性问题或“转型期陷阱”的负面效应，使社会转型过程中产生了许多新的社会问题。

从社会主义的根本要求和目标看，现代性问题与前现代问题虽然形成原因及现实影响截然不同，但两者都制约着当代中国的社会进步和人的发展。在现代性问题和前现代问题并存的背景下，我们在解决当代中国的现代性问题时不能忽视前现代问题的解决，同样地，在解决当代中国的前现代问题时亦不能离开现代性问题的解决。从有利于社会进步和人的发展的要求出发，我们必须辩证地看待现代性问题，采取发展现代性与限制其负面影响两个过程并行、解决前现代问题与解决现代性问题齐头并进的立场，既要直面前现代问题给人的发展造成的障碍，彻底去除人的依赖关系，又要直面现代性问题给人的发展造成的障碍，合理地管控物的依赖性。只有通过发展和完善现代性才能去除人的依赖关系，只有通过反思现代性才能超越物的依赖性，质言之，只有发展现代性和反思现代性并举，才能推进人的发展。

一方面，要进一步发展和完善现代性。着眼于本世纪中叶实现现代化的目标和社会生活中现代性不足的现实问题，当前的主要任务是进一步解决前现代的问题，消除人的依赖关系及其影响，尽快发展现代性，实现现代化。

发展并完成现代性，必须进一步发展生产力。根据历史唯物主义观点，生产力是社会发展的最终决定力量，物质层面的现代化是整个社会现代化的基础，因而解决前现代问题首先必须进一步解放和发展生产力。虽然改革开放以来我国的生产力和经济建设水平得到了巨大的提升，但离实现现代化、满足人们较高层次的物质文化需要还有很大的距离，为此，必须继续坚持以经济建设为中心，通过深化经济体制改革、推进科技进步和产业结构升级进一步解放和发展生产力，促进经济的持续增长。

发展并完成现代性，必须进行政治体制改革，推进国家治理体系和治理能力现代化，建立现代政治经济和社会制度。一方面，根据历史唯物主义观点，上层建筑适合经济基础的状况才能促进社会的进步，因而社会主义市场经济必然要求与其相适应的经济政治和社会制度。另一方面，根据马克思、恩格斯的理解，人类之所以结合成社会，根本目的就在于保障和促进个体的生存和发展，国家及其制度是为人民而设立而不是相反。马克思、恩格斯提出的人的解放和发展目标，内在地包含着自由、民主、法治、公平、正义、和谐等价值诉求。这些价值不仅具有工具性意义，不仅是国家治理和社会运行的需要因而是实现人的发展的前提条件，而且具有目的性意义，是人的发展要求的具体体现，其能否实现及实现之程度直接决定着人的发展状况。从这个意义上说，自由、民主、法治、公平、正义、和谐等价值既具有普遍的适用性也具有鲜明的当代性，是当代中国社会主义社会应当且能够实现的价值取向。也正是在这个意义上说，倡导社会主义核心价值，切实加强民主法治建设，建立一个自由、民主、法治、公平、正义的和谐社会，是在当代中国实现人的发展的重要环节。为此，必须通过政治体制改革推进民主和法治建设，通过对国家行政制度、决策制度、司法制度、预算制度、监督制度的改革，规范社会权力运行和维护公共秩序的制度和程序，建立与社会经济发展、政治发展和文化发展要求相适应的现代治理体制，实现政府与公民对社会政治事务的协同治理，切实保障个人权利的实现和能力的发挥，保障人民当家作主，保障人民的政治参与等各项公民权利不被侵犯，使人民过上有尊严的生活。

发展并完成现代性，必须进一步进行观念变革，建立现代观念。根据历史唯物主义观点，文化是一定的生产力和生产方式的产物。毋庸置疑的是，现代文化总体上比诞生于农耕社会和封建时代的文化更先进，更能代表历史进步的方向，也更有利于人的发展。随着中国现代化建设的深入，随着生产力的发展、社会关系和体制的变革，必然要求传统文化的变革和更新，要求人们思维观念的深刻转变。康德在二百多年前就曾明确地指出，"启蒙运动就是人类脱离自己所加之于自己的不成熟状态。不成熟状态就是不经别人的引导，就对运用自己的理智无能为力。当其原因不在于缺乏理智，而在于不经别人的引导就缺乏勇气与决心去加以运用时，那么这种不成熟状态就是自己所加之于自己的了。Sapere aude！要有勇气运用你自己的理智！这就是启蒙运动的口号。"[①]康德提出的任务迄今仍具有现实的意义。建立现代观念必须破僵化、保守思想观念的束缚，促进主体意识、权利意识、民主法制意识的形成，建构民主、自由、人权、法治等现代文明价值。

另一方面，要自觉超越物的依赖关系。着眼于未来，我们在发展并完成现代性的同时，还必须自觉地以人的发展为尺度，对现代化过程中的自发性加以校正，克服现代性的负面影响，使之沿着正确的轨道运行。为此，必须深刻分析物的依赖性的影响及其原因，有针对性地管控现代性的负面效应。

一是厘清增长与发展的关系，促进社会的全面进步。经济增长是社会发展的基础，但增长不等于发展，不能以增长代替发展。要超越 GDP 至上的片面发展观，确立以人的发展为核心的社会全面发展理念，全面落实创新、协调、绿色、开放和共享等发展理念，在实现经济增长的基础上实现经济、政治、社会、文化、生态的全面发展，通过改善公共生活，优化人们的生活环境和社会关系。

二是实现社会公平，在促进社会整体进步的同时尽可能地维护弱势

---

① 康德：《历史理性批判文集》，商务印书馆 1990 年版，第 22 页。

群体的利益，最大限度地保障每个人的权益，实现每个人的发展，随着经济增长解决社会发展中的一些涉及人们切身利益的民生方面的突出问题，使所有人能够共享改革发展的成果，过上体面的、有尊严的生活，满足他们对美好的生活的需要，体现社会主义现代化建设全民共建和共享的要求。

三是超越消费主义的生活方式。面对有限的资源环境条件，重新定义幸福，改变人们的需要定位，超越物质主义、享乐主义、拜金主义观念，走出炫耀性消费等消费主义的误区，限定奢侈乃至于畸形的不合理的需要，确定人的发展的新路向，选择健康文明的生活方式，发展并满足合理的拓展性需要。

四是限制科技的负面效应。针对科学认识对价值取向的僭越和遮蔽、人在生产中受到技术的控制而成为机器的附属物、人在生活中对技术的依赖、痴迷和崇拜、科技的过分依赖导致人的肌体功能的退化以及人们对科技的不当使用等问题，分析和预测科技发展可能带来的双重性，趋其利而避其害，自觉、合理地管控科技不当运用带来的负面效应。纠正科技发展和运用过程中工具理性与价值理性的异化，以价值理性引领工具理性，消除手段与目的的异化，始终将工具理性置于价值理性的规范之下。

五是实现可持续发展。深刻反思人与自然的关系，加强生态文明建设，坚持节约资源和保护环境的基本国策，对人与人及人与自然的关系做出根本性调整，建设资源节约型和环境友好型社会，实现人与自然和谐共处及人与自然协调发展。为此，要加快经济发展方式转变和结构调整，大力发展绿色经济、低碳经济，大力发展可再生能源产业，促进能源结构调整，确保实现大气污染物的减排目标。要建立和谐的社会关系和公平合理的制度环境，从根本上改变因个人、利益集团或国家利益追逐和博弈造成的对资源环境的危害。

这里特别要强调的是，在当代中国，反思现代性首先应当选择合理的价值立场。总结现实中的经验可见，反思现代性往往有两种立场，一种是高于现代性的立场，另一种是低于现代性的立场。所谓高于现代性的立场，就是站在现代性“之后”的立场反思现代性。所谓低于现代性的立场，就是站在现代“之前”的立场反对现代性。这两种反思现代性的立场的目标指向是完全相反的。高于现代性的立场是指向未来的，是对现代性弊端的批判，是为着发展和完善现代性以便更好地发挥现代性的作用、更有效地管控并缩小现代性的负面效应，而不是反对现代性，因而站在这种立场的反思是向前看的，是为了推动社会朝前走而不是拉着社会往后退。低于现代性的立场是指向过去的，是要反对并取消现代性本身，站在这种立场的反思是向后看的，是要拉着社会往后退。这两种立场的根本差异在于，高于现代性的立场是有利于社会进步和人的发展的立场，是顺应当代社会发展大趋势的立场，低于现代性的立场则是有利于某些特殊利益集团的立场，是背离当代社会发展大趋势、背离人类文明大道而另寻他途的立场。

从实现每个人的发展这一根本目标出发，我们的现代性反思必须站在有利于社会进步和人的发展的高于现代性的立场，而决不能站在低于现代性的立场。

当前在反思现代性还存在一个普遍的现象，就是对现代性进行全方位的批判甚至否定，这既是立场问题，也是方法问题。从价值立场看，问题在于这种反思未能以每个人的发展为旨归，要么只是站在社会精英的立场上，关注少数人生存发展的问题，要么是站在旧的、前现代性的立场上抵制现代性。方法问题在于，囫囵吞枣照搬西方的现代性批判理论。须知，中国的现代性问题及其反思的背景与西方的现代性问题及其反思的背景是大不相同的。西方的现代性问题及其反思的背景是，整个社会已经完成了现代化，现代性问题普遍地存在于社会生活中，中国的现代性问题及其反思的背景则是，社会只是部分地实现了现代化，现代性问题只是部分地存在于社会生活中，就整个社会而言，还有许多地区、许多方面未实现现代化，还存在着大量前现代的问题有待于通过现代化来解决。问题及其反思背景的不同则决定了我们的现代性反思与西方的现代性反思既具有相同或相似之处也存在着显著的差别，为此，既要注意把握我们的现代化与西方的现代化之共性，又要注意把握我们的现代性问题及其背景与西方的现代性问题及其背景之差异。共性决定了我们的现代性应对方案和措施可以参考西方的理论，差异则决定了我们的现代性应对方案和措施应当从中国的现代性背景以及现代性问题的特殊性出发，从现代性问题和前现代问题并存且从不同方面制约人的发展的现实出发。

站在高于现代性的立场，我们的现代性反思既要借鉴西方的现代性批判理论又不能简单地照搬。

我们的现代性反思应当借鉴西方的现代性反思理论。由于现代化和现代性问题的同质性，由于西方社会发展已经经历了完整的现代化阶段而彻底超越了前现代阶段及其问题，因而西方学者的现代性反思总体上是指向未来的，是着眼于克服现代性的弊端进而追求比现代性更高层次的社会发展阶段，是站在高于(或后于)现代性的立场上的。因此，西方的现代性反思理论和方法对于我们现代性反思具有他山之石的借鉴意义。对此学界已有充分的共识和阐述。

我们的现代性反思应当具有自身的特色。由于我国现代化和现代性问题的特殊性，由于社会主义的本质特征和要求，我们的现代性反思又应当从现实出发而具有自身的特色。站在高于现代性的立场上，我们的现代性反思应当有比西方现代性反思更高的诉求和特殊的要求，这就是推进人的自由全面发展。

由于我们的现代性反思与西方的现代性反思之差异，当前反思和应对现代性问题的关键，是把握好发展并完成现代性与管控并减轻现代性负面效应两者之间的平衡。这种平衡体现在社会生活和人们行为的各个领域。例如在经济领域，既要进一步解放和发展生产力、推进经济的快速增长，又要更加注重社会公平，更加注重社会建设，通过政策调整缩小人们之间的收入差距，改善就业、教育、医疗和住房条件，纾解弱势群体的生活困难，提高他们的生活水平，使最大多数的人能够共享改革开放的成果；又如在制度建设方面，既要适合我们的国情走有中国特色的民主政治建设和现代治理道路，又要顺应世界现代化进程中政治文明建设的普遍要求和总体趋势，建立高度民主、法制完备、富有效率、充满活力的现代政治体制；再如在文化建设上，既要继承中国传统文化的精华并将其发扬光大，又要充分借鉴西方文化的优秀成果并结合国情加以吸收。只有把握好这些平衡，才能在反思和应对现代性问题的过程中既充分发挥现代性的正面作用，又尽力避免其负面影响，才能更加有效地改善当代中国人的生存环境，并为未来中国人的自由全面发展创造条件。

发展并完成现代性与超越物的依赖关系这两项任务既存在着矛盾又具有统一性。两者之间存在着矛盾，是因为发展并完成现代性会进一步凸显现代性问题，强化物的依赖关系。两者之间具有统一性，是因为一方面，在人的依赖关系与物的依赖性并存的情况下，发展并完成现代性与超越物的依赖关系的根本目标是一致的，都是为了推进社会进步并实现人的发展。另一方面，在现代性未完成的情势下，发展并完成现代性将为人的发展创造条件。对此，可以从马克思对科学的双重社会效应的辩证理解中得到启示。马克思在论及科技对人的影响时曾精辟地指出："自然科学却通过工业日益在实践上进入人的生活，改造人的生活，并为人的解放做准备，尽管它不得不直接地使非人化充分发展。"[①]这一说法既揭示了科技直接地使人"非人化"的效应，又肯定了这种"非人化充分发展"根本上是人的解放的条件，在一定阶段上具有必然性和必要性。这一论述所蕴含的道理，无疑适用于对待中国的现代性：马克思并未因科学"直接地使非人化充分发展"而否定科学，同样的道理，我们亦不能因为现代性的负面影响而否定现代性。

从促进人的发展的长远目标看以及就我国当前的现实情况而言，通过发展并完成现代性而去除人的依赖关系与通过反思现代性而超越物的依赖关系这两项任务的轻重缓急和分量是有所不同的。基于生产力发展

① 《马克思恩格斯文集》第1卷，人民出版社2009年版，第46页。

水平以及社会体制和观念等方面的现实，在这两项任务中，发展并完成现代性的任务在当代更为迫切也更为主要。其所以做出这样的判断，是因为当代中国尚未超越且又必须尽快超越人的依赖关系阶段，而只有超越人的依赖关系阶段、完成现代性，才能向更高层次的人的自由全面发展阶段推进。正是基于这一现实，我们既要反思现代化问题、避免现代化的陷阱，更要关注前现代问题，致力于超越人的依赖关系并使一些落后地区的人们和弱势人群早日拥有现代的生产和生活条件。只有在未来现代性得到比较充分发展的条件下，才有必要也才有可能完全超越物的依赖性而趋向人的自由全面发展。由此我们认为，两项工作的步骤和力度亦应当有所差别，着眼于现实，当前的重点是发展现代性；着眼于未来，在发展现代性的同时必须管控并缩小现代性的负面效应。这是我们的现代性反思与西方的现代性反思的差异之所在，也是我们现代性反思的特点之所在。

着眼于发展并完成现代性以及超越物的依赖性，当代中国社会的转型和发展应当体现社会主义的价值取向。

马克思主义认为，建设社会主义进而实现共产主义，目的是实现人的自由全面发展。中国特色社会主义建设，要着眼于满足人民现实的物质文化需要，又要促进人民素质的提高，推进人的发展。在现代化建设中坚持社会主义价值取向，必须切实贯彻以人为本和以人民为中心的理念。

贯彻以人为本和以人民为中心理念，应当着力构建和谐的社会关系。人的社会性表明，人的发展以社会进步为条件，有赖于与他人交往的环境和程度。现代化拓展了人的交往范围，又在一定程度上淡化甚至扭曲了人与人之间的关系，人际关系的一些方面，如亲情关系、朋友关系等，为金钱关系所冲击或取代，导致相互之间的冷淡和隔膜。马克思曾提出“任何解放都是使人的世界及各种关系回归于人自身。”[①]恩格斯也

---

① 《马克思恩格斯文集》第1卷，人民出版社2009年版，第46页。

诉求“在社会方面把人从其余的动物中提升出来。”[①]两种说法既是指变革不合理的社会关系，也蕴涵着社会关系和谐之意。构建和谐的社会关系，需要有合理的制度安排和行为规则，同时又要有和谐的人际关系。社会关系和谐是社会和谐的基础，也是社会和谐主要的标志，它不仅将优化人们的生活环境，还有助于人展示和发展自己的能力，确立自己的个性，提升人的生存质量。

贯彻以人为本和以人民为中心的理念，应当关注每一个个人的利益和发展。这里有两个关键词：一是“个人”。以人为本、以人民为中心的“人”，是个性与共性的统一，人的发展应体现并落实于个人，在维护国家、集体、社会利益的同时，切实关注个人需要和利益，保障个人的合法权益，在促进社会进步中最大限度地发展人的个性。二是“每一个人”。仅仅一部分人的发展，不是真正意义上的人的发展。一部分人占有较多甚至很多财富而另一部分人相对甚至绝对匮乏，是现代化的普遍现象。经济增长不会自然体现价值合理性，不会直接达到人的共同发展，反而有可能加剧人们在权力和利益上的不平等，而没有经济上的平等，一切人的共同发展和人的素质提高就无从谈起。我国的现代化建设尚处于初步的阶段，但类似的问题业已出现，虽然在社会现代化过程中出现不平衡和差异是必然的，但如果任其发展而不加调控，社会的贫富分化将愈趋严重，将更加远离共同富裕的目标。为此，要特别注意社会发展的平衡性，注重社会公平，建立良性的橄榄型社会结构，形成财富公平分配的格局，切实缩小贫富差距。

总之，必须将解决“人民日益增长的美好生活需要和不平衡不充分的发展之间的矛盾”与实现人的发展有机地结合起来，通过解决不平衡不充分发展问题满足人民日益增长的美好生活需要，在满足人民日益增长的美好生活需要的基础上，逐步实现体现社会主义本质要求、与当代中国国情相适应的人的发展。

---

① 《马克思恩格斯选集》第3卷，人民出版社2012年版，第860页。

主要参考书目

1.《马克思恩格斯选集》第1—4卷，人民出版社2012年版。

2.《马克思恩格斯文集》第1—10卷，人民出版社2009年版。

3.《马克思恩格斯全集》第1卷，人民出版社1956年版。

4.《马克思恩格斯全集》第1卷，人民出版社1995年版。

5.《马克思恩格斯全集》第3卷，人民出版社1960年版。

6.《马克思恩格斯全集》第3卷，人民出版社2002年版。

7.《马克思恩格斯全集》第19卷，人民出版社1963年版。

8.《马克思恩格斯全集》第30卷，人民出版社1995年版。

9.《马克思恩格斯全集》第31卷，人民出版社1998年版。

10.《马克思恩格斯全集》第46卷，人民出版社2003年版。

11.《马克思恩格斯全集》第47卷，人民出版社2004年版。

12.《列宁选集》第1—4卷，人民出版社2012年版。

13.《列宁专题文集 论辩证唯物主义和历史唯物主义》，人民出版社2009年版。

14.《毛泽东选集》第1—4卷，人民出版社1991年版。

15. 北京大学哲学系外国哲学史教研室编译：《西方哲学原著选读》上卷，商务印书馆1981年版。

16. 北京大学哲学系外国哲学史教研室编译：《西方哲学原著选读》下卷，商务印书馆1982年版。

17. 北京大学哲学系外国哲学史教研室编译：《古希腊罗马哲学》，商务印书馆1961年版。

18. 北京大学哲学系外国哲学史教研室编译：《十八世纪法国哲学》，商务印书馆1963年版。

19.《柏拉图全集》第1卷，人民出版社2012年版。

20. 亚里士多德：《尼各马可伦理学》，商务印书馆 2003 年版。
21. 亚里士多德：《形而上学》，商务印书馆 1959 年版。
22. 托马斯·莫尔：《乌托邦》，商务印书馆 1982 年版。
23. 康帕内拉：《太阳城》，商务印书馆 1980 年版。
24. 霍布斯：《利维坦》，商务印书馆 1985 年版。
25. 培根：《新工具》，商务印书馆 1984 年版。
26. 斯宾诺莎：《神学政治论》，商务印书馆 1963 年版。
27. 休谟：《人性论》下册，商务印书馆 1980 年版。
28. 洛克：《政府论》下册，商务印书馆 1964 年版。
29. 亚当·斯密：《道德情操论》，商务印书馆 1997 年版。
30. 孟德斯鸠：《论法的精神》上册，商务印书馆 1961 年版。
31. 卢梭：《论人类不平等的起源和基础》，商务印书馆 1962 年版。
32. 卢梭：《社会契约论》，商务印书馆 1980 年版。
33. 拉美特里：《人是机器》，商务印书馆 1959 年版。
34. 霍尔巴赫：《自然的体系》下卷，商务印书馆 1977 年版。
35. 摩莱里：《自然法典》，商务印书馆 2011 年版。
36. 维科：《新科学》上册，商务印书馆 1989 年版。
37. 康德：《实践理性批判》，商务印书馆 1999 年版。
38. 康德：《判断力批判》下卷，商务印书馆 1964 年版。
39. 康德：《历史理性批判文集》，商务印书馆 1990 年版。
40. 黑格尔：《法哲学原理》，商务印书馆 1961 年版。
41. 黑格尔：《历史哲学》，上海书店出版社 2001 年版。
42.《圣西门选集》(下卷)，商务印书馆 1962 年版。
42.《费尔巴哈哲学著作选集》上卷，商务印书馆 1984 年版。
43. 费尔巴哈：《基督教的本质》，商务印书馆 1984 年版。
44.《普列汉诺夫哲学著作选集》第 2 卷，生活·读书·新知三联书店 1962 年版。
45. 马克斯·韦伯：《新教伦理与资本主义精神》，商务印书馆 1987 年版。
46. 卢卡奇：《历史与阶级意识》，商务印书馆 1992 年版。
47. 葛兰西：《狱中札记》，人民出版社 1983 年版。
48. 海德格尔：《路标》，商务印书馆 2000 年版。
49. 海德格尔：《在通向语言的途中》，商务印书馆 2004 年版。

50. 萨特：《辩证理性批判》，安徽文艺出版社 1998 年版。

51. 马尔库塞：《单向度的人》，上海译文出版社 2006 年版。

52. 阿尔都塞：《保卫马克思》，商务印书馆 2010 年版。

53. 弗洛姆：《马克思关于人的概念》，旭日出版社 1987 年版。

54. 弗洛姆：《为自己的人》，生活·读书·新知三联书店 1988 年版。

55. 弗洛姆：《爱的艺术》，上海译文出版社，2011 年版。

56. 弗洛姆：《占有还是生存》，生活·读书·新知三联书店 1989 年版。

57. 弗兰尼茨基：《马克思主义和社会主义》，人民出版社 1982 年版。

58. 巴日特诺夫：《哲学中革命变革的起源》，中国社会科学出版社 1981 年版。

59. 奥斯瓦尔德·斯宾格勒：《西方的没落》，群言出版社 2016 年版。

60. 佩里·安德森《西方马克思主义探讨》，人民出版社 1981 年版。

61. 德里达：《马克思的幽灵》，中国人民大学出版社 1999 年版。

62. 詹明信：《晚期资本主义文化逻辑》，生活·读书·新知三联书店 1997 年版。

63. Г. А. 巴加图利亚：《马克思的第一个伟大发现》，中国人民大学出版社 1981 年版。

64.《李大钊文集》下卷，人民出版社 1984 年版。

65.《陈独秀著作选》第 2 卷，上海人民出版社 1993 年版。

66.《李达文集》第 1 卷，人民出版社 1980 年版。

67.《李达文集》第 2 卷，人民出版社 1981 年版。

68. 肖前、李秀林、汪永祥：《历史唯物主义原理》，人民出版社 1991 年版。

69. 陈志尚：《人学新探索》，北京师范大学出版社 2016 年版。

70. 韩庆祥：《思想是时代的声音：从哲学到人学》，新世界出版社 2005 年版。

71. 赵敦华主编：《西方人学观念史》，北京出版社 2005 年版。

72. 俞吾金、陈学明：《国外马克思主义哲学流派新编西方马克思主义卷》上册，复旦大学出版社 2002 年版。

73. 安启念：《通往自由之路——马克思哲学思想研究》，中国人民大学出版社 2016 年版。

74. 曾枝盛：《20 世纪末国外马克思主义纲要》，中国人民大学出版社 1998 年版。

75. 周凡、黄伟力主编：《新马克思主义评论：哲学的政治及其辩证法》，上海三联书店 2015 年版。

76. 卡里略：《"欧洲共产主义"与国家》，商务印书馆 1982 年版。

77. 弗罗洛夫：《人的前景》，中国社会科学出版社 1989 年版。

78. 科尔纽：《马克思恩格斯传》第 2 卷，生活·读书·新知三联书店 1965 年版。

79. 罗尔斯：《正义论》，中国社会科学出版社 1988 年版。

80.《爱因斯坦文集》第一卷，商务印书馆 2010 年。

81. 贝弗里奇：《科学研究的艺术》，科学出版社 1979 年版。

82. 丹尼尔·贝尔：《后工业社会的来临》，商务印书馆 1984 年版。

83. 库恩：《科学革命的结构》，上海科学技术出版社 1980 年版。

84. 伊·拉卡托斯：《科学研究纲领方法论》，上海译文出版社 1986 年版。

85. 霍尔姆斯·罗尔斯顿 Ⅲ：《哲学走向荒野》，吉林人民出版社 2000 年版。

86. 艾伦·杜宁：《多少算够》，吉林人民出版社 1997 年版。

87. 丹尼斯·米都斯：《增长的极限》，吉林人民出版社 1997 年版。

88. 丹尼尔·贝尔：《资本主义文化矛盾》，商务印书馆 1989 年版。

89. 宾克莱：《理想的冲突》，商务印书馆 1983 年版。

90. 戴维·麦克莱伦：《马克思以后的马克思主义》，东方出版社 1986 年版。

91. 戴维·麦克莱伦：《马克思传》，中国人民大学出版社 2006 年版。

92. 约翰·P. 霍斯顿：《动机心理学》，辽宁人民出版社 1990 年版。

93. 威廉姆·肖：《马克思的历史理论》，重庆出版社 1989 年版。

94. 乔纳森·沃尔夫：《当今为什么还要研究马克思》，高等教育出版社 2006 年版。

95. 奥尔曼：《辩证法的舞蹈——马克思方法的步骤》，高等教育出版社 2006 年版。

96. 罗伯特·韦尔：《作为道德哲学家的马克思》，《社会科学辑刊》2016 年第 5 期。

97.《简明不列颠百科全书》第 9 卷，中国大百科全书出版社 2011 年版。

后　记

本书是我承担的北京市社会科学基金重大项目“唯物史观价值取向研究”的最终成果。之所以选择这样一个题目，主要是基于对唯物史观当代建构的理解和期待。唯物史观是马克思主义的核心内容，一直是学术界研究的重点，虽然长期以来的研究既广泛且深入，但迄今仍有值得探讨的问题，唯物史观价值取向就是其中之一。作为完整严密的社会历史观，唯物史观是且应当是科学认识与价值取向的统一，但在一个较长的时期中，唯物史观仅仅被定义为关于社会(历史)发展一般规律的科学，其价值取向一度被淡化甚至遮蔽了。作为最全面、深刻和进步的社会历史观，唯物史观不仅应当站在当代社会历史认识的最高峰，成为历史观层面的普遍真理，而且应当站在当代社会道义的制高点，成为历史观层面的普遍价值。建构以人的发展为核心的价值取向，有助于凸显唯物史观的合理性，使之成为当代最先进的社会历史观，承担起引领社会进步，促进人的自由全面发展的使命；也有助于为唯物史观发展注入新的活力。这正是写作本书的初衷。

本书的出版得到了首都师范大学出版社的帮助。衷心感谢高立平社长的信任和支持，衷心感谢责任编辑为本书出版付出的辛勤劳动。

本项研究得到了北京市社会科学基金的资助，在此表示感谢。

本项研究只是对唯物史观价值取向当代建构的一种尝试性探讨，旨在抛砖引玉，引起学术界对这一问题的关注以及更为深入的研究。由于作者知识和能力有限，本书疏漏、不妥之处在所难免，恳请读者指正。

陈新夏
2020 年 3 月